EDMOND LEPELLETIER

Émile Zola

Sa Vie — Son Œuvre

AVEC UN PORTRAIT EN HÉLIOGRAVURE D'APRÈS LIEURE

ET UN AUTOGRAPHE

PARIS
MERCVRE DE FRANCE
XXVI, RUE DE CONDÉ, XXVI

MCMVIII

IL A ÉTÉ TIRÉ DE CET OUVRAGE :

*douze exemplaires sur papier de Hollande
numérotés de 1 à 12.*

JUSTIFICATION DU TIRAGE :

204

Droits de traduction et de reproduction réservés pour tous pays.

ÉMILE ZOLA

DU MÊME AUTEUR

—

PAUL VERLAINE, SA VIE, SON ŒUVRE, avec un portrait reproduit en héliogravure et un autographe........... 1 vol.

Paris 27 nov. 87

Mon cher Lepelletier,

Merci mille fois de votre article, qui me fait grand plaisir, car il comprend et il explique au moins. Mais que de choses j'aurais à vous répondre, à vous qui êtes un ami! Il y a de la vigne à la lisière de la Beauce, les vignobles de Montigny, près desquels j'ai placé Rognes, sont superbes. Tous les noms que j'ai employés, sauf celui de Rognes, sont beaucerons. Il n'est pas vrai que la fatigue soit contraire à Vénus: demandez aux physiologistes. Si vous croyez que les paysans ne reproduisent que le dimanche et le lundi, je vous dirai d'y aller voir. La lutte politique dans le village n'est point aussi âpre, ouvertement, que vous le pensez : tout s'y passe en manœuvres sourdes. Mes Charles sont copiés sur nature ; et puis, c'est vrai, eux et Jésus-Christ sont la fantaisie du livre. Est-ce qu'à l'ironie de la phrase vous n'avez pas compris que je me moquais ?

La vérité est que l'œuvre est déjà trop touffue, et qu'il y manque pourtant beaucoup de choses. C'est un danger de vouloir tout mettre, d'autant plus qu'on ne met jamais tout. Du reste, c'est là l'arrière-plan, car mon premier plan n'est fait que des Fouan, de Françoise et de Lise : la terre, l'amour, l'argent.

Merci encore, et bien cordialement à vous.

Emile Zola

Entre Emile Zola et l'auteur de cette étude, durant de longues années, existèrent des liens d'amitié. Les circonstances firent de l'un et de l'autre, non des ennemis, mais des antagonistes. Ils combattirent, chacun pour ce qu'il estimait juste, en des camps opposés. Dans la bataille littéraire, ils demeurèrent d'accord.

Les Lettres sont à côté des besognes politiques, et l'Art est au-dessus de l'esprit de parti. On peut, on doit rendre hommage à un grand écrivain, même lorsque, à un moment de sa vie, contre vous, contre vos convictions, il tourna sa plume.

Les partisans de l'empire, Napoléon III étant encore sur le trône, s'inclinaient devant le génie de Victor Hugo. Ils n'acceptaient assurément pas tout de son œuvre, et tout dans sa vie ne leur plaisait pas. Ils négligeaient *Napoléon le Petit* pour relire *les Feuilles d'Automne*, et leur légitime admiration pour *la Légende des Siècles* ne leur imposait pas l'approbation pour les violences des *Châtiments* envers le souverain qu'ils aimaient et le régime qu'ils défendaient.

Sous le prétexte qu'il fut aussi l'auteur du pamphlet *J'accuse*, il est absurde, et plus d'un, par la suite, en rougira, de nier la maîtrise de l'historien des *Rougon-Macquart*.

Il est, sans doute, regrettable que les enthousiasmes officiels et les acclamations populaires, celles-ci ignorantes, ceux-là factices, se soient surtout adressés au défenseur inattendu d'un accusé exceptionnel. C'est le peintre, au coloris vigoureux, des êtres et des choses de notre société, l'annaliste de nos mœurs et le clinicien de nos passions, de nos tares, qui avait seul droit à la gloire. Zola méritait de partager, avec Victor Hugo et d'autres illustres défunts, le lit funèbre imposant du Panthéon, mais il est fâcheux qu'il y ait été porté par des mains vibrantes encore de la fièvre d'une guerre civile, au milieu d'un concours de gens qui n'avaient pas lu ses livres. C'est l'homme de parti qu'on a voulu honorer, c'est à l'homme de lettres seul que devait être décernée l'apothéose nationale.

La postérité ne voudra saluer dans Émile Zola qu'un philosophe et un moraliste, un lyrique merveilleux aussi, le poète en prose de la vie moderne. Ce livre a pour but de devancer son jugement.

En faisant mieux connaître l'homme, en dégageant l'Œuvre de préoccupations étrangères à la littérature, l'auteur estime répondre à un désir des libres esprits, affranchis de la pire des servitudes, celle du préjugé et du parti pris. Le retentissement du nom d'Emile Zola et l'attention mondiale dont il a été, dont il est encore l'objet, motivent la présentation d'un travail, impartial et documenté, permettant d'apprécier, avec plus de certitude, le grand romancier, le robuste artiste aussi, qui, avec Victor Hugo et Balzac, domine le xixe siècle.

E. L.

Paris. Octobre 1908.

I

ORIGINES. — ENFANCE. — VIE DE FAMILLE. — DÉBUTS A PARIS. — ZOLA POÈTE.
(1840-1861)

Emile Zola est né à Paris. Doit-il être classé parmi les Parisiens véritables, les autochtones, les Parisiens qui sont de Paris, comme les natifs de Marseille sont des Marseillais ? Oui et non. Réponse ambiguë, mais exacte.

Il convient d'abord de constater que la localité où s'est produit le fait de la naissance, lorsqu'il est accidentel, dû aux hasards d'un voyage ou d'un séjour professionnel et temporaire, n'a, pour la biographie d'un homme célèbre, qu'un intérêt secondaire. Victor Hugo est né Bisontin, Paul Verlaine Messin, par suite des garnisons paternelles. Leur existence et leur œuvre furent complètement indépendantes de ces berceaux fortuits. Toutefois, la gloriole locale se mêle à l'investigation biographique, pour préciser le coin du sol, où apparut à la vie le petit être destiné à recevoir la qualification de grand homme. Cette rivalité municipale n'est pas nouvelle. Sept villes de l'Hellade se disputèrent l'honneur d'avoir abrité Homère enfant. Ces bourgades avaient d'ailleurs laissé l'immortel aède, sans toit et sans pain, errer dans les ténèbres de la cécité, tant qu'il vécut. De nos jours, la chose se passe souvent ainsi, et ce n'est qu'après la mort du poète, de l'artiste, de l'inventeur, dédaignés, parfois molestés, que les concitoyens de l'illustre enfant se préoccupent de rechercher, sur les registres de la paroisse ou de la mairie, la preuve de la maternité communale, longtemps négligée. Un reflet de la gloire du compatriote auréolé se répand sur les fronts les plus obscurs de la petite ville. Cette parenté locale fournit le prétexte à des cérémonies, accompagnées de harangues et de banquets inauguratifs, que préside un ministre, remplacé souvent par un juvénile attaché, ayant le devoir d'apporter, dans la poche de son habit, rubans et médailles, ce qui est le motif vrai du zèle des organisateurs de l'apothéose.

L'endroit où l'on naît prend de l'importance, seulement, quand l'enfant a grandi et s'est développé, là où il a débuté dans la vie organique. Le terroir n'a pas, sur la plante humaine, l'influence reconnue pour les végétaux. On ne doit tenir compte de la terre natale que lorsque l'enfant a pu réellement la connaître, la comprendre, l'aimer, autrement qu'à distance, par répercussion, et sous une sorte de suggestion provenant des éducateurs, des lectures, ou simplement de l'imagination. Quand l'enfant, être primaire et quasi-inconscient, ne fait que passer sur la portion de territoire où sa mère a fortuitement accouché, c'est ailleurs que dans le lieu même où se produisit cet événement qu'il faut rechercher son origine. L'hérédité physique et morale, la condition des parents, les premiers contacts avec les êtres, la notion de la forme des choses, la compréhension de l'espace, la mesure de la distance, les initiales perceptions sensorielles, les primordiales comparaisons, les découvertes successives de l'univers progressivement élargi, les surprises, les enchantements, les effrois, puis le babil avec la nourrice, le voisinage des frères et sœurs, les jeux puérils, les refrains berceurs, les images regardées, l'alphabet colorié, les propos entendus, retenus, l'imitation des gestes, des attitudes observés, la fixation lente, mais indéracinable, des mots et de leur signification dans la mémoire, enfin le spectacle des phénomènes de la nature, mêlé à celui des événements quotidiens avec les joies et les douleurs qui les accompagnent, voilà les éléments constitutifs de la personnalité, du caractère, de l'intellect et des sentiments de l'enfant : tout cela est indépendant du lieu où s'est produite la nativité.

Emile Zola, Parisien par la naissance, apparaît étranger au sol de Paris, à son climat, à ses influences éducatrices et familiales. Il est redevenu, par la suite, ce qu'on nomme un Parisien. Ce fut le résultat de son séjour prolongé dans la grande ville, de la seconde et personnelle éducation qu'il y trouva. Il eut, à Paris, sa naturalisation cérébrale, et son succès même en a consacré les titres. Il est impossible de considérer comme étranger à Paris celui qui a peut-être le mieux compris et le plus puissamment exprimé la poésie, la trivialité, la grandeur morale, la bassesse matérialiste, la fièvre spéculatrice, la folie révolutionnaire, l'abrutissement alcoolique et la radieuse suprématie artistique, qui sont les éléments de la complexe, monstrueuse et superbe cité. Quel Parisien parisiennant eût mieux que lui compris l'énorme Ville, et, pour la postérité, fixé le mouvement océanique de ses foules, rendu la majesté de ses édifices utilitaires, peint la splendeur de ses paysages aériens si variés, le soir, quand l'orage balaie les nuées livides, le matin, quand la chiourme du travail descend à la fatigue sous le tremblotement des becs de gaz encore allumés ? Il a pu être qualifié comme l'auteur de *Germinal*, de *la Terre* ou de *Lourdes*, il est, avant tout, digne du nom de poète de Paris. Jamais la grande ville n'a eu plus grand artiste pour la peindre, plus minutieux historien pour la raconter, plus profond et plus sagace philosophe pour l'analyser.

Zola n'a, cependant, jamais possédé ce qu'on appelle le parisianisme. Il n'avait ni l'esprit gouailleur et sceptique du Parisien d'en bas, ni les goûts d'élégance et les vaines préoccupations des classes hautes. Il ne fut jamais un « homme du monde », ni ne chercha à l'être. Il ne prétendit pas avoir de l'esprit, dans le sens de la blague et des mots drôles ou rosses. Il avait l'horreur du persiflage. Il se montra, à diverses reprises, polémiste violent, redoutable, et, à la fin de sa carrière, agitateur de foules et plus que tribun, sans qu'on puisse citer de lui ce qu'on appelle un « mot » ou une de ces plaisanteries qui blessent mortellement l'adversaire et font rire la galerie. Il fut tout à fait l'opposé d'un autre polémiste, également remueur de foules, Henri Rochefort, avec qui il n'eut de commun que l'horreur des cohues et l'impossibilité de prononcer deux phrases en public. Fuyant les réceptions, déclinant les invitations, s'abstenant des cérémonies, il se confina dans son intérieur, en compagnie de quelques intimes. Chargé de la critique dramatique, pendant deux années, au *Bien Public*, il se glissait, inaperçu, dans la chambrée familière des premières. Encore, bien souvent, négligeait-il d'assister à la représentation. Il me priait de parler, à sa place, de la pièce et des artistes, sous une des rubriques de la partie littéraire du *Bien Public*, dont j'étais alors chargé. Il consacrait son feuilleton à l'examen de quelques thèses dramatiques, ou à l'exposé de ses théories sur l'art théâtral. A Batignolles, comme à Médan, son existence fut celle d'un savant provincial.

On put le croire indifférent à tout ce qui n'était pas la littérature, ou plutôt sa littérature. Il se concentrait dans la gestation permanente de l'épopée moderne qu'il avait conçue. En dehors des livres, des journaux, des documents, qu'il jugeait utiles à l'élaboration de son « histoire naturelle et sociale d'une famille sous le second Empire », il ne lisait guère, et ne s'informait qu'en passant des événements et des ouvrages du jour. Il éliminait de sa fréquentation cérébrale tout ce qui lui paraissait étranger à ses personnages. Il recevait quelques amis, presque toujours les mêmes, mais avec eux l'entretien se concentrait, revenait à l'unique objectif de sa pensée. Il fut comme un alchimiste du treizième siècle, penché sur son alambic, absorbé dans la préparation du Grand-Œuvre. Etranger à toutes manigances politiques, il était vaguement étiqueté républicain. On lui supposait des tendances réactionnaires, d'après *l'Assommoir*, qui avait paru calomnieux à l'égard des travailleurs. Il témoignait ouvertement d'une indifférence apathique et dédaigneuse pour tout ce qui se passait dans le monde gouvernemental, électoral, et même littéraire. D'allures paisibles, grave, méditatif, myope, braquant son pince-nez, avec attention, sur les hommes et sur les choses, visiblement absorbé par sa besogne en train, ne fréquentant aucun politicien, ayant l'effroi des réunions publiques, fuyant les bavardages se rapportant aux événements quotidiens, il semblait ne jamais devoir participer ni même s'intéresser à une agitation populaire. Il manifestait bien, dans plusieurs de ses livres, des instincts combatifs, des tendances humanitaires, et des critiques vives des fatalités et des conditions sociales dans lesquelles il se mouvait avec ses personnages, mais, jusqu'en ses dernières années, il ne fût venu à l'idée de personne d'imaginer un Emile Zola, imprévu, se dressant, comme un Pierre l'Ermite, et prêchant, avec une hardiesse inattendue et une énergie insoupçonnée, une croisade laïque et révolutionnaire, au nom de ce qu'il proclamait, et de ce qu'il croyait être la Vérité en marche et la Justice debout. Ce fut comme l'explosion d'un volcan, jusque-là inaperçu. Le cratère se fendit, au milieu d'un grondement orageux, avec des gerbes éblouissantes et fuligineuses, tour à tour jaillissant. Puis des scories noires retombèrent avec de la cendre pleuvant sur tout un pays. Ainsi, la lave de *J'Accuse !* coula sur la place publique.

Au milieu de l'effarement des uns, de l'acclamation des autres, des huées et des ovations, le littérateur si doux, si effacé, si timide, sortait de son cabinet laborieux et calme, bondissait au centre d'une mêlée et lançait à la multitude soulevée, à des adversaires exaspérés, un de ces appels irrésistibles, tocsins de révolutions qui ébranlent les sociétés sur leurs bases, et laissent, pour de longues années, dans les airs une vibration déchirante, dans les poitrines une palpitation comparable à la houle des mers.

Ce n'était pas l'enfant né à Paris, par hasard, qui se produisait ainsi, avec cette passion d'apôtre, avec cette fièvre de tribun, avec cette témérité d'insurgé : c'était le Méridional, le Ligurien, préparé à la lutte et façonné au danger, le compatriote de Mirabeau, de Barbaroux et des preneurs d'assaut des Tuileries, qui surgissait, se faisait place, entraînait la foule et ouvrait une ère de révolution. Le Midi se révélait tout entier dans l'un de ses fils les mieux doués. Le Midi silencieux.

Physiquement, Zola avait tout du Méridional. Paul Alexis l'a exactement dépeint comme un de ces soldats romains qui purent conquérir le monde. Laurent Tailhade a dit de lui, dans une conférence, à Tours : « C'est un Latin à tête courte du littoral méditerranéen, le Ligure de Strabon, équilibré, solide et fier. » Il n'avait rien du Méridional bavard et turbulent, personnage de vaudeville. Nous nous représentons le plus souvent les Méridionaux, dans le passé, comme de galants troubadours et de gais tambourinaires. Ils nous semblent occupés, dans l'histoire, à tenir des cours d'amour, dans la vie contemporaine, à trépigner, quand se déroule le ruban des farandoles, à gesticuler dans les cafés, à hurler dans les meetings, et, entre temps, préoccupés de placer de l'huile ou du vin. Ce type existe, mais il en est un autre. Le Midi de l'Escorial et de Philippe II, des Camisards et des Verdets, de Trestaillons et de Jourdan Coupe-Têtes, n'est pas précisément joyeux. Jules César, Napoléon, Garibaldi, Gambetta, qui sont bien des Méridionaux, ne sauraient passer pour des hilares et des comiques. Si Tartarin est un Méridional, il ne résume pas toute la race latine. Dans le choc formidable qui se produisit, lors de la campagne des Gaules, c'étaient les hommes venus de l'Armorique, de la Belgique, des forêts du pays des Eduens, et des massifs montagneux du territoire des Arvernes, qui riaient, criaient, chantaient et mêlaient, aux brutalités guerrières, les bavardages sans fin, dans les festins tumultueux qui suivaient les combats. Ces géants blonds des pays septentrionaux, étaient d'une exubérance démonstrative et d'une intarissable loquacité. Ils formaient contraste avec le calme opiniâtre des légionnaires d'Italie, qui, lentement, posément, envahirent et gardèrent le sol gaulois.

Emile Zola est un Méridional né à Paris, emporté, tout enfant, tout inconscient, dans son milieu originel, y redevenant homme du Midi, sobre, tenace et taciturne, revenant ensuite dans la grande ville cosmopolite, et en partie méridionale par afflux universel, mais cité du Nord maritime, par le climat et les mœurs. Il a traversé sans se mélanger, comme le Rhône le Léman, l'énorme capitale, sans perdre rien de sa saveur natale, de ses qualités de terroir, sans y diluer ce qu'il tenait de l'hérédité. C'est à Aix-en-Provence, et dans sa banlieue, qu'il acquit les premières initiations intellectuelles ; c'est dans cette ville qu'il subit cet ensemencement du cerveau, plus pénétrant chez les jeunes gens de seize à vingt ans, destinés à grandir et à se développer hors du sillon d'origine. Il n'est pas Méridional pur sang. Les croisements sont favorables aux perfectionnements des produits, déclarent les embryogénistes. Zola, comme plusieurs hommes supérieurs, eut une généalogie complexe, et sa filiation est mixte.

L'hérédité joue un rôle considérable dans la formation des intelligences et des caractères. Il est douteux pourtant que son rôle ait l'importance qu'on lui attribue souvent, et que Zola a propagée, d'après les doctrines du docteur Lucas. Les Rougon-Macquart sont issus de la volonté de l'auteur d'étudier les dispositions héréditaires d'un certain nombre d'individus, et les déformations psychologiques que les tares et les dégénérescences peuvent produire chez ces êtres, placés dans des milieux différents et dans des conditions sociales antagonistes. J'estime qu'il y aurait de l'exagération, et, par conséquent, erreur scientifique, à vouloir appliquer le fatalisme de l'hérédité, d'une façon absolue, à ce qui est du domaine sentimental, intellectuel et moral.

Dans la formation du cerveau et du moral de Zola, on ne saurait trouver trace forte de l'hérédité. Dans sa constitution physique, on observerait plutôt une transmission sérieuse. Le père de Zola était vigoureux et bien constitué. C'était un homme de petite taille, trapu et brun, comme l'auteur des Rougon-Macquart. Il avait une bonne santé. Il est mort jeune, il est vrai, à cinquante et un ans, mais d'une affection accidentelle, à marche rapide : une pleurésie contractée en voyage. Sans le refroidissement dont il fut atteint, en visitant des travaux, risque professionnel, pour ainsi dire, il eût probablement vécu de longues années. Un accident a, de même, interrompu l'existence d'Emile Zola. L'hérédité n'a rien à voir dans cette triste coïncidence.

Comme son père, Emile Zola n'avait aucune maladie organique. Voici, d'après l'examen qu'a fait de lui le docteur Edouard Toulouse, médecin de l'asile Sainte-Anne, la description physique d'Emile Zola, à l'âge de cinquante-six ans, en 1896, par conséquent :

> C'est un homme d'une taille au-dessus de la moyenne, d'apparence robuste et bien constitué. Le thorax est large, les épaules hautes et carrées; les muscles sont assez volumineux, bien que non exercés. Il existe un certain embonpoint. La peau est blanche, rosée, ridée en certains endroits ; le tissu cellulaire est abondant. Les cheveux et la barbe étaient bruns ; ils grisonnent aujourd'hui. Les poils sont très fournis sur tout le corps, et notamment sur la partie antérieure du thorax. La tête est grosse, la face large, les traits assez accentués. Le regard est scrutateur, doux et même rendu un peu vague par la myopie. L'ensemble de la physionomie

exprime la réflexion habituelle et une certaine émotivité. M. Zola a un air sérieux, inquiet, chagrin, qui lui est particulier. La voix est assez bien timbrée ; mais les finales sont quelquefois émises en fausset, et il existe un reste, à peine appréciable, du trouble de prononciation de l'enfance.

La taille est de 1m.705, c'est-à-dire au-dessus de la moyenne qui est, à Paris et en France, de 1m.655 environ. D'après les relevés de M. A. Bertillon, la taille moyenne des sujets de 45 à 59 ans ne serait même que de 1m.622. On sait qu'elle s'abaisse au fur et à mesure qu'on se rapproche de la vieillesse.

La taille assise (buste et tête) serait de 0 m.890, c'est-à-dire un peu inférieure à la moyenne (0 m.900) des individus de sa taille.

L'envergure est ordinairement un peu plus grande que la taille. Celle de M. Zola est de 1 m. 77, supérieure à celle (1m.736) des individus de sa grandeur. Ses membres supérieurs sont donc plus longs que la moyenne.

Quant au crâne, il est un peu supérieur à la moyenne, dans tous ses diamètres. Le diamètre antéro-postérieur est de 0,191. Le diamètre bi-zygomatique, qui mesure la largeur de la face, est de 0,146. Il ne semble pas que les os du crâne de M. Zola soient plus volumineux que chez d'autres. Il y a donc des probabilités pour qu'il ait un volume cérébral supérieur à la moyenne. L'oreille droite à 0,069, plus haute que large. Les cheveux sont droits, pleins d'épis, vaguement ondulés. Les avant-bras sont assez volumineux à leur extrémité supérieure, et minces à leurs attaches avec le poignet. C'est dire que leur forme est distinguée, dans le sens courant du mot. Les mains ont 0,112 de largeur sur 0,110 de longueur ; elles sont donc larges. M. Zola gante du 7,3/4 très large. Les ongles sont petits et ronds. Les pieds sont très cambrés. M. Zola chausse du 39, grande largeur.

Le docteur Edouard Toulouse, qui a publié cet examen physique de Zola, dans son enquête médico-psychologique, ajoute, en résumé, que l'étude anthropologique de Zola révèle une constitution anatomique robuste et exempte de défectuosités notables. Les particularités qu'il a relevées ne dépassent pas les limites de la variation normale, et l'on n'est pas autorisé à y voir des stigmates de dégénérescence. Les organes circulatoires ne paraissent pas lésés, la percussion n'indique pas un cœur hypertrophié. Dans ses dernières années, Zola est devenu plus sujet aux inflammations légères des voies respiratoires. Les dents sont mauvaises, plusieurs ont été arrachées ; les fonctions digestives ont été longtemps troublées ; la digestion se fait bien et l'appétit est bon, depuis que l'embonpoint a diminué.

On sait que Zola avait une forte tendance à l'engraissement. Avec l'énergie dont il fut doué, il lutta contre l'obésité, par le régime. Les repas pris sans boire, l'alimentation légère, le thé et l'exercice physique, à la campagne, comme les longues courses à bicyclette, ont amené un amaigrissement qui étonnait ceux qui l'avaient perdu de vue pendant quelque temps. Il était arrivé à avoir seulement 1 m. 06 de tour de taille, et il pesait 160 livres. Le système musculaire était développé ; il était bon pédaleur. Sa sensibilité cutanée était vive. Il dormait peu, à peine huit heures. Sa vue, comme nous l'avons dit, était faible : il avait été réformé, comme myope. Son odorat était fin, « c'est réellement un olfactif », a dit le docteur Toulouse ; les odeurs tiennent une grande place dans ses livres, et aussi dans sa vie.

Il était sujet à des coliques nerveuses et à des crises d'angoisse confinant à l'angine de poitrine. « Le serrement dans une foule de Mi-Carême, dit le docteur Toulouse, a, une fois, provoqué chez M. Zola, une crise d'angoisse, avec phénomènes pseudo-angineux graves. »

De cet examen médico-physique, il résulte que Zola avait une émotivité exagérée, et qu'il était un névropathe, mais sans altération organique. Il a pris la névrose comme point de départ de son œuvre, et il n'était pas un névrosé, dans le sens morbide du mot. Il n'avait aucune caractéristique de l'épilepsie ou de l'hystérie. Les déséquilibres nerveux constatés chez lui provenaient d'une source subjective, d'un surmenage intellectuel.

Ces troubles nerveux, dit encore le docteur Toulouse, n'ont fait que s'accentuer, depuis la vingtième année, avec la persistance d'un travail psychique excessif, quoique réglé. On peut voir, dans le cas de M. Zola, la confirmation de cette idée, que la névropathie est la compagne fréquente de la supériorité intellectuelle, et que, même lorsqu'elle est d'origine congénitale, elle se développe avec l'exercice cérébral, qui tend à déséquilibrer peu à peu le système nerveux.

Zola apparaît donc, au point de vue médical, comme un sujet robuste et sain. Il était exempt d'infirmités. A noter, toutefois, un certain inconvénient : il était atteint de pollakiurie (abondance d'urine). Il urinait quinze à vingt fois par jour. Il n'avait ni sucre ni albumine.

La mère de Zola, Emilie Aubert, était Française. Elle était née à Dourdan, département de Seine-et-Oise, le pays de Francisque Sarcey : une contrée peu lyrique, où le bon sens est prisé, où l'esprit terre à terre se montre légèrement narquois; les préoccupations acquisitives sont dominantes, chez les habitants, et, pour les femmes, les soins ménagers accaparent toute l'existence. Les grands-parents maternels de Zola étaient des petits bourgeois, entrepreneurs et artisans, et non pas des paysans. Mme Zola mère était arthritique et était devenue cardiaque ; elle a succombé à une irrégularité dans la contraction du cœur, avec syncope et œdème, à l'âge de 61 ans. Le docteur Toulouse constate que c'est cet état neuro-arthritique qui peut expliquer la disposition nerveuse originelle de Zola. Mais on ne saurait trouver là une indication de complète et funeste transmission morbide.

Par sa mère et ses grands-parents maternels, Zola tenait puissamment à la terre française : Dourdan, situé entre Etampes et Rambouillet, fait partie de l'Ile de France, de la grande banlieue parisienne. Par son père, il se rattache presque à l'Orient ; son grand-père paternel était né à Venise, mais il était fils d'un Dalmate.

Le père d'Emile Zola, François Zola, était né à Venise, en 1796. Ce Vénitien, qui, par ses origines, était Hellène et Illyrien, apparaît comme un aventureux, un migrateur, un homme d'action. Son tempérament était celui de l'explorateur et du chercheur d'or. Aucune tendance artistique, aucun goût littéraire. Il fut incorporé, très jeune, dans les armées cosmopolites qui marchaient sous l'aigle impériale : Napoléon étant protecteur et maître de l'Italie. François Zola devint officier d'artillerie dans l'armée du prince Eugène. A la chute de l'Empire, il démissionna et se mit en mesure d'exercer la profession d'ingénieur. Mathématicien distingué, l'ancien officier d'artillerie devait posséder une compétence spéciale assez complète, puisqu'on a de lui plusieurs ouvrages de trigonométrie et un Traité sur le Nivellement, qui fut particulièrement apprécié. Ce travail le fit recevoir membre de l'Académie de Padoue. Mais les titres académiques sont insuffisants comme émoluments. Le désir de voir du pays, et surtout de trouver fortune en des contrées plus industrielles, plus disposées aux entreprises que l'indolente et artistique Vénétie, firent voyager le jeune ingénieur en Allemagne, en Hollande, en Angleterre et en France. D'après son fils, François Zola « se trouva mêlé à des événements politiques et fut victime d'un décret de proscription ». Il est possible, car les temps étaient fort troublés et les conspirations, comme les insurrections, se produisaient partout en Italie, que François Zola ait dû fuir, pour éviter les sbires. Changer d'air ne lui déplaisait pas. Il n'a pas transmis ses goûts vagabonds au sédentaire écrivain. Emile Zola a très peu voyagé, et ce ne fut que par la force des événements qu'il connut l'Angleterre. Il ne se déplaça guère que pour voir Rome, ainsi que les localités décrites en ses romans, et pour des villégiatures, en France. Comme la pierre, en roulant, ne saurait amasser mousse, l'ingénieur errant demeura nu et pauvre. Il ne récolta en route, ni commandes ni promesses de travaux. Vainement il traversa le quart de l'Europe, malchanceux chemineau des X et des Y, car la science a son prolétariat, demandant de l'ouvrage, et n'en trouvant pas. Léger d'argent et lourd de soucis, de frontière en frontière, il se retrouva au bord de la Méditerranée; il la franchit et débarqua en Algérie. Rien à faire, pour un manieur de compas, en ce pays à peine conquis, où le sabre travaillait seul. Le territoire environnant Alger n'était qu'un camp. On réclamait des zouaves, des chasseurs, des gaillards déterminés, bons à incorporer dans les colonnes expéditionnaires. Il n'y avait que de rares colons, et vraisemblablement, l'on n'aurait pas besoin d'ingénieurs avant longtemps. Il fallait laisser parler la poudre avant de présenter des rapports à des conseils d'administration. Las de cheminer, ne sachant même comment retourner en Europe, l'ancien artilleur des armées d'Italie prit le parti des désespérés : il s'enrôla dans la légion étrangère. Un rude corps et de fameux lascars ! On n'y avait pas froid aux yeux, mais on ne s'y montrait pas non plus timide en face de certains actes, qui ailleurs arrêtent généralement les hommes. Les casse-cous de la Légion étrangère possédaient des vertus spéciales. Ils avaient aussi une morale à eux. A faire la guerre d'Afrique d'alors, avec les razzias permanentes, les exécutions sommaires, les chapardages presque ouvertement autorisés, pour suppléer aux négligences de l'intendance et aux insuffisances des rations, les scrupules diminuent, la conscience perd certaines notions, et les plus honnêtes admettent facilement des écarts et des accrocs à ce qu'on appelle « la probité courante ». Les exemples des chefs n'étaient pas très moralisateurs, et puis, nous le voyons encore, de nos jours, par ce qui se passe aux colonies, au Soudan, dans les cercles administratifs, combien de fonctionnaires sont promptement entraînés à commettre des abus, sans penser que ce sont des délits. Bien des choses blâmables et inadmissibles, en Europe, se comprennent et se pratiquent, sous le gourbi et dans le voisinage du désert. François Zola, devenu lieutenant, fut compromis dans une fâcheuse affaire, qui, à l'endroit, à l'époque et dans les circonstances où elle se produisit, n'avait nullement l'importance que la passion politique voulut lui attribuer par la suite.

Aux polémiques violentes que suscita l'affaire Dreyfus, le nom du père de l'auteur de *J'accuse* fut mêlé. La fureur des partis exhuma son cadavre. On fouilla cette tombe, depuis un demi-siècle fermée. On en arracha une dépouille, jusque-là vénérée des proches, respectée des indifférents, pour la piétiner, devant une galerie féroce ou gouailleuse, sous les yeux exaspérés du fils. De toutes les situations angoisseuses, qui ont pu être décrites par Emile Zola dans ses ouvrages, celle-ci n'est-elle pas la plus atroce et la plus cruelle ? Avoir non seulement aimé, mais estimé son père, l'avoir placé très haut sur un piédestal, et s'être ressenti très fier d'être issu de lui, de porter, de glorifier son nom, et, à défaut d'autre héritage, recueillir la succession de renom et d'honorabilité, par lui laissée, puis voir tout à coup la statue idéale abattue sur le socle saccagé, le nom flétri, la renommée barbouillée d'infamie, n'est-ce pas là un supplice digne des tribus du Far-West, où, sous les yeux de la mère, on martyrise le corps exsangue de l'enfant attaché au poteau de douleurs? Zola endura cette torture avec sa robuste et patiente énergie. Il lutta contre les violateurs de sépulture, il défendit, comme l'héroïne biblique, le cadavre de l'être chéri contre les attaques furieuses des journalistes de proie. Il écarta les becs de plumes qui déchiraient cette chair morte.

On a peine à comprendre, à distance, la flamme des polémiques s'étant éteinte, l'acharnement que mirent certains vautours de la presse à se ruer sur ce mort et, à el dépecer en poussant des cris sauvages.

Voici les faits qui fournirent la pâture à ces rapaces nécrophages. Je les résume, d'après les documents du temps, et les pièces originales qui furent alors reproduites :

Au mois d'avril 1898, un journal de Bruxelles, *le Patriote*, publiait, dans une correspondance de Paris, les lignes comminatoires suivantes :

> ... On se demande ce qu'attend le général de Boisdeffre pour écraser d'un seul coup ses adversaires, qui sont en même temps les ennemis de l'armée et de la France. Il lui suffirait, pour cela, de sortir, dès aujourd'hui, une des nombreuses preuves que l'Etat-major possède de la culpabilité de Dreyfus, *ou même de publier quelques-uns des nombreux dossiers* qui existent, soit au service des renseignements, soit aux archives de la guerre, sur plusieurs des plus notoires apologistes du traître, *ou sur leur parenté...*

Les journaux et les hommes politiques, convaincus de la culpabilité du capitaine Dreyfus, ou fortement prévenus contre lui, étaient parfaitement fondés à réclamer que l'Etat-major mît sous les yeux de la Chambre et du public les preuves de la trahison, qui pouvaient exister dans les dossiers. Il était admis, dans le tumulte des furibondes polémiques, que, comme dans d'autres affaires scandaleuses, on eût recours de part et d'autre au perfide et méprisable procédé des « petits papiers ». Dans l'ivresse de la mêlée, on a, chez tous les partis, et de tous les temps, usé de ces armes empoisonnées. Pour toucher un adversaire et le mettre hors de combat, on cherche à le déshonorer. Mais ce combat sans merci a lieu, d'ordinaire, entre vivants. On laisse les morts dans leur suaire, et l'on répugne à les démaillotter. L'acharnement inouï de la lutte, entre accusateurs et défenseurs de Dreyfus, fit un champ-clos d'une tombe éventrée, et, pour atteindre le fils, on tapa sur le squelette du père.

La menace du *Patriote* de Bruxelles, reproduite par divers journaux parisiens, mit-elle sur la piste d'un scandale nouveau? Suggéra-t-elle, à quelque personnage rude et impitoyable de l'Etat-major, l'idée de confier à la presse un document compromettant pour « la parenté » d'un des plus notoires dreyfusards? On ne sait, mais, quelques semaines plus tard, *le Petit Journal* publiait une lettre d'un colonel Combe, ayant eu sous ses ordres, en Algérie, le lieutenant François Zola, et où celui-ci était accusé d'avoir détourné l'argent de sa caisse d'habillement et d'avoir déserté, en laissant des dettes.

Il y avait des faits exacts dans cette accusation, mais ils étaient grossis. La gravité du détournement dont se trouvait inculpé François Zola était atténuée par ce fait que, s'il y avait eu déficit dans les comptes du magasin d'habillement, dont il avait la charge, aucune poursuite judiciaire n'avait suivi cette constatation. François Zola avait remboursé le déficit relevé, et il était inexact qu'il eût déserté.

On pourrait s'étonner de la mansuétude du conseil de guerre, ou plutôt de son inaction, car François Zola fut l'objet, non pas d'un renvoi devant la juridiction militaire, mais d'une simple enquête, au cours de laquelle les 1.500 francs manquants furent restitués à la caisse d'habillement. Il n'est pourtant pas clément coutumier, le conseil de guerre, et devant lui, sans ménagement, sans indulgence, on traduit les moindres délinquants pour de simples peccadilles. Les infractions considérées comme légères dans le civil sont, au régiment, jugées et punies comme des crimes dignes de la fusillade ou du boulet. C'est qu'en réalité il n'y avait, dans cette affaire, ni détournement véritable, ni responsabilité personnelle, pour le lieutenant François Zola. Il y eut simplement une aventure d'amour, une imprudence aussi de jeune homme épris, une folie passionnelle, si l'on veut, mais nullement le vol et l'intention de voler, que la passion politique a voulu, par la suite, établir.

François Zola, et en cela, assurément, il avait tort, — mais qui donc, militaire ou civil, oserait lui jeter la première pierre? — avait une intrigue avec la femme d'un ancien sous-officier réformé, nommé Fischer. Un beau jour, ce Fischer résolut de quitter l'Algérie, emmenant sa femme. Un drame intime dut alors dérouler ses péripéties, sur lesquelles nous n'avons pas de renseignements certains. Il est probable que François, très amoureux, supplia sa maîtresse de laisser partir son mari, et de rester. La dame refusa. Elle essaya, au contraire, de décider son amant à la suivre en France. Ce n'était pas la désertion, si le lieutenant donnait, préalablement, sa démission. Mais comme il ne se décidait pas à abandonner l'épaulette, le couple Fischer, sans lui, s'embarqua.

Désespéré, François Zola voulut se jeter à la mer. On aperçut ses vêtements épars sur le rivage, on courut après lui et on l'empêcha de réaliser son tragique projet. Quelques mots, dans son trouble, lui échappèrent, sur la disparition du ménage Fischer. Des soupçons s'éveillèrent. On rejoignit le couple suspect, à bord du bateau, où déjà se trouvaient embarqués les bagages. On fouilla les malles, et, dans l'une d'elles, on découvrit une somme de quatre mille francs dont les Fischer durent expliquer la provenance. Ce qu'ils firent, non sans hésitation.

Une lettre du duc de Rovigo, adressée au ministre de la Guerre, pour tenir lieu de rapport sur cette affaire, explique très nettement la situation alors révélée :

... On visita le bâtiment sur lequel étaient Fischer et sa femme. On découvrit une somme de quatre mille francs dans une de leurs malles. Ils prétendirent d'abord qu'elle leur appartenait, puis ils avouèrent que 1.500 francs y avaient été déposés par François Zola. Ils furent débarqués et conduits en prison...

Les accusations portées par le colonel Combe contre son subordonné, et publiées par *le Petit Journal*, perdaient donc ainsi beaucoup de leur gravité. Emile Zola, après avoir compulsé le dossier de son père, au ministère de la Guerre, constata que plusieurs pièces, indiquées comme cotées, et sans doute importantes pour la défense, pouvant atténuer ou même anéantir la culpabilité présumée, manquaient, tandis que toutes celles pouvant servir à l'accusation avaient été laissées. Une mention, sur le bordereau, indiquait que « huit pièces, jointes à la lettre du colonel Combe, devaient être restées au bureau de la justice militaire ». Cette mention, sur la chemise du bordereau, était de la main de M. Hennet, archiviste. Une autre mention, d'une autre main et au crayon, était ainsi libellée : « Il n'existe pas de dossier au bureau de la justice militaire. On s'en est assuré. » On avait donc compulsé, vérifié, et, qui sait? expurgé le dossier.

Emile Zola, qui fit, dans *l'Aurore*, une vigoureuse défense de la mémoire de son père, concluait de cette annotation que le dossier avait été fouillé et travaillé.

Il protesta contre la publication de ce dossier incomplet. Il reprocha, en même temps, au *Petit Journal* d'avoir donné la lettre accusatrice du colonel Combe, tronquée, sans le passage suivant, à dessein sauté :

> Le sieur Fischer (le mari), portait le document original, s'est offert à acquitter, pour François Zola, le montant des dettes au paiement desquelles les 4.000 francs saisis dans la malle ne suffiraient pas. Cette offre acceptée, tous les créanciers ont pu être payés et le conseil d'administration a été couvert du déficit existant en magasin.

Pourquoi, en mettant sous les yeux du public la lettre du colonel Combe parlant du déficit constaté dans la caisse du magasin, a-t-on supprimé cette phrase si importante? Elle explique nettement la situation : Fischer, assurément d'accord avec sa femme, avait emporté, en s'embarquant, l'argent de François Zola, l'argent de la caisse du magasin d'habillement. L'officier, sans volonté, tout désemparé, étant amoureux et voyant s'éloigner pour toujours sa maîtresse, avait eu, un instant, l'intention coupable d'abandonner son régiment, de déserter, pour suivre celle qui l'aimait. Ces entraînements sont fréquents et ces coups de folie, s'ils sont condamnables, ont, du moins, l'excuse, presque toujours, de l'aberration causée par la passion. Mais il se reprit. Il envisagea la réalité et la gravité de son acte. Non seulement il désertait, mais il laissait cette femme faire de lui un voleur! Il réagit, et ne suivit pas à bord le couple abusant de son amour et de sa confiance. Il ne pouvait espérer rejoindre la fugitive et reprendre l'argent que cette drôlesse et son peu intéressant époux lui avaient subtilisé, profitant de sa faiblesse et de l'affolement qui lui avait fait dire qu'il les accompagnerait, qu'il déserterait. Ce fut alors qu'il chercha la mort dans les flots.

Le passage omis de la lettre du colonel établit que Fischer a restitué l'argent du magasin, et qu'il a même fourni le complément nécessaire au paiement intégral du déficit. N'est-ce pas là une preuve complète de la culpabilité des époux Fischer? Eussent-ils payé les dettes et couvert le déficit de l'officier, s'ils ne lui avaient pas escroqué l'argent dont il était comptable, l'argent retrouvé dans leurs malles? Il est plus que probable qu'usant de son influence sur lui la femme Fischer avait forcé le faible amoureux à lui remettre son argent, puisqu'il devait l'accompagner en France. Autrement, quel étrange bienfaiteur eût été ce mari, remboursant un détournement commis par l'amant de sa femme? Fischer mettait ainsi sa compagne et lui-même à l'abri de toute recherche pour complicité de détournement : il n'a pas fait un cadeau, mais une restitution.

Il s'agit donc ici d'une affaire d'entôlage et d'un égarement momentané dû à la passion, plutôt que d'une désertion accompagnée de détournement. Le lieutenant soupçonné, comme on l'a vu, ne passa même pas en jugement. Il fut seulement l'objet d'une enquête, à la suite de laquelle il offrit sa démission d'officier, qui fut acceptée. Il expiait ainsi la défaillance morale qu'il avait subie, il payait la rançon de son amour indigne, et il supportait la peine d'un entraînement passager. Il n'était, d'ailleurs, coupable que d'intention, et il n'avait accompli ni le vol, ni la désertion, qui, dans la fièvre amoureuse et sous le coup du désespoir d'être abandonné par une femme adorée, avaient pu hanter un instant sa cervelle affolée.

Bien qu'absous, et ayant réparé l'irrégularité de ses comptes, il lui était difficile de rester au régiment. Il démissionna donc. Mais, en quittant l'armée, il ne laissait derrière lui aucune trace déshonorante. Il pouvait rentrer, la tête haute, dans la vie civile.

Son fils, pour bien démontrer que la justification de François Zola avait été complète, et qu'il ne restait rien de défavorable pour lui de cette fâcheuse aventure d'amour et d'argent, a publié diverses pièces, puisées dans le dossier, à lui communiqué par le général de Galliffet, ministre de la Guerre. Parmi les documents relatifs à un nouveau système de fortifications, contenus dans ce dossier, on pouvait lire une lettre, flatteuse pour le destinataire, remontant à 1840, c'est-à-dire postérieure à l'aventure d'Afrique et à la démission. Elle était adressée à l'ingénieur civil François Zola, par le maréchal Soult. Cette lettre, conservée aux archives du génie du ministère, est ainsi libellée :

Monsieur François Zola, vous aviez adressé à Sa Majesté, qui en a ordonné le renvoi à mon ministère, un mémoire sur le projet de fortifier Paris, dans lequel, critiquant les dispositions qu'on veut suivre, vous proposiez de substituer à ces dispositions un système de tours qui, sous le rapport de la défense, de l'économie, du temps nécessaire à l'exécution, etc., etc., présenterait, disiez-vous, un avantage incontestable.

J'ai chargé M. le président du comité des fortifications d'examiner attentivement votre mémoire, et j'ai reconnu, d'après le rapport détaillé qu'il m'a soumis à cet égard, que vos idées sur la manière de fortifier Paris n'étaient pas susceptibles d'être accueillies.

Je me plais, néanmoins, à rendre justice aux louables intentions qui ont dicté votre démarche, et je ne puis que vous remercier de la communication que vous avez bien voulu faire au gouvernement, de vos études sur cet objet.

Recevez, Monsieur, l'assurance de ma parfaite considération.

Le ministre de la Guerre,
Soult.

C'était ce même ministre, Soult, qui avait été saisi, quelques mois auparavant, par le duc de Rovigo, de toute l'affaire du lieutenant-magasinier François Zola. Le ministre, ou, tout au moins, ses secrétaires et les attachés à son cabinet, avaient connaissance du dossier Zola. Une correspondance s'était engagée, à ce sujet, entre le ministère et le duc de Rovigo. Les faits qui motivèrent l'enquête, à raison de la galanterie qui s'y mêlait, étaient de ceux qui restent dans le souvenir de jeunes officiers. Personne n'y fit allusion, lors de la requête de l'ingénieur. Les formules de politesse, au bas d'une lettre, et la façon courtoise d'évincer un solliciteur ne sont pas généralement significatives. On en use envers tout le monde. Ici, exceptionnellement, la réponse du ministre et les formules protocolaires prennent une valeur particulière. Se fût-on donné la peine de répondre, avec des compliments sur le mérite de son projet, écarté pour des raisons techniques, à un ingénieur s'offrant pour un travail considérable d'intérêt public, et pour le compte du gouvernement, si ce même homme avait dû quitter honteusement l'armée, comme les adversaires politiques de son fils plus tard l'affirmèrent ? On eût jeté son plan et ses devis au panier, et le maréchal, qui venait d'avoir connaissance des circonstances ayant amené ce François Zola à démissionner, eût-il poussé l'urbanité épistolaire jusqu'à « le remercier de la communication qu'il avait bien voulu faire au gouvernement » ? On l'eût, en même temps, consigné à la porte des antichambres officielles.

En rapports avec la municipalité marseillaise, pour un projet de docks et d'un port nouveau qu'il présentait, les autorités départementales, toujours défiantes vis-à-vis des étrangers, et s'informant de la réputation, des antécédents d'un nouvel hôte, renseignées souvent par la malignité provinciale et la curiosité du voisinage, ne témoignèrent nullement qu'elles considéraient l'ingénieur François Zola comme un malhonnête homme. Non seulement le bruit des histoires fâcheuses du ménage Fischer ne l'empêcha pas d'être fort bien accueilli à Marseille, mais, toujours à propos de ces docks et de la création du port des Catalans, dont il avait eu l'idée, l'officier démissionnaire fut présenté, par le général d'Houdetot, au prince de Joinville, que les choses maritimes intéressaient. Il fut ensuite reçu, en audience particulière, par Louis-Philippe. Bien que le roi bourgeois fût d'un abord relativement facile, on doit présumer que les personnes admises auprès de lui étaient l'objet, sinon d'une enquête à fond, du moins d'une information préalable. Le voleur, le déserteur, que la triste polémique de 1898 a voulu montrer, eût-il pu être reçu aux Tuileries par le roi et par l'un des princes d'Orléans ?

Il ne reste donc rien, ou pas grand'chose, de sérieux, de ce scandale, d'ailleurs inutile. L'arme était mauvaise. Elle n'a pas atteint celui qu'elle visait. Plusieurs journalistes, il faut le constater à l'honneur de la presse, parmi ceux qui se montraient les plus ardents dans la défense de l'armée, mise en cause sous le prétexte de faire reconnaître l'innocence du capitaine Dreyfus, désapprouvèrent cette attaque contre un défunt, qui n'avait pas songé, avant de mourir, à préparer sa justification. Il ne pouvait prévoir qu'il y aurait, un jour, près de cinquante ans après lui, une formidable affaire politico-judiciaire, à laquelle on le mêlerait pour accabler son fils. *L'Eclair*, entre autres, un des organes les plus anti-dreyfusards, dit notamment : « On aurait pu mener le bon combat contre le dreyfusisme sans reprocher à M. Zola son père. » Ce fut l'opinion des braves gens des deux camps.

Arracher à la tombe le cadavre d'un père, et s'en servir pour assommer le fils, ce n'est ni très humain, ni très beau ; c'est, en même temps, tout ce qu'il y a de plus contraire à l'esprit républicain, à la justice démocratique. Est-ce que les fautes, si fautes il y a, ne doivent pas demeurer personnelles ? Quand bien même on eût prouvé qu'Emile Zola était le fils d'un homme qui avait mangé la grenouille et passé à l'étranger ensuite, cela aurait-il prouvé quelque chose pour ou contre la culpabilité d'un militaire accusé de trahison ? Si Zola père eût été un mauvais soldat et un malhonnête homme, cela eût-il empêché Zola fils d'être l'un des premiers écrivains de son temps ?

On pourrait concevoir la haine des partis, fouillant les antécédents et recherchant les tares des parents ou des alliés d'un homme occupant les plus hautes situations politiques. Cela s'est vu, au détriment d'un président de la République. Pour atteindre la République elle-même, avec une aveugle méchanceté, on a publié des faits peu avantageux pour la mémoire d'un membre de la famille de ce chef d'Etat. On pensait ainsi l'obliger à se retirer. Mais un romancier, mais un pamphlétaire, en quoi l'indignité, alléguée ou prouvée, d'un parent, peut-elle lui ôter son talent ou affaiblir les virulences de sa plume? Les calomnieuses révélations faite sur le père de Zola n'ont, d'ailleurs, eu aucune influence pour ou contre la défense de Dreyfus. On eût été tout aussi armé, dans le bon combat, comme disait *l'Eclair*, contre le Dreyfusisme, si, en 1898, on eût laissé à François Zola, mort et inhumé en 1847, le triple bénéfice de l'abstention de la justice, de la prescription du temps et de l'amnistie de la mort.

A la suite de l'enquête faite au régiment, et dont il sortit indemne, François Zola, ses comptes réglés, ayant donné sa démission, quitta l'Algérie et revint en France.

Ce fut à Marseille qu'il débarqua.

Cette ville remuante et affairée lui plut. Il est des villes qui captivent comme une maîtresse. Séduit par Marseille, Zola père s'y installa et ouvrit un cabinet d'ingénieur civil. Il avait alors quarante ans. Il était temps de faire choix définitivement d'une carrière, de s'établir, de ne plus être le nomade d'antan. Son esprit, actif comme son corps, trouvait-il enfin un milieu favorable, un terrain propice à fonder une fortune, une famille? L'ingénieur mobile et vagabond parut se plaire tout de suite parmi la pétulante population marseillaise. Cette cité maritime et commerçante l'intéressait. Il résolut d'y jouer un rôle. Il portait en lui de vastes plans, des rêves de grands travaux. Négligeant les petites affaires, les entreprises mesquines, il tenta de frapper un coup décisif en soumettant aux autorités compétentes un projet de nouveau port. Le vieux et célèbre port de Marseille ne répondait plus à l'importance du commerce et de la navigation. On réclamait un havre neuf, vaste et sûr. Diverses propositions étaient en l'air. François Zola prépara un projet complet. L'emplacement qu'il proposait était la baie des Catalans, abritée du mistral. La Joliette l'emporta, comme étant plus proche du centre de la ville. De l'avis de tout le monde, aujourd'hui, l'endroit désigné par l'ingénieur vénitien était préférable : la Joliette est exposée aux coups de vent du Nord-Ouest, et le mouillage y est hasardeux.

Voyages à Paris, démarches dans les bureaux, pourparlers avec les sociétés financières, les administrations maritimes, les entrepreneurs, puis confection et dépôt d'esquisses, de plans, de dessins, de cartons, tout ce difficile et consciencieux travail demeura donc inutile. L'ingénieur, déçu, mais non abattu, se rejeta sur un autre projet.

L'aristocratique et somnolente ville d'Aix l'attira, comme champ d'affaires. Tout était à entreprendre dans cette cité en léthargie. Il était possible de la ranimer, de lui restituer, sinon la splendeur déchue, du moins la vitalité d'un centre moderne. Avec ses hôtels majestueux, demeures seigneuriales des anciens membres du Parlement, ses édifices publics trop vastes pour les services d'une simple sous-préfecture, l'ancienne capitale déchue de la Provence n'avait pas de chemin de fer, pas de communication facile pour les marchandises. L'industrie était absente et le commerce languissait. Ville ecclésiastique, universitaire et judiciaire, siège d'un archevêché, des Facultés de théologie, lettres et droit, centre du ressort judiciaire avec sa cour d'appel, Aix, malgré son nom, manquait d'eau. N'était-ce pas un grand et avantageux projet que celui de donner à boire à cette ville altérée ? Arroser cette très sèche région provençale était, il est vrai, une entreprise difficile, longue et coûteuse. Marseille pouvait se permettre un canal à écluses, mais Aix hésitait devant la dépense. L'ingénieur avait avisé une gorge voisine où capter les eaux de pluie. Dévalant des collines, elles s'amassaient dans ce réservoir naturel, mais percé, puis se perdaient, non utilisées. Il s'agissait de barrer le goulet de la gorge, par où les eaux s'échappaient. La cuvette endiguée et le réservoir fermé, il n'y aurait plus qu'à distribuer ensuite, par une série de barrages, la précieuse réserve : Aix ne serait plus à sec. L'actif et jamais découragé chercheur crut, cette fois, avoir trouvé le chemin de la fortune et de la gloire. Il se mit avec espoir à l'œuvre. Il prépara les devis, dressa les plans, et entama une interminable série de visites et de sollicitations. Il remua, comme on dit, ciel et terre. Une entreprise de cette nature ne comporte pas seulement les difficultés initiales de la conception, du tracé, des calculs, les problèmes à résoudre de toute la partie scientifique et technique, il faut surtout envisager les multiples embarras de l'exécution. Les voies et moyens sont entravés, discutés, refusés. Le chemin, du projet à la réalisation, est coupé de fossés, où l'affaire risque de rouler, avec son promoteur, sans pouvoir remonter. Les obstacles physiques sont renforcés par les barrières administratives et les verroux financiers.

Il fallut à l'ingénieur une énergie persistante et une forte confiance en soi pour vaincre des résistances déraisonnables, pour écarter des objections de pure obstination, pour triompher de défiances préconçues. Les capitaux ne se laissaient approcher qu'avec circonspection. Les riverains s'alarmaient. De mauvais bruits furent colportés. Les habitants, qui, par la suite, s'affirmèrent enchantés du canal, et célébrèrent par des hommages posthumes, le nom de celui qui avait doté leur ville de ce bienfait hydraulique, se montrèrent indifférents, sceptiques, parfois hostiles. Et puis, il y avait les terribles bureaux. Il fallut en faire le siège, et débusquer les chefs de service, repoussant, d'entre les créneaux de leurs cartons verts, l'assaut de leurs donjons administratifs. Ils se retranchaient au fort de leurs paperasseries, quand était signalé l'intrus, venant les déranger. C'était presque un ennemi, cet intrigant qui voulait les forcer à s'occuper d'une affaire qu'ils n'avaient pas conçue, qu'ils considéraient comme provenant d'une initiative suspecte, née en dehors de l'administration, donc illégitime. Les ingénieurs officiels consultés affectaient de ne pas prendre au sérieux un projet qui n'émanait pas de quelque « cher camarade ». Tout cela prit un temps considérable, et ce labeur usa les forces de l'ingénieur, sans épuiser sa volonté.

C'est en 1837 que François Zola présenta, pour la première fois, son projet de canal. Que de voyages il lui fallut, depuis, à Marseille et à Paris ! Il eut la bonne fortune d'intéresser M. Thiers à son idée. Le ministre était alors préoccupé par la grosse affaire des fortifications de Paris, qui souleva tant de débats à la Chambre, et rencontra, comme le modeste canal provençal, de si fortes oppositions. Il accueillit, toutefois, avec bienveillance, l'ingénieur étranger, dont l'activité lui plaisait, et qui lui soumettait une invention, toute d'actualité, pour faciliter et accélérer le transport de déblaiements des terrains où devait s'élever l'enceinte bastionnée. La machine de François Zola fut expérimentée à Paris, sur le chantier de Clignancourt. Ces essais furent satisfaisants, et l'appareil fut agréé.

Ce succès procura quelques fonds, des relations utiles

et l'appui de M. Thiers à l'inventeur, qui revint à Aix, ayant l'espoir d'être soutenu par le gouvernement auprès des autorités provençales. On était en 1842. Ce fut en 1846 que, grâce à M. Thiers, l'ordonnance royale décrétant [le canal d'Aix d'utilité publique fut rendue. La victoire était acquise. François Zola revint à Aix, bien portant, en pleine vigueur physique et intellectuelle, marié à une jeune femme qu'il adorait. Heureux de vivre et de travailler, il était de plus en plus confiant dans son œuvre. Rassuré sur l'avenir des siens, il avait la certitude de laisser, après lui, la renommée de ceux qui accomplissent une entreprise grandiose et durable. Il serait le créateur du canal d'Aix! La fortune lui viendrait avec la gloire, complétant le bonheur domestique dont il jouissait déjà.

Mais la destinée rarement permet à l'homme de le posséder, ce bonheur qu'il a rêvé, qu'il a été sur le point de conquérir. La vie fait banqueroute, et l'ouvrier, au moment de toucher son salaire, est congédié. Ces faillites du sort, absurdes autant que cruelles, sont les fatalités courantes de la vie.

Au cours d'une visite matinale à l'un de ses chantiers, dans la gorge où déjà s'élevait le premier barrage, par une matinée glaciale de février, quand soufflait le mistral, l'ingénieur fut atteint d'une pleurésie. Il s'alita, et, en quelques jours, la mort avait détruit cette belle intelligence, et paralysé pour jamais cette énergie toujours prête.

Dans la vulgarité d'une chambre d'hôtel, à Marseille, l'hôtel Moulet, rue de l'Arbre, où il descendait d'habitude, car on n'avait pu le transporter à Aix, chez lui, François Zola mourut, le 19 février 1847. Il avait cinquante et un ans. Il laissait une veuve de vingt-sept ans, et un enfant qui allait avoir sept ans, Emile Zola.

Au cours de l'un de ses fréquents voyages à Paris, à la sortie d'une église, François Zola avait rencontré une jeune fille, de condition modeste, mais honnête et jolie, Emilie Aubert. Le père était entrepreneur de peinture dans la petite ville de Dourdan, près de Paris. Le mariage se conclut rapidement. Les formalités furent abrégées. La future n'apportait en dot que sa grâce et sa jeunesse. Le futur n'avait encore que ses talents, son projet de canal, présenté depuis deux ans, ses espérances et sa vaillance. Vingt-trois ans de différence existaient entre les époux. L'union fut heureuse. La douleur de la jeune femme, accourue d'Aix dans l'hôtel marseillais où déjà son mari agonisait, fut profonde. Elle dut, par la suite, à de douloureux anniversaires, évoquer, devant son fils, attentif, les heures cruelles écoulées dans la banalité de cette chambre inconnue, au milieu des malles entr'ouvertes et des vêtements entassés sur les chaises, avec le brouhaha, dans les couloirs, des voyageurs indifférents ou gais, allant et venant, confondant, par la minceur des cloisons, leur paisible ronflement avec le râle de l'agonisant. Zola s'est souvenu de ce décor lamentable et de ce désarroi, quand il écrivit *Une Page d'amour*.

La jeune veuve se trouvait sans appui, sans conseils, dans une situation, alors non pas absolument mauvaise, mais embarrassée. Il y avait une liquidation difficile à entamer, des marchés en train à régulariser et à résilier, des ouvertures de crédit en suspens, des travaux en cours, qu'il faudrait achever ou céder. Le canal était en bonne voie de construction, mais loin d'être terminé. Les créanciers se présentèrent, les débiteurs s'effacèrent. Il fallait prendre des arrangements, tenter des recouvrements, maintenir les chantiers ouverts, ne pas abandonner le canal qui représentait tout l'avoir, tout l'héritage de l'ingénieur. Lourd fardeau pour une femme de vingt-sept ans, sans grande expérience des affaires, et ayant un jeune enfant à élever. Mme Zola avait autour d'elle, à Aix, son père, le vieil entrepreneur de peinture, alors retiré, sa mère, native d'Auneau, beauceronne avisée et qui prit en main la direction des affaires contentieuses, courant chez les avoués, les avocats, les huissiers, vaquant aux échéances, aux atermoiements, défendant, avec la ténacité paysanne, les bribes de la succession, que les corbeaux de la chicane et les vautours de la spéculation déjà se disputaient.

Les procès, soit qu'ils fussent mal engagés, mal conduits, mal plaidés, ou bien parce que les prétentions des héritiers Zola étaient imparfaitement fondées, peu soutenables en droit, aboutirent à un échec complet. Les procès perdus, la position de la jeune veuve, d'abord pénible, bientôt devint critique. L'ingénieur, ressemblant en cela à la plupart des hommes engagés dans de vastes entreprises, dont le succès se dessine, donnant la promesse de beaux résultats prochains, avait escompté cet espoir de fortune. Hardi, optimiste, l'ancien soldat du prince Eugène, le risque-tout de la légion étrangère, s'était jeté dans cette expédition, scientifique et financière, avec l'élan imprévoyant de sa jeunesse. Il allait de l'avant, comme un brave montant à l'assaut, sans regarder derrière soi. Il ne redoutait rien de l'avenir. N'était-il pas sûr de réussir ? Après lui, s'il succombait sans que le succès final fût assuré, les siens ne manqueraient de rien. Ils recueilleraient le bénéfice de ses conceptions, de son travail. Ils hériteraient de sa gloire et des bénéfices de son génie. Un canal, c'est une mine d'or. Aussi, vivait-il largement. Les premières sommes que le canal lui avait procurées, comme jetons de présence aux assemblées, honoraires d'études, actions de fondateur, furent dépensées sans inquiétude : les travaux étaient commencées, se poursuivaient ; de quoi s'inquiéter ? Le canal paierait tout, et au-delà. Nulle nécessité, quant à présent, d'économiser et de liarder. Plus tard, sur l'excédent des recettes, on prélèverait le patrimoine à garantir, pour la veuve et l'enfant, en cas de malheur. Une affaire si belle, si sûre, ne pouvait faire faillite.

Le téméraire ingénieur n'avait pas prévu la banqueroute de la vie. Sa mort brusque fit écrouler tout cet édifice fragile de bien-être et de fortune, dont les fondations n'étaient même pas assurées.

Pendant la période de constitution de la Société du Canal, et durant les démarches pour l'obtention de l'ordonnance royale équivalant à notre décret d'utilité publique, François Zola avait dû faire de nombreux voyages à Paris, sans s'arrêter. Une fois, il dut prolonger son séjour. Tout récemment marié, il avait emmené sa jeune femme. Elle était enceinte. Au lieu de loger à l'hôtel, le jeune ménage, dans l'attente du bébé, acheta des meubles, et prit un appartement, dans une maison de construction récente, au quatrième étage, rue Saint-Joseph, n° 10 *bis*. La maison existe encore et la rue, étroite et sombre, a peu changé. Elle devait rappeler à François Zola les ruelles des villes italiennes. Elle a pour voie parallèle, donnant sur la rue Montmartre, la bruyante rue du Croissant, pareillement étranglée, noire et fangeuse. Là est le centre des imprimeries et des marchands de journaux. C'est le quartier général des crieurs du « complet des courses », la bourse des « canards », c'est-à-dire des placards, des petits journaux occasionnels, des feuilles aux scandales éphémères, des chansons populaires, des « testaments » et autres imprimés satiriques et tapageurs, dont Hayard, « l'empereur des camelots », fut longtemps le grand pourvoyeur. Les appels glapissants des vendeurs de papier furent les premiers sons qui frappèrent les oreilles du jeune Zola. Que de fois, par la suite, son nom devait retentir, dans cette rue, parmi l'étourdissante criée des journaux !

Dans cette maison, le 2 avril 1840, naquit donc Emile Zola.

Voici l'acte de naissance d'Emile Zola :

PRÉFECTURE DU DÉPARTEMENT DE LA SEINE
Extrait du Registre des Actes de Naissance
du 3e arrondissement (ancien) de Paris.

L'an mil huit cent quarante, le quatre avril, à deux heures un quart de relevée, par devant nous, Barthélemy-Benoist Decan, chevalier de la Légion d'honneur, maire du troisième arrondissement de Paris, faisant fonctions d'officier de l'état-civil, a comparu le sieur François-Antoine-Joseph-Marie Zola, ingénieur civil, âgé de quarante-quatre ans, demeurant à Paris, rue Saint-Joseph, n° 10 *bis*, lequel nous a présenté un enfant du sexe masculin, né avant-hier, à onze heures du soir, en sa demeure, fils de lui comparant, et de Françoise-*Emélie*-Orélie Aubert, son épouse, mariés à Paris, en la mairie du premier arrondissement, le seize mars mil huit cent trente neuf, auquel enfant il a donné les prénoms Emile, Edouard, Charles, Antoine ; ce fait en présence de sieurs Norbert Lecerf, marchand épicier, âgé de cinquante-deux ans, demeurant à Paris, rue Saint-Joseph n° 18, et Louis-Etienne-Auguste Aubert, rentier, âgé de cinquante-six ans, demeurant à Paris, rue de Cléry n° 106, aïeul maternel de l'enfant. Et ont le père et les témoins signé avec nous, après lecture.

Signé : F. ZOLA, NORBERT LECERF, AUBERT ET DECAN

Les affaires de François Zola ne lui permirent pas de retourner à Aix, avant 1842. A cette époque, la famille Zola se fixa dans la vieille capitale provençale, impasse

Sylvacanne. L'ingénieur dut bientôt faire un nouveau séjour à Paris, nécessité par la surveillance de sa machine à déblayer, qui fonctionnait à Montrouge, pour les travaux des fortifications. Ce nouveau séjour se prolongea pendant un an et demi. Le petit Zola, né à Paris, transporté à Aix, puis ramené à Paris, ne revint définitivement en Provence qu'à l'âge de cinq ans et demi. Il était trop jeune encore, lors de ce second habitat parisien, pour rien comprendre à la grande ville, ni pour en rien retenir. Paris n'a donc pu influer sur son intelligence en formation, sur son caractère, encore moins sur son talent futur, sur son génie.

Parisien de naissance, Emile Zola allait devenir Méridional, par le milieu où il se trouvait transporté, par les impressions premières, par les perceptions oculaires et auditives, par l'air même respiré à Aix et dans ses environs.

Il grandit dans la liberté d'un vaste jardin, dépendant de la maison de l'impasse Sylvacanne. La maison était bourgeoise ; elle avait été habitée par la famille de M. Thiers. Quand la mort priva la famille Zola de son soutien, cette demeure se trouva trop somptueuse et d'entretien coûteux. Mais il n'est pas aisé, au lendemain d'une catastrophe qui bouleverse les existences et démolit les fortunes, de se débarrasser instantanément d'agréments et d'engagements datant de l'époque heureuse. La veuve, liée par un bail, dut conserver l'élégante maison. Alors les meubles riches, les bibelots précieux, un à un, prirent le chemin de la boutique du brocanteur. Les domestiques avaient été congédiés. On ne garda pas même une petite servante, dans cette vaste demeure. Emilie Zola était très prise par ses procès. Pas une minute ne semblait lui appartenir. Elle courait, accompagnée de sa mère, l'intelligente et pratique beauceronne, de l'avoué chez l'avocat. Elle laissait la maison aller au hasard, et son enfant croître à l'aventure. Les charges de ce petit ménage, composé de trois personnes et d'un garçonnet, retombaient sur les bras, heureusement robustes encore, de la grand'maman Aubert. La bonne ménagère qu'elle était suffisait à tout. Elle balayait, frottait, lavait et cuisinait, après les courses en ville. Sans cesse à la besogne, toujours alerte et de bonne humeur ; elle faisait la foule, et suppléait, dans cette grande caserne, au personnel absent.

Ainsi les deux femmes et le grand-père Aubert, vieillard somnolent, n'avaient guère le temps de s'occuper du gamin. Le petit Emile poussait comme une plante agreste et vivace. Il allait, venait, courait, trébuchait, tombait, se ramassait, jouait avec des cailloux, se roulait sur l'herbe, écorchait sa veste, salissait, dans les ornières, bas et chaussettes, attrapait des papillons, pourchassait des cigales, chantonnait avec les alouettes, sifflait avec les merles ; sous les platanes et les micocouliers, il se développait avec la vigueur d'un jeune animal en liberté. On ne lui adressait aucun des reproches traditionnels dans les familles. Il ignorait les recommandations dont on accable les petits garçons. Jamais on ne lui défendit de grimper dans les branches ou de se glisser sous les haies ; il ne reçut point des taloches pour avoir déchiré sa culotte ou taché sa blouse. Cette première éducation, cet élevage sans contrainte, cette absence de la culture élémentaire ordinaire, eurent certainement, sur la formation du cerveau du jeune sauvageon, qui devait être, un jour, l'un des produits supérieurs de l'espèce humaine, une influence plus déterminante que l'atavisme.

Les deux femmes, tout en veillant avec amour sur la santé et sur le bien-être de l'enfant, semblaient se préoccuper médiocrement de son éducation première. Les notions élémentaires de maintien, de politesse, de maniérisme et de minauderie, qu'on s'efforce d'inculquer aux jeunes enfants, à tous les degrés de la société, lui furent épargnées. Il échappa à la contrainte de « se bien tenir ». Il n'eut pas à se préoccuper d'être très sage, quand il y avait du monde, et de demeurer immobile, en visite, ce qui est le fondement de l'enseignement élémentaire des sujets de la classe moyenne. Sans avoir préalablement lu Jean-Jacques, et sans prendre l'Emile du philosophe comme le modèle de l'enfant à éduquer, grand'maman Aubert, vaquant du sous-sol au grenier, et petite maman Zola, courant les études et les greffes, élevèrent l'Emile de l'impasse Sylvacanne en véritable enfant de la nature.

Le jeune Zola ne fut pas du tout un petit prodige. On aurait pu le classer plutôt parmi les élèves en retard. On range pêle-mêle communément dans cette catégorie, d'une part ceux qu'une prédisposition congénitale ou un état maladif empêchent de grandir intellectuellement ; d'autre part les adolescents qu'on a négligé d'instruire, de pousser, et qui se font reléguer, avec des condisciples beaucoup plus jeunes, dans les classes enfantines. Ecoliers abécédaires, ils épèlent encore quand les autres lisent couramment. Ce fut le cas du petit Emile.

A sept ans, il ne savait pas ses lettres. Il fallut pourtant se décider à les lui apprendre. Il convenait, par dignité, à raison de la condition sociale dans laquelle il était né, de l'arracher à son éducation purement champêtre. Le fils d'un ingénieur, l'héritier, sinon des produits financiers du canal, du moins de la renommée de son auteur, pouvait, un jour, obtenir des appuis dans la haute société aixoise, rencontrer même des protecteurs à Paris. Ceux qui avaient connu et apprécié le constructeur du canal, M. Thiers, par exemple, lui faciliteraient peut-être l'accès d'une carrière. Encore fallait-il que le futur candidat se présentât avec le bagage de savoir obligatoire. Le fils de François Zola ne devait pas demeurer dans l'état fruste d'un berger de la Camargue. Il convenait donc de conduire Emile au collège. Les études classiques, débutant par « rosa, la rose », et aboutissant aux Conciones, aux dissertations françaises, avec le baccalauréat à passer, c'était la filière nécessaire et régulière de tous les fils de la bourgeoisie. Ici, on ne suivait plus du tout les préceptes d'éducation de Rousseau. L'Emile du philosophe apprenait l'état de menuisier, ce qui, d'ailleurs, à la veille de la Révolution, était plus prudent que de se façonner au métier, bientôt inutile et périlleux, de gentilhomme de la Chambre. Les deux femmes voulurent donc préparer le petit Emile à devenir, non pas un homme de lettres, grands dieux ! mais un avocat, un médecin, ou tout au moins un bureaucrate. Qui pouvait savoir ? Le diplôme mène à tout. Le parchemin de bachelier, c'est la pièce héraldique moderne, sans laquelle on ne saurait se présenter, avec chance de succès, dans la lice où se disputent les places et les honneurs. Comme autrefois la noblesse, le titre universitaire donne accès aux grades et aux emplois. Emile bachelier pourrait bien devenir, un jour, sous-préfet !

Les songes ambitieux des deux femmes furent réalisés, dépassés, mais autrement. Emile Zola, cependant, ne put être reçu bachelier, et ne fut que quelques heures sous-préfet.

On ne pouvait mettre, dans un collège de l'Etat, cet enfant de huit ans, pour qui l'alphabet était comme une stèle aux caractères cunéiformes. Il fut décidé qu'on l'enverrait, d'abord, dans une petite pension. On le mena donc chez un de ces pauvres instituteurs libres, dont les établissements étaient achalandés par les familles modestes, ayant la vanité de soustraire leurs rejetons à la promiscuité de l'école communale, alors fréquentée seulement, dans les villes, par les fils d'ouvriers.

Dans cette institution à bon marché et à peu d'élèves, Zola apprit ses lettres et les premiers éléments. Sa famille s'était enfin débarrassée du coûteux loyer de l'impasse Sylvacanne. Elle était venue se loger, à moins de frais, au pont de Béraud, dans la banlieue d'Aix. Le jeune élève fit souvent l'école buissonnière : le nouveau logis et ses environs lui en fournissant la tentation. Il avait plus d'herbe à sa disposition, plus d'espace à parcourir, et, autour de lui, s'étendait un paysage dont la sévérité n'excluait pas la grâce. L'impression en demeura vive et persistante dans les prunelles de l'adolescent. Plus tard, les *Contes à Ninon* ont témoigné de cette première sensation rustique. Le goût de la campagne, dans la prime jeunesse, ressemble à un amour de la treizième année. Toute la vie en demeure embaumée, et l'homme fait s'en montre imprégné jusqu'aux moëlles. En suivant le cours sinueux de la Torse, Emile Zola acquit le sens de la nature. Cette rivière, symboliquement, circulera dans toute son œuvre.

A treize ans, comme il n'avait plus rien à apprendre, dans les classes primaires du pensionnat Notre-Dame, et comme on ne pouvait plus le laisser vagabonder, tel qu'un chevreau, par les garrigues, on le présenta au collège de la ville, depuis lycée Mignet. Admis comme demi-pensionnaire, en 1852, il fut placé en huitième.

Pour être près de lui, pour lui éviter, le soir, un long parcours, sa mère avait quitté la banlieue, et pris un appartement dans la ville même, rue Bellegarde. Emile passa cinq ans, environ, au collège d'Aix. Sans se révéler un de ces lauréats qui font réclame pour leurs professeurs et pour leur lycée, il fut loin d'être un cancre. Il eut des récompenses nombreuses, et, en troisième, il obtint le prix d'honneur. Voici, d'ailleurs, un extrait de ses palmarès :

En 1853, classe de septième. — 1er prix de version latine, d'histoire et de géographie, de récitation ; 2e prix d'instruction religieuse, de thème latin ; 1er accessit d'excellence ; 2e accessit de grammaire française et calcul.

En 1854, classe de sixième. — Tableau d'honneur, 1re mention ; 1er prix d'histoire et de géographie ; 1er accessit d'instruction religieuse ; 2e accessit d'excellence ; 3e accessit de récitation.

En 1855, classe de cinquième. — 1er prix de thème latin, de version latine ; 2e prix de version grecque ; 1er accessit d'excellence ; 2e accessit d'histoire et géographie ; 3e accessit de français et de récitation.

En 1856, classe de quatrième. — 1er prix d'excellence, de thème latin, de version latine, de vers latins ; 2e prix de version grecque, de grammaire générale, d'histoire et géographie.

En 1857, classe de troisième. — Prix de tableau d'honneur ; 1er prix d'excellence, de narration française, d'arithmétique, de géométrie et application, de physique, chimie et histoire naturelle, de récitation ; 2e prix d'instruction religieuse, de version latine ; 1er accessit d'histoire et géographie.

On remarquera la progression continue de ses succès. Laborieux, attentif et opiniâtre, l'élève Zola affirmait déjà son goût du travail, sa croyance au travail. Avec du vouloir, avec de l'énergie sécrétée régulièrement, patiemment, — ce fut la règle et la force de son existence — il était certain d'arriver au but proposé.

Parvenu à la classe de troisième, il avait bifurqué. La bifurcation, établie par le ministre Fortoul, obligeait l'élève, avant de passer, des classes de grammaire, dans les divisions supérieures, à déclarer qu'il choisissait les Sciences, ou bien les Lettres. Emile opta pour les Sciences. Ce fut ainsi, notamment en sciences physiques et naturelles, pour lesquelles le futur auteur du *Roman Expérimental*, l'apologiste de Claude Bernard, le théoricien de la littérature scientifique, avait un goût très vif, qu'il se montra l'un des meilleurs élèves de sa classe. Il témoigna d'une sorte d'aversion pour la littérature classique. Il eût dit volontiers, avec les Berchoux, les La Mothe, les Lemierre : « Qui nous délivrera des Grecs et des Romains ? » Il est probable, il est certain même, qu'il a, par la suite, pris connaissance des maîtres de la littérature antique, mais il ne dut les lire que dans des traductions. Il a affirmé, à plusieurs reprises, peut-être avec un peu de fanfaronnade, car il avait eu un 2e prix de version, en troisième, ne pas savoir le latin. C'est un mérite plutôt négatif. Zola paraissait satisfait de cette ignorance. Il la proclamait, comme une vanterie. C'est une tactique d'orgueil assez fréquente, que la fierté d'un dédain pour ce qui vous a fait défaut dans la vie ou pour ce qui vous échappe. Que de gens font fi de ces raisins, pour eux trop verts : titres de noblesse, terres, châteaux, bijoux, décorations, bonnes fortunes, invitations mondaines, voyages, villégiatures. Dans l'ordre intellectuel, ce faux mépris des richesses scientifiques ou artistiques, qu'on n'a pu acquérir, est aussi répandu. Zola semblait tout heureux de « n'avoir entendu parler de Virgile que « par ouï-dire ». Ce n'est pas seulement la langue virgilienne qu'il reconnaissait ne pas savoir : « Je suis ignorant de tout, de la grammaire comme de l'histoire », écrivait-il, en 1860, à son ami Cézanne. Il a certainement, par la suite, bouché quelque peu ce trou dans son instruction générale. En ce qui concerne la grammaire, il exagérait une ignorance assurément relative, mais qui donc peut se targuer de bien posséder la grammaire? Les candidates au brevet d'institutrice, et encore! Pour l'histoire, Zola devait peu s'intéresser à cette résurrection de la vie passée. On ne trouve, dans son œuvre, aucune allusion, comparaison ou citation historiques. Ceci est rare et significatif. Combien il diffère, sur ce point, de Victor Hugo, avec lequel il a tant d'affinités descriptives, coloristes, grandiloquentes et outrancières. « J'aime mieux tout tirer de moi que de le tirer des autres, » a-t-il dit, non sans quelque infatuation, car, en littérature aussi, on est toujours, comme dit Brid'oison, fils de quelqu'un.

Dans un « interview » que j'ai dirigé, surveillé, et revisé, en 1880, — le terme n'était pas bien connu, mais ce genre d'article anecdotique, et cette indiscrétion consentie existaient déjà, à cette époque, — mon collaborateur au *Réveil*, Fernand Xau, publia la réponse suivante de Zola à une question sur ses études :

Je n'entrai en huitième qu'à l'âge de douze ans passés. C'était un peu tard pour commencer le latin. Aussi, quand, à dix-huit ans, ma mère me conduisit au Lycée Saint-Louis, à Paris, j'en étais seulement à ma seconde. Bon élève, à Aix, où je remportai des succès, sinon éclatants, du moins estimables, je devins mauvais élève, à Paris...

Ici, une observation d'ordre général, qui a son intérêt pour le maintien des bonnes études et le développement universitaire de notre pays. Paris est un mauvais centre d'études. Ecoliers ou étudiants, les jeunes gens s'y trouvent dans un milieu mal disposé pour le travail. Il se rencontre trop de distractions et trop de motifs de dissipation, dans la grande ville. Au moyen âge, l'Université de Paris a pu être un puissant foyer de lumières théologiques et philosophiques, un admirable atelier où s'élaborait le grand œuvre du savoir. Mais la vie qu'on y menait, malgré ribaudes et tavernes, avait toute la rudesse monastique. On a conservé les règles et les us des escholiers de la rue du Fourre ; la discipline des couvents sévères y régnait, avec la ponctualité et l'isolement de la caserne. Dans les milieux modernes, l'étudiant, le lycéen, sont trop exposés à la promiscuité mondaine, au voisinage bruyant. Paris, sans doute, à raison de la haute valeur des maîtres qui sont sélectionnés, et par suite de l'agglomération des élèves les mieux doués, remporte des succès dans les concours. Mais ce sont des supériorités exceptionnelles. Le niveau général des études y est au-dessous de la moyenne. L'apprentissage de l'étudiant ne saurait se faire dans une cité anormale et monstrueuse, où le tapage des gens en fête domine. Il y a trop de musiques dans l'air, trop de passants dans les rues, trop de flamboiements aux vitrines et trop de tentations à tous les carrefours, pour qu'on puisse étudier, avec application et profit, au milieu de ce tohu-bohu. Les grandes universités allemandes, pierres d'assises solides de la puissance germanique, sont toutes situées dans des villes secondaires et calmes, Heidelberg, Königsberg, Leipsick, Iéna. Il roule trop de véhicules, tramways, coupés, fiacres, autobus, par les voies parisiennes, pour qu'on y jouisse du recueillement indispensable à qui veut apprendre. Les facultés, les collèges, les instituts, ne devraient ouvrir leurs doctes salles que sur des rues où l'herbe pousse. Par crainte des troubles de la place publique et des tumultes populaires, on a relégué l'assemblée nationale française, lorsqu'il s'agit de donner une constitution ou d'élire le chef de l'Etat, dans la ville morte du grand Roi. Il n'y a nulle utilité à ce que les Facultés de droit, de médecine, et même les lycées d'internes de l'Académie de Paris, soient à proximité des boulevards. A Versailles conviendrait parfaitement ce rôle de cité universitaire. Ce serait l'Oxford et l'Heidelberg français.

L'écolier Zola appuie, de son exemple, cette argumentation. Si le lauréat d'Aix, ville paisible, s'était mué en cancre parfait, à Paris, c'est que l'atmosphère capiteuse du milieu produisait son effet accoutumé. Ce n'était pas la fête ambiante qui le troublait, le détournait, mais l'ivresse intellectuelle même de Paris. Le rhétoricien provençal se dégoûtait des monotones et fades occupations universitaires ; il s'abandonnait à ses rêves de gloire littéraire ; il se livrait à des lectures en dehors des « matières » imposées pour le baccalauréat.

Dans l'interview, que j'ai indiqué plus haut, et auquel j'aurai plusieurs fois recours, car ayant été publié, sous les yeux de Zola, il y a vingt-huit ans, il constitue un document quasi autobiographique de la plus grande sincérité, l'écolier buissonnier expliqua ainsi son peu d'assiduité et son absence de succès, aux cours du lycée Saint-Louis :

... C'est que j'étais déjà lancé dans le mouvement littéraire et que je lui appartenais corps et âme. Je délaissais mes classiques pour lire avec avidité Montaigne, Rabelais, Diderot et Hugo... Ah ! Hugo ! j'étais fou de lui !
Cela vous explique que, contrairement à ce qu'on a affirmé, je ne sois pas bachelier. Est-ce pour la même raison que

Daudet n'est pas plus avancé que moi ? Je l'ignore. Toujours est-il qu'il est assez étrange de voir deux romanciers notoires n'avoir même pas, dans les rangs de l'Université, l'épaulette de sous-lieutenant.

Les parents du lycéen faisaient de lourds sacrifices pour qu'il pût obtenir, grâce au diplôme obligatoire et élémentaire, l'accès de certains emplois. Il avait tort de ne pas se violenter, afin de triompher des redoutables examens, qui semblent surtout faciles à ceux qui ne les ont pas subis. Sans doute, cet échec scolaire n'a pas nui à la fortune littéraire de *l'Assommoir*. Nul ne se préoccupe, aujourd'hui, de savoir si l'auteur a été fort en thème ou fruit sec, et tous les baccalauréats de l'Université ne sauraient rien ajouter à sa gloire. Mais il ne doit pas servir d'exemple, ni d'encouragement, aux écoliers présents et futurs, qui ne l'imiteraient qu'en cela. Ce n'est pas parce qu'il n'a pu passer son bachot que Zola s'est montré capable d'écrire *Germinal*.

Les deux femmes, qui le gâtaient, lui avaient trop laissé la bride lâche sur le cou, durant ses années d'enfance, jours de grand air, d'escapades, de bondissement par les garrigues, par les ravins, et de longues rêvasseries à l'ombre, au bord de la rivière de l'Arc. Mais nous leur en devons reconnaissance. Cette éducation en liberté fut salutaire et inspiratrice. Elle priva la France d'un bachelier de plus ; elle lui valut peut-être l'un des plus robustes ouvriers de la plume. C'est tout gain pour le pays, pour la postérité mondiale aussi. Bénissons les deux mamans d'avoir élevé leur Emile à la sauvageonne. L'enfant a pu vagabonder, comme un petit pâtre, tout en ayant la possibilité d'étudier comme un jeune bourgeois. Cette croissance indépendante, hors des langes où l'on emmaillotte les fils de la classe aisée, permit au corps, et aussi à l'intellect du gamin, de se développer avec vigueur. Dans ces randonnées, qui faisaient le fond des plaisirs du jeune gars, il était accompagné de deux camarades, qui devinrent ses inséparables : Baille, qui fut, par la suite, professeur à l'Ecole polytechnique, et Cézanne, le vigoureux peintre impressionniste. Tous trois alors ruminaient des vers, qu'ils se récitaient avec conviction, et qu'ils louaient avec sincérité.

Zola avait conservé un souvenir très vif de ses juvéniles excursions de Provence. Il les évoquait avec plaisir, sans regrets inutiles ni banales lamentations. Jamais il ne pleurnicha des variations vulgaires sur le thème universel de la jeunesse envolée. Il contait volontiers à ses intimes, durant quelque sombre après-midi, au fond des Batignolles, avec quelle ardeur, avec quelle exubérante impatience, avec ses condisciples provençaux, il se mettait en route, par les matinées d'été, pour chasser les ortolans dans les ravins ensoleillés, du côté du barrage paternel. La chasse n'était, le plus souvent, qu'un prétexte. N'allait-on pas en battue, dans la contrée où se déploient les tireurs de casquettes ? Il s'agissait de faire de la route. Toute une journée à passer avec Baille et Cézanne, gagner de l'appétit et faire honneur aux provisions préparées, la veille, par les parents, bavarder art et littérature en toute tranquillité, c'était le vrai plaisir cynégétique. Ces causeries interminables sont délicieuses, et les heures de la jeunesse, ainsi passées à s'entretenir des livres, des pièces, des tableaux, œuvres récemment signalées, ou déjà glorieusement consacrées s'écoulent rapides, grisantes et inoubliables. Elles parfument toute une existence d'artiste. Il n'est pas toujours aisé, surtout dans une ville provinciale, de s'isoler, à trois ou quatre compagnons ayant les mêmes goûts, les mêmes aspirations vers la littérature, le théâtre, la peinture.

Les poètes actuels, biens rentés, élégants, rasés, tondus, ayant pour Pégase l'auto, et bientôt le dirigeable, sont admis dans les sociétés distinguées. Les belles madames les câlinent, les invitent à dîner et parfois les prennent pour amants. Ils sont semblablement, quand ils débutent, « gobés » des jeunes femmes à bandeaux plats couvrant les oreilles, et accueillis à bocks ouverts ès-cabarets montmartrois ou rive-gauchers. Mais, au temps où Zola bredouillait ses primes strophes, le faiseur de vers et le barbouilleur de toiles étaient classés parmi les mal vus. Aussi, agissaient-ils sagement, ces jeunes Provençaux, aspirants artistes, en se retirant vers les déserts, sous couleur de tirer un bec-fin, Alcestes de la poésie, cherchant un endroit écarté, où de débiter leurs sornettes ils eussent la liberté. En ces solitudes brûlées, ils ne choquaient personne, commérant sur un tas de gens, ignorés à Plassans, dont les histoires ne pouvaient intéresser la bonne société : car ils n'avaient jamais été établis dans la ville, ni occupé une fonction honorable, ce Musset, ce Balzac, ce Delacroix, personnages si peu importants qu'on eût vainement cherché leur adresse dans le Bottin, mais dont les noms revenaient sans cesse dans les propos des jeunes chasseurs.

Les trois amis, après avoir, à la poursuite de quelque volatile, égaré et chimérique, battu distraitement les buissons et sondé les bosquets, s'asseyaient sous bois, à l'heure où midi rôtissait les oliviers et les pins. On se hâtait de rassembler des brindilles résineuses et l'on cuisinait, en plein air. Le repas achevé, la digestion se faisait sous l'ombrage de quelque hêtre épais. Mollement allongés, comme des bergers virgiliens, les trois sylvains alternaient leurs propos ; ils dissertaient sur Hugo, sur Musset, avec force citations, puis chacun disait ses propres vers, et l'on rentrait en ville, à la nuit close, les jambes lourdes, et le carnier léger. Mais nul n'était revenu bredouille d'idées et d'impressions. On avait provision de grande poésie et de bon air pour toute la semaine. Cela aidait à supporter allègrement la vie provinciale, prosaïque et confinée.

La famille Zola, cependant, dégringolait. On était loin du faîte de bourgeoisie, où l'ingénieur avait tant souhaité placer les siens. Les logements remplaçaient les appartements, qui eux-mêmes avaient succédé à la vaste maison bourgeoise de l'impasse Sylvacanne, illustrée par le séjour de M. Thiers. De la bastide campagnarde du Pont-de-Béraud, de la demeure bourgeoise de la rue Bellegarde, de la maisonnette de la rue Roux-Alphéran, il avait fallu reculer jusqu'aux faubourgs, et prendre un appartement modeste, cours des Minimes. C'était trop cher encore. Un logement d'ouvrier, rue Mazarine, donnant sur les remparts en ruines, dans le plus pauvre quartier de la ville, reçut enfin la famille déchue.

Dans ce misérable logis, en novembre 1857, mourut la courageuse grand'mère, maman Aubert. Le grand-père et le petit Emile demeurèrent seuls, car Mme Zola, pressée par les créanciers, accablée par des procès interminables, assaillie par les réclamations d'avides avoués, ayant son mobilier en grande partie vendu, avait pris le parti de quitter Aix. Elle s'était rendue à Paris. Elle espérait trouver, parmi les anciens amis de son mari, conseils, aide, protection. Elle se promettait de voir M. Thiers. Elle éprouva probablement de dures déceptions, car, au lieu de revenir à Aix, comme elle l'avait espéré, avec de bonnes promesses et peut-être de l'argent, elle résolut de se fixer à Paris et de faire venir son fils et le grand-père. Le jeune Zola reçut une lettre pressante et désolée de sa mère. Elle lui recommandait de vendre les quelques pauvres meubles qui restaient, et de la rejoindre aussitôt à Paris. « Avec l'argent du mobilier, disait la malheureuse femme, tu auras assez pour prendre ton billet de troisième classe et celui de ton grand-père. Dépêche-toi. Je t'attends ! » C'était la misère noire et le naufrage complet.

Après avoir dit un adieu, estimé provisoire, à ses chers inséparables, Baille et Cézanne, le jeune Émile et le vieil Aubert montèrent dans le wagon, et arrivèrent à Paris, en février 1858. Emile Zola avait alors 18 ans.

Grâce à la protection de M. Labot, avocat au Conseil d'Etat, ancien ami de François Zola, Emile obtint une bourse. Il fit donc sa seconde et sa rhétorique au lycée Saint-Louis. Nous avons dit qu'il ne fut là qu'un lycéen médiocre. Il obtint, cependant, un 2ᵉ prix de narration française. Il était distrait et indifférent, en classe. Rien de ce qu'on y enseignait ne l'intéressait. Mais la littérature, non classique, les auteurs dont on ne parlait jamais en chaire lycéenne, Victor Hugo et Musset principalement, le passionnaient, et accaparaient toute son attention, captaient toute son intelligence.

En quittant Aix, il avait été convenu, avec Baille et Cézanne, qu'on se reverrait à Paris. En attendant cette réunion désirée, où l'on revivrait un peu les chères heures provençales, déjà lointaines, mais non effacées, on devait s'écrire, souvent et longuement. Zola ne faillit point à cet engagement. On a, datées de cette époque, de nombreuses lettres de lui à Baille, à Cézanne, et quelques billets à un autre condisciple d'Aix, Marius Roux, qui viennent d'être publiées par l'éditeur Fasquelle.

Dans une de ces lettres, écrites du lycée Saint-Louis, Zola annonce sa ferme intention de décrocher le diplôme de bachelier ès-lettres. Une fois qu'il tiendra son diplôme, il fera son droit.

... C'est une carrière, dit-il, qui sympathise beaucoup avec mes idées. Je suis donc décidé à me faire avocat. Tu peux être assuré que l'oreille de l'écrivain se montrera sous la toge.

Il s'informait auprès de son ami, qui avait fait des études littéraires, de la façon dont il devait préparer son examen. Il comptait prendre un répétiteur pour corriger ses devoirs. Il n'abandonnerait pas l'obtention du baccalauréat ès-sciences, et il annonçait sa volonté, dès qu'il serait reçu, pour les Lettres, de livrer le second combat à la Sorbonne. Ces courageuses résolutions, qui ne devaient pas être suivies d'exécution, l'écolier les transmit au jeune écrivain, qui les réalisa, mais pas de la même façon. Dès cette époque, le lycéen Zola formulait, dans une phrase confidentiellement jetée à son camarade Baille, ce qui devait être la règle et la devise de toute sa laborieuse existence, sa force et sa joie à la fois : « Il n'est qu'un moyen d'arriver, et je l'ai toujours dit : c'est le travail ! »

Le rhétoricien, un peu, beaucoup en retard, car il avait dix-neuf ans sonnés quand il se présenta aux juges, en Sorbonne, échoua, dans des conditions assez curieuses. Il avait été reçu à l'écrit, formant la première partie de l'examen, la plus redoutée, étant éliminatoire et d'une difficulté plus grande, car le candidat ne pouvait compenser ses fautes « de discours latin » ou de « version latine », barbarismes, solécismes et contre-sens, tandis qu'à l'oral, il est possible de se rattraper et d'effacer la mauvaise réponse, sur une question, par une satisfaisante énonciation sur une interrogation du même ordre. On peut également balancer les boules noires, données par un examinateur mal satisfait, avec les blanches obtenues d'un autre, plus content ou moins sévère.

Admis à l'écrit, l'examen oral devait être facile au candidat, selon toutes prévisions. Zola répondit fort bien pour la partie scientifique : en mathématiques, physique, chimie, histoire naturelle, même en algèbre, il ne récolta que des « blanches ». Le diplôme semblait acquis. Restaient les matières suivantes : histoire, langues vivantes, littérature. Pour un garçon aux vastes lectures, connaissant les poètes, les philosophes, toute la littérature classique française, les réponses sur ces sujets familiers devaient être aisées, justes, et même un peu supérieures à celles de la plupart des autres candidats.

Pour les langues vivantes, on devait choisir entre l'anglais et l'allemand. Zola ne put pas déchiffrer le texte de Schiller qui lui fut présenté, et il semblait même n'avoir jamais eu sous les yeux l'alphabet gothique. Il devait s'attendre à la boule noire, qui lui fut colloquée.

L'histoire n'était pas non plus son fort, au rhétoricien déjà vétéran, et il parut visiblement brouillé avec les dates. Questionné sur Charlemagne et sur la fin de son règne glorieux, il fit mourir le grand empereur à la barbe fleurie au commencement du xvie siècle. C'était pure inadvertance, car, au moins par *la Légende des Siècles* de Victor Hugo, il était à même de situer chronologiquement le fondateur de la dynastie carlovingienne, bien avant l'avènement des Valois. Il ne connaissait ni les Capitulaires, ni les Annales d'Eginhard. Il ne trouva rien à dire d'intéressant, ou même de juste ou de banal sur le grand homme féodal, à qui Auguste Comte faisait une place dans son calendrier positiviste, comme à un des maîtres de la civilisation européenne. On eût interrogé le jeune homme sur Napoléon, ou sur Louis-Philippe, son contemporain, qu'il eût probablement fait preuve de la même insoucieuse ignorance.

Il aurait dû prendre sa revanche, atténuer ses boules noires pour l'histoire et les langues vivantes, sur le terrain littéraire. La Fontaine fut le sujet de l'interrogation. Ici, le candidat ne demeura pas bouche bée. Il répondit. Il avait sans doute lu Taine, et il savait peut-être l'appréciation de Rousseau sur la moralité des Fables de La Fontaine, et sur la sottise qu'il y avait à donner aux enfants, comme premier livre, comme alphabet intellectuel, ce profond et subtil auteur, qu'on s'obstinait à traiter en naïf et à qualifier de bonhomme (l'anarchiste, qui avait osé dire sous Louis XIV : notre ennemi c'est notre maître, un bonhomme!). Il est probable que les explications du futur auteur de *la Terre* sur le génie et la philosophie de l'homme qui faisait parler les bêtes, et qui se moquait, aux temps de la Bastille et de l'Œil-de-Bœuf, des grenouilles qui demandaient un roi, ne furent pas très orthodoxes. L'examinateur donna la fâcheuse boule noire, qui, finalement, l'emporta. L'élève Zola fut donc ajourné.

Pour se remettre de cet insuccès, Emile s'en fut passer ses vacances dans le Midi. Il revit sa chère Provence et ses bons camarades. Fut-ce le désir de prolonger son séjour aux bords de la Torse, et dans le voisinage de la cheminée du Roi René, ou bien effort nouveau afin de complaire à sa mère, en obtenant ce diplôme, qui semblait à la veuve de l'ingénieur comme un noble passe-partout à l'aide duquel, dans la société officielle et bourgeoise, on ouvrait toutes les portes? Toujours est-il qu'il demeura jusqu'en novembre dans le Midi, annonçant définitivement son intention de se représenter à Marseille, lors de la session d'automne. A cette date, il échoua derechef, mais, cette fois, l'insuccès ne fut imputable ni à l'allemand, ni à Charlemagne, ni à La Fontaine : le candidat solécisant ne put être admis à l'écrit. Il renonça au baccalauréat et ne retourna plus au lycée. Il était mûr, d'ailleurs, pour la vie d'homme, et un collégien de vingt ans, cela devenait un peu ridicule.

Mais l'existence de jeune étudiant, sans but, ne pouvant prendre d'inscriptions, faute du diplôme indispensable, ni entamer des études aboutissant à une profession classée, apparaissait bien sombre. Zola avait logé, d'abord avec sa mère, rue Saint-Jacques, n° 241, et ensuite, au sixième étage, rue Saint-Victor, au n° 35. Ils se séparèrent alors. Tandis que Mme Zola prenait table et logement, rue Neuve-Saint-Etienne-du-Mont, n° 24, dans une de ces modestes pensions bourgeoises décrites par Balzac, il s'installait même rue, au n° 21, au faîte de la maison, dans un belvédère. Joli endroit pour des études astronomiques, ou encore agréable perchoir pour écouter, les soirs printaniers, le concert gratis des pinsons, dans les branches. Le Jardin des Plantes était tout proche. Mais, par cet hiver assez rigoureux de 1860, l'endroit aérien manquait de charmes. Il est vrai que son locataire y composait un poème, en situation, par le titre, du moins : *l'Aérienne.* Ce conte lyrique était inspiré par une vision, peut-être par une amourette provençale.

Dans cette volière parisienne de la rue Neuve-Saint-Etienne-du-Mont, Bernardin de Saint-Pierre avait composé ses *Etudes de la Nature*. Là, peut-être, l'ancien officier de marine avait-il vu se dresser, parmi les frimas et les givres, les lataniers des Pamplemousses. Par la vitre, au loin, sur les trottoirs fangeux, il avait aperçu le gracieux couple de Paul et Virginie, cheminant sous le dais de feuillage, poétique et légendaire, décor touchant des pendules bourgeoises. Zola y gazouilla ses vers juvéniles, pour la plupart destinés à l'oubli et au sacrifice raisonné, en soufflant sur ses doigts, et en se servant non de la plume, mais du crayon, car l'encre gelait dans la bouteille. Une scène vécue et un décor vrai de cette vie de bohême que Murger a fardée.

Emile Zola, à vingt ans, réalisait donc le type classique du poète miséreux, rêvait l'existence, incapable de se soumettre à un travail qualifié de servile, imaginant récolter, sinon la fortune, du moins le pain quotidien, en semant des rimes autour de lui. Ce grain-là ne germe guère sur le pavé des cités. Il n'en avait cure et semaillait à force. Il supportait allègrement sa débine. Il considérait sa mansarde, en forme de cage vitrée, comme le nid logique du poète. Il projetait, en attendant d'avoir achevé son poème de *Paolo*, d'écrire un petit acte en prose pour « un nouveau théâtre » qui se montait aux Champs-Elysées. Zola débutant aux Folies-Marigny. C'était amusant. Ce ne fut qu'une rêverie d'un instant, une illusion, comme lorsqu'il déclarait « songer à une position ». Il se reconnaissait, du reste, peu fait pour le théâtre. « Mon esprit ne se prête pas à ce genre », disait-il alors, et cette appréciation personnelle fut vérifiée plus tard.

Dans les rigoureuses et pénibles analyses qu'on fait de soi-même, à l'heure où Baudelaire place l'examen de minuit qui vous fait disparaître confus, mais non repentant ni corrigé, sous les draps, dans les ténèbres, le jeune troubadour, isolé, affamé, dans Paris, dut reconnaître que la poésie, quand le poète est inédit et mal vêtu, n'est pas ce que les tribunaux classent parmi les moyens d'existence avouables. Il admettait donc qu'il lui fallait entreprendre un ordinaire travail quelconque pour vivre. Mais ce mode de subsistance, il ne le trouvait pas. Il souffrait ainsi doublement, d'abord, en se décidant à renoncer à la Muse, comme il disait, en son style mussettiste d'alors, nourrice trop sèche qui n'allaite pas son homme, et ensuite en ne mettant pas la main sur l'outil producteur, qu'il consentait à empoigner, sans pour cela lâcher la lyre. Comme Apollon, il voulait bien se faire berger, mais il ne rencontrait pas d'Admète lui confiant des troupeaux. Il espérait vaguement obtenir un emploi qui lui donnerait à manger, sans le priver de son alimentation cérébrale. Il ferait comme tant d'autres jeunes hommes, épris d'art, parvenant à vivre à l'aide d'une place, avec quelques loisirs pour se livrer à la poésie, au roman, au théâtre, à la philosophie.

Accomplir un rôle de machine, travailler le jour pour du pain, disait-il, puis, dans les moments perdus, revenir à la Muse, tâcher de se créer un nom littéraire, c'est le rêve que j'ai fait.

Malheureusement, ce but louable, qu'il déterminait ainsi : ne pas quitter la littérature, qui, peut-être, un jour, pourrait devenir une source d'honneurs et de gains et; en attendant ce jour bienheureux, subvenir aux besoins de la vie par un travail n'importe lequel, lui échappait.

Depuis plus d'un an, écrivait-il à Baille, je fais une chasse féroce aux emplois, mais si je cours bien, ils courent mieux encore !

Il connut alors ces étapes fatigantes, et parfois humiliantes, du quémandeur de places, du chercheur de travail. Qu'on est désarmé, dans cette bataille du pain, quand on ne possède pas ce que, si sagement, Rousseau voulait qu'on donnât à son Emile, jeune gentilhomme pourtant, et pourvu d'un patrimoine : un métier, un outil. Avec une netteté de jugement rare, Zola ne se plaignait pas tant du refus des patrons auxquels il s'offrait que du peu de titres qu'il avait à leur acceptation. « Tu ne saurais croire combien je suis difficile à placer ! » avouait-il à son confident d'Aix.

Ce n'était pas qu'il eût des exigences grandes et des prétentions inadmissibles. Il reconnaissait son défaut de capacités professionnelles. Il savait une foule de choses inutiles pour obtenir un emploi, et il ignorait précisément celles qu'il aurait fallu savoir. Ceci a été constaté cent fois, et tous ceux qui ont critiqué l'enseignement universitaire ont usé de cet argument. Les humanités sont aristocratiques. Elles préparent aux nobles fonctions de dirigeant, de pasteur des peuples, de maître discourant en chaire, ou de ciseleur de mots travaillant pour des clients de loisir. Ces belles et précieuses études classiques conviennent surtout à quelque jeune privilégié, n'ayant pas à se préoccuper du salaire immédiat, mais visant seulement, de haut, la fortune à venir, avec l'autorité, les dignités et parfois la gloire en plus. Mais la critique de Zola n'est ni vaine déclamation, ni raisonnement de moraliste. Elle est la voix même des entrailles à jeun du solliciteur rebuté. Ce n'est pas une apostrophe de rhéteur traitant un lieu commun, c'est la clameur sincère de la créature impuissante à gagner un salaire, et confessant qu'il n'y a pas, dans ce fait, que de l'injustice sociale et que du mauvais vouloir patronal.

Rien n'est plus rare que de trouver une place nous convenant, à nous qui sortons des lycées, disait Zola, devançant les virulentes apostrophes de Jules Vallès à l'enseignement classique, mais avec plus de force de raisonnement, et moins d'épithètes criardes. Inaptes dans la pratique, chevauchant sur des mots, sur des chiffres et des lignes, nous ignorons par excellence les menus détails de la vie, les combinaisons, pourtant si simples, qui peuvent se présenter dans un milieu social. Il nous faut un apprentissage plus ou moins long, partant un surnumérariat plein d'ennuis et vide de gain...

Il raconte, à l'appui, l'une de ses démarches, entre mille, avec une verve âpre et sobre, sans inutiles anathèmes aux employeurs méticuleux et rébarbatifs.

... J'adresse une demande à une administration. On me répond de passer chez le chef. J'entre, je trouve un monsieur tout de noir habillé, courbé sur un bureau plus ou moins encombré. Il continue d'écrire, sans plus se douter de mon existence que de celle du merle blanc. Enfin, après un long temps il lève la tête, me regarde de travers, et d'une voix brusque : « Que voulez-vous ? » Je lui dis mon nom, la demande que j'ai faite, et l'invitation que j'ai reçue de me rendre auprès de lui. Alors commence une série de questions et de tirades, toujours les mêmes, et qui sont à peu près celles-ci : si j'ai une belle écriture ? si je connais la tenue des livres ? dans quelle administration j'ai déjà servi ? à quoi je suis apte ? etc., etc., puis : qu'il est accablé de demandes, qu'il n'y a pas de vacances dans ses bureaux, que tout est plein, et qu'il faut se résigner à chercher autre part. Et moi, le cœur gros, je m'enfuis au plus vite, triste de n'avoir pu réussir, content de n'être pas dans cette infâme baraque. (*Lettre à Baille*, 1er *mai 1861*.)

Au fond, il n'était pas fâché d'être ainsi éconduit. Il cherchait « une position », par sentiment du devoir, par désir de soulager sa mère et de se disculper du reproche de paresse et de vie désœuvrée, mais il se sentait presque heureux d'avoir échoué. Il s'évadait, d'un pied léger, comme d'un piège, de ces bureaux où il avait failli être capturé. Il éprouvait, dans la rue, le soulagement d'un homme qui s'est tiré d'un endroit dangereux. En règle avec sa conscience, puisqu'il avait cherché un emploi et n'en avait pas trouvé, l'Evangile a tort en matière de places, il remontait, presque gaîment, à son belvédère. Il le trouvait moins glacial, et il se remettait, avec entrain et bonne humeur, à son poème commencé, qui lui paraissait plus chaud.

Il voulait être poète, rien que poète, pour le moment. Il proclamait fièrement qu'il aimait la poésie pour la poésie, et non pour le laurier. Il considérait ses vers comme des amis qui pensaient pour lui. Il les aimait pour eux, pour ce qu'ils lui disaient. La versification devenait un culte, dont il se consacrait prêtre. Poésie et divinité étaient synonymes à ses yeux d'alors. Il admettait, toutefois, que, comme le prêtre de l'autel, le poète devait vivre de sa poésie. Il ne voulait pas faire une œuvre en vue de la vendre, mais, une fois faite, il trouverait bien que l'œuvre fût vendue par le poète au libraire, et par celui-ci au public. Il a gardé ces justes principes, toute sa vie, et les a fortement exposés, plus tard, dans son article fameux sur *l'Argent dans la littérature*. Avec philosophie, toutefois, il se disait alors qu'il ne deviendrait jamais millionnaire, que l'argent n'était pas son élément, et qu'il ne désirait que la tranquillité et la modeste aisance. Il ne pressentait pas le formidable champ de prose, qu'il devait si vigoureusement labourer, et d'où, pour lui, lèverait toute une moisson légitime de gloire et d'argent.

Il était donc, à cette époque de sa vie, tout à la poésie. Il ne multipliait pas les œuvres et n'abattait point les alexandrins, comme un bûcheron les branches. Sa plume frêle n'avait rien d'une cognée.

Il est peu de poètes assez sages pour consentir à n'être poètes que pour eux, et pourtant c'est le seul moyen de conserver sa poésie fraîche et gracieuse. Je hais l'écriture, écrivait-il à Baille. Mon rêve, une fois sur le papier, n'est plus à mes yeux qu'une rapsodie. Ah! qu'il est préférable de se coucher sur la mousse, et là, de dérouler tout un poème par la pensée, de caresser les diverses situations, sans les peindre par tel ou tel mot ! Que le récit aux contours vagues, que l'esprit se fait à lui-même, l'emporte sur le récit froid et arrêté que raconte la plume aux lecteurs... !

La rêverie l'envahissait. La lassitude de l'action à entreprendre l'accablait, par une anticipation de la pensée. Il éprouvait aussi quelques désirs d'épicuréisme. Il formulait un rêve de puissance et de satisfaction. Si la divinité lui communiquait, pour un instant, son pouvoir, comme le pauvre monde serait joyeux! Il rappellerait sur la terre l'ancienne gaieté gauloise. Il agrandirait les litres et les bouteilles. Il ferait des cigares très longs et des pipes très profondes. Le tabac et le vermouth se donneraient pour rien. La jeunesse serait reine, et, pour que tout le monde fût roi, il abolirait la vieillesse et dirait aux malheureux mortels : « Dansez, mes amis, la vie est courte et l'on ne danse plus dans le cercueil !... » Il devait, à la fin de sa carrière, retrouver et décrire, dans ses *Evangiles*, mais en les purifiant, en les idéalisant, ces chimériques visions de bonheur terrestre.

Ces fantasmagories paradisiaques se transformaient, dans la réalité de ses vingt ans, en des joies plus simples, d'une réalisation vulgaire et économique :

Mes grands plaisirs, écrivait-il à Cézanne, sont la pipe et le rêve, les pieds dans le foyer et les yeux fixés sur la flamme. Je passe ainsi des journées presque sans ennui, n'écrivant jamais, lisant parfois quelques pages de Montaigne. A parler franc, je veux changer de vie et me secouer un peu pour me nettoyer de cette poussière de paresse qui me rouille. Il y a longtemps que je médite, il est temps de produire...

Il disait d'ailleurs, au même Cézanne, pour justifier son indolente rêvasserie :

Ce que j'ai fait, jusqu'ici, n'est pour ainsi dire qu'un essai, un prélude. Je compte rester longtemps encore sans rien publier, me préparer par de fortes études, puis donner leur essor aux ailes que je crois sentir battre derrière moi...

Zola poète, ou, pour être plus précis, Zola écrivant en vers, ne laissait guère prévoir le robuste ouvrier, le puissant fabricant de l'œuvre en prose de l'avenir. Combien les procédés du jeune lyrique différaient du prosateur mûri, constructeur méthodique, architecte calculateur, prenant à l'avance les dimensions du travail décidé, n'abandonnant rien à l'improvisation ni au hasard.

J'ai terminé, depuis quelques jours, le poème de *l'Aérienne*, écrivait-il en 1861, je ne sais trop ce qu'il vaut. Comme toujours, je me suis laissé emporter par l'idée première, écrivant pour écrire, ne faisant aucun plan à l'avance, et me souciant assez peu de l'ensemble..., j'ai confiance dans l'inspiration du moment, j'ai même reconnu que les vers, qui arrivaient spontanément, étaient de beaucoup supérieurs à ceux que je ruminais des jours entiers...

Nous voilà bien loin de Zola futur colligeur de documents, ouvrant des dossiers à chacun de ses personnages, classant, annotant toutes les particularités de leur organisme, de leur existence, ne laissant rien à l'imprévu, se défiant de toute imagination, et bâtissant son œuvre avec des matériaux taillés et numérotés, comme pour un édifice dont toutes les parties sont combinées et proportionnées sur le plan complet, dressé et signé *ne varietur*, avant le premier coup de pioche.

Pour avoir une idée de l'œuvre poétique, à peu près ignorée, de l'auteur de *l'Aérienne*, il est bon d'analyser son état cérébral, de faire pour ainsi dire l'inventaire de son intellect de la vingtième année. D'après ses lectures, et en relevant ses impressions et ses aspirations, par lui-même confessées, on peut établir le bilan de sa mentalité et de son avoir de penseur et d'écrivain, vers 1860.

Nous savons déjà le milieu dans lequel a évolué l'enfant, puis l'adolescent, nous connaissons la force acquise héréditairement, le mélange des sangs, l'atavisme dalmate et beauceron, la Provence, les premiers jeux, les camaraderies puériles devenues de juvéniles amitiés, restreintes et exclusives, l'éducation classique incomplète, la pauvreté réfrénant les passions matérielles comme les élans artistiques du jeune homme, la répugnance à se soumettre à une besogne mécanique, le goût à peu près absolu de la littérature, et, plus spécialement, de la poésie.

Par quoi et comment cette intelligence, aux développements lents et aux belles manifestations tardives, fut-elle alimentée de seize à vingt ans ? A cette époque de la croissance, la nourriture de la cervelle humaine a un rôle très important, comme la santé et la vigueur physique du jeune homme dépendent, en grande partie, du régime alimentaire, durant ces années où le corps se forme et grandit. L'alimentation intellectuelle n'a pas moins d'influence sur la formation du cerveau, sur la croissance des facultés, sur la vigueur de l'esprit, et aussi sur cette matière obscure et complexe : la conscience. L'enfant né aux champs, dans les taudis des cités manufacturières, poussant sur le terreau grossier, parmi les végétaux humains que nulle culture n'a perfectionnés et adoucis, puise la substance nourrissant sa pensée, formant son intellect, car il en a un, si rudimentaire qu'il apparaisse, uniquement dans les perceptions sensorielles, dans ce qu'il rêve, dans ce qu'il entend, dans ce qui se passe autour de lui. Dans les milieux instruits, la croissance intellectuelle est surtout le produit des primes lectures. Les livres ne sont pas seulement des professeurs, ce sont aussi les nourrisseurs de l'intelligence. Ils la développent, ils l'engraissent, ils la fortifient, souvent aussi ils l'anémient, ils la rendent maladive, parfois ils l'empoisonnent et la font redoutable et meurtrière.

Quelles furent les premières lectures de Zola, en dehors des livres élémentaires, des petits manuels et des épitomes qu'on met entre les mains de tous les enfants ? Victor Hugo et Musset furent les premiers pourvoyeurs cérébraux du jeune provençal. Il n'eut pas du tout le goût local, ni l'esprit du folk-lore. Je ne crois pas qu'il ait lu Mistral, dans sa jeunesse, et il n'eut quelque idée du félibrige que longtemps après sa conquête de Paris. Il ne se souciait que médiocrement de conquérir Plassans. Il ne témoigna jamais d'un grand enthousiasme pour l'idiome, ni pour la littérature des tambourinaires. Il ne se souciait pas d'écrire pour les pastours et les gens des mas.

Montaigne fut un de ses auteurs de prédilection. Pas du tout félibre, le vigoureux et sensé bordelais. Le vocabulaire archaïque, et les rudes tournures de phrase du philosophe observateur et douteur, devaient surprendre le faible rhétoricien, peu façonné au style de la Renaissance. Les latinismes abondants et les citations fréquentes, non traduites, pouvaient l'embarrasser. N'importe ! A plusieurs reprises, Zola témoigna de son admiration pour cet auteur, profond, ingénieux et primesautier, le philosophe du Moi, et le premier en date de nos psychologues. Le « connais-toi toi-même ! » semblait donc à Zola la base de l'étude de l'homme. Il avait, certes, raison, mais, par la suite, dans ses ouvrages, il parut fort peu procéder de Montaigne. Il fut constamment descriptif, objectif, altruiste. Aucun de ses livres ne peut être considéré comme une autobiographie déguisée. Il ne s'est mis en scène nulle part, pas même dans *l'Œuvre*, où il a fait figurer son ami, le peintre Cézanne. Ce n'est que bien vaguement qu'il a dessiné le ministre Eugène Rougon, d'après quelques traits se rapportant à lui-même : la ténacité, le goût du labeur opiniâtre, et une passion abstraite et désintéressée pour le pouvoir, pour la domination morale et intellectuelle. Ce qu'il apprit du moraliste demeuré le plus actuel, le plus moderne des penseurs du passé, c'est la minutieuse observation, le soin du détail et de la particularité, la vision distincte de chaque fait ou objet examinés. Montaigne est le maître de philosophie des gens qui ne se piquent point de philosopher. Il a, sur tous les sujets, et à propos de tous les événements, soit de la vie privée, soit des bouleversements généraux des sociétés, une appréciation saine et un jugement mesuré, à la façon d'Horace et de Sénèque. Si l'on retrouve difficilement l'influence du sceptique analyste dans les descriptions et dans les tableaux synthétiques de Zola, elle se décèle dans la méthode, dans l'élaboration de chaque œuvre, dans les faits recueillis, classés, rapprochés, dans la poursuite à outrance de la documentation et du renseignement, et aussi apparaît-elle nette, dans sa conduite de la vie, dans ses sentiments et sa façon d'être. Plusieurs des manières de voir le monde, de juger la société, d'apprécier l'éducation, qui appartinrent à Zola, lui viennent de Montaigne. Zola ne l'a pas suivi comme un maître en littérature, mais comme un professeur de vie en soi, comme un précepteur personnel. Il a, non pas imité, mais vécu Montaigne.

George Sand fut également une de ses primes adorations littéraires. Il puisa en elle un socialisme romantique et romanesque, dont il devait conserver la flamme jusque dans ses derniers livres. *Fécondité* date, comme inspiration, du temps où l'auteur du *Compagnon du tour de France*, sur l'oreiller du réformateur humanitaire Pierre Leroux, ébauchait des rêves de Salentes républicaines et d'Icaries démocratiques. Goujet, le sympathique compagnon à belle barbe d'or de *l'Assommoir*, est un héros de Mme Sand, et un contemporain attardé de Cabet et des utopistes de 48. Zola découvrait, dans les livres de la bonne dame de Nohant, une douce tolérance, un grand esprit de charité.

> Elle a, dit-il, une charité militante. Elle propose de marcher au devant des maux, d'aller trouver le misérable en sa mansarde, et, là, de lutter corps à corps avec la misère ; point de larmes inutiles, point de vains attendrissements sur les pauvres, mais une lutte patiente, un combat de chaque jour, d'où tous les hommes sortiront frères, formant une seule république riche et forte. Hélas ! ce n'est peut-être qu'un rêve, et pourtant cela serait bien !

Les romans rustiques de l'auteur de *la Petite Fadette* sont remarquables par la finesse du coloris, la maîtrise avec laquelle sont exécutées les gracieuses aquarelles champêtres formant le décor de ces idylles fantaisistes. Ils ont pu donner, par la suite, à l'auteur de *la Terre*, l'idée de peindre, avec sa forte patte et sa touche large, par contraste, et en manière de réfutation, des êtres et des choses rustiques. Les farouches brutes de Zola, proches cousins des terribles paysans de Balzac, sont autrement vivants et véridiques que ces meuniers d'Angibault enrubannés, qui font l'amour comme des vicomtes et marivaudent comme des académiciens.

Avec surprise et respect, il lut William Shakespeare. Je serais porté à croire que le grand dramaturge anglais, ou du moins le puissant créateur à qui nous donnons, faute d'une connaissance plus approfondie, ce nom illustre entre tous, a exercé une influence décisive et durable sur Zola. Avec Hugo, qui eut pareillement pour inspirateur et pour maître à l'école du génie, celui qu'il ne voulait comparer qu'à Eschyle, Shakespeare l'ancien, comme il dénommait le géant grec, c'est l'auteur de *Macbeth* qu'on peut nommer au premier rang de la généalogie cérébrale de l'auteur des *Rougon Macquart*.

Il faut noter qu'à vingt ans Zola a compris Shakespeare. Rien d'étonnant, sans doute, à l'admiration d'un jeune homme, épris de belle littérature, pour Othello, Lear, Hamlet, Caliban, héros magnifiques de fictions impressionnantes. Il abordait pour la première fois avec enthousiasme et vénération ces personnages imaginaires, plus grands, aussi vrais, que les héros de l'histoire. Mais n'étaient-ils pas déjà consacrés par l'ovation publique? Zola ne faisait que se joindre à un chorus universel. On n'a pas à lui savoir gré de cette participation à un hommage général, presque imposé. A l'époque où Zola faisait connaître à son ami Baille son sentiment sur Shakespeare, en 1860, il était de bon ton de railler, de nier Racine, ce qui était excessif et niais, d'ailleurs, mais il eût été impossible de toucher à Will. « Racine est un pieu, Will est un arbre! » écrivait Auguste Vacquerie. Victor Hugo, dans toute la splendeur de son génie et de son exil, debout, statue vivante, sur le piédestal rocheux de Guernesey, venait, au milieu du tonnerre de la publicité, de donner au monde son livre, comme des commandements descendus d'un Sinaï, ordonnant d'adorer Shakespeare, et aussi son prophète. Un peu confus, touffu, riche en digressions et pauvre en critique analytique, ce gros ouvrage sur William Shakespeare faisait loi. Il n'y avait nulle originalité à se prosterner, au moment de ce sanctus unanime, dans la cathédrale romantique, où se célébrait la grand'messe en l'honneur du Dieu le Père des hugolâtres. Comprendre et expliquer Shakespeare était plus difficile, plus méritoire. Zola eut cette ingéniosité. Elle est à signaler.

...Te répéter tout ce qu'on a dit sur Shakespeare, mandait-il à son camarade, et dire, sur la foi des autres, que nul n'a mieux connu le cœur humain, pousser des oh ! et des ah ! avec force points d'exclamations, cela ne me soucie nullement. N'importe, je vais tâcher de te dire le mieux possible la sensation que fait naître en moi ce grand écrivain. Si je le juge mal, si je me rencontre avec d'autres critiques, je n'en puis mais. Tout ce que je te promets, c'est de parler d'après moi, et non d'après tel ou tel livre.

Je ne puis lire Shakespeare que dans une traduction, ce qui ne permet guère d'apprécier le style... J'avoue que je trouve bien des choses qui me choquent, les phrases ici précieuses, là trop crues. Dieu me garde d'être bégueule ! Tu sais combien je désire la liberté dans l'art, combien je suis romantique, mais avant tout je suis poète, et j'aime l'harmonie des idées et des images...

... Tout en restant réel par excellence, Shakespeare n'a pas rejeté l'idéal ; de même que, dans la vie, l'idéal a une large place, de même, dans ses drames, nous voyons toujours flotter une blanche vision...

Shakespeare me semble donc voir, dans chacun de ses drames, une matière à peindre la vie. Une action quelconque n'est pour lui qu'un prétexte à passions, non à caractères. Elle n'est que secondaire ; ce qui lui importe, c'est de peindre l'homme, et non les hommes. Chaque drame est comme un chapitre séparé d'une œuvre d'humanité ; il y peint un de ses côtés, quelquefois plusieurs, largement soucieux de ne rien omettre, introduisant tout ce qui peut lui servir. Othello, ce n'est pas un homme jaloux, c'est la jalousie ; Roméo, c'est l'amour ; Macbeth, l'ambition et le vice ; Hamlet, le doute et la fiablesse ; Lear le désespoir...

On ne saurait mieux dire, et voilà Shakespeare exceptionnellement compris. La plupart se contentent de l'admirer. Zola a reçu de cette lecture une sorte d'initiation. A cette époque, tout à la fantaisie, aux élans d'un lyrisme un peu rebelle, inspiré de Musset, il ne s'apercevra guère de l'influence profonde de ce maître ; peut-être ne soupçonnera-t-il, jamais, lui le Docteur du Naturalisme, qui a tant raisonné sur l'expérimentation, sur le caractère scientifique des romans de son temps, qu'il procède bien plus de Shakespeare que de Duranty, de Stendhal et de Flaubert. Ce qu'il vient de formuler sur Shakespeare, il l'exécutera quand il écrira ses *Rougon-Macquart*. Comme le grand Anglais, il peindra l'homme et non les hommes, et il poursuivra l'étude des passions, des vices, des névroses, et non celle des caractères. Est-ce que Coupeau n'est pas l'Ivrogne, comme Othello est le Jaloux ? Nana, c'est la Courtisane, la femme dont la chair domine, produit la richesse et la ruine, enfante la joie et le désespoir, ce n'est pas telle femme galante, avec ses particularités, ses originalités, ses caractérisations propres. Prenez, un à un, tous les personnages des *Rougon-Macquart;* tous, sans exception, tournent au type.

Là, se constate l'influence du Midi. Là, nous retrouvons l'influence du sol natal, le produit du terroir, l'hérédité italienne et l'éducation provençale. L'art méridional a créé des types, — les personnages de la Comédie Italienne, Arlequin, Cassandre, Colombine, — le Nord a plutôt cherché à peindre les caractères. C'est pour cela que Zola est bien plus proche, dans ses romans qualifiés de réalistes, de Shakespeare et de Hugo que de Richardson ou de Dickens. Avec Shakespeare, sur lequel la littérature italienne eut si grande influence, ce fut, en effet, Victor Hugo qui eut en lui une pénétration dominatrice. Et, cependant, il ne fut jamais qu'un poète noué, comme Chateaubriand, ou plutôt un lyrique avorté. Il ne reprenait sa vigueur et sa souplesse que lorsqu'il cessait de vouloir écrire en vers. Sa muse aptère retrouvait des ailes, et de quelle envergure puissante, quand, renonçant à se débattre dans le champ poétique, il lui donnait son vol dans la prose.

Il lut avec plaisir André Chénier, le pasticheur élégant de l'antiquité pastorale, mais ce Grec modernisant n'eut sur lui aucune action sensible. Il produisit plutôt une réaction. Zola reconnaît la grâce de ses vers, mais il lui reproche son style mythologique et son goût du monde antique. Le génie, sans doute, sait faire tout accepter, et les naïades d'Homère, comme les ondines d'Ossian, lui appartiennent, mais le jeune rimeur du collège d'Aix, déjà préoccupé par la vie présente, rêvait d'une poésie qui n'imiterait pas plus les chantres de la Grèce que les bardes du Nord, et ne parlerait « ni de Phœbus ni de Phœbé ». Chénier est placé justement à un rang mixte, dans la radieuse théorie de nos poètes. Il est confondu tantôt avec les classiques, tantôt avec les modernes, comme ces officiers d'une armée en marche, qui, placés entre deux bataillons, semblent tour à tour appartenir à la dernière file du premier et ouvrir l'avant-garde du second. Il fut le poète de transition. L'antiquité charmait André. Il butinait tout le miel de l'Attique. C'était d'ailleurs le goût de son temps. Beaucoup d'hommes de la Révolution citaient les Grecs et les Romains à tout instant, dans leurs terribles harangues. Ils ne les prenaient pas seulement comme modèles à la tribune, ils cherchaient aussi à les imiter dans leurs actes, et les dévouements, les héroïsmes, les déclamations, les allures, majestueuses ou farouches, des hommes de Plutarque et de Tite-Live étaient, aux constituants et aux conventionnels, familiers. Mais, au milieu de cette imitation du passé, que de nouveautés formidablement neuves ! Chénier ne pouvait échapper à la poussée de son siècle vers une société renouvelée, et, si le vocabulaire demeurait vieillot, que de faits, que de sentiments, que de désirs et d'exaltations, d'une nouveauté saisissante à célébrer, à flétrir, ou simplement à narrer pour la postérité ! De là, le vers fameux, résumant la poétique révolutionnaire de l'auteur du poème de *l'Invention :* « Sur des pensers nouveaux faisons des vers antiques. » Zola réfute cette théorie, pour lui trop juste milieu, et plus radical, il salue l'homme de génie, — il s'annonce peut-être, — qui se lèvera un jour, disant : « Sur des pensers nouveaux faisons des vers nouveaux. » Il souhaite, par exemple, pour exprimer l'amour, des expressions où le passé n'entrerait pour rien, des vers où l'âme seule parlerait, et n'irait pas, pour peindre ses joies et ses tourments, emprunter de banales images, « en un mot, une poésie amoureuse, dit-il, assez digne pour ne pas être ridicule, une poésie qu'on oserait réciter aux pieds de celle que l'on aime, sans crainte qu'elle éclate de rire ».

C'est déjà toute la formule de l'école naturaliste, suggérée par André Chénier. En même temps, se dressait, devant l'imagination en travail du débutant de lettres, comme un plan considérable, presque gigantesque. Il concevait l'idée du poème synthétique. C'était la révélation de son tempérament généralisateur. Il imaginait grand. Bien que produisant seulement, à cette époque, des contes rimés d'après Musset, *Paolo*, *Rodolpho*, *l'Aérienne*, il rêvait d'un vaste poème, cycle de l'humanité. Le titre était : *la Chaîne des Etres*. Sous cette formule abstraite, vaguement mystique, faisant songer à quelque divagation philosophico-poétique, évoquant les œuvres nébuleuses d'Edgar Quinet ou de Pierre Leroux, qu'il n'avait d'ailleurs probablement jamais lues, il voulait chanter la Création et ses développements. Trois chants divisaient l'œuvre, intitulés : le Passé, le Présent, le Futur. Dans le Passé, il dépeignait le chaos, les convulsions de l'univers primitif, les bouleversements géologiques, les cataclysmes neptuniens et plutoniens. Il eût mis les découvertes scientifiques modernes à contribution. Le second chant, le Présent, c'était l'histoire de l'homme, pris à l'état sauvage, et raconté jusqu'à l'actuelle civilisation. La physiologie et la psychologie auraient fourni les éléments de ce chant. Dans le Futur, il célébrait l'avenir meilleur et l'être plus parfait. Avec Charles Fourier, il admettait le progrès, non seulement moral, mais physique. La créature actuelle ne pouvait être le dernier mot du Créateur. Il n'était pas possible que la formation des êtres fût achevée, et que la création eût atteint son dernier échelon. La science, qui constate l'évolution et le transformisme continus des corps de la nature, car, sous nos yeux même, il s'accomplit des cataclysmes lents qui nous échappent en partie, n'aurait pu que ratifier, au moins dans son principe, la vraisemblance de cette hypothèse pratique.

C'était là une rude tâche, et une ambition peut-être extravagante. Mais l'audace était intéressante. Probablement, s'il eût écrit ce poème gigantesque, l'auteur n'eût réalisé qu'une lourde et ennuyeuse conception, vouée à l'indifférence et à l'oubli. Un poète nébuleux et demeuré ignoré, Strada, a tenté une semblable épopée. Son effort a passé inaperçu. Les palingénésies, les visions apocalyptiques, et les paroles de la Bouche d'ombre, avec l'animation des pierres transformées en geôles d'âmes de scélérats couronnés (ce caillou a vu Suze en décembres...) sont les morceaux les plus dédaignés de l'œuvre épique de Victor Hugo. Zola ne se dissimulait pas la difficulté, l'impossibilité même de l'entreprise. Il ajoutait, en énumérant les parties projetées de son poème, « qu'il reculait devant la tâche formidable de rimer ses pauvres vers, sur cette grandiose pensée ».

Mais le désir de faire grand, d'entasser des blocs géants pour la construction d'un édifice colossal, le hantait et l'animait. Il portait en lui le goût de l'œuvre touffue, synthétique, qu'il devait, par la suite, exécuter en prose. *Les Rougon-Macquart* ne sont pas nés, seulement, comme on pourrait le croire, du désir de rivaliser avec Balzac. Sauf le transport des mêmes noms dans des romans différents, imitation un peu puérile, et qui est loin d'avoir l'importance qu'a cru devoir lui attribuer l'auteur, l'œuvre de Zola n'a guère de rapports avec *la Comédie Humaine*. Balzac a combiné des caractères, et les types qu'il a magistralement dessinés sont des individualités. Beaucoup sont des créatures de l'imagination, de la fiction, plutôt que des contemporains observés. Les grandes dames et les grands coquins de *la Comédie Humaine* sont des produits du cerveau fécond de l'auteur, des inventions de génie. Où donc Balzac, traqué par ses créanciers, terré dans des logis mystérieux, attaché, par le besoin, par la dette, au papier à noircir, comme le serf à la glèbe à labourer, aurait-il pu regarder, noter, portraicturer des contemporains qu'il ne voyait jamais?... On a pu croire qu'il avait deviné certaines existences, qui se sont rencontrées et montrées après coup dans la réalité. Il a été un voyant, un prophète, un phénoménal sorcier doué de la double vue, le génial romancier, et nullement un observateur, un enregistreur de faits précis et un colligeur de documents comme Zola. Est-ce que, par exemple, ses aventuriers, tels que Rastignac, de Marsay, ou Maxime de Trailles, ne se sont pas reproduits, presque identiques, dans les hommes du second Empire, inexistants à l'époque où l'auteur les annonçait et les faisait vivre d'une vie supposée ? Presque tous les personnages de Balzac ont vieilli et datent, parce que, presque tous, dans la moitié de ses ouvrages, — il est des exceptions comme le baron Hulot, le père Goriot, ce roi Lear de l'épicerie, le père Grandet, cet Harpagon saumurois, — sont des combinaisons de l'esprit. Othello, Cordélia, Juliette, Hamlet, Falstaff ne seront jamais démodés. Les personnages de Zola, ceci sans rabaisser le puissant metteur en scène de *la Comédie Humaine*, sont en général plus abstraits, plus universels, en un mot plus humains, moins romanesques et aussi moins contemporains. Ils échappent au millésime de l'année, où ils furent indiqués comme vivants. Coupeau, Nana, le docteur Pascal, Aristide Saccard, sont de tous les temps. Ce sont des premiers rôles fixes du drame variable de l'humanité.

Voilà l'influence dominatrice de Shakespeare, poète beaucoup plus méridional, que saxon, italien même, sur Zola. Cette genèse du talent de l'œuvre de l'auteur des *Rougon-Macquart* n'a été encore indiquée que par lui-même.

Opiniâtre dans sa force, confiant dans son avenir, et

cette vigueur d'âme contraste avec la faiblesse de ses productions, à cette époque, le novice rimeur ambitionnait, dès la vingtième année, une place à part dans la littérature de son temps. Il souhaitait, en secret, devenir chef d'école. Il se proposait de dominer un cénacle, puis de rayonner sur son siècle, soleil d'un zodiaque de littérateurs. Il déclarait superbement qu'il ne voulait marcher sur les traces de personne.

Je désirerais, disait-il, trouver quelque sentier inexploré, sortir de la foule des écrivassiers de notre temps. Le poème épique, j'entends un poème épique à moi, et non une sotte imitation des anciens, me paraît une voie assez peu commune. Il est une chose évidente, chaque société a sa poésie particulière. Or, comme notre société n'est pas celle de 1830, comme notre société n'a pas sa poésie, l'homme qui la trouverait serait justement célèbre... Le tout est de trouver la forme nouvelle... il y a là quelque chose de sublime à trouver. Quoi, je l'ignore encore. Je sens confusément qu'une grande figure s'agite dans l'ombre, mais je ne puis saisir ses traits. N'importe, je ne désespère pas de voir la lumière, un jour; c'est alors que cette forme d'un nouveau poème épique, que j'entrevois vaguement, pourra me servir...

Le Paradou, dans *la Faute de l'abbé Mouret*, était, dès cette époque, en germination dans la pensée du poète épique, qui devait se rapprocher de Milton, en s'éloignant de Balzac.

Ses conceptions, alors, aboutissaient toutes à la forme poétique. Parmi ses lectures, il faut mentionner les œuvres froides et imprécises d'un poète, qui ne fut jamais glorieux, et qui est descendu aujourd'hui dans de profondes oubliettes littéraires : Victor de Laprade. Ni romantique, ni classique, déiste et même panthéiste à ses heures, Victor de Laprade avait voulu, lui aussi, célébrer la nature, la création, les arbres, les sommets.

Il faisait pressentir quelques-uns des parnassiens, mais sans l'éclat de la langue et la vigueur du coloris. C'était un peintre en grisailles. Barbey d'Aurevilly le comparait, pour l'ennui qu'il dégageait, à Autran, également poète moral, mais moins préoccupé de hanter les cimes : « Avec M. de Laprade, disait-il, l'ennui tombe de plus haut. » Zola prisait cet olympien, surtout pour ses tendances vers de vastes généralisations, pour sa recherche des hautes conceptions. « Il est peu d'auteurs qui m'aient troublé autant que M. Victor de Laprade », disait-il. Il ne conserva pas longtemps ce trouble, et, tout en estimant que l'école romantique, avec ses sanglots, ses rugissements, ses passions désordonnées, ses outrances, était morte, et qu'il fallait absolument réagir contre elle, il reprit son calme habituel; « tenté un moment d'accepter la poésie de Victor de Laprade, dit-il, je l'ai ensuite repoussée. »

Ce qu'il faut retenir de l'influence éphémère de l'auteur des *Poèmes évangéliques*, successeur d'Alfred de Musset à l'Académie Française, sur le poète raté de *Paolo*, c'est l'éloignement, plus apparent que réel, de Zola pour cette école romantique qu'il déclarait défunte. Il devait, pourtant, bientôt la ressusciter, tout en l'accablant d'épithètes sévères et de dédaigneuses négations. Il n'a jamais laissé passer une occasion de dénoncer la rhétorique des romantiques, de railler leurs conceptions extraordinaires et leur grandiloquente fantaisie, tout en procédant absolument comme eux, en usant même de leur dictionnaire. Sans doute, il ne reproduirait pas leurs invraisemblables fictions, il ne consentirait pas à revêtir ses personnages, pris dans le peuple et parmi les classes moyennes, de l'armure rouillée et de la livrée éffiloquée des Hernani, des Esméralda, et des Ruy Blas, mais il donnerait, aux créations de sa pensée, les mêmes passions outrancières ; il leur prêterait, dans un décor différent, des truculences et des exagérations à peu près identiques, en s'appuyant, il est vrai, sur des documents soigneusement collectionnés, en dépouillant des dossiers, en consultant des notes et des procès-verbaux. Il resterait d'ailleurs ainsi dans la réalité : *la Gazette des Tribunaux* n'est-elle pas le dernier recueil romantique ?

Son indignation contre le romantisme, après une lecture de Laprade, est curieuse à noter :

> Il faut réagir contre ces êtres passionnés, qui sont ridicules quand ils ne sont pas sublimes. Oui, il faut laisser là les Muses de l'égout, les effets violents, les couleurs criardes, les héros dont la singularité physiologique fait toute l'originalité...

On semblerait entendre, vingt ans plus tard, un critique, et non des moindres, Paul de Saint-Victor, romantique attardé, s'indignant contre « la Muse de l'égout » qui, pour lui, était celle de Zola :

> Cette semaine, par corvée de métier, j'ai ouvert, pour la première fois, le soupirail qui mène à *l'Assommoir*. Voici le trou, voici l'échelle, descendez ! Je suis descendu. J'ai parcouru, à travers un ennui noir et une répugnance écœurante, cet égout collecteur des mœurs et de la langue, enjambant à chaque pas des ruisseaux fangeux, des tas de linges sales humés avec ivresse par leurs ignobles brasseurs...

Zola, à l'époque où il fulminait son anathème, aussi excessif, aussi déraisonnable que celui de Paul de Saint-Victor, pourtant fin critique littéraire et écrivain très coloriste, subissait la pleine influence d'Alfred de Musset. Celui-là, c'était son dieu, son maître, son idéal et son modèle ! Il devait, plus tard, renier sensiblement l'idole de la vingtième année. Alfred de Musset, dont la véritable gloire provient du théâtre et non de la poésie lyrique, est surtout le poète favori de ceux qui ne sentent ni ne comprennent poétiquement. Tous les hommes de prose raffolent d'Alfred de Musset. On peut expliquer cette prédilection par la forme facile, par la versification lâchée et souvent prosaïque de ses poèmes. Ils n'ont pas d'aspérités ni de difficultés. Ils sont limpides, coulants, pour employer l'expression favorite des professeurs de littérature, ces vers qui semblent « écrits comme on parle », le plus bel éloge dans une bouche incompétente. N'étaient ses tableaux trop crus et ses sujets souvent trop hardis, Musset serait devenu le poète des institutions de jeunes demoiselles. *L'Espoir en Dieu*, les *Stances à Malibran*, et quelques autres pièces décentes figurent dans les anthologies *ad usum puellarum*. Il prêche aussi une philosophie facile, à la portée de chacun, et qui séduit les âmes simples. Les sanglots passionnés, les beuglements désespérés, qu'il pousse avec l'élan d'un chanteur de romances, dans la sensible oreille du vulgaire, retentissent, comme la plus sublime expression de l'amour déçu, de la jalousie inquiète, de la débauche et de l'ivresse aussi. Chaque petit jeune homme retrouve un peu de ses clameurs, ou de ses hoquets, dans ces vers tumultueux. Le jeune Zola admirait tout dans Musset. Il disait : « Quelle grande et belle figure que ce Rolla ! » Eloge excessif pour un fêtard décavé, qui se tue sur le lit d'une pauvre fille, dont il a payé, avec ostentation, la triste nuit. Il loue même son poète à raison de sa versification incorrecte et du décousu de sa forme. Il lui emprunte son apostrophe à la cheville : « J'ai une sainte horreur de la cheville. C'est, à mon avis, la lèpre qui ronge le vers. » Il confondait volontiers la cheville avec l'épithète, qui est la parure du vers. Sans épithètes, la phrase rimée, le vers, n'ont ni force ni coloris. La cheville n'est que la mauvaise épithète, en toc, la monture mal sertie par un joaillier insuffisamment approvisionné, et peu habile.

L'influence mussettiste, très vivace durant la période juvénile de Zola, chez lui ne persista pas. Elle apparaît dans les poèmes de *Paolo*, de *l'Aérienne*, de *Rodolpho*, elle demeure invisible, complètement éteinte dans l'œuvre virile, dans l'œuvre véritable.

Michelet, Hégésippe Moreau, Rabelais, Dante, Théophile Gautier, Sainte-Beuve, et quelques autres auteurs modernes, figurent encore parmi les confidents et les consolateurs du jeune ermite du belvédère de la rue Neuve-Saint-Etienne-du-Mont, mais ne semblent pas avoir sérieusement agi sur sa pensée, sur ses projets littéraires. Il devait, plus tard, lire Taine et quelques livres de physiologie et de science mentale, comme *l'Hérédité* du docteur Lucas, ou de sociologie anecdotique, comme *le Sublime* de Denis Poulot. Ces ouvrages contribuèrent à la seconde éducation de Zola. Ils agirent sur sa pensée émancipée, et sur son œuvre d'homme fait. Le rimeur obstiné, mais pas doué, qu'était l'auteur de *Rodolpho*, parvenu à la maturité de l'intelligence, en possession de toute sa volonté, énergiquement renonça à la poésie. Il fit, avec un héroïsme dégoûté, le sacrifice de ses rimes. Jetant ses premiers vers au fond d'un tiroir, sans préoccupation d'éditeur, accrochant la lyre dans l'armoire aux souvenirs, avec une résignation virile, regrettant peut-être de n'avoir pu devenir le lyrique et le poète épique qu'il avait souhaité d'être, il empoigna, afin de produire l'œuvre nouvelle, la prose, « mâle outil pour les fortes pensées ».

Il n'est pas rare qu'on se méprenne, à vingt ans, sur sa vocation et sur ses aptitudes. Ceci se produit dans « le commerce des Muses », comme dans tout autre entreprise. Les circonstances, le besoin d'un travail productif, le défaut d'énergie, et la disposition qu'on a, surtout dans la jeunesse, à imiter, font que plus d'un écrivain, et plus d'un peintre, stagnent dans la médiocrité simiesque, tandis qu'en dirigeant autrement leurs efforts, en modifiant leur genre, en changeant de but, ces ratés eussent peut-être atteint la maîtrise. Le tort de certains artistes, souvent laborieux et patients, c'est de ne pas reconnaître qu'ils se sont fourvoyés, et surtout, ayant fait cette constatation, de persister. On peut, à la guerre, vaincre comme Ajax, malgré les dieux ; il est impossible, en art, de triompher, si l'on n'a pas le don spécial au combat qu'on livre.

Zola eut le mérite de bien discerner sa fausse vocation de poète, et la force de ne pas s'entêter à rimer des vers, qu'il reconnaissait sinon absolument mauvais, du moins faibles et quelconques. Le sacrifice qu'il fit des enfants de son inspiration est plus héroïque que celui d'Abraham, car aucune volonté divine ne lui ordonnait de jeter ses vers au bûcher. De lui-même, il précipita dans le tombeau d'un tiroir, destiné à rester perpétuellement clos, ces premières œuvres qui lui avaient pourtant procuré tant de jouissance, tant de consolations, durant la conception. Il les avait engendrés, ces pauvres avortons, dans un logis ouvert à tous les vents, avec le ventre creux et les pieds gelés, mais, en les procréant, il avait eu la fièvre au front, le spasme au cœur, et de la joie partout.

Ce ne fut ni par lassitude ni par dépit qu'il se résigna à ne pas publier ses poèmes et qu'il décida aussi de ne plus en écrire désormais. Il avait eu diverses pièces rimées insérées dans un journal littéraire. Il lui eût été sinon très facile, du moins possible, de découvrir un éditeur bénévole. Au besoin, comme tant d'autres, il eût jeûné pour donner de la pâture à l'imprimeur, et eût été imprimé, comme Paul Verlaine et plus d'un contemporain, à ses frais. Il trancha net, et se dit : mes vers demeureront éternellement inédits !

Quel fut le point de départ de cette conversion à la prose, aux articles de critique, et bientôt au roman ? Qui lui inspira son abjuration de la poésie ? Il ne l'a pas clairement dit, ni à Paul Alexis, ni à personne. On peut admettre que, grand lecteur de Montaigne, s'accoutumant, d'après ce profond maître, à se regarder, à s'étudier, et « à se controller soy-même », pourvu d'un sens critique aiguisé, il ait analysé impartialement, et comme s'il se fût agi d'un autre, son œuvre : *l'Amoureuse Comédie* et aussi *la Genèse*, et contrairement au Créateur de la Bible, en face de son ouvrage, il n'avait pas trouvé que cela fût bon.

Il est possible aussi que, préoccupé de se procurer les ressources quotidiennes, sans se condamner à l'internement dans un bureau, ce qui lui paraissait insupportable, voyant et comprenant, de sa chaise de commis de la librairie Hachette, la facilité relative du placement lucratif de la prose, il ait ajourné à des temps plus favorables le luxe de la poésie. Beaucoup agirent comme lui. Que de lyres déposées provisoirement, dans un coin, en attendant, sous la nécessité de vivre littérairement, en produisant de la prose au débit courant, et qui ne furent jamais reprises ! Un vers ironique de Sainte-Beuve a servi d'épitaphe à pas mal de ces « poètes morts jeunes en qui l'homme survit ».

Les poèmes de Zola ne sont pas demeurés entièrement inédits. Dans son livre sur lui, *Notes d'un Ami*, Paul Alexis en a publié des fragments. Ils nous permettent de juger ces œuvres de jeunesse, et d'apprécier l'intensité de la perte que nous avons pu faire, par suite de la résolution impitoyable de l'auteur. Assez ingénument, Zola a témoigné d'une secrète et persistante tendresse pour ces rimes, semblables à ces fleurs printanières séchées dans les pages d'un livre, que l'émotion ravive, que le souvenir colore, et que parfume encore le souvenir, quand on les retrouve à l'automne. En remettant à son ami ces poésies exhumées, en vue de leur citation dans son ouvrage, Zola n'a pu s'empêcher de dire :

Je n'ai pu relire mes vers sans sourire. Ils sont bien faibles et de seconde main, pas plus mauvais pourtant que les vers des hommes de mon âge qui s'obstinent à rimer.

Zola a raison, ces vers de jeune homme ne sont pas plus déplorables que beaucoup d'autres qui conduisirent leur auteur à l'Académie. *L'Amoureuse Comédie* est divisée en trois poèmes : *Rodolpho*, *l'Aérienne* et *Paolo*. Un artisan habile en supercheries littéraires, un Mac-Pherson truqueur de pages mussettistes, aurait pu intercaler ces petits poèmes dans les *Contes d'Espagne et d'Italie*, comme fragments inédits retrouvés dans les papiers de l'auteur des *Nuits*, après sa mort, ou comme conservés dans les manuscrits de Paul, son frère, ou même comme ayant été découverts parmi les carnets de ménage d'Annette Colin, sa vieille servante. Le public eût été facilement abusé. A part quelques experts en versification, qui eussent diagnostiqué que c'était trop bien rimé, pas assez lâché, pour avoir été tissé sur le même métier que *Namouna*, la majorité se fût pamée en disant : « Voilà du bon Musset !... dans ce Rodolpho, qui ne reconnaîtrait un frère de Rolla ! »

Quelques exemples. Ce début n'était-il pas tout à fait dans la désinvolte manière du conteur en vers des aventures galantes et cavalières de don Paëz, avec la facture toutefois de Théophile Gautier, en son conte rimé d'*Albertus :*

> Par ce long soir d'hiver, grande était l'assemblée
> Au bruyant cabaret de la Pomme de Pin.
> Des bancs mal assurés, des tables de sapin,
> Quatre quinquets fumeux, une Vénus fêlée :
> Tel était le logis, près du clos Saint-Martin.
> C'était un bruit croissant de rires et de verres,
> De cris et de jurons, même de coups de poing.
> Quant aux gens qui buvaient, on ne les voyait point.
> Le tabac couvrait tout de ses vapeurs légères ;
> Si par enchantement le nuage, soudain
> Se dissipant, vous eût montré tous ces ivrognes,
> Vous eussiez aperçu, parmi ces rouges trognes,
> Deux visages d'enfants, bouche rose, œil mutin,
> A peine dix-huit ans. Tous deux portaient épée...

Rodolpho et Mario, en buvant, se font des confidences. Mario apprend le nom et la demeure de la maîtresse de son ami, la belle Rosita. Rodolpho est sûr de la fidélité de la donzelle. Si on lui apprenait qu'elle le trompe avec son compagnon, il n'en croirait rien.

Le portrait de cet éphèbe séducteur, buveur et un peu jobard, est tracé, d'après la méthode du peintre de Rolla :

> Vous eussiez vainement cherché dans la cité,
> Un buveur plus solide, une plus fine lame,
> Que notre Rodolpho, terrible enfant gâté,
> Toujours gai, buvant sec, sacrant par Notre-Dame,
> Amant de la folie et de la liberté.
> C'était le plus joyeux d'une bande joyeuse,
> Qui passait la jeunesse, attendant la raison,

> Ayant l'amour au cœur, aux lèvres la chanson.
> C'était un garnement à la mine rieuse,
> Tout rose, avec fierté portant un duvet noir,
> Qu'il cherchait à friser d'une main dédaigneuse.
> Aussi que de regards il attirait, le soir,
> Lorsque, entouré des siens, aux lueurs des lanternes,
> En chantant, il sortait, l'œil en feu, des tavernes...

A côté du portrait du cavalier, tout ce qu'il y a de plus 1830, et dont on cherche la vignette due à Devéria, vient la description chaude de la fringante frimousse, objet de la passion du don Paëz de la rue Saint-Martin. C'est toujours la fameuse Andalouse, au sein bruni, que l'on connaît dans Barcelone, et ailleurs.

> ... au matin d'une nuit
> D'ardente volupté, qu'une maîtresse est belle !
> Sa bouche, de baisers toute chaude, sourit ;
> Son œil, demi-voilé, de bonheur étincelle :
> Un désir gonfle encor sa gorge de frissons,
> Et l'odeur de l'amour sort de la chevelure.
> Une cavale, jeune et fougueuse d'allure,
> Après un long combat, à la voix du clairon,
> Généreuse, oubliant sa récente blessure,
> Relève avec ardeur la tête, et, se calmant,
> Hennit, frappe le sol et bondit en avant.
> De même Rosita, délirante, éperdue,
> Corps que l'on peut abattre et non pas apaiser,
> Devant son Rodolpho se dressait demi-nue...

La comparaison avec la « cavale » était indiquée, comme la trahison de cette Rosita, que le terrible Rodolpho crible de coups de poignard, sans épargner le perfide Mario.

Sous le nom de *l'Aérienne*, il évoquait une jeune personne qu'il avait rencontrée par les promenades d'Aix. Cette muse provençale glissait, légère en robe blanche, dans le traditionnel rayon argenté de la lune, selon la poétique des *Nuits*. *L'Aérienne* est à la fois parente de la dame disant au poète de prendre son luth avant de l'embrasser, et de la Sylphide de Chateaubriand. Elle dialogue avec lui, sur le mode mussettiste. A noter ce salut à la Provence rappelant fort l'hommage à l'Italie, l'une des cavatines favorites de Musset :

> ... O Provence, des pleurs s'échappent de mes yeux,
> Quand vibre sur mon luth ton nom mélodieux.
> Terre qu'un ciel d'azur et l'olivier d'Attique
> Font sœur de l'Italie et de la Grèce antique,
> Plage que vient bercer le murmure des flots,
> Campagnes où le pin pleure sur les coteaux ;
> O région d'amour, de parfum, de lumière,
> Il me serait bien doux de t'appeler ma mère...
> ... Mais, si je suis enfant d'un ciel triste et brumeux,
> Nymphe, bien jeune encore, je vis briller tes yeux,
> Et, courant me chauffer au duvet de tes ailes,
> Avide, je suçais le lait de tes mamelles.
> Et toi, mère indulgente et le sourire au front,
> Tu ne repoussas pas ce frêle nourrisson.
> Au bruit de tes baisers, tes bras, dans la charmille,
> Me bercèrent parmi ta céleste faucille,
> Et ton regard d'amour fit glisser dans mon cœur
> Un reflet affaibli de ta sainte splendeur.
> Ah ! c'est de ce regard, que moi, l'enfant de l'ombre,
> Je vis un astre d'or remplacer ma nuit sombre,
> Et sentis de ma lèvre un souffle harmonieux
> S'échapper en cadence, et monter dans les cieux.
> C'est de lui que je tiens ma couronne et ma lyre,
> Mon amour des grands bois, des femmes et du rire...

Malgré la faiblesse de nombre d'expressions, les épithètes vagues et banales, les chevilles abondantes, que pourtant il dénonçait avec virulence, Zola, dans cette invocation virgilienne, a montré un certain souffle. Il a, en outre, affirmé son sentiment vrai, presque filial, pour cette terre des figues et des cigales, où il avait joué enfant, où il rêvait adolescent, et où il lui avait été donné, jeune homme, de rencontrer *l'Aérienne*, une demoiselle S... à l'état-civil :

> ... jusqu'aux derniers taillis, j'ai couru tes forêts,
> O Provence, et fouillé tes lieux les plus secrets.
> Mes lèvres nommeraient chacune de tes pierrres,
> Chacun de tes buissons perdus dans les clairières.
> J'ai joué si longtemps sur tes coteaux fleuris,
> Que brins d'herbe et graviers me sont des vieux amis...

Dans *Paolo*, la note religieuse, ou, du moins, le vocabulaire pieux, et le décor mystique se mêlent aux expressions amoureuses. L'apostrophe à Voltaire ne s'y rencontre pas, mais don Juan a la sienne :

> ... C'est maintenant, don Juan, a toi que je m'adresse !
> Ne fus-tu pas celui, qui, du nord au midi,
> Superbe et désolé, traîna derrière lui,
> Comme un roi son manteau, sa fougueuse tendresse ?..
> Toi, le hardi don Juan, toi, le larron d'honneur,
> Le héros des balcons, de l'échelle de soie
> Qui, s'il l'eût bien voulu, du trône du Seigneur,
> Convoitant une vierge, eût arraché sa proie...

Le premier chant de la trilogie de *l'Amoureuse Comédie* contient aussi l'inévitable prière au bon Dieu, obligatoire d'après le rituel de Musset. Zola, ici, se montrait le plus docile des imitateurs. Il ne fut jamais ni pieux, ni même croyant. Assurément, il ne se proclama point, sur la place publique ou même en des libelles, anticlérical. Il ne fit pas partie de la franc-maçonnerie. Il s'est montré seulement peu respectueux du sacerdoce et indifférent au dogme, dans ses écrits. Il a généralement agi en libre-penseur. Je ne pense pas que ses enfants aient été baptisés. Il lui a plu, dans *Rome*, de tracer le tableau des menées, des intrigues et des passions, s'agitant dans les chambres du Vatican. Il n'est pas entré dans sa pensée de faire œuvre de militant de l'anti-papisme. Quand il a peint, un peu de seconde main, d'après *les Courbezon* et *l'Abbé Tigrane* de Ferdinand Fabre, ses prêtres de *la Conquête de Plassans*, de *la Faute de l'abbé Mouret*, il n'a pas cherché à faire de caricature. Il ne se préoccupait nullement de combattre ou de ridiculiser la religion catholique. Pas davantage il ne voulut outrager son fondateur, quand il donna son nom à un rustre facétieux et venteux.

Il eut l'intention de consacrer un poème à Jeanne d'Arc. Evidemment, il n'eût point pris Voltaire comme modèle. Il n'eût même pas laïcisé la sainte de la Patrie, comme c'est la mode aujourd'hui, où l'on cherche à nous présenter la Bonne Lorraine, sous l'aspect brutal, et avec l'allure extravagante d'une Théroigne de Méricourt primitive, mélangée de Louise Michel. Anatole France vient de restituer à Jeanne d'Arc son vrai caractère de sainte du moyen âge. Ce fut l'intention de Zola.

Il ne se dissimulait pas la difficulté du sujet :

> D'autant plus, disait-il, que je l'ai pris sous un point de vue qui exclue les banalités ordinaires. Je veux créer une Jeanne simple, et parlant comme doit parler une jeune fille, pas de grands mots ni de points d'exclamation, ni de lyrisme plus ou moins à sa place : un récit grand dans sa simplicité, un vers sobre et disant nettement ce qu'il veut dire. Ce n'est pas là une petite ambition...

La tentative eût été, au moins, curieuse à connaître, réalisée. Il est probable que Zola renonça entièrement à son projet. On ne trouve pas traces des essais ou de commencement du poème annoncé. Peut-être les plans et divisions du poème de Jeanne d'Arc se trouvaient-ils dans les projets et ébauches, que l'auteur détruisit.

Zola avait remporté des prix d'instruction religieuse, mais, à l'époque de *l'Aérienne* et de la fièvre poétique, il n'avait de religion que pour rimer. C'était tout un dictionnaire commode où puiser, que le vocabulaire pieux, et un magasin de décors tout faits, propres à placer partout, que le paradis, les anges et les démons. On a dit que l'idée de Dieu avait été fort utile aux tyrans. Elle n'a pas été sans rendre des services aux faiseurs de vers. Avec les étoiles et le ciel bleu, les accessoires du culte et le langage de la foi, on a un fonds poétique courant, d'emploi facile. Hugo, malgré l'opulence de son lexique, si quelque décret sectaire l'eût privé du droit d'employer le mot Dieu, se serait trouvé réduit à l'indigence lyrique. C'est donc surtout par enthousiasme d'emprunt, par une sorte de langage convenu, auquel les poètes, dans certains cas, s'empressent de recourir, que l'auteur de *Paolo*, dans un accès de littérature religieuse renouvelé du Musset de *l'Espoir en Dieu*, s'écriait :

... Oh ! Seigneur ! Dieu puissant, créateur des mondes
Qu'enflamma ton haleine, éclatantes lueurs ;
Toi qui, d'un simple geste, animes et fécondes
Nos ténébreux néants, nos poussières immondes,
Qui tiras du limon de saints adorateurs !

Toi, le sublime artiste, amant de l'harmonie
Créant des univers, qui les créas parfaits,
Qui, depuis la forêt à la gerbe fleurie,
Depuis le noir torrent à la goutte de pluie,
Dans un ordre divin répandis tes bienfaits !

Toi, le Seigneur d'amour, de vie et d'espérance...
Oui, je bénis ta droite, à genoux je t'adore.
Je me prosterne au sein de ta création.
Mon âme est immortelle, un dieu la fit éclore :
    Le feu qui me dévore
Ne saurait s'échapper d'un infâme limon !.

Cet amour qui me brûle est la flamme divine

Qui, depuis six mille ans, régit cet univers.
Sur les chants d'ici-bas, c'est le chant qui domine,
   Et mon âme devine
Un puissant créateur dans des divins concerts!
Oui, je te reconnais, toi qui mis dans mon être
Ce feu pur dont l'ardeur me rapproche de toi.
Je ne maudirai plus le jour qui m'a vu naître,
   Et je veux, ô mon Maître,
Comme un timide enfant, me courber sous ta loi.
Je m'incline devant ta sainte Providence.
Je comprends les parfums, les chants et la clarté,
Et je comprends en toi la suprême puissance,
   L'éternelle clémence,
Pour verser à nos cœurs l'éternelle beauté!...

Quel lévite au cœur embrasé! Voilà un hymne qui semble échappé à la pieuse exaltation de Lamartine, ou plutôt de son élève, Turquety. Un véritable credo lyrique. Zola, à la même époque, exprime, en prose, d'analogues aspirations déistes, comme tous les incrédules, chez qui la sentimentalité persiste. D'abord, il déclare qu'il n'est d'aucune secte religieuse. Il affirme cette indépendance cultuelle, à un protestant, et à une vieille dame dévote, entre lesquels il se trouve placé, dans un dîner, et qui l'entreprennent sur ses croyances. Les commentateurs de la parole divine, la caste sacerdotale, l'homme qui sert d'intermédiaire entre son semblable et le ciel, voilà, selon lui, la plaie. Le prêtre fait un dieu à son image, mesquin et jaloux. Zola repousse donc le clergé. Il ne veut pas, entre le ciel et lui, d'autre truchement que la prière. Il admet un créateur vague, une âme immortelle. Il en est à la profession de foi du Vicaire Savoyard. Tout cela bien vague, bien incohérent. L'écorce du préjugé qui tombe, et la sève de l'indifférence qui monte.

Maintenant, ajoute-t-il, je ne sais si je suis catholique, juif, protestant ou mahométan.

Si on me demandait si je reconnais Jésus-Christ comme Dieu, je l'avoue, j'hésiterais à répondre. Jésus est plutôt, pour moi, un législateur sublime, un divin moraliste...

Par la suite, cette religiosité sentimentale, ce mystique élan vers une divinité créatrice et providentielle, s'atténuèrent, sans disparaître complètement. Les lectures scientifiques et l'observation de la vie firent, cependant, succéder assez rapidement leur influence aux préoccupations poétiques, et à l'opinion toute faite, non démontrée ni étudiée, puisée dans ses livres et ses relations d'alors, sur l'existence d'une divinité mêlée aux choses de la terre, d'une providence vigilante, et d'une âme pourvue d'une existence inexplicable, en dehors du corps, des organes de la vie même.

La foi artificielle et le travail poétique des années de jeunesse n'eurent point, par la suite, grande importance pour Zola. Ces lyriques divagations ne laissèrent nulle mysticité dans son esprit ; elles ne déposèrent point un résidu tenace de tendances religiosâtres dans sa conscience. Elles ne contribuèrent en rien à sa fortune littéraire, à son succès. Le poète, resté longtemps ignoré, n'existe pour ainsi dire pas pour le public. Une large trace de ce labeur des années d'apprentissage se retrouve, pourtant, comme un germe englouti, dans les œuvres de la maturité. De grands sillons poétiques s'allongent dans son magnifique champ de prose, et surgissent tout à coup à fleur d'œuvre réaliste.

S'il n'avait connu les exaltations de *Rodolpho*, de *l'Aérienne*, de *Paolo*, s'il n'avait pas cherché à rendre, dans la langue mesurée des aspirations idéales, ses enthousiasmes, ses rêveries de l'âge printanier, s'il ne s'é--tait pas livré à l'exercice difficile, mais profitable, de la versification, peut-être n'aurions-nous pas à admirer, dans ses pages les plus parfaites, la description du Paradou le délicieux épisode de Silvère et de Miette, les ciels de Paris, l'architecture des Halles, et tant d'autres superbes et poétiques morceaux, vraiment poétiques, qui ont contribué à l'éclat, au coloris et aussi à la vogue méritée de ses principaux livres.

Non ! Zola ne fut pas, comme tant d'autres, un poète mort jeune. Il fut un poète transformé, un poète dont les strophes étaient, par lui-même, traduites en prose magnifique, un poète qui ne rimait pas, et n'allait pas à la ligne toutes les douze syllabes, un grand poète tout de même ! Pour achever le résumé des opinions, des sentiments, des désirs de Zola, à cette époque de formation et de préparation, il est bon de noter ce qu'il pensait alors de l'amour, de la femme, et aussi de la politique, et de diverses questions sociales à l'ordre du jour.

Nous aurons ainsi le tableau de tout l'intellect et de toute la conscience du Zola première manière, du Zola d'avant la gloire, on peut presque dire d'avant le talent, car, physiquement et intellectuellement, ce futur grand homme a grandi tard. Le jeune littérateur fera mieux comprendre l'écrivain mûr, le poète expliquera le romancier. Le récit détaillé et minutieux des années de début, avec leur misère et leur obscurité, permettra de bien voir, dans toute sa rayonnante destinée, ce petit méridional parvenu à la célébrité parisienne, puis mondiale. On suivra, dans son ascension, ce poète manqué prenant sa place parmi ces hommes à part, parmi ces phares, comme disait Baudelaire, ces héros, comme les classifiait Emerson, qui, agissant, sur leurs contemporains d'abord, sur les générations par la suite, constituent la réelle, la toujours vivante humanité, car la poussière des morts inglorieux ne compte pas.

II

AU QUARTIER LATIN. — LA MAISON HACHETTE. — CONTES A NINON. — LES JOURNAUX. — CRITIQUE D'ART. — THÉRÈSE RAQUIN.

(1862-1867)

Que pensait de l'amour et de la femme le jeune Zola ? Cette question a été suivie d'une, de plusieurs réponses, fournies par le sujet lui-même.

« A notre âge, dit-il, avec une sagesse précoce et une philosophie intuitive, ou peut-être apprise, retenue et répétée, ce n'est pas la femme que l'on aime, c'est l'amour. » Notre juvénile observateur n'est ici qu'un écho. Sa conscience se fait miroir. Il reproduit ce qu'il a vu dans les livres. Il redit ce qu'il a entendu. A-t-il expérimenté l'ardeur exaspérante de la poursuite, et constaté la lassitude, le but atteint ? C'est douteux. Cette désillusion fatale est d'une trop grande exactitude pour avoir été ressentie et contrôlée. « La première femme qui nous sourit, disait-il alors, c'est elle que nous voulons posséder ; nous déclarons que nous allons mourir pour elle ; si elle nous cède, nous perdons bien vite nos belles illusions. » Trop sage, trop clairvoyant, notre moraliste imberbe. Il ne pouvait déjà s'être aperçu de la vanité de cette soif d'amour, dont les cœurs de jeunes gens sont les urnes de Danaïdes. Il philosophait par ouï-dire. Nous avons tous passé par ce chemin frayé.

Il trouvait parfois, dans cette analyse, d'après les alambics et les cornues d'autrui, de fort curieux précipités et des cristaux imités, pouvant être pris pour des originaux. Ainsi, il reconnaît que les collégiens, jouant aux fanfarons du vice, se posant en blasés, en desséchés, rougiraient de confesser une passion pure, éthérée, véritable. « De même qu'en religion un jeune homme n'avoue jamais qu'il prie, en fait d'amour un jeune homme n'avoue jamais qu'il aime. » Il proclame aussi, ce qui est très certain, que chacun aime à sa manière, que l'on peut aimer sans faire de vers, sans aller se promener au clair de lune, et que le berger peut adorer sa bergère, à sa façon. Il a des idées très hautes de la femme et de l'amour, à cette époque. « Une tâche grande et belle, une tâche que Michelet a entreprise, une tâche, dit-il encore, que j'ose parfois envisager, est de faire revenir l'homme à la femme. »

Il blâme, avec une austérité qui peut surprendre, mais qui avait des racines profondes dans sa conscience, dans son tempérament, la vie polygamique de la plupart des jeunes gens. Il affirme que, dans l'amour, le corps et l'âme sont intimement liés et que, sans ce mélange, le véritable amour ne saurait exister. Il soutient justement, peut-être avait-il lu Schopenhauer, qu'on a beau vouloir aimer avec l'esprit, il viendra un moment où il faudra aimer avec le corps. Mais il considère la vie galante comme excluant l'amour. « La jeune fille, dit-il, qui te cède, le second jour, ne peut aimer avec l'âme. » Ceci est juste en principe, mais, si Zola eût vécu davantage, et observé plus d'unions, quand il formulait cet arrêt, il l'eût modifié, car, chez la femme surtout, et les exemples en sont fréquemment fournis par les tribunaux, par les aveux écrits, par les confidences reçues, l'amour vrai, l'amour où l'âme entre en ménage avec le corps, naît, grandit et persiste, après la possession initiale, où souvent le corps seul fut en cause. Dans beaucoup d'unions légitimes, où la jeune fille se donne par suite d'un engagement des parents, et avec la solennité d'un contrat officiel, le corps est d'abord livré, selon les conventions. La livraison de l'âme, postérieure, complémentaire, le second mariage, n'est ni obligatoire, ni sans exception. Quand, par suite de circonstances spéciales, de heurts intimes et de contingences conjugales variant avec les individus et les situations, la jeune femme retient son âme, quand cette âme n'est pas donnée ensuite, par une effusion volontaire et reconnaissante, au possesseur légal du corps, l'amant bientôt survient qui prend le tout, et le mariage n'est plus qu'un terme d'état-civil.

Le précoce moraliste admettait, et sa conception des relations entre les deux sexes n'est pas si fantaisiste, qu'il serait bon de se connaître avant de s'aimer, de débuter par l'estime, et aussi par l'amitié, pour arriver à l'amour. C'est rococo, sans doute, cette façon de s'emparer d'une femme, et cela évoque les voyages symboliques des précieuses au pays du Tendre. Nécessité de passer par le hameau de Petits-Soins avant de s'arrêter à l'ermitage de Billets-Doux. Mais Zola, avec une vivacité logicienne, développe sa théorie, et de certains esprits, à la fois timides et épris d'idéal, sa moderne carte du Tendre ne saurait être dédaignée.

Il est tout à fait hostile à l'amour coup-de-foudre. Il n'admet pas que deux êtres, se regardant pour la première fois, contractent un pacte muet, et estiment, sur-le-champ, qu'ils doivent s'aimer toute la vie, étant prédestinés l'un pour l'autre. L'amour enlevé, comme un repas sur le pouce, ne lui paraît pas stable. Il ne s'étonne pas que des liens ainsi noués soient souvent très lâches. Les nœuds, symboliques ou matériels, trop rapidement faits, vite se desserrent. Le coup d'œil qui décide de l'amour est un prologue bien sommaire, et le drame se précipite trop. Les amants promis n'ont pu examiner, apprécier et désirer respectivement que la conjonction de leurs corps, dans cet échange des regards. Schopenhauer explique, à sa façon, cette impulsion charnelle. Deux êtres se cherchent, dit-il, s'observent avec attention et gravité, et, après s'être examinés, reconnaissant qu'ils sont aptes à procréer des rejetons, se jettent dans les jambes l'un de l'autre. Le souhait de la reproduction le l'espèce est un instinct secret de la nature, dit le philosophe de Francfort, et l'amour n'est que l'expression de la volonté de perpétuer la race. Cet instinct est bien secret, en effet, et le désir d'avoir des enfants, excepté pour des souverains et les gens à héritage menacé, est rarement la règle des amants. Les fosses d'aisances, et les procédés malthusiens interviennent même, pour prévenir ou engloutir les conséquences d'un rapprochement corporel, où le souci de laisser une postérité ne fut pour rien. Il est peu croyable que deux amoureux, se vautrant dans les blés ou s'étreignant entre deux portes, se préoccupent surtout, la fille d'être aussitôt enceinte, et le garçon de se trouver, neuf mois après, papa. Quand aux époux régularisés, si l'enfant est fabriqué, c'est fort souvent par négligence, surprise, faiblesse ou scrupule religieux, rarement par désir irrésistible de donner des écoliers à l'école, des soldats au régiment et des contribuables au percepteur. Schopenhauer a attribué une conscience au besoin naturel et à la fatalité des sexes, c'est une rêverie philosophique, une explication fantaisiste. L'appétit, le besoin de manger poussent l'être, homme ou animal, à se procurer de la nourriture, ce n'est pas le goût ni le désir de la digestion qui l'excitent. L'attraction sexuelle, le rut, et l'assouvissement de la fringale charnelle ne sont pas stimulés par le charme de la grossesse et la volupté de l'accouchement.

Zola raisonne bien mieux ces matières, à la fois grossières et subtiles, de l'amour et du mariage, que les philosophes attitrés, sorbonniens et docteurs ès-hautes études. Ces graves analystes considèrent comme des futilités, peut-être comme des grivoiseries indignes de leur magistral examen, les problèmes de l'amour et de la recherche des sexes. Zola, dès cette époque, pose la redoutable question de l'identité dans l'amour. Est-ce une femme, ou la Femme, qu'on poursuit ou qu'on aime? Dans l'immédiat, dans le classique coup de foudre, si l'amour est pur, idéal, sans être absorbé par la possession charnelle, c'est à un être fictif, presque toujours inexistant, paré et doté par l'imagination, que s'adresse la passion. Donc chimère. Ou bien, vous vous contentez d'être attiré par le charme du corps, par la beauté des formes, le piquant des traits, et, dans ce cas, ce n'est que la jouissance sexuelle et la satisfaction physique qu'on réclame toujours, et qu'on obtient souvent.

En préconisant la réflexion dans l'amour, l'attente, le stage à la porte de la chambre à coucher, et comme une sorte d'essai psychique de la vie à deux, Zola n'innovait rien. Il restituait une ancienne tradition. Aux modernes pressés, brûlant les étapes de la conquête d'amour, comme s'il s'agissait d'une course d'autos, il ne faisait que conseiller d'imiter les chevaliers d'autrefois. Leurs belles ne leur imposaient-elles pas de difficiles épreuves, et de longues attentes, avant de leur accorder ce qu'ils sollicitaient, tantôt un galant virelai aux lèvres, et tantôt la rude lance au poing. Le flirt des milieux élégants, où l'on se reçoit, où l'on se rencontre aux villes d'eaux et sur les plages, rappelle encore cette méthode, la lance étant remplacée par le stick et le virelai par une scie de revue en vogue. Certaines nations du nord pratiquent volontiers cette mise à l'essai réciproque des futurs époux. Au Danemark, en Suède, il n'est pas rare de voir des fiancés se fréquenter de longs mois, parfois même accomplir ensemble un voyage, avant de s'épouser. En Angleterre, les réunions sportives, où le mélange des sexes est la règle, permettent aux jeunes gentlemen et aux young ladies de s'étudier, de se critiquer, ou de s'admirer tout à loisir. Est-ce à cette cause, à cette jonction des êtres, sans surprise, sans illusions aussi, qu'il convient d'attribuer la fixité des familles, la durée des unions et, en général, le peu d'adultères et de divorces, dans ces pays, dont le climat est, sans doute, réfrigérant, mais dont les mœurs sont plus prudentes que les nôtres? L'auteur de *Vérité* devait, trente ans plus tard, reproduire et développer ces théories, en préconisant l'école mixte, réunion enfantine des futurs associés dans l'existence.

Le jeune Zola, en émettant ces idées très pratiques sur l'amour et sur le mariage, n'apparaît pas du tout comme un méridional, au tempérament chaud. Ce Provençal, qui ne gesticulait jamais, qui n'était nullement orateur, montrait plus tôt la gravité d'un Oriental, et, comme amoureux, il devait avoir les idées de ces sages musulmans, qui, sans bannir la femme de leur existence, loin de là, ne lui laissent pas empiéter sur la conscience, sur la volonté, sur la pensée de l'homme. Il fut, toute sa vie, un chaste, et n'eut guère, sur le tard, qu'une aventure d'amour, se rapprochant plus de la seconde union licite d'un musulman que de l'adultère chrétien.

Zola s'était, cependant, énergiquement prononcé contre la polygamie française, la polygamie déguisée, et admise dans notre société. Elle n'a rien de comparable à la polygamie légale, honorable et vertueuse de l'Oriental, qui n'y a recours que dans une certaine limite. Il est permis au mahométan d'épouser plusieurs femmes, mais ce sont surtout les grands seigneurs qui usent de cette faculté, dont le Prophète donna l'exemple. Le Turc de condition moyenne n'a souvent qu'une épouse. Il aime et honore particulièrement cette femme, qui lui donne des enfants. Si, par la suite, il élève au rang d'épouse une servante avec laquelle il a des rapports, ce n'est ni pour humilier, ni pour abandonner sa femme, qui garde son rang et a droit aux égards de la concubine. La première femme est non seulement consentante à la nouvelle cohabitation de son mari, mais souvent elle en éprouve une altruiste et généreuse satisfaction. Elle estime juste et naturel que son mari trouve du plaisir dans les bras d'une femme plus jeune, mieux portante, et plus disposée qu'elle aux besognes de l'amour. Elle admet, aussi, quand elle est frappée de stérilité, ou que l'âge et la maladie l'attaquent, que cette remplaçante, en qui elle ne saurait voir ni une ennemie, ni même une rivale, donne au mari, au père de famille, les enfants dont la nature lui refuse la conception. Zola eut, dans les dernières années de sa vie, ces sentiments d'oriental et de patriarche ; autour de lui, ils furent compris et partagés comme dans les familles bibliques.

Dans les primes années de la poursuite amoureuse et de la tyrannie des sens, il ne fut ni un séducteur, ni un coureur de bonnes fortunes, ni même un amant passionné. Il attendait le mariage. Il était disposé à la monogamie, à la régularité dans la satisfaction sexuelle. On ne lui connut ni maîtresse attitrée et dominatrice, ni retentissantes aventures galantes. On n'a jamais publié de ses lettres d'amour. Il dut en écrire, au temps de *l'Aérienne*. Mais ces propos tendres, non destinés à la postérité, étaient tracés, selon la formule du poète Catulle, sur l'eau courante, à moins que ce ne fût sur le sable. Rien n'en est resté. En cela il diffère de la plupart des écrivains célèbres, et il est loin d'avoir imité son maître Alfred de Musset. Dans les dernières années de sa vie seulement, on rencontre une piste féminine. On y a vu plus haut une allusion.

Zola, dans plusieurs de ses ouvrages, a fortement peint des amoureux, des amoureuses, et on lui a même reproché la crudité de nombreuses scènes passionnelles. Ceci prouve que l'artiste n'a nullement besoin d'avoir éprouvé une passion pour la rendre avec force et talent. Balzac n'a pas davantage couru le guilledou.

Zola apparaît donc comme un continent, même aux heures rapides des liaisons fatales, dans la vie de jeunesse, à l'époque favorable aux rencontres passagères, obligatoires pour ainsi dire, dans les milieux où se trouvent à profusion des femmes libres. Il eut des relations, sans incidents ni suites, avec de bonnes filles du quartier latin. Puis il se maria, fort jeune.

Toute sa vie, vouée à l'isolement et au travail, fut exempte de complications, de scènes, de tourments. Il ignora toutes ces péripéties qui troublent si fâcheusement tant d'existences. Il échappa aux désordres, aux dangers de la vie d'étudiant. Il fut indemne de l'avarie. Il ne souffrit d'aucun amour rebuté. Il n'a pas été passé au laminoir de la jalousie. Il a été mari modèle, mari heureux, on pourrait presque dire exceptionnel. Pas de drame passionnel à citer, où on puisse lui assigner un rôle. Le scandale et la souffrance dans le mariage lui ont été épargnés. Impossible, comme on l'a fait pour tant d'hommes de lettres, de publier un ouvrage ayant pour titre : les Maîtresses de Zola. Il n'eut, d'un Byron ou d'un Chateaubriand, que le lyrisme.

Il manifestait, dans son belvédère comme en ses garnis du Quartier, une défiance envers les filles faciles.

Elles passent d'un amant à l'autre, disait-il, sans regretter l'ancien, sans presque désirer le nouveau. Rassasiées de baisers, fatiguées de voluptés, elles fuient l'homme quant au corps ; sans nulle éducation, sans aucune délicatesse de sentiment, elles sont comme privées d'âme, et ne sauraient sympathiser avec une nature généreuse et aimante.

Il ne croyait pas à la courtisane à qui l'amour refait une ingénuité.

Qu'elles rencontrent un cœur noble (s'écriait-il avec une indignation quelque peu théâtrale et sentant son Desgenais, personnage alors très applaudi au théâtre), qui tâche de les relever par l'amour, et qui, avant tout, voulant pouvoir les estimer, cherche à les rendre honnêtes femmes, ah ! celui-là, elles le bafouent, le gardent parfois pour son argent, mais elles ne l'aiment jamais, même dans le singulier sens qu'elles donnent à ce mot.

C'est la moralité des pièces du temps, en réaction contre la formule romantique des Marion Delorme : l'anathème et l'impitoyable hors la loi du cœur des *Filles de Marbre*, du *Mariage d'Olympe*, des *Lionnes Pauvres*.

Si la fille le décourageait, la veuve ne le tentait que

médiocrement, et cette créature déflorée, dont l'expérience doit amener fatalement au collage ou à l'union légale, ne lui apparaissait pas comme « l'idéal de ses rêves ». La jeune fille lui aurait plu, mais il se demandait, avec un scepticisme *a priori*, s'il en était encore. Il ajoutait, en reprenant ses théories sur l'essai interdit, répétant son blâme du mariage imposé à l'aveuglette, reproduisant sa critique de la fiancée demandée et obtenue, sans qu'il soit permis au futur de la connaître et de sympathiser avec elle :

La vierge, pour nous, n'existe pas, elle est comme un parfum sous triple enveloppe, que nous ne pouvons posséder qu'en jurant de le porter toujours sur nous. Est-il donc si étonnant que nous hésitions à choisir ainsi, en aveugles, tremblant de nous tromper de sachet, et d'en acheter un d'une odeur nauséabonde?

La femme fut donc un élément secondaire, dans la vie de Zola. Elle n'eut aucune influence sur sa destinée d'écrivain. Elle ne lui fit ni commettre de folies dans l'existence, ni négliger un travail. Par contre, elle ne lui inspira aucun chef-d'œuvre. L'avantage qu'il tira de la vie de ménage, où il entra à vingt-huit ans, fut la régularité d'existence, la table prête, comme le lit, à heures fixes, les soins domestiques, l'ordonnance toute bourgeoise de sa modeste maison. Les qualités d'ordre, de ponctualité, de méticuleuse et quasi bureaucratique méthode, qu'il montra dans l'exécution de son travail littéraire, se retrouvent dans sa vie conjugale. Il avait, dans sa toute jeunesse, émis cette croyance que « le bonheur pouvait exister dans le mariage ». L'expérience de la vie et sa propre destinée ne purent que lui confirmer la véracité de cette opinion, consignée, en 1860, dans une lettre à son ami Baille, à propos du célèbre roman de George Sand, *Jacques*.

En réalité, absorbé tout entier par la passion littéraire, poussé par l'ambition très vive de bien faire, dominé par la volonté de terminer ce qu'il avait une fois entrepris, hanté par son œuvre, comme l'avait été Balzac, il a surtout aimé Gervaise et Nana, Miette et Renée, toutes ses héroïnes, perverses ou touchantes. La femme prend du temps. Les heures qu'on passe à aimer sont perdues pour l'œuvre. La force qu'on pourrait employer à créer un personnage, fictif, mais doué d'une vie supérieure, susceptible de se prolonger au delà de toute longévité humaine, on la gaspille en l'employant à fabriquer un enfant de chair et d'os. Comme, cependant, la nature a ses exigences, il convient d'accorder à l'appétit amoureux l'attention et le temps qu'on attribue à l'autre, celui qui a l'estomac pour siège, avec modération, et à l'heure voulue. Quand on a la feuille de papier qui attend sa semence d'encre, il ne convient de s'attarder ni au lit ni à table. Telle fut la méthode du grand laborieux.

Jouvenceau, homme fait, ou déjà parvenu au seuil de la vieillesse, ce robuste producteur contint tous les désirs, prévint tous les entraînements, évita les fièvres et les ardeurs qui brûlent, agitent, affolent, charment et désespèrent tour à tour la plupart des hommes. Il vécut en reclus. Il peina en manœuvre. Il se constitua prisonnier de l'œuvre et de l'idée. Loin de la foule, sourd aux rumeurs de la place publique, comme aux murmures des salons, dans son laboratoire littéraire, il s'enferma, jusqu'au jour où, par une sorte de révolution intérieure et de revanche de la passion interne, vapeur trop longtemps comprimée faisant sauter le couvercle, il éclata dans l'emportement et dans l'explosion de l'affaire Dreyfus. Le passionné contenu, l'homme d'action captif qu'il était, apparut dans toute sa fougue et dans toute sa témérité, comme délivré ; dogue furieux, longtemps à la chaîne, enfin démuselé.

Zola fut un volitif extraordinaire et un combatif ardent. A toutes les époques de sa vie, on peut constater et suivre son opiniâtre ténacité. Il aimait à lutter et il cherchait les occasions de résister. C'était un remonteur de courants, ou plutôt il prétendait les détourner, ces torrents de l'opinion, qui se ruaient sur lui. Il cherchait à les barrer, comme son père avait fait dans les gorges de l'Infernet, pour les eaux des montagnes, et ces afflux dévalant sur lui, il cherchait à les diriger dans un sens contraire. Il n'avait pas le vulgaire esprit de contradiction, mais le goût de la domination, le sens de la direction, et il prétendait au commandement. Il a écrit beaucoup d'articles de critique, c'était toujours pour prêcher ses doctrines, pour imposer sa manière de voir. Il fit périodiquement des « campagnes » dans les journaux. Il se plaignait qu'on ne tînt nul compte de ses arguments, mais lui n'écoutait même pas ceux des autres. Les preuves qu'on pouvait lui opposer, il les dédaignait superbement. Il ne croyait plus en Dieu, vers la quarantaine, mais il croyait absolument en lui-même. Il portait dans son âme l'ardeur sombre et la foi militante d'un saint Dominique, ou d'un Saint-Just. Il avait choisi, inventé un drapeau : le Naturalisme, il rêvait de le planter partout. Il poussait même au delà de son domaine, et de ses forces, son goût de l'assaut et son désir de la conquête. Ne dit-il pas, un jour, avec une sincérité qui fit sourire : « La République sera naturaliste ou ne sera pas ! » Il avait seulement négligé, en lançant son aphorisme, comme un défi plutôt que comme un programme, de définir ce qu'était et ce que devait être la République, et surtout en quoi consistait sa République, celle qu'il qualifiait de naturaliste.

Bien qu'il ait été à la veille de se voir confier un arrondissement à administrer, en 1871, Zola ne s'est jamais mêlé de politique. On peut même douter qu'il ait eu des idées bien nettes sur les partis et sur les programmes. Dans sa jeunesse, il écrivait à son ami, le peintre Cézanne :

> Nous ne parlerons pas politique ; tu ne lis pas le journal, chose que je me permets, et tu ne comprendrais pas ce que je veux te dire. Je te dirai seulement que le pape est fort tourmenté pour l'instant, et je t'engage à lire quelquefois *le Siècle*, car le moment est très curieux...

C'était au lendemain de la guerre d'Italie, et la question des Etats du Saint-Siège, laissée en suspens par la paix de Villafranca, se trouvait à l'état aigu.

On rencontre peu de traces des préoccupations politiques contemporaines dans les écrits et dans la vie de Zola. Il était théoriquement républicain. *La Fortune des Rougon, la Curée, Son Excellence Eugène Rougon, la Débâcle* ne peuvent que le placer parmi les adversaires de l'empire ; *Germinal, Fécondité* feraient de lui un socialiste ; *Lourdes*, un anticlérical ; *le Rêve*, un mystique, et *l'Assommoir*, par contre, le rangerait aisément parmi les réactionnaires. Il est difficile de lui attribuer une opinion précise et classée, à raison de ses divers romans. Dans ses articles de journaux, il n'a fait qu'effleurer la politique concrète et s'est borné, en dehors et à propos de ses affirmations littéraires et théâtrales, à des généralisations rentrant plutôt dans la sociologie.

Ce fut ainsi qu'il se prononça contre la peine de mort.

L'abolition fut une des thèses favorites des générations évoluant de 1830 à 1848. Victor Hugo avait dardé la flamme de son génie sur le bourreau. D'une lueur sinistre, il avait éclairé la guillotine, et fait se détacher, sur un fond d'horreur, le lugubre instrumentiste de l'appareil des lois. Au fond, sans romantisme, un simple mécanicien, beaucoup moins taché de sang qu'un garçon d'abattoir, ou qu'un infirmier de clinique. Dans de nombreuses pièces de vers, dans sa prose, dans ses discours, et principalement par la publication de son livre pleurnichard et fantaisiste : *le Dernier jour d'un condamné*, le grand poète humanitaire avait dénoncé le supplice capital à l'indignation populaire, et mis l'exécuteur et sa machine au ban de l'opinion socialiste. Tous les républicains de 48, les Louis Blanc, les Schœlcher, les Edgar Quinet, les Michelet, furent d'éloquents et ardents apôtres de la suppression de cette peine, qui a surtout, qui a seulement contre elle d'être définitive et irréparable. Les générations suivantes laissèrent tomber dans l'oubli ces appels et ces supplications. Il ne fut plus question de congédier le bourreau, pendant les dix-huit années du régime impérial. La répression farouche dont usa la troisième république, après les événements de 1871, eut fait considérer comme une plaisanterie cynique, de la part des ruraux et des républicains qui avaient approuvé Thiers et Mac-Mahon, une abolition de la peine de mort. Jusqu'à ces dernières années, la question parut ne passionner personne. Elle était en dehors des désiderata populaires. Aucune profession de foi, fait remarquable, de 1876 à 1906, ne contient une allusion à cet article démodé du programme de 48. Les candidats n'y voyaient aucun avantage électoral. Ce n'est qu'au cours de la législature actuelle que l'abolition de la peine de mort fut sérieusement reprise, et, pour ainsi dire, préjugée, par la suppression du crédit alloué pour le salaire de l'exécuteur et pour l'entretien de sa mécanique.

Zola, avec une exaltation toute romantique, traitait la peine de mort comme un blasphème et un sacrilège. Dieu, selon lui, avait seul le droit de punir éternellement, parce que seul il ne pouvait se tromper. Après cette affirmation d'un Joseph de Maistre à rebours, il ne manquait pas de reproduire l'éternel argument, le seul sérieux contre une peine irrévocable, c'est que la justice est faillible. L'affaire Dreyfus, envisagée à son point de vue, n'a pu que le confirmer dans cette opinion de jeunesse. Mais alors, comme en sa vingtième année, au lendemain de la lecture impressionnante du *Dernier jour d'un condamné*, livre déclamatoire et faux, où les sensations d'un homme à qui on va couper le cou sont supposées et non observées, il eût accepté, sans la vérifier, sans la démontrer, l'affirmation intéressée et suspecte de tous les abolitionnistes, que « la menace de mort n'arrête pas les assassins ». La certitude de tuer sous le bouclier de la loi, et de prendre la vie des autres, sans risquer la leur, les arrêterait-elle davantage ?

Ayant ainsi fait le tour des idées de Zola, débutant, rêveur, étudiant laborieux et rangé, aimant à fumer des pipes, l'hiver, les pieds sur les chenêts, quand il lui était possible d'allumer du feu, se réjouissant à courir les vertes banlieues, quand les fleurs printanières montraient leurs collerettes blanches, poète dont les ailes ne poussaient pas, littérateur dont la force de volonté et l'assiduité au travail allaient enfanter bientôt le génie, nous pourrons examiner, avec plus de certitude, les faits de son existence, assez longtemps obscure, d'employé mécontent, de conteur bénin, de critique bien vite agressif et de romancier d'abord incolore, confus, médiocre, jusqu'à ce bond énergique qui nous le montre, après *Thérèse Raquin*, déjà maître de sa pensée, possesseur de sa forme, et prêt à tracer, d'une main sûre, la généalogie des Rougon-Macquart, c'est-à-dire le plan de son grand édifice littéraire, le plan aussi de toute sa vie.

Dans ses divers logements, toujours sur la rive gauche, où il vivait en garçon, Zola avait eu surtout pour compagne fidèle : la misère. Il la supportait avec résignation et bonne humeur. Il avait pour soutien la confiance en soi.

Nullement geignard, il n'a jamais essayé d'apitoyer et de se donner la gloriole du parvenu, en retraçant, et l'on sait avec quelle vigueur il aurait pu le faire, le tableau pittoresque et attendrissant de sa débine juvénile. Une seule fois, il fit allusion à ces heures miséreuses. Ce fut à propos des descriptions accumulées de Paris, vu panoramiquement des hauteurs de Passy, et de ses ciels variables, dans *Une Page d'Amour*. La critique lui en reprochait la répétition et la monotonie :

> J'ai pu me tromper, dit-il, dans son article sur la Description, et je me suis trompé certainement, puisque personne n'a compris ; mais la vérité est que j'ai eu toutes sortes de belles intentions, lorsque je me suis entêté à ces cinq tableaux de même décor, vu à des heures et dans des saisons différentes. Voici l'histoire : dans la misère de ma jeunesse, j'habitais des greniers de faubourgs d'où l'on découvrait Paris entier. Ce grand Paris immobile et indifférent, qui était toujours dans le cadre de ma fenêtre, me semblait comme le témoin muet, comme le confident tragique de mes joies et de mes tristesses. J'ai eu faim et j'ai pleuré devant lui, et, devant lui, j'ai aimé, j'ai eu mes plus grands bonheurs. Eh bien ! dès ma vingtième année, j'avais rêvé d'écrire un roman dont Paris, avec l'océan de ses toitures, serait un personnage, quelque chose comme le chœur antique... C'est cette vieille idée que j'ai tenté de réaliser dans *Une Page d'Amour*. Voilà tout...

Ainsi, sa misère, et le dénûment de son logis aérien, lui inspiraient seulement l'idée d'un décor, d'un « chœur » formidable, la Ville avec ses yeux de pierre regardant le drame intime qui se déroulait dans une petite chambre où souffraient trois ou quatre créatures. En grelottant dans son galetas, il songeait à se documenter, et il s'échauffait à combiner un roman futur.

Il cherchait alors sa voie, comme on dit, mais il avait la certitude de la trouver.

Ce qu'il lui fallait d'abord rencontrer, c'était ce fameux emploi, après lequel nous l'avons vu courir inutilement, mais sans ardeur excessive. Il ne vivait pas avec sa mère ; il tirait d'elle encore quelques subsides. Il s'en estimait quelque peu honteux. Il fallait sortir de cet enlisement. Il eut des velléités de résolutions désespérées. « Sans ma mère, je me serais fait soldat ! » écrivait-il à un ami. C'était l'époque où un homme valait de quinze cents à deux mille francs. Zola « se vendant » pour manger et pour épargner les minces ressources de sa maman, c'est une note attendrissante. Il est probable qu'au moment de signer ce servage de sept ans, sa main eût hésité. Il ne pouvait sérieusement songer à troquer la plume contre le fusil à piston. Et puis, il avait été réformé, et on ne l'eût pas admis à contracter un engagement. Il dut réagir contre cette dépression, et le hasard lui vint en aide. Un ami de son père, M. Boudet, membre de l'Académie de Médecine, lui procura l'accès de la maison Hachette. Pour lui permettre d'attendre l'époque de son entrée en place, cet excellent homme dissimula un secours urgent sous l'apparence d'un travail. Bien modeste travail, et peu littéraire. Il s'agissait de porter à domicile les cartes de jour de l'an de l'académicien.

En janvier 1862, Zola était accepté dans l'importante maison Hachette. On lui assignait son emploi au bureau du matériel. Ses appointements furent fixés à cent francs par mois. Cela lui permettait de vivoter. Il lui restait quelques heures, matin et soir, en dehors du bureau, pour se livrer à ses occupations de prédilection : la rêverie et la composition de poèmes, de contes, également faiblards et ingénus. Il s'accommoda de cette situation.

Auparavant, il avait eu un emploi aux Docks. Il y était resté deux mois. Le local sombre et malodorant, la besogne fastidieuse, les rapports pénibles avec le personnel et les chefs, la longue présence exigée, tout contribuait à le décourager, à le lasser.

Je ne m'amuse nullement aux docks, écrivait-il. Voici un mois que je vis dans cette infâme boutique et j'en ai, par Dieu ! plein le dos, les jambes et les autres membres... je trouve mon bureau puant et je vais bientôt déguerpir de cette immonde écurie...

Chez Hachette, le local était plus attrayant, la tâche moins rebutante. Il changea assez rapidement de service, et fut attaché à « la publicité ». C'est une des divisions importantes de la maison Hachette. On s'y trouve en rapports quotidiens avec les auteurs, les directeurs de journaux, les critiques et les journalistes. Emile Zola fut un bon employé. Il avait des instincts d'ordre, des goûts de classement, des habitudes de ponctualité, qui, dans l'administration, dans le commerce, sont des qualités appréciées. Son bureau de commis de librairie devait être aussi propre, aussi bien tenu, aussi rangé, avec les papiers et les accessoires d'écriture, que le fut, aux Batignolles, à Médan, rue de Boulogne et rue de Bruxelles, sa table de travail d'auteur devenu riche et célèbre.

Cette minutie et ce soin n'étaient pas pour déplaire à MM. Hachette, négociants soigneux et ennemis de tout désordre. Zola, en réalité, a connu la pauvreté, mais n'a jamais mené la vie de Bohême. Il ressemblait plus, durant les années de misère, à un étudiant russe, pauvre, révolutionnaire et farouche, qu'à l'un de ces loustics que Gavarni a dessinés, que Murger et les vaudevillistes ont montrés, sur la scène et dans le roman, comme des lurons toujours occupés à faire des farces aux propriétaires, à lutiner Musette et Mimi, à chanter des refrains bachiques et sentimentaux, sans jamais travailler, ce qui ne les empêchait pas, par la suite, de se marier, à de jeunes héritières bourgeoises, d'écrire à la *Revue des Deux Mondes* et d'entrer à l'Institut.

Zola, qui ne fut jamais l'étudiant régulier, classé, pourvu d'inscriptions et suivant plus ou moins les cours, est le modèle de l'homme d'études. Il réalisa, grâce à son humble emploi, la première partie de ses rêves de travail, d'indépendance et de gloire. Avec ses appointements, sagement économisés, il n'était plus à la charge de sa mère ; il pouvait même lui offrir, de temps en temps, quelques petites douceurs. Ainsi, il donna, en son honneur, une soirée ! Une soirée avec rafraîchissements ! Il y avait du malaga et des biscuits.

Dans sa chambre d'alors, assez vaste, impasse Saint-Dominique, n° 7, dépendant d'un ancien couvent, il convia quelques amis à une double lecture dramatique. Sa mère, ravie, était parmi les auditeurs. La lecture comprenait un proverbe de l'amphitryon intitulé *Perrette*, demeuré injoué et inédit, et une tragédie moderne de Pagès du Tarn. Cet auteur, resté obscur et un peu ridiculisé, ce qui ne veut pas dire ridicule, était son voisin. La tragédie de Pagès du Tarn fut annoncée comme une innovation, comme devant révolutionner le théâtre. Elle ne remua rien. C'était une imitation et une modernisation de la *Phèdre* classique. Comme le fit observer Zola, avec un juste sens critique :

> Les nouveautés de M. Pagès du Tarn se bornent à un changement de costume, l'habit noir au lieu de la toge romaine, à un changement de nom, le nom d'Abel au lieu de celui d'Hippolyte...

Et il ajoute, car tout le morceau est à citer, comme une excellente distinction entre le véritable neuf et le ressemelage, en art dramatique :

> L'auteur ne s'aperçoit pas d'un écueil ; voulant faire, comme il le dit, la tragédie de l'homme, et non celle des rois et des héros, choisissant un sujet bourgeois, ne doit-il pas craindre de rendre plus ridicule encore l'emphase et la déclamation, dans le cercle restreint d'une famille. Thésée, Hippolyte peuvent invoquer les dieux, ils en descendent. Mais tel ou tel marchand enrichi sera parfaitement ridicule de faire ainsi les grands bras. Est-ce à dire que ces drames, qui s'agitent confusément dans l'ombre d'une maison, que ces passions terribles, qui désolent une famille, ne présentent aucun intérêt, ne soient pas dignes d'être mis sur la scène. Loin de là ; seulement il faut, selon moi, que le style s'accorde avec le genre, et, certes, le vieux style classique, les exclamations, les périphrases sont ce qu'il y a de plus faux au monde dans la bouche d'un petit bourgeois...

C'est toute la poétique future des Rougon-Macquart, et le commentaire du verbe des gens de *l'Assommoir*. Zola, déjà, portait dans sa tête sa poétique, sa formule.

Cet emploi chez Hachette, supportable gagne-pain, initiait le jeune provincial, un peu « ours » et dénué de relations, à la vie littéraire de Paris. Zola lui dut de connaître des écrivains renommés, comme About, Taine et Prévost-Paradol, auteurs de la maison. Il avait en outre ce charme, pour l'apprenti-écrivain, de lui laisser quelques loisirs. Zola en profita pour accumuler les œuvres, dont il caressait, en rêve, le papier satiné, la couverture jaune et les beaux caractères. Naturellement, l'imprimerie des Hachette devait fournir la réalité du rêve. Il espérait que ses patrons deviendraient ses éditeurs. Mais on ne vient pas forcer les tiroirs d'un auteur, et lui enlever nuitamment ses manuscrits, pour les publier. Ce cambriolage spécial ne s'est produit qu'une fois. En l'absence de M. Pailleron, alors étudiant, des camarades s'introduisirent dans sa chambre, volèrent le texte d'une pièce en un acte, et en vers, qu'il venait de terminer, et le portèrent à l'Odéon. Le directeur, La Rounat, accepta, joua l'acte, à la grande surprise du poète alors en voyage. C'était *le Parasite*, début de la fortune dramatique de l'auteur du *Monde où l'on s'ennuie*. Mais ces voleurs de manuscrits, et ces directeurs si prompts à jouer les inconnus, ne se rencontrent qu'une fois. Comme pour la montagne de Mahomet, il faut faire le premier pas. Zola, s'enhardissant, s'introduisit dans le cabinet de M. Hachette absent, comme pour lui demander un renseignement de service. C'était le soir, veille de fête, avant la fermeture des bureaux. Le jeune commis avait l'émotion d'un filou visant le coffre-fort. Il déposa, cependant, résolument, sur le buvard de l'imposant patron, le rouleau qu'il dissimulait sous son vêtement. C'était le poème en trois chants, *l'Amoureuse Comédie*, dont nous avons parlé. Puis il se retira, sur la pointe du pied.

Il attendit, avec une vive angoisse, soit une lettre, soit une réponse verbale, en allant reprendre sa place, le lundi, à son bureau. Durant cette attente, il relisait mentalement son œuvre, il en remâchait les apostrophes, il en ruminait les descriptions. Alors lui apparaissaient, grossis, éclatants, effrayants, des défauts jusquelà inaperçus. Il eût souhaité reprendre son manuscrit. Qu'allait penser M. Hachette ? Qu'allait-il dire surtout? Gronderait-il son employé d'avoir, pour ainsi dire, violé son home d'éditeur et son cabinet de patron ? Lui reprocherait-il le dépôt clandestin de ce poème? Peut-être lui ferait-il comprendre, rudement, qu'il était dans la maison à titre de commis, et non d'auteur, et qu'au lieu de perdre son temps de liberté à écrivasser il ferait mieux de se reposer, afin d'être plus dispos en reprenant, le lundi, sa place au bureau. Les préoccupations littéraires ne devaient-elles pas lui ôter du zèle et de l'attention pour son service, qui, bien que se rapportant aux lettres, était avant tout labeur administratif et tâche commerciale ?

Ses transes prirent fin vers midi. M. Hachette le fit appeler. Une fois dans son cabinet, l'éditeur indiqua au commis, grave et se raidissant, le fauteuil auprès de son bureau. En le faisant asseoir, il le traitait donc, non plus en employé subalterne, mais en visiteur, presque déjà en auteur de la maison? Du coup, Zola vit *l'Amoureuse Comédie* exposée aux vitrines des gares, dont les Hachette disposaient.

M. Hachette, avec amabilité, lui dit qu'il avait lu son recueil de poèmes, qu'il y avait constaté de la verve, du souffle et une certaine éloquence, mais qu'il ne croyait pas que la versification fût réellement dans « ses cordes ». Les livres de vers, il devait le savoir, ne rentraient pas, d'ailleurs, dans le genre des publications de la maison.

Le grand libraire, pour adoucir ce que le refus d'éditer, implicitement contenu dans cette critique, pouvait avoir de pénible pour le jeune auteur, ajouta que *l'Amoureuse Comédie* révélait, malgré ses imperfections, du talent. Il engageait donc son employé-poète à renoncer, au moins provisoirement, aux rimes, et à écrire en prose. Pour le remettre tout à fait d'aplomb, car Zola avait chancelé sous ce coup rude, il lui demanda, à titre d'essai, un conte en prose pour le *Journal de la Jeunesse*, publié par la maison. En même temps, par un surcroît de bienveillance, il lui annonça que ses appointements, comme commis à la publicité, étaient portés à deux cents francs par mois. C'était la vie présente assurée et le rêve attrayant entièrement réalisé : gagner le pain nécessaire et avoir le loisir d'écrire, avec un éditeur en perspective.

Grâce à son tempérament régulier et ordonné, se pliant à la tâche quotidienne, ainsi qu'il devait le prouver pendant quarante ans de vie littéraire, Zola ne fut nullement un mauvais employé. Il ne se considérait pas comme autorisé, en sa qualité de poète, voué à la prose mercantile, et d'artiste enchaîné à un comptoir, à se soustraire aux obligations envers le patron, ni excusé d'expédier, par-dessous la jambe, la besogne pour laquelle il était rémunéré. Il n'eut pas assurément le feu sacré du commerce, et il ne se signala point, aux yeux des directeurs de la librairie, comme un agent exceptionnellement actif, plein d'initiative, animé par la fièvre du négoce, susceptible de parvenir aux emplois supérieurs de la maison, et même d'avoir un jour sa part dans la direction. Zola ne désirait pas faire du commerce une carrière, et, s'il vendait les livres des autres, c'était en attendant, c'était pour arriver à faire vendre les siens.

La bienveillance de M. Hachette, et son offre encourageante de publier, dans son *Journal de la Jeunesse*, un conte, eurent sans doute une action décisive sur les idées littéraires du jeune écrivain. Il renonça à rimer, et il s'attela à la prose. C'est à cette époque qu'il faut faire remonter le premier ouvrage de Zola : les *Contes à Ninon*.

Plusieurs de ces contes avaient été conçus et écrits en Provence. Un ou deux parurent dans des organes régionaux. D'autres, comme *Simplice*, avaient été publiés à Lille, dans une revue. Le conte commandé par M. Hachette pour le *Journal de la Jeunesse* était intitulé *Sœur des Pauvres*. Il ne fut pas imprimé. Il parut trop violent au libraire, un grand bourgeois, timoré, conservateur.

Cet échec fit que Zola n'osa pas porter son recueil complet de nouvelles, les *Contes à Ninon*, — le choix de ce nom indiquait encore l'influence massettiste, — à la maison Hachette. Ce fut à sa concurrente en librairie de vulgarisation, à la maison Hetzel, que l'auteur-employé présenta son volume. M. Hetzel père, l'ancien secrétaire de Lamartine, qui avait, sous le nom de P.-J. Stahl, publié d'intéressantes analyses philosophiques et des pages agréables, indulgent et très modeste, était accueillant, et rebutait rarement les jeunes auteurs. Il venait d'avoir la main heureuse en prenant un volume de voyages fantaisistes intitulé : *Cinq semaines en ballon*, que lui avait apporté un auteur inconnu, destiné à faire la fortune de sa librairie, en même temps qu'à charmer et à instruire plusieurs générations. C'était le premier ouvrage de la série des Voyages Extraordinaires de Jules Verne, le romancier-héraut des découvertes scientifiques et industrielles prochaines, le précurseur des inventeurs, et le guide anticipé des explorateurs, merveilleux magicien de contes de fées à l'usage de la jeunesse moderne, ayant la science amusante pour baguette.

La librairie Hetzel, aurait pu faire coup double, en s'attachant par traité, en même temps que ce Jules Verne, l'autre auteur nouveau offrant son œuvre de début. Mais, bien que ce recueil de Contes, où la fantaisie se mêlait à l'idéalité la plus inoffensive, ne contînt rien de scabreux, ni même d'inquiétant, pouvant choquer ou déconcerter la clientèle, ce ne fut pas la librairie de la rue Jacob qui mit en vente le premier volume de la collection future, destinée à faire la fortune de la bibliothèque Charpentier.

Les *Contes à Ninon* parurent, en octobre 1864, à la librairie Lacroix.

Ces contes, où l'imagination, la fiction, tout ce que devait proscrire l'auteur du *Roman expérimental*, dominent avec la spiritualité, ont un charme d'impuberté délicieux. C'est naïf sans être simple. L'auteur y salue sa chère Provence, à laquelle il unit, dans une admiration mystique, sa Ninon, qu'il proclame belle et ardente. Il l'aime en amant et en frère, avec toute la chasteté de l'affection, tout l'emportement du désir. Il y évoque des paysages familiers, qu'il pare et qu'il arrange. Il s'y plaint de souffrances imaginaires. Il avait, pourtant, de réelles cruautés de la vie à montrer, et il pouvait peindre d'après nature, d'après lui-même, les garrigues et les ravins qu'il avait parcourus, gibecière au dos, fusil au bras et Musset dans le carnier. « Si tu savais, dit-il à Ninon, combien de pauvres âmes meurent aujourd'hui de solitude ! » Voilà un bon cri, et il a dû, plus d'une fois, l'étouffer, dans son belvédère sibérien de la rue Neuve-Saint-Étienne-du-Mont. Mais ici il l'accompagne d'arpèges jolis, et il fait courir des variations aimables sur ce thème douloureux. Il ne se plaint plus de la solitude, puisque Ninon lui est présente, en rêve.

Les *Contes à Ninon* comportent : *Simplice*, une histoire de fées, aux senteurs forestières, évoquant, avec son ondine qu'un baiser fait mourir, la ballade du *Roi des Aulnes*, et les légendes allemandes où fleurit le vergiss-mein-nicht.

Puis, c'est *le Carnet de Danse*, rêverie de jeune fille troublée à l'évocation des danseurs, d'un surtout, dont les mains ont tremblé autour de sa taille, pendant le bal, l'élu de l'imagination et du souvenir parmi tous ceux qui se sont disputé les roses de son bouquet. C'est tout à fait inoffensif.

Celle qui m'aime, vision foraine, tableau populaire, avec une tendance satirico-philosophique, est d'une facture plus virile. Il y a comme un souffle précurseur de ces foules de *l'Assommoir* et de *Germinal*, que fera mouvoir si puissamment, un jour, l'auteur débutant. Il a lu probablement *Germinie Lacerteux*, quand il a imaginé ce conte. La scène de racolage est écourtée, insuffisante, mais déjà indique une tendance à l'observation. Il y a une ironique tristesse dans l'exclamation des hommes de conditions diverses rencontrant la fille banale et son amoureux de hasard, les saluant de l'apostrophe uniforme : « Eh ! Eh ! c'est celle qui m'aime ! »

La malédiction mesurée du toqué compteur d'étoiles a de la verve :

> Savez-vous combien coûte une étoile ? Sûrement, le bon Dieu a fait là-haut une grosse dépense, et le peuple manque de pain, monsieur !... A quoi bon ces lampions ? Est-ce que cela se mange ? Quelle en est l'application pratique, je vous prie ? Nous avions bien besoin de cette fête éternelle ! Allez Dieu n'a jamais eu la moindre teinte d'économie sociale !...

La Fée amoureuse, qui veille sur les amants, ferme les yeux et les oreilles des gens qui n'aiment plus, et change deux êtres qui s'adorent en tiges de marjolaine, rentre dans le fantastique gracieux, un peu romance 1820 et sujet de pendule.

Dans *le Sang*, la guerre est maudite, le supplice de Jésus est évoqué, et l'état militaire peu flatté :

> Fils, dit à son réveil Gneuss, le soldat, debout devant ses compagnons attentifs, c'est un laid métier que le nôtre. Notre sommeil est troublé par les fantômes de ceux que nous frappons. J'ai, comme vous, senti, pendant de longues heures, le démon du cauchemar peser sur ma poitrine. Voici trente ans que je tue, j'ai besoin de sommeil. Laissons là nos frères. Je connais un vallon où les charrues manquent de bras. Voulez-vous que nous goûtions au pain du travail ?...

— Nous le voulons ! répondent les antimilitaristes précurseurs, qui, après avoir creusé un grand trou au pied d'une roche, enterrent leurs sabres et disparaissent au coude d'un sentier, où il ne passe jamais de gendarmes.

Les Deux Voleurs et l'Ane, badinage au bord de la Seine. Une jeune femme, Antoinette, est disputée par deux concurrents. Ils vont se couper la gorge, quand Léon, le troisième larron, enlève, à leur barbe, la jeune personne, que l'auteur compare ainsi à l'Aliboron du fabuliste. Peut-être, dans l'histoire naturelle, par exemple dans l'ornithologie, aurait-il pu trouver une plus aimable ou plus usitée comparaison.

Sœur des Pauvres et *les Aventures du Grand Sidoine et du Petit Médéric* sont les deux pièces les plus importantes du recueil. C'est *Sœur des Pauvres* que l'auteur remit à M. Hachette, pour le *Journal de la Jeunesse* : on sait qu'il n'accepta pas ce conte, jugé trop triste, trop âpre de ton, pour un recueil juvénile.

C'est un assez long récit fantastique, satirique, à prétentions philosophiques, que celui des aventures du grand Sidoine et du petit Médéric, se dirigeant vers le royaume des Heureux, où règne la fée Primevère. Une vague imitation de Candide et de Gulliver se retrouve en ce récit, plus enfantin que moraliste. C'est ce papier-là que Zola aurait dû remettre à M. Hachette, pour son *Journal de la Jeunesse*.

Les *Contes à Ninon* ont été réédités, en 1906, chez Fasquelle, sans grand succès. Ils sont intéressants à parcourir, comme document biographique, comme point de comparaison.

Après cette publication, Zola débuta dans la presse quotidienne par quelques articles qu'accepta *le Petit Journal*, et aussi par des articles de critique littéraire et de critique d'art, qui furent, par la suite, réunis en volume, sous ce titre : *Mes Haines*, qu'ils ne justifiaient guère. Le livre était plus tapageur que réellement haineux. Il attira l'attention du public spécial ; il irrita nombre de peintres et de sculpteurs, notamment par l'éloge de Manet, ce grand artiste était alors nié et bafoué, et par l'apologie de l'école réaliste ou impressionniste. Le terme n'était pas encore usité, ni même inventé, mais l'impressionnisme existait, avec l'auteur d'*Argenteuil* et du *Bord de l'eau*, avec Pissarro, Sisley, Renoir, Berthe Morisot, Degas, Caillebotte, débutants et conspués, et avec Cézanne, qui devait, toute sa vie, demeurer aussi impressionniste et aussi ignoré qu'aux heures de noviciat. L'amitié louangeuse de Zola n'est pas parvenue à l'accréditer définitivement. Cézanne est un artiste d'un talent original et puissant, et il semble avoir été surtout poursuivi par une injuste malchance.

En 1865, fut publié, également chez Lacroix, le premier véritable roman d'Emile Zola : *la Confession de Claude.*

Ce livre, qui contenait déjà des pages d'observation, avec une tendance aux descriptions réalistes, ayant rapporté quelques sous au jeune auteur, amena un changement dans son existence. Il résolut d'être tout à fait indépendant, de quitter la librairie et de vivre de sa plume. Il donna donc sa démission d'employé, et, à la fin de janvier 1866, il devenait homme de lettres professionnel; rien qu'homme de lettres il devait rester.

Il fallait suppléer aux deux cents francs mensuels, régulièrement touchés à la caisse des Hachette. Heureusement, Zola fut présenté à Villemessant par Bourdin, son gendre, avec lequel il avait fait connaissance à la librairie, où celui-ci venait chercher des livres.

Villemessant fut le Napoléon de la presse littéraire, élégante et cosmopolite, le grand Barnum du journalisme, anecdotique, scandaleux, amusant. Il fit du *Figaro* un organe de premier ordre, à peu près l'unique journal français encore lu à l'étranger et, jusqu'à la création récente du journal d'informations à six pages, à grand tirage et à un sou, la seule feuille faisant autorité dans les théâtres, en librairie, dans les salons et même dans la diplomatie.

Le Figaro, en 1866, paraissait sur huit pages, deux fois par semaine seulement. Villemessant voulut lui adjoindre un quotidien : *l'Evénement.*

La plupart des rédacteurs qui faisaient la réputation du *Figaro*, où la politique n'existait pas, devaient passer à *l'Evénement*. C'étaient de spirituels et incisifs chroniqueurs : Henri Rochefort, Yriarte (le marquis de Villemer), Alphonse Duchesne, Alfred Delvau, Jules

Vallès, Aurélien Scholl, Paul d'Ivoi, Colombine, etc. *Les Coulisses* et *les Echos* étaient signés de Jules Claretie et d'Albert Wolff. Les théâtres avaient pour critique, un peu terne, mais consciencieux et impartial, B. Jouvin, gendre du patron. Gustave Bourdin, publiciste estimable dont le principal talent avait été d'épouser l'autre fille de Villemessant, chargé de la critique des livres au *Figaro*, devait la prendre également à *l'Evènement*. Il hésita devant ce surcroît de travail, sans compensation pécuniaire, ni avantageuse. Il songea alors à un commis d'éditeur qui, à plusieurs reprises, lui avait envoyé les « bonnes feuilles » des ouvrages que la maison Hachette mettait en vente. Ceci permettait d'en rendre compte au lendemain même de leur apparition. Juste au moment où Bourdin se demandait comment il assurerait ce service des livres dans *l'Evènement*, il reçut une lettre signée du complaisant commis. Celui-ci s'offrait pour appliquer aux livres nouveaux la méthode employée au *Figaro* pour les pièces de théâtre. On publierait des extraits et des analyses de l'ouvrage à paraître, avec des détails sur l'auteur, des anecdotes, des indiscrétions. Tout cela, avant que le public eût en main le premier exemplaire paru. C'était déjà la critique anticipée, la divulgation de la première heure, qui devait, par la suite, devenir la règle. Alors c'était tout à fait exceptionnel. *Le Figaro* donnait le ton et l'exemple de l'actualité, non pas du jour, mais de la veille. Il devançait ainsi la publicité de son époque.

Bourdin parla à son beau-père de la proposition, et recommanda son auteur. Villemessant, enchanté, fit venir Zola, et, avec sa rondeur et sa finesse de marchand forain entamant et terminant un marché sur le pouce, il lui offrit de le prendre à l'essai pendant un mois. On verrait, au bout de ce stage, si ce débutant pouvait conquérir ses grades, et être de la maison.

Emile Zola, enchanté, fiévreux, ne doutant pas de la fortune, sûr de réussir, persuadé qu'il frapperait un coup sur l'opinion et certain de mériter, à la fin du mois, le poste de critique littéraire en pied, se mit gaillardement à la besogne.

Son premier article parut sous ce titre : *Livres d'aujourd'hui et de demain*. A la fin du mois, il fut invité à passer à la caisse de l'*Evènement*. Le caissier lui compta cinq cents francs. C'était un beau prix pour un critique littéraire. Zola, qui avait aussi, en secret, envisagé, avec son énergie instinctive, l'éventualité d'un insuccès, la possibilité d'un renvoi après l'essai d'un mois accordé par Villemessant, sentit son ambition croître avec la réussite. Il n'avait pas, un instant, regretté son départ volontaire de la maison Hachette. A présent, il s'en réjouissait. Il se sentait léger, confiant, et, comme le Satyre de Victor Hugo, rejetant dans la nuit les sombres pieds du faune, l'employé affranchi, le commis si longtemps aptère, condamné en apparence à ramper, toute son existence, dans les couloirs étroits d'une administration, allait prendre son vol libre, et bientôt puissant, dans le plein espace de la littérature, de la critique, du roman, du théâtre ! Le monde s'ouvrait devant lui comme une plaine infinie qu'on domine. Il planait. Les vingt-cinq louis, qui carillonnaient doucement dans son gousset, peu habitué à de tels alleluias, ne l'alourdissaient pas dans son envolée, au contraire. C'était le lest qui lui permettait de garder l'équilibre, et de mesurer sa force ascensionnelle.

La possession de ces pièces d'or lui ôtait l'hésitation et le doute, entraves qui paralysent, et font trébucher tant de débutants sur la route du succès. Puisque M. de Villemessant lui avait fait régler spontanément, sans être sollicité, et d'une façon aussi large, ses articles de livres, c'est qu'il l'appréciait, c'est qu'il lui reconnaissait du talent. Il en avait, c'était entendu ; lui, Zola Emile, n'en doutait pas. Mais ce qu'il fallait, c'était que ce talent, la direction du *Figaro*, les lecteurs de *l'Evénement*, enfin le grand public, fussent également disposés à le reconnaître, à le proclamer. Les cinq cents francs signifiaient tout cela. C'était comme un certificat métallique, un diplôme qui, supérieur à plus d'un parchemin universitaire, nourrissait son homme.

On doit, à la guerre, ne pas s'endormir sur la position conquise, et il faut se battre après s'être battu. C'est le meilleur moyen de fixer la victoire. Dans le journalisme, au théâtre, c'est la même chose. Il faut sans cesse recommencer la bataille et tenter de la gagner toujours. Zola se rendit au cabinet directorial, avec l'aplomb du vainqueur, et proposa hardiment au patron de « faire le Salon » au *Figaro*. C'était un gros morceau : la critique d'art en ce journal si répandu, et la requête pouvait sembler audacieuse. Un pensionnaire de la Comédie-Française, entré de la veille pour jouer les utilités, demandant tout à coup l'emploi du Doyen ou le premier rôle dans la pièce nouvelle, n'eût pas produit plus d'effarement, au foyer de la rue Richelieu, que Zola, le petit commis-libraire, qui avait réussi à faire passer dans le journal les extraits des bouquins de sa boutique, par le nom de l'auteur ou le sujet signalés, et qui n'était même pas considéré comme étant « de la maison », se permettant de demander au patron la place de « salonnier » ! Et l'effarement fut au comble quand on vit la suite. Le patron, qui aimait les nouvelles figures, et traitait ses rédacteurs comme un tenancier ses filles d'amour, dont la dernière arrivée est toujours fêtée et prônée, accorda tout de gô la situation demandée. Avec sa grosse voix et ses roulements d'épaules, jovial et dominateur, il cria, en entrant dans sa salle de rédaction, au nez des journalistes ébahis :

— Ah ! elle est bien bonne, celle-là !... Savez-vous, mes vieilles volailles, c'était son vocable d'amitié et de bonne humeur, ce que vient faire ici ce cadet-là ?... Eh bien ! il vient vous faire la barbe à tous ! Il a du talent à revendre, ce marque-mal ! Il a l'air sournois et grognon ! Une dégaine de pion renvoyé ! Avec ça, il est myope, et le voilà ficelé comme un cordonnier... Ça ne fait rien, il vous fera le poil à tous... c'est lui qui aura le Salon !... termina-t-il, en relevant la basque de sa jaquette et en se flanquant une lourde claque sur sa grosse fesse, ce qui était sa façon la plus cordiale de témoigner sa satisfaction. Avec ses familiarités d'excellent homme, bourru bienfaisant, Villemessant présentait, poussait en avant, dans la salle de rédaction, Zola, timide d'aspect, craintif de maintien, hardi en dessous, ne doutant pas un seul instant de sa force, de son pouvoir, avec des ambitions de Sixte-Quint pénétrant dans le conclave. Les rédacteurs, en dissimulant des grimaces, firent bon accueil au nouveau venu. Les mains, une à une, se tendirent. Le protégé du patron, cependant, n'aurait qu'à bien se tenir. Ces poignées de mains, là, s'il n'était pas aussi fort qu'on le disait, se changeraient vite en étau, et l'on ne tarderait pas à lui serrer la vis !

Zola débuta donc ainsi, comme critique d'art, dans un journal très lu, très parisien.

J'ai cru devoir insister sur cette entrée de Zola dans

la presse, parce que les circonstances qui l'ont accompagnée lui ont donné une importance capitale. De cette réussite, un peu inattendue, date la constante confiance en soi, qui a escorté Zola dans la vie, qui l'a protégé. Il avait bien, dès le collège, en ses songeries de jouvenceau, dans les ravines provençales, poussé de superbes défis à la Rastignac, et dit à la gloire : « A nous deux ! » Mais ces cartels orgueilleux, quel jeune faiseur de vers, quel ébaucheur de romans, n'en a pas lancé ? La réalité brutale se charge de bientôt renfoncer ces fanfaronnades dans la gorge téméraire d'où elles sont sorties. Comme nombre de ses contemporains, comme beaucoup de débutants, avant et après lui, Zola se serait vite découragé, si ces appels à la fortune littéraire, à l'autre aussi, s'étaient perdus dans le tapage de la foule indifférente, ou regardant ailleurs. La plainte des *Orientales* est très en situation lorsqu'il s'agit de vocations poétiques : « Hélas ! que j'en ai vu périr de jeunes talents ! » Ils ne mouraient pas tous, au sens physique, mais, en littérature, qu'ils sont nombreux les jeunes trépassés que j'ai connus ! Nous étions une quarantaine de ma génération, aux débuts du Parnasse, chez Lemerre. Combien ont remplacé, sagement d'ailleurs, la plume de l'écrivain par celle du bureaucrate, les livres de l'éditeur par ceux du commerçant, et les problématiques droits d'auteur par des appointements certains et la retraite sûre du fonctionnaire ! Qu'ils ont bien fait, les avisés compagnons ! Combien, souvent mal résignés, mais contraints par l'implacable isolement de l'insuccès, par la malchance ironique, par défaut de persévérance aussi, ont renoncé à « cultiver » les lettres, pour continuer à repiquer les choux de leurs parents, et ont cherché, dans quelque profession, moins hasardeuse que celle de jardinier en fleurs de rhétorique, le pain qui nourrit, la tranquillité qui engraisse.

Le point de départ de Zola fut particulièrement heureux, encourageant. Il est probable que, s'il eût échoué alors, il n'eût pas songé un instant à retourner à son rond de cuir de la librairie, mais il eût végété dans les bas travaux des revues et des périodiques. Il eût peut-être écrit des historiettes douceâtres dans des journaux de modes. Il n'eût fait que développer la série affadissante des *Contes à Ninon*. En débutant triomphalement au *Figaro*, il acquit, non pas la conscience de sa force, il la possédait de longue date, mais la démonstration pour autrui de son mérite. Il était établi qu'on devrait désormais compter avec lui. Par la suite, malgré un ralentissement dans sa montée, et un recul dans sa marche à la gloire, cette confiance en soi, ainsi justifiée, lui permit d'entreprendre la construction de son massif édifice et de le mener jusqu'au bout, jusqu'au faîte, sans défaillir, sans douter une minute du couronnement final.

Les articles de critique d'art de Zola, publiés sous ce titre exubérant de personnalité et d'orgueil : « Mon Salon », firent presque scandale. Le jeune critique, irrespectueux envers les réputations consacrées, célébrait des talents ignorés, et proclamait des noms inconnus. Ce fut là le premier manifeste de ce qui devait s'appeler, assez improprement d'ailleurs, « le Naturalisme ». Les toiles de Manet n'avaient rien de « naturaliste », au sens fâcheux que, par la suite, on attribua à ce terme, c'est-à-dire à l'expression brutale, et souvent grossière systématiquement, de faits, d'actes, de tableaux et de sensations d'une intense matérialité. Zola fut attaqué et vilipendé par la foule ameutée des peintres pompiers et des critiques prudhommesques. De part et d'autre, il y eut, comme toujours, exagération et parti pris. Les mépris excessifs que proclament, à l'égard des aînés, les nouveaux venus en art, sont toujours en proportion des admirations outrées pour les renommées établies.

Zola apparaissait donc comme un révolutionnaire, un sans-culotte artistique. Villemessant le laissait terroriser le monde pictural. Il s'amusait des fureurs que soulevait « son » critique. Cela faisait de la réclame au journal. Mais les intérêts alarmés des marchands de tableaux, et aussi des peintres ayant commandes et acquéreurs, et redoutant le changement de goût de la clientèle, se coalisèrent. La publicité payante du *Figaro* fut menacée. Alors Villemessant se fâcha, et prit parti contre le salonnier. Il lui enjoignit de terminer sa campagne en cinq secs. Zola dut se soumettre. Il fit aussitôt paraître, chez l'éditeur Julien Lemer, ces articles inachevés qui figurèrent ensuite dans le volume *Mes Haines*. Le vent de la faveur tournait. Le critique d'art évincé avait donné à *l'Evénement* quelques portraits littéraires de contemporains fameux, signés *Simplice*, du titre d'un de ses *Contes à Ninon*. Ces articles, publiés sous la rubrique *Marbres et Plâtres,* passèrent inaperçus. D'autres « fantaisies », insérées dans *le Figaro*, ne furent ni attaquées ni louées. Ceci déplut à Villemessant. Ce petit méridional, qui avait eu l'air de vouloir tout avaler, en arrivant, ne mordait plus. Il n'avait donc que des dents de lait? Il était temps de passer à un autre, à un plus fort, comme chez Nicolet. Zola résolut de se cramponner à la corde qui cassait. Il ne voulait pas se noyer. Il obtint du patron qu'il l'essayât dans un autre genre : le roman. Villemessant consentit encore à tenter cet essai, et à laisser au tenace provençal qui « le bottait », comme il disait en son langage trivial, une chance encore de s'imposer, et de conquérir sa place au grand soleil de la littérature courante.

Ce roman proposé, presque glissé subrepticement dans les colonnes de *l'Événement*, c'était *le Vœu d'une Morte*. Il parut en 1866. Je n'ai lu ce roman que postérieurement à la plupart des ouvrages de Zola, lors de la réédition, en 1889. Il ne dut pas faire grande sensation à son apparition. Mon raisonnement est peut-être empirique et bien personnel, mais il offre une certaine vraisemblance. J'étais du groupe des Parnassiens, et nous nous réunissions régulièrement dans la boutique d'Alphonse Lemerre, chez Mme de Ricard, et l'on se signalait les nouveaux ouvrages, les auteurs débutants. Nul de nous ne parla du *Vœu d'une Morte*. On connaissait le nom d'Emile Zola, journaliste, critique d'art; on ignorait Zola romancier.

C'est avec des sentiments probablement différents de ceux que j'aurais pu avoir en 1866, si ce roman m'était alors tombé sous la main, que j'ai dû, vingt-trois ans plus tard, dans ma « Chronique des Livres » de *l'Echo de Paris*, le juger. Le lecteur de la réédition a-t-il été exempt des influences d'époque et de métier? Il est difficile de s'abstraire de son temps et d'oublier la chronologie, en lisant un ouvrage réimprimé. Le nom et la célébrité de l'auteur ne sauraient être considérés comme inexistants. En ouvrant ce livre de jeunesse, on ne peut s'empêcher de savoir que le Zola du *Vœu d'une Morte* est bien le Zola des *Rougon-Macquart*. On ne peut se mettre ni au ton, ni au point du débutant. On ne consent pas à remonter jusqu'à l'époque, où, écrivain inconnu, presque inédit, le formidable et archi-célèbre auteur de *l'Assommoir* concevait et élucubrait cette grave bluette. On refuse l'anachronisme de l'indulgence. C'est injuste et sot, mais c'est ainsi. La gloire devient une circonstance aggravante : on juge le livre du novice de lettres avec la sévérité permise envers le profès du succès.

Le Vœu d'une Morte n'est pourtant pas un ouvrage absolument détestable en soi. On en lit encore tous les jours d'aussi fades. On est, toutefois, déconcerté par ce roman, romanesque à pleurer, avec ses banalités et ses conventionnelles insignifiances. Un lecteur, d'ailleurs invraisemblable et inexistant, revenu de quelque contrée lointaine, supposé ignorant tout de Zola; œuvre, nom, réputation et légende, trouvant ce volume, dirait : « C'est doux, et l'auteur doit être un bon jeune homme bien sage, qui s'est appliqué à faire du Cherbuliez ou de l'Henri Gréville. » Puis il déposerait ce tome, en bâillant un peu, et n'y songerait plus, jamais plus.

Mais celui qui a lu le vrai Zola, l'autre Zola, le lecteur actuel, le lecteur postérieur à la réédition de 1889, ne peut supporter cette guimauve. Qu'on y prenne goût ou qu'on le déteste, le piment est admis dans tout ouvrage de Zola. Il est même prévu, et pour ainsi dire attendu. Si on ne l'y trouve pas, on est disposé à réclamer. Il y a mécompte, et comme tromperie dans la marchandise mise en vente. Tout livre de Zola doit être mets de haut goût, emportant le palais à la première bouchée. Le succès des ouvrages de Zola succédant à *l'Assommoir* a été dû, non pas tant au grand et prodigieux talent qui y éclatait, qu'aux passages violents promis, aux tableaux crus, qu'on attendait, aux expressions brutales et suggestives qu'on était certain d'y rencontrer. La littérature de Zola devait être toujours et partout épicée. Voilà une opinion toute faite du public, difficile à défaire. En coupant les premières pages de tout livre nouveau signé de celui que, par dérision, les échotiers appellent encore le

Père La Mouquette, le lecteur émoustillé, et à l'avance jouissant, par une perversion de goût, des répugnances et des haut-le cœur que pourraient provoquer en lui les peintures chaudes et les situations qualifiées de « naturalistes », cherchait d'un œil vicieux le passage scabreux. Il ne lisait plus, il parcourait jusqu'à ce qu'il l'eût découvert. Ainsi, les collégiens aux luxures précoces, en face d'une statue, se préoccupent du sexe, ou, devant un tableau, soulèvent par la pensée la draperie recouvrant la nudité féminine. N'ayant rien surpris de brutal ou de simplement polisson dans *le Vœu d'une Morte*, ce fut une déception, en 1889. On pensa qu'il y avait méprise et attrape-public. Un peu de mécontentement se mêla à cette désillusion. Le lecteur n'aime pas qu'on le dérange dans ses habitudes, dans ses admirations comme dans ses dédains. On lui avait changé son Zola. Il ne pouvait ni crier au chef-d'œuvre, ni clamer à l'ordure. Les plus sages se demandèrent à quel propos, et pour quel intérêt, Zola avait remis sous les yeux du public cette œuvre de débutant ?

Ce n'était assurément pas affaire de lucre ni de gloriole. Zola, en 1889, avait acquis assez de renommée, et gagnait suffisamment d'argent pour se passer de cette réédition. J'estime qu'en plaçant ce livre naïf et doux sous les yeux du public blasé et insensibilisé, auquel il faut sans cesse appliquer des sinapismes pour le raviver et le faire palpiter, l'auteur obéissait au mouvement d'orgueil classique de ces financiers légendaires qui, sous un globe de verre, se plaisaient à exhiber les sabots dans lesquels ils prétendaient être venus à Paris. En déposant *le Vœu d'une Morte* derrière la vitrine des libraires, parmi les exemplaires de *Germinal* ou de *Nana*, l'auteur semblait dire, avec une fausse modestie, au passant : « Voyez où je suis arrivé ! je suis pourtant parti de là !... »

La préface de l'édition de 1889 expose à peu près ce sentiment :

Je me décide, dit Zola, à rendre cet ouvrage au public, non pour son mérite, certes, mais pour la comparaison intéressante que les curieux de littérature pourraient être tentés de faire, un jour, entre ces premières pages et celles que j'ai écrites plus tard.

En donnant cette nouvelle édition, l'auteur a cru devoir y apporter certaines retouches, d'ailleurs sans grande importance. Ainsi, l'héroïne- une grisette à la Murger, s'appelait Paillette et avait comme caractéristique un aspect « maladif et charmant » ; elle prend le nom moins fantaisiste de Julia, dans la réédition, et elle a un charme pervers, et non plus morbide.

A signaler aussi quelques modifications de style, comme dans cette phrase : « Vous vous laissez emporter par vos affections », remplacée par une brève affirmation : « Vous êtes un passionné. » Tout un vocabulaire religiosâtre, car il y avait beaucoup d'invocations à Dieu, à l'âme, à la prière, à l'ange gardien, dans le texte juvénile, a disparu sous la retouche de l'auteur de *Nana*.

Ces corrections légères n'ont ajouté aucun intérêt à l'œuvre primitive, et ne lui enlèvent rien de son caractère d'ouvrage de début, imparfait, et susceptible seulement de provoquer la curieuse comparaison entre le Zola de 1866 et celui de 1889, indiquée dans la préface.

Comme l'avait prévu l'auteur, cette interrogation se présente à l'esprit, et pique la curiosité : Comment a-t-il donc fait, ce diable d'homme, qui a composé, à vingt-six ans, cette berquinade, pour écrire, bientôt après, la tumultueuse et superbe marche dans la nuit des paysans révoltés de *la Fortune des Rougon*? Comment, de la larve d'écrivain qu'était l'auteur du *Vœu d'une Morte*, un éblouissant lépidoptère a-t-il pu immédiatement s'élancer? Ces transformations brusques surprennent toujours. Elles sont fréquentes en littérature, et Zola avait le précédent de Victor Hugo, en qui le conteur de *Bug-Jargal* ne laissait guère prévoir le merveilleux descripteur de *Notre-Dame-de-Paris*, et de cet Horace de Saint-Aubin, dont *l'Héritière de Birague* ne saurait passer pour être de la famille de *la Cousine Bette*, sa sœur cadette pourtant. Le plus clairvoyant critique n'aurait pu discerner, dans *le Vœu d'une Morte*, l'embryon de *Germinal*. Villemessant, malgré son coup d'œil de maquignon de lettres, n'eut pas davantage de perspicacité, et ne sut pas deviner le grand crack futur de l'hippodrome littéraire, dans ce yearling débile.

Après la publication de ce roman, dans *l'Evénement*, organe disparu bientôt pour faire place au *Figaro*, devenu quotidien politique, le peu indulgent patron s'empressa de remercier l'auteur. Ce Zola était décidément un raté et « une vieille volaille ». Donc, au rebut.

Voilà encore une fois Zola au dépourvu, et, comme on dit, sur le pavé. Plus de journal, où le travail ponctuel et régulier a pour conséquence la rémunération sûre et à jour fixe, et plus d'emploi bureaucratique assurant l'existence. Il semblait avoir peu de chances de retrouver cette double sécurité, si difficilement acquise et si vite perdue. Notre jeune athlète ne se montra nullement découragé. Il était, il l'avait déjà prouvé, fortement armé pour la lutte quotidienne. L'espoir et la confiance en soi faisaient toujours partie de son bagage d'aventurier de la gloire.

Econome et prévoyant, Zola, sur ses gains de *l'Evé-*

nement et du *Figaro*, avait pu prélever quelques billets de banque, prudemment mis de côté. Cette épargne lui permit de supporter avec philosophie ce congé forcé. Il le transforma en agréables vacances. Il assouvit un désir longtemps réfréné : les parties de campagne avec de bons camarades, le canotage sur la Seine, les courses dans la banlieue verdoyante, les déjeuners sous les tonnelles rencontrées au hasard des chemins de traverse, et les siestes avec de longs bavardages sur l'art et la littérature, à l'ombre des grands arbres, dans les agréables forêts qui font la ceinture agreste de Paris.

Il avait la joie, dans ces villégiatures suburbaines et à bon marché, de se retrouver avec ses amis de Provence, ses condisciples du lycée d'Aix, ses correspondants de la première heure. Il les avait près de lui, à Paris, ceux avec qui il avait échangé ses impressions de jeune homme, et auxquels il avait adressé ses confidences initiales. Avec ceux-là seulement il consentait à bavarder, qui connaissaient ses rêves, ses ambitions, ses projets d'avenir et ses plans d'existence. Le peintre Cézanne, le mathématicien Baille, le journaliste Marius Roux, le poète Antony Valabrègue, le sculpteur Philippe Solari, tous méridionaux en rupture de Provence, venus, comme lui, pour conquérir Paris, se trouvaient ainsi rassemblés, dans la guinguette où l'on arrosait la friture dorée avec l'argenteuil clairet. Ce furent de bonnes causeries, de sincères épanchements, mêlés à des divagations, des éreintements injustes et des éloges disproportionnés. Ces « ballades » champêtres, en compagnie des mêmes copains exclusivement recherchés, tournèrent bien vite au cénacle, sous l'impulsion de Zola. Il avait le goût et le besoin du groupement. Il disait bien qu'il ne voulait pas être chef d'école, mais il faisait tout ce qu'il fallait pour le devenir. Il n'entendait cependant pas ouvrir son cénacle à tout venant. Il avait, au contraire, l'idée d'un cercle très fermé. Dès 1860, il formulait ce projet :

> Il m'est poussé, ces jours derniers, écrivait-il à Baille, une certaine idée dans la tête. C'est de former une société artistique, un club, lorsque tu seras à Paris ainsi que Cézanne. Nous serons quatre fondateurs... nous serons excessivement difficiles pour recevoir de nouveaux membres ; ce ne serait qu'après une longue connaissance du caractère et des opinions que nous les accepterions dans notre sein. Nos réunions, hebdomadaires par exemple, seraient employées à se communiquer les uns aux autres les pensées qu'on aurait eues, les remarques que l'on aurait faites durant la semaine ; les arts seraient, bien entendu, le grand sujet de conversation, bien que la science n'en soit nullement exclue. Le but surtout de cette association serait de former un puissant faisceau pour l'avenir, de nous soutenir mutuellement, quelle que soit la position qui nous attende. Nous sommes jeunes, l'espace est à nous, ne serait-il pas sage, avant de nous serrer la main, de former un nouveau lien entre nous, pour qu'une fois dans la lutte nous sentions à nos côtés un ami, ce rayon d'espoir dans la vie humaine. Outre cet avantage futur, nous aurons celui de passer une agréable journée, chaque semaine, de vivre et de fumer quelques bonnes pipes...

Ce projet s'était trouvé facilité, par suite du loisir dû à la cessation de la collaboration aux journaux de Villemessant, et réalisé par la présence à Paris des vieux amis de Provence, membres d'avance désignés, membres exclusifs aussi, du futur cénacle de Zola. Ces idées de groupement et de concentration d'efforts et de pensées avaient été formulées, dans le roman, par Balzac, avec *les Treize* et les amis de d'Arthez, au théâtre, par Scribe, dans *la Camaraderie*, à la brasserie, par Henry Murger et ses Buveurs d'eau. Mais ces modèles de Cénacle avaient un caractère plus positif, plus pratique, plus ambitieux que les groupes que Zola sut former. Les personnages de Scribe, de Murger ou de Balzac, se devaient faire la courte échelle pour arriver aux places, aux honneurs. Les compagnons de Ferragus étaient des aventuriers sombres, presque des bandits, les amis de d'Arthez et de Rastignac, de Maxime de Trailles et de Marsay s'efforçaient surtout, en se groupant, de lutter avec succès pour la vie, c'étaient des « forelifeurs » avant la lettre et des « arrivistes » de la première heure. Les Buveurs d'eau se coalisaient pour duper les parents, les propriétaires, les tailleurs, et finir par épouser des filles de commerçants, bien dotées. Les trois groupes à la tête desquels Zola se trouva placé successivement, groupes dont il était l'organisateur, le président et l'âme, — groupe provençal, groupe des Batignolles, groupe de Médan, — furent surtout des associations de pensées communes, d'aspirations artistiques identiques, de doctrines littéraires et de théories dramatiques ; des collaborations d'âme, sans grande préoccupation de la réussite matérielle ; des unions d'intelligences, et non des associations d'appétits.

Le dernier groupe à la tête duquel Zola se trouva porté, le groupe de l'affaire Dreyfus, fut surtout un comité d'action, de propagande et d'agitation. Lors de sa formation, Zola y vit seulement une force organisatrice propre à répandre et à imposer son sentiment, sur le problème soulevé par l'accusation, et pour entourer et soutenir l'homme dont il assumait la défense. Il ne chercha, dans ce groupement, ni un marchepied pour s'élever au pouvoir, ni un instrument de fortune.

Zola, comme il y a, dans Edgar Poë, l'homme des foules, fut donc l'homme des groupes. Il n'admettait, d'ailleurs, que des cercles fermés, épurés. De son hérédité vénitienne, et peut-être demi-autrichienne, il tenait sans doute le goût des pactes, des ententes secrètes, des accords mystérieux, des unions ignorées des profanes, des conciliabules et des réunions en lieu clos, entre initiés. Il avait comme la tradition du Conseil des Dix et des sociétés secrètes, dont Weishaupt fut l'organisateur au siècle précédent. Vivant en Italie, il eût été probablement carbonaro. Il est assez curieux qu'il n'ait pas fait partie, chez nous, de la franc-maçonnerie. Il est vrai qu'à l'époque où il aurait pu être tenté de s'affilier la franc-maçonnerie s'occupait surtout de politique républicaine, de propagande anticléricale, de conquêtes électorales, et que ces visées militantes n'étaient pas du tout celles de Zola. Il vivait alors presque entièrement absorbé par son œuvre, et avait toutes ses facultés d'action accaparées par son prosélytisme combatif en faveur du « naturalisme » dans le roman, et au théâtre.

Le premier groupe, celui des Provençaux, n'a pas d'histoire, ou si peu ! Il eut surtout le caractère amical. L'action extérieure des quatre ou cinq condisciples de Zola, malgré leur union cénaculaire, fut sans importance. Au point de vue de la répercussion des idées échangées et des opinions discutées, l'influence du groupe n'apparaît ni dans l'œuvre, ni dans la vie de Zola. On bavardait, on mangeait, on buvait, on fumait des pipes ensemble, voilà tout. Avec Marius Roux, seulement, Zola eut une collaboration dramatique locale, *les Mystères de Marseille*, drame, sans grand éclat.

Le second groupe, celui des Batignolles, composé d'hommes dont plusieurs connurent la gloire, a plus d'intérêt. Il était formé d'autres éléments que ceux de la camaraderie lycéenne et régionale. Ce fut surtout un groupe artistique. Le provençal Cézanne enchaîna les deux cénacles. Peintre chercheur, épris de nouveauté, Cézanne s'était lié avec des artistes parisiens, alors peu connus, surtout médiocrement appréciés, plutôt bafoués, mis hors des Salons officiels, tenus à l'écart des commandes ministérielles, et que déjà l'on commençait à désigner sous le nom d'Impressionnistes.

Ces peintres, dont les toiles étaient dédaigneusement refusées par les marchands de la rue Lafitte, qui auraient cru déshonorer leurs vitrines en les exposant, mais qui devaient, par la suite, presque tous devenir les favoris des commissaires-priseurs et les bénéficiaires nominaux des grosses adjudications à l'hôtel Drouot, se nommaient Edouard Manet, Renoir, Pissaro, Guillemet, Claude Monet, Fantin-Latour et Degas, le dessinateur des danseuses aux tutus en éventail s'arrondissant au-dessus des crosses de contrebasses.

Durant cette période suffisamment laborieuse, mais qui fut, en quelque sorte, le temps d'incubation littéraire du futur romancier, Zola s'éparpilla en diverses besognes, plus ou moins lucratives. Il donna, sans grande réussite, un roman populaire, *les Mystères de Marseille*, d'où fut tiré, en collaboration avec Marius Roux, un drame éphémère. Représenté au Gymnase de Marseille, sous la direction Arnauld, il eut quatre représentations mouvementées. Le roman, véritable feuilleton à la Ponson du Terrail, était inférieur aux productions similaires. En littérature, le fameux axiome, qui peut le plus peut le moins, n'est pas vérifié. Dans l'art des Richebourg et des Montépin, Zola se montra tout à fait secondaire. Ce feuilleton, qui fut, par la suite, repris par un journal parisien, à grosse influence, *le Corsaire*, dirigé par Edouard Portalis, ne réussit pas davantage à sa réapparition, malgré une publicité considérable et un lancement excellent. Le roman populaire, dédaigné des lettrés et des snobs mondains, qui parfois, secrètement, prennent grand plaisir à en suivre les péripéties, n'est pas aussi aisé à confectionner qu'on le prétend. L'exemple de Zola est là pour démontrer que le talent n'est pas universel, et que la descente vers le bas et le vulgaire est, pour certains, aussi difficile que l'ascension vers le raffiné et le sublime.

Ici et là, le patient et opiniâtre producteur colportait les produits de sa plume. Il fit accepter un « Salon » au journal occasionnel, *la Situation*, que dirigeait un journaliste de talent, Edouard Grenier. On y défendait les intérêts très compromis du roi aveugle, Georges de Hanovre, dont le royaume était livré aux crocs du dogue Bismarck. Une étude intéressante sur Edouard Manet, que publia l'élégante revue d'Arsène Houssaye, *l'Artiste*, des articles de critique littéraire dans *le Salut Public* de Lyon, marquèrent les années 1866-67-68. Une comédie en un acte, en prose, dont quelques scènes avaient été primitivement versifiées, ayant pour titre *la Laide*, fut achevée, présentée à l'Odéon et refusée. Elle n'a jamais été jouée. Qu'est devenu ce manuscrit inédit ? Mystère.

Zola présenta également au Gymnase (de Paris) un drame en trois actes, *Madeleine*. Refusée, cette pièce fut transformée en roman : c'est *Madeleine Férat*, qui a été réimprimée depuis. Elle avait paru en feuilleton sous le titre de : *la Honte*. Ce roman souleva des protestations ; le journal dut en interrompre la publication.

Toute une série d'insuccès, voilà le bilan de ces années d'attente. Un autre se serait découragé, eût peut-être cherché un nouvel emploi, donnant la sécurité mensuelle, et eût renoncé à la littérature, ou du moins n'y eût consacré que les heures de liberté. Zola ne voulait rien sacrifier de son indépendance. Il se remit, avec plus d'opiniâtre entrain, à sa table de travail, fuyant la servitude bureaucratique et bravant l'incertitude du lendemain.

Il vivait isolé, cantonné dans son cercle fermé de camarades, comme lui, pauvres, inconnus, sans entregent. Aucun de nous, je parle de la jeunesse littéraire et politique des dernières années de l'empire, jeunesse remuante, agissante, faisant parler d'elle, ne le connaissait. Il assistait, paraît-il, à la tumultueuse et légendaire première d'*Henriette Maréchal*. Il devait certainement manifester avec nous, mais sans se faire remarquer, et ce fut à notre insu qu'il mêla ses bravos aux nôtres, durant les retentissantes représentations de l'œuvre, d'ailleurs médiocre, des Goncourt, qui ne méritait ni des applaudissements aussi frénétiques, ni des sifflets aussi stridents. On s'était rassemblé là comme à une autre bataille d'*Hernani*. Nul, à mon souvenir, ne fit attention à ce jeune provincial, qui devait à un article, publié dans *le Salut Public* de Lyon, sur *Germinie Lacerteux*, un billet d'entrée donné par les auteurs.

Emile Zola, rencoigné dans sa stalle, muet et le pince-nez en avant, partageait nos emballements, mais il ne le fit point connaître. Il devait être charmé par la poétique des frères de Goncourt, et rêver, pour ses pièces futures, une semblable bacchanale, mais il demeura coi, sans participer activement, ostensiblement, à la mêlée. Etait-ce timidité, prudence, ou simplement parce qu'il ne connaissait personne dans l'un ou dans l'autre camp qu'il passa inaperçu ? On ne sut que beaucoup plus tard qu'il était au nombre des militants de ces soirées mémorables et vaines.

Zola, cependant, allait bientôt sortir de son isolement et entrer en communication avec d'autres contemporains que le fidèle groupe de la première heure, le groupe des provençaux.

Dans un petit rez-de-chaussée bas et sombre, au milieu de verts jardinets d'hiver, cité Frochot, derrière la place Pigalle, habitait à cette époque Paul Meurice. L'ami constant, et si dévoué, de Victor Hugo recevait là, le lundi, quelques hommes de lettres, des artistes, des anciens proscrits. Le buste de Victor Hugo, par David d'Angers, dominait ces familières réunions, où la littérature se mêlait à la politique. On y lançait quelques épithètes désagréables à l'empire, dont on s'évertuait à proclamer l'effondrement prochain, alors pourtant très problématique, et l'on y criblait de sarcasmes l'école du Bon Sens ; Ponsard, Emile Augier, n'étaient pas épargnés. L'élément romantique et purement littéraire dominait.

Paul Meurice, homme très doux, à la parole aimable, incapable de faire la grosse voix et de maudire avec de fortes imprécations, savait maintenir les discussions politiques à un diapason très modéré. Les habitués de la maison étaient Edouard Lockroy, Charles Hugo, et sa femme, la future Mme Lockroy, Auguste Vacquerie, Edouard Manet, le graveur Braquemond, Camille Pelletan, Philippe Burty, Paul Verlaine, etc., etc. Quand j'y fus introduit, on préparait l'apparition prochaine d'un grand journal politique et littéraire, qui devait combattre l'empire et défendre la gloire de Victor Hugo. Le titre primitivement choisi était celui de *Journal des Exilés* ; les principaux collaborateurs politiques étaient encore à l'étranger, par refus de l'amnistie : Louis Blanc, Schœlcher, Edgar Quinet. Les autres rédacteurs étaient Auguste Vacquerie, Paul Meurice, Edouard Laferrière,

François et Charles Hugo, Ernest Blum, Ernest d'Hervilly, Victor Meunier, Victor Noir. Paul Verlaine devait y donner des vers, et j'étais chargé de fournir des articles de critique littéraire et de vie parisienne. Victor Hugo planait au-dessus de cette belle rédaction, et, sans collaborer directement au journal, devait l'inspirer, le patronner. Au dernier moment, on s'aperçut que le titre de *Journal des Exilés* était imparfaitement justifié et pouvait présenter un inconvénient. D'abord tous les collaborateurs, notamment le rédacteur en chef, Auguste Vacquerie, et le directeur de la partie littéraire, Paul Meurice, n'étaient pas des exilés. Ensuite, on espérait fort que l'exil finirait bientôt. On proclamait très proche le jour où, Napoléon III chassé de France, les proscrits rentreraient triomphalement dans la patrie. Alors le titre n'aurait plus de sens. Il fallait donc dénommer autrement le nouveau journal. Le nom, destiné à devenir si populaire, fut proposé par Victor Hugo, assure-t-on : *le Rappel* était créé, baptisé.

Peu de temps avant l'apparition du premier numéro, Edouard Manet amena cité Frochot, à l'un des lundis, un jeune homme, de mine sombre, silencieux et myope, qui fut présenté à Paul Meurice et à Vacquerie comme un critique hardi, mordant, ayant déjà fait ses preuves à *l'Evénement* et au *Figaro*. C'était Emile Zola. On le complimenta de son recueil d'articles sur le Salon (*Mes Haines*), et il fut agréé comme collaborateur du *Rappel*. Le compte rendu des Livres lui fut confié.

Il ne devait pas conserver longtemps cette fonction. *Le Rappel* était un de ces cénacles comme Zola rêvait d'en former. Mais un cénacle spécial et exclusif. On lui trouvait des airs de chapelle. Le culte de Victor Hugo y était en permanence célébré, et les rédacteurs prenaient toujours un peu les allures d'officiants. Maison très digne, toutefois, et non boutique de journalisme. J'y suis resté dix ans, donnant un article quotidien (signé Grif, du nom d'un des personnages de *Tragaldabas*, pseudonyme indiqué par Auguste Vacquerie), et je n'ai conservé que le plus excellent souvenir de mes relations avec les deux directeurs, avec les collaborateurs. C'était une famille, ce bureau de rédaction : le foyer Hugo. Les polémiques violentes, les personnalités mises en cause, les scandaleuses publications y étaient non seulement interdites, mais ignorées.

Le Rappel, organe probe, sincère, absolument indépendant, était largement ouvert aux républicains de diverses nuances. Des socialistes comme Louis Blanc y écrivaient à côté de publicistes bourgeois comme A. Gaulier, mais ses portes se refermaient sur tout dissident de la religion hugolâtre. Sur ce point-là seulement, le *Rappel* était exclusif, et un peu sectaire. La tiédeur n'était pas même tolérée, et il était interdit de manier l'encensoir en l'honneur de toute divinité étrangère. Ce fut ainsi que le premier article de Zola, où il était parlé élogieusement de Duranty, se trouva accueilli avec froideur par les familiers du salon Meurice. Que venait faire la louange de ce romancier obscur, dans un journal consacré à la gloire du Maître ? Ce Duranty était sans grande importance, assurément, pensaient les prêtres du culte surpris par cette litanie peu orthodoxe, et son *Malheur d'Henriette Gérard* ne pouvait porter ombrage au rayonnement de *l'Homme qui rit*, dont *le Rappel* commençait la publication, mais c'était quand même une fâcheuse tendance à relever chez ce jeune critique. A quoi songeait-il donc ? Il oubliait qu'Hugo était seul dieu, et que tout rédacteur du *Rappel* ne devait être que son prophète. On devrait donc le surveiller en ses écarts vers des littérateurs suspects. Ce Duranty osait se targuer de réalisme; un vilain mot, et qui devait se gazer dans la maison Hugo. Le second article apporté par Zola échappa à la vigilance, pourtant fort en éveil, de Vacquerie et de Meurice; ils étaient, ce jour-là, exceptionnellement absents du journal. C'était un éloge de Balzac. Il ne s'agissait plus là d'un humble Duranty. L'auteur de *la Comédie Humaine* n'était pas une nébuleuse dans le firmament littéraire: il resplendissait, astre rival, à côté de Hugo. Le défaut de tact de ce critique, l'inconvenance même de ce Zola, un sot ou un inconscient, dépassaient la mesure! On le pria de ne plus fournir de copie. Depuis, les rapports furent plutôt tendus entre *le Rappel* et Zola. Son nom fut biffé, quand les hasards de la publicité l'introduisaient dans un compte-rendu. Défense tacite fut faite aux rédacteurs de nommer, même par la simple énonciation du titre, les ouvrages du romancier mis à l'index. Cette puérile mesure de bannissement littéraire, — « Oh! n'exilons personne! oh! l'exil est impie! »—dura trente ans. Ce fut la cause de bizarres contorsions de plume pour les collaborateurs du *Rappel*. Je me souviens de l'embarras où se trouva Henry Maret, alors chargé de la critique théâtrale, lorsqu'il lui fallut rendre compte de la représentation de *l'Assommoir*, à l'Ambigu. *Le Rappel* pouvait feindre d'ignorer qu'il y avait un auteur, nommé Zola, ayant écrit une dizaine de romans, dont quelques-uns avaient produit grand tapage. Le public n'attend pas, à jour fixe, qu'on lui parle de livres nouveaux. Il ne s'aperçoit même pas du silence absolu gardé sur une publication imprimée. La critique littéraire a le droit de n'être jamais actuelle. Il en est différemment en ce qui concerne le théâtre. Les heureux faiseurs de pièces ont cet avantage, sur les fabricants de livres, que tout journal est obligé de parler d'eux, et sur-le-champ. Il n'est pas permis de se taire sur leurs ouvrages. On ne serait pas dans le train. On ferait bondir de mécontentement les lecteurs, qui attendent le compte rendu pour savoir s'ils doivent aller voir la pièce, et pour en parler, surtout ne l'ayant pas vue. *Le Rappel* ne pouvait donc passer sous silence une représentation aussi retentissante que celle de *l'Assommoir*. Henry Maret fit le compte rendu. Mais l'infortuné critique dramatique, en relisant son article imprimé, le lendemain, ne put qu'admirer le tour de force du secrétaire de la rédaction, ayant, par ordre, revisé sa copie. Dans les deux colonnes où la pièce se trouvait analysée, l'auteur principal ne se trouvait pas une seule fois nommé, et l'arrangeur habile du roman adapté scéniquement, William Busnach, se voyait englobé dans le même anonymat. La pièce était comme un enfant naturel, aux parents non dénommés. Ces taquineries mesquines amusèrent longtemps la galerie.

Zola, avec son indomptable ténacité, n'était point démonté par ces coups du sort. Courageusement, il s'était remis à sa table de travail, et bientôt il publiait, dans *l'Artiste*, la revue distinguée d'Arsène Houssaye, son premier bon et véritable livre : *Thérèse Raquin*. Ce roman parut sous le titre de : *Une histoire d'amour*. Il fut ensuite édité par Lacroix.

Thérèse Raquin, qu'on vit plus tard à la scène, n'eut pas une très bonne presse, mais attira l'attention. C'est à la suite de cette publication et de la critique favorable que j'en fis, que je connus Emile Zola, entrevu seulement aux lundis de Paul Meurice. Nos relations excellentes ont été interrompues au moment de l'affaire Dreyfus, mais l'antagonisme que je m'estimais en droit de manifester contre l'agitateur redoutable du pays et l'avocat, trop éloquent, d'une cause que je condamnais, ne m'a jamais empêché de conserver, pour l'homme, une grande sympathie, et, pour l'écrivain, une inaltérable admiration, dont ce livre est un des témoignages.

L'auteur, dès ce roman, semblait maître de sa doctrine. Il déclarait qu'il avait voulu étudier des tempéraments, et non des caractères, et qu'il avait choisi des personnages souverainement dominés par leurs nerfs et leur sang. Il remplaçait, dans sa tragédie bourgeoise, la Fatalité du monde antique par la loi fatale de l'atavisme, de la chair, des nerfs, de la névrose. Il reconnaissait que ses personnages, Thérèse et Laurent, étaient « des brutes humaines et rien de plus... ». Il ne cachait pas avoir voulu que l'âme fût absente de ces corps détraqués, livrés à tous les furieux assauts de la passion, barques sans gouvernail emportées dans la tempête des sens.

Qu'on lise ce roman avec soin, disait-il dans la préface de la 2e édition (15 avril 1868), on verra que chaque chapitre est l'étude d'un cas curieux de physiologie. En un mot, je n'ai eu qu'un désir : étant donné un homme puissant et une femme inassouvie, chercher en eux la bête, ne voir même que la bête, les jeter dans un drame violent et noter scrupuleusement les sensations et les actes de ces êtres. J'ai simplement fait, sur deux corps vivants, le travail analytique que les chirurgiens font sur des cadavres...

Ce sera la théorie de toute sa vie et la méthode de toute son œuvre. Il entendait faire métier de clinicien écrivain et non d'amuseur public. Les romans qu'il portait en lui, et dont *Thérèse Raquin* formait le préambule, devraient être des livres scientifiques, pas du tout des fictions impressionnantes ou amusantes, destinées à distraire les oisifs et à remplir les récréations des gens occupés.

Il se défendait contre le reproche, nouveau alors, depuis devenu banal à son égard, de « pornographie ». Il suppliait qu'on le voulût bien voir tel qu'il était et qu'on le discutât pour ce qu'il était.

Tant que j'ai écrit *Thérèse Raquin*, dit-il, j'ai oublié le monde, je me suis perdu dans la copie exacte et minutieuse de la vie, me donnant tout entier à l'analyse du mécanisme humain, et je vous assure que les amours cruelles de Thérèse et de Laurent n'avaient pour moi rien d'immoral, rien qui puisse pousser aux passions mauvaises.

Il est certain que, si l'on admet que la lecture ait une influence sur les actes des hommes, qu'elle leur suggère l'imitation des faits consignés dans un livre, et les pousse à reproduire les gestes et à s'assimiler les passions des personnages, les lecteurs de *Thérèse Raquin* ne sauraient être sérieusement incités à prendre les deux amants pour modèles. Ces détraqués noient le mari, pour être libres, et leur accouplement devient le pire supplice. Le remords du crime impuni est peint avec des couleurs si vives, et le châtiment du tête à tête des tristes complices est si terrible qu'on ne saurait y voir un encouragement au meurtre conjugal. *Thérèse Raquin* serait plutôt, tel *l'Assommoir* que les pratiques Anglais considèrent comme un excellent sermon laïque contre l'ivrognerie, un plaidoyer persuasif pour le respect de l'existence des maris. Le tableau des hantises macabres du couple assassin pourrait-il tenter les amants disposés à les imiter, et les joies de l'adultère criminel apparaissent-elles désirables, au spectacle du ménage qui en arrive à rêver de s'entr'égorger, cherchant à échapper, par un nouveau crime, aux conséquences du premier ?

Thérèse Raquin, dont le théâtre a popularisé les situations éminemment dramatiques, avec le personnage spectral de la mère du mort, renferme des morceaux littéraires, travaillés de main d'ouvrier, et qui pourraient figurer dans les plus excellents ouvrages de l'auteur : la description du passage du Pont-Neuf, rue Guénégaud, le tableau balzacien d'un intérieur de mercier, la vie du petit commerçant observée et rendue avec précision et coloris, — la couleur dans le gris et le terne, c'est l'art suprême du peintre, — la fièvre amoureuse de Thérèse, la partie de canot et le crime, la visite à la Morgue, puis l'épouvante en tiers avec les deux amants, les visions macabres, le mort se dressant devant les deux êtres prêts à s'étreindre, et paralysant leurs élans, la révélation à la paralytique, et tout le poignant tableau des désespoirs et des fureurs du couple, finissant par trouver le remède à ses tortures, et le refuge contre la poursuite des Erynnies du souvenir et de la conscience dans un suicide simultané, ce sont là des parties d'un art achevé, dans un édifice brutalement construit sans doute, mais où la maîtrise déjà s'affirmait.

Dès *Thérèse Raquin*, Emile Zola se révélait, se transformait. C'était un homme nouveau, un écrivain et un penseur, que les ouvrages de début ne pouvaient faire pressentir, qui venait de se dresser hors de la foule des faiseurs de livres de son temps, de niveau avec les plus grands. Bientôt il les devait dépasser tous.

III

MARIAGE DE ZOLA. — ZOLA SOUS-PRÉFET. — ZOLA AUTEUR DRAMATIQUE. — LE ROMAN EXPÉRIMENTAL. — L'HÉRÉDITÉ. — LE NATURALISME
(1868-1871)

Thérèse Raquin ne fut pas un succès. Seuls quelques lecteurs, épris d'art nouveau, cherchant une lecture mixte entre les feuilletons abracadabrants, alors très en vogue, de Ponson du Terrail, et les affadissantes narrations de George Sand vieillie et d'Octave Feuillet, jeune vieillot, s'intéressèrent à ce drame de la conscience, à cette évocation du remords, où se combinaient l'intensité psychologique et la violence dramatique du roman criminel.

Les *Rougon-Macquart* étaient déjà en préparation lorsque Zola écrivit *Thérèse Raquin*. On pourrait même faire rentrer ce roman dans la fameuse série. Il suffirait, pour justifier, d'après le plan de l'auteur, ce rattachement, de donner à Thérèse ou à Laurent une parenté quelconque avec les descendants névrosés d'Adélaïde Fouque. La partie psychologique s'y trouve, sans doute, moins développée que dans les romans subséquents, mais déjà se manifeste la préoccupation de la description minutieuse des milieux, et aussi l'étude d'organismes maladifs et de tempéraments dégénérés. *Thérèse Raquin* rentre dans le cadre des Rougon-Macquart, plus peut-être que *le Rêve* et *Une Page d'Amour*. Mais l'auteur n'avait pas, à cette époque, entrepris de composer un « cycle » moderne, ni de combiner des compartiments d'aventures et de descriptions, dans lesquels il ferait figurer des personnages appartenant à une même famille, et procédant d'une hérédité morbide commune.

Avant d'étudier cette vaste composition au plan arrêté d'avance, il convient de mentionner les faits de l'existence de l'auteur, durant ces années mouvementées, pour lui peu favorables au travail littéraire et aux gains par la plume. Ce sont les années qui vont de la fin de l'empire à l'invasion et aux convulsions qui accompagnèrent la venue au monde de la République.

Jusqu'à la veille de la guerre de 1870, Emile Zola vécut au quartier latin. Les domiciles occupés par lui, dans ses années de début, furent modestes et nombreux. Pour ceux qui recherchent ces détails anecdotiques, je vais énumérer ces logis d'étudiant pauvre.

Il convient de rappeler le domicile initial, celui où il est d'usage de placer une plaque commémorative apprenant aux passants, qui daignent lever la tête, que là est né, en telle année, tel homme célèbre : c'est donc à Paris, 10 *bis*, rue Saint-Joseph, 2e arrondissement, dans la maison aujourd'hui occupée par la Librairie Illustrée (J. Tallandier), que se trouve le premier logement de Zola, ou du moins celui de ses parents. Viennent ensuite les logis échelonnés d'Aix, dont l'importance diminue avec la fortune de la famille : cours Saint-Anne, puis impasse Sylvacanne (ancienne habitation de la famille Thiers), la villa du Pont-de-Béraud, dans la banlieue d'Aix, après la mort du père, François Zola : retour en ville, rue Bellegarde, puis, de là, rue Roux-Alphéran, ensuite la cour des Minimes, et enfin deux petites chambres dans une ruelle, rue Mazarine, dernière habitation des Zola, à Aix.

A Paris, il loge d'abord à l'hôtel meublé, 63, rue Monsieur-le-Prince, — puis il est pensionnaire au lycée Saint-Louis, — de là il va rue Saint-Jacques, 241, rue Saint-Victor, 35 ; il occupe ces logements avec sa mère. En 1860, il loge seul rue Neuve-Saint-Etienne-du-Mont, n° 21, rue Soufflot, n° 11, impasse Saint-Dominique, n° 7, rue de la Pépinière, à Montrouge, rue des Feuillantines, n° 7, rue Saint-Jacques, 278, boulevard Montparnasse, 142, rue de Vaugirard, 10.

Ce fut son dernier logement sur la rive gauche. Il allait passer sur la rive droite pour ne plus la quitter, et les appartements bourgeois allaient succéder aux garnis et aux chambrettes d'étudiant. C'est aux Batignolles que vint se fixer Zola. Il a toujours depuis habité ce quartier ou les environs de la place Clichy, dans le IX° arrondissement, rue de Boulogne et rue de Bruxelles, où il est mort.

Sa première habitation, aux Batignolles, fut avenue de Clichy, 11, puis rue Truffaut, 23. En 1870, Zola part pour Marseille, va à Bordeaux, et revient à Paris, en 1871. Il habite trois ans, toujours aux Batignolles, un petit pavillon avec jardin, rue La Condamine, n° 14. En 1874, il prend un pavillon plus important, avec jardin, presque un petit hôtel, 21, rue Saint-Georges, aujourd'hui rue des Apennins.

Il quitte les Batignolles, en 1877, et va demeurer rue de Boulogne. Enfin, il augmente sa villa de Médan, achetée en 1878, neuf mille francs, et occupe, durant son séjour à Paris, le dernier et fatal appartement de la rue de Bruxelles.

Avant d'avoir Médan, et depuis que l'aisance lui était venue, Zola avait l'habitude d'aller passer l'été à la campagne. On sait combien il aimait l'eau, la verdure, les arbres, et plutôt les agréables paysages de banlieue que les sites agrestes et la grande nature. Il fit des séjours assez longs à l'Estaque, faubourg de Marseille, à Saint-Aubin, sur la côte normande.

Ces diverses habitations indiquent, comme par un diagramme, les fluctuations de la destinée de Zola. Dans la première jeunesse, c'est la maison hantée par le renom du ministre de Louis-Philippe, futur premier président de la troisième république, qui marque l'apogée de la famille Zola ; survient la dégringolade, conséquence de la mort du père, en des logis de plus en plus exigus ; enfin la série morne des garnis et des chambres au sixième. Puis c'est l'entrée définitive dans la vie bourgeoise aisée, le petit hôtel de la rue des Apennins, où un valet de chambre ouvre la porte aux visiteurs. Le romancier parvenu achète enfin une maison de campagne, son rêve !

A Médan, la villégiature de Zola devient plus que confortable. Il ajoute à l'acquisition première des constructions voisines, fait édifier des bâtiments pour servir d'écurie, de communs, de serres, et il se meuble le cabinet de travail qu'il a convoité durant sa jeunesse besogneuse.

La première fois que j'entrai dans cet actif laboratoire, je fus frappé par son arrangement plutôt inattendu. C'était au printemps de 1880. Je venais de ma maison de Bougival, située, comme celle de Zola, au bord de l'eau. Comme son cabinet, le mien avait une grande baie, donnant sur la Seine, et, le paysage fluvial étant à peu près le même, je m'attendais à me retrouver dans un milieu analogue. Je ne pus m'empêcher de faire un mouvement de surprise en voyant l'entassement baroque et disparate d'objets rappelant surtout le bric-à-brac. Il y avait bien un vaste divan aux étoffes turques, aux coussins orientaux, garnissant le fond du cabinet, qui pouvait être considéré comme un meuble utile, indispensable pour la sieste, durant les digestions pénibles, ou le repos après le travail, mais aussi se bousculaient là, dans un prétentieux et disparate encombrement, de la ferraille commune, de la vaisselle ridicule, des cuivres de bazar, des ivoires de pacotille, des oripeaux fanés de carnaval, de vulgaires bois sculptés et des japonaiseries de grands magasins, peinturlurées ou ciselées à la grosse, enfin, tout le déballage des bibelots truqués et sans valeur, qu'exhibait alors Laplace, limonadier et brocanteur, l'initiateur des cabarets montmartrois, dans sa Grand'Pinte de la place Trudaine. Il y avait comme un jubé, en bois vernissé, au-dessus de l'alcôve orientale, où des livres, sur des rayons, s'alignaient. Zola était très fier de tout ce décrochez-moi-ça romantique, auquel les tavernes à devantures en culs de bouteilles, les chats-noirs aux vitraux imités de Willette et les brasseries moyenageuses aux tapisseries imprimées, ont porté le coup du dédain et même du ridicule.

Paul Alexis a fait la même remarque, en parlant de l'appartement de la rue de Boulogne :

Balzac dit quelque part, écrivait Paul Alexis, que les parvenus se meublent toujours le salon qu'ils ont ambitionné autrefois, dans leurs souhaits de jeunes gens pauvres. (Alexis doit faire allusion à un passage de *César Birotteau*, le salon blanc et or de l'architecte Grindot.) Eh bien ! justement, dans l'ameublement de notre naturaliste d'aujourd'hui, le romantisme des premières années a persisté... C'est surtout dans son appartement de la rue de Boulogne, où il habite depuis 1877, que Zola a pu contenter d'anciens rêves. Ce ne sont que vitraux Henri II, meubles italiens ou hollandais, antiques Aubussons, étains bossués, vieilles casseroles de 1830. Quand le pauvre Flaubert venait le voir, au milieu de ces étranges et somptueuses vieilleries, il s'extasiait, en son cœur de vieux romantique. Un soir, dans la chambre à coucher, je lui ai entendu dire avec admiration : J'ai toujours rêvé de dormir dans un lit pareil... c'est la chambre de Saint-Julien l'Hospitalier !...

Médan avait le caractère moins pompeux, moins musée, que le logis parisien, et nulle préoccupation de style, ou même de tonalité générale, n'avait présidé à son ameublement. Mais Zola s'y plaisait, et il avait bien raison de se meubler à son goût, selon sa fantaisie.

C'est un petit village des environs de Poissy, que ce Médan, qui n'avait pas d'histoire, et qui est devenu notoire comme un champ de bataille. C'est déjà la grande banlieue. Poissy, avec ses pêcheurs à la ligne, Villennes et son Sophora aux vastes ramures éployées sur les tables du restaurant, forment l'extrême frontière, de ce côté, de la zone banlieusarde, hantée, le dimanche, de bandes tapageuses et pillardes de Parisiens lâchés. Une population estivale d'employés et de commerçants, prenant le train chaque matin de semaine, revenant le soir, les affaires terminées et le bureau fermé, se trouve encore à Poissy, à Villennes, mais c'est son point terminus. A Médan, on est à la campagne. Sur l'autre rive, commence le Vexin français, théâtre des vieilles pilleries anglaises, et la verdure plus verte et les troupeaux plus denses donnent une idée de la grasse Normandie. Pas de villas. Le bourgeois retiré, l'ancien boutiquier citadin, venu planter ses choux et mourir à la campagne, est inconnu à Médan. Un seul château, d'un style moyenâgeux moderne, avec des créneaux de décor d'opérette, étranglé entre la route et la colline. Ce castel en simili, paraissant construit par un décorateur de théâtres, est campé sur les ruines de l'ancien donjon, où se retranchèrent maintes fois des combattants de la guerre de Cent Ans. Quand Zola acheta sa maisonnette, cette bâtisse, représentant les traditions de l'ancien régime, dont le propriétaire était salué comme seigneur du village, appartenait à un ancien garçon de café, Lucien Claudon, le Lucien célèbre du café Américain. Le produit des pourboires du Peter's ne resta pas longtemps dans les mêmes mains. Comme un château de cartes, le donjon moderne s'écroula sous les coups furieux du krach de l'Union Générale. La modeste demeure de l'homme de lettres ne fit, au contraire, que s'agrandir et s'embellir.

C'est à Médan que Zola a passé les meilleurs moments de sa vie. C'est là qu'il a composé la plupart de ses romans à grand succès, notamment *Nana*, *Germinal*, *la Terre*. Son logis, par sa position même, lui inspira le sujet d'un roman : des fenêtres de sa maison, resserrée entre la route et la voie ferrée, Zola voyait filer les trains, et, dans la nuit, les signaux dardaient sur lui leurs gros yeux rouges. D'où l'idée d'écrire un roman sur les Chemins de fer, comme il en avait donné un sur les Halles, sur les Grands Magasins, et ce fut la genèse de *la Bête Humaine*, cette vision des convois glissant sur les rails, sous ses yeux, et se perdant sous l'horizon ou s'enfonçant dans la nuit, avec un fracas prolongé et des sifflements stridents.

Médan, outre le séjour de Zola, appartient à l'histoire littéraire et à la bibliographie du XIXe siècle : là, se réunirent les Cinq : Guy de Maupassant, Léon Hennique, Paul Alexis, Céard et Huysmans. De leur réunion, et de leur accord, sortit le livre *les Soirées de Médan*, recueil précieux, qui contient *Boule-de-Suif* et *l'Attaque du moulin*, pique-nique littéraire savoureux où chacun apporta son plat de haut goût.

Enfin, grâce à la libéralité de la veuve de Zola, et par une touchante et noble pensée, la maison du grand historien des maladifs, des faibles, des déshérités et des pauvres, est devenue celle de l'Enfance débile et vouée, faute de secours, à l'anémie et à la mort. C'est la réalisation du rêve bienfaisant de Pauline Quenu.

Comme, dans la maison de Bonneville, fouettée du vent et assaillie par les flots, les lamentables enfants de ces pêcheurs normands, abrutis par le calvados et décimés par la misère, trouvaient des soins, des dons, des secours immédiats, les minables petits êtres confiés à l'Assistance publique, déchet urbain, scories vivotantes rejetées hors du creuset parisien, ont désormais, à Médan, sous un climat moins tempêtueux et dans un paysage plus riant, encadré de minces peupliers et d'ormes trapus, un asile agréable, une maison, une famille, avec des soins et un régime fortifiant leur faiblesse, arrêtant leur dégénérescence. Ces enfants, n'étant pas atteints de maladies aiguës ou contagieuses, mais seulement de débilité générale, due aux troubles de la nutrition, et aussi aux conditions fâcheuses de leur hérédité, de leur milieu, avaient besoin d'être séparés des véritables malades. C'est donc une maison de convalescence et de régénération physique et morale pour les pauvres déshérités. Grâce à Emile Zola et à la générosité de sa femme, ces chétifs rejetons de parents épuisés par le travail, par la misère, par l'avarie et l'alcool, reprendront vigueur et santé. Ce sont des rescapés du puits noir de l'enfer social : ils pourront plus tard être utiles à la société, au lieu de lui être à charge, et ils connaîtront, ce qui semblait leur être fatalement interdit, la joie de vivre !

C'est le 29 septembre 1907, jour anniversaire de la mort d'Emile Zola, et date du pèlerinage anniversaire à la maison de l'écrivain, que l'Assistance publique a pris officiellement possession de la propriété de Médan et de la Fondation Zola. La cérémonie a été simple et digne. Le directeur de l'Assistance publique, le secrétaire général de cette administration, le président du Conseil municipal, le préfet de la Seine, le chef du cabinet du président du Conseil, le ministre de la Guerre, les autorités municipales de Médan, M. Maurice Berteaux, ancien ministre, député de la circonscription, ont présidé à cette cérémonie, à laquelle assistaient quelques écrivains et artistes, amis personnels du glorieux écrivain : Alfred Bruneau, Paul Brulat, Saint-Georges de Bouhélier, Maurice Leblond, Léon Frapié, le graveur Fernand Desmoulin, et enfin le docteur Méry et la doctoresse Javinska, à qui est confiée la direction de l'asile.

M*me* Emile Zola avait reçu les personnages officiels et les amis de son mari, ayant à ses côtés les deux enfants laissés par l'écrivain. Tout auréolée de bonté vraie, sans ostentation de résignation, sans l'emphase du sacrifice public, entre ses deux enfants d'élection, dans cette demeure désormais consacrée à l'enfance malheureuse, cette bienfaisante femme personnifiait, avec une discrète abnégation, l'admirable Pauline de *la Joie de vivre*, secourable aux abandonnés du village, et si maternelle pour le petit Paul, l'enfant de l'adoption.

De cette maison de l'enfance, de cet asile ouvert à la faiblesse et à la misère puériles, plus tard, au visiteur respectueux et charmé, comme un salut de bienvenue, comme un hymne de reconnaissance, s'adressera ce chœur de voix aiguës et joyeuses, récitant ce passage d'une des visions heureuses de *Travail* :

C'était un charme exquis, ces maisons de la toute petite enfance, avec leurs murs blancs, leurs berceaux blancs, leur petit peuple blanc, toute cette blancheur si gaie dans le plein soleil, dont les rayons entraient par les hautes fenêtres. Là aussi l'eau ruisselait, on en sentait la fraîcheur cristalline, on en entendait le murmure, comme si des ruisseaux clairs entretenaient partout l'exclusive propreté qui éclatait dans les plus modestes ustensiles. Cela sentait bon la candeur et la santé. Si des cris parfois sortaient des berceaux, on n'entendait le plus souvent que le joli babil, les rires argentins des enfants marchant déjà, emplissant les salles de leurs continuelles envolées. Des jouets, autre petit peuple muet, vivaient partout leur vie naïve et comique, des poupées, des pantins, des chevaux de bois, des voitures. Et ils étaient la propriété de tous, des garçons comme des filles, confondus les uns avec les autres en une même famille, poussant ensemble dès les premiers langes, en sœurs et frères, en maris et en femmes, qui devaient, jusqu'à la tombe, mener côte à côte une existence commune.

Ce rêve paradisiaque, aux détails et à l'ordonnance consignés comme dans les clauses d'un testament, en cette radieuse page de *Travail*, la veuve du visionnaire humanitaire, revivant les deux personnages bienfaisants et sacrifiés du livre, Suzanne et Sœurette, a su le réaliser. Il n'était point de façon plus touchante de porter le deuil éclatant de son glorieux mari, et Zola ne pouvait souhaiter un emploi plus conforme à ses désirs et à son cœur, de son héritage. Cette demeure de Médan, obtenue par le travail, est retournée, comme par une légitime et naturelle dévolution, aux enfants déshérités du travail.

Mais, en 1870, Médan n'était encore qu'un espoir, et Zola logeait et travaillait dans un modeste appartement batignollais.

Au cours de ces années d'apprentissage littéraire et de labeur pour le pain quotidien, un événement important s'était produit dans la vie chaste et retirée de Zola. J'ai dit combien il vivait à l'écart, en « ours », ne fréquentant ni les bureaux de rédaction, ni les cafés de gens de lettres. On ne le voyait jamais dans les journaux où il écrivait. Au café de Madrid, qui fut un centre important d'agitation littéraire et politique, aux dernières années de l'empire, il était inconnu. Au café Caron, au café de l'Europe, à la brasserie Serpente, au café Tabouret, chez Glaser, au Procope, où se retrouvaient étudiants, professeurs, publicistes, philosophes, tribuns, poètes, correspondants de feuilles étrangères et proscrits cosmopolites, on ne l'entendait pas discutant, exposant théories et systèmes, dont, pourtant, il était amplement pouvu, réformant la société, renversant le gouvernement ou bouleversant les vieux dogmes et les littératures surannées, parmi les feutres des bocks empilés. J'ai dit qu'on ne l'aperçut ni dans l'arrière-boutique d'Alphonse Lemerre, ni chez la marquise de Ricard, pas plus que chez Nina de Callias, où les Parnassiens récitaient leurs premiers vers, commençaient la conquête du public, dirigeaient leur marche vers l'Académie, vers la gloire. Il avait cessé de se rendre aux lundis de Paul Meurice. Son petit cénacle de condisciples provençaux, et de quelques peintres impressionnistes, voilà toutes ses relations. Il vivait donc très seul. Ce fut alors qu'il se maria. Il épousa Mlle Alexandrine Meley.

Voici l'acte de mariage d'Emile Zola :

L'an mil huit cent soixante-dix, le mardi trente-un mai, à dix heures du matin, par devant nous, Vincent Blanché de Pauniat, adjoint au maire du dix-septième arrondissement de Paris, officier de l'Etat-civil délégué, ont comparu publiquement en cette mairie : Emile-Edouard-Charles-Antoine Zola, homme de lettres, âgé de trente ans, né le deux avril mil huit cent quarante, à Paris, demeurant rue Lacondamine, 14, avec sa mère, fils majeur de François-Antoine-Joseph-Marie Zola, décédé à Marseille (Bouches-du-Rhône), le vingt-sept mars mil huit cent quarante-sept, et de Françoise-*Emélie*-Orélie Aubert, sa veuve, propriétaire, consentant au mariage, suivant acte reçu par Me Demanche, notaire à Paris, le six de ce mois ; Et Eléonore-Alexandrine Meley, sans profession, âgée de trente-un ans, née à Paris, le vingt-trois mars mil huit cent trente-neuf, fille majeure de Edmond-Jacques Meley, typographe, demeurant rue Saint-Joseph, 24, consentant au mariage, suivant acte reçu par Me Fould, notaire à Paris, le six de ce mois, et de Caroline Louise Wadoux, décédée à Paris, le quatre septembre mil huit cent quarante-neuf. Lesquels nous ont requis de procéder à la célébration de leur mariage dont les publications ont été faites sans opposition, en cette mairie, les dimanches quinze et vingt-deux de ce mois, à midi. A l'appui de leur réquisition, les comparants nous ont remis leurs actes de naissance, l'acte de décès du père du futur, le consentement de sa mère, celui du père de la future et l'acte de décès de sa mère. Les futurs époux nous ont, en exécution de la loi du dix juillet mil huit cent cinquante, déclaré qu'il n'a pas été fait de contrat de mariage. Après avoir donné lecture des pièces ci-dessus et du chapitre six, titre cinq, livre premier du Code civil, nous avons demandé aux futurs époux s'ils veulent se prendre pour mari et pour femme. Chacun d'eux ayant répondu affirmativement, nous déclarons, au nom de la loi, que Emile-Edouard-Charles-Antoine Zola et Eléonore-Alexandrine Meley sont unis par le mariage, en présence de : Suzanne-Mathias-Marius Roux, homme de lettres, âgé de trente ans, demeurant avenue de Clichy, 80 ; de Paul-Antoine-Joseph-Alexis, homme de lettres, âgé de vingt-trois ans, demeurant rue de Linnée, 5 ; de Philippe Solari, sculpteur, âgé de trente ans, demeurant rue Perceval, 10, de Paul Cézanne, peintre, âgé de trente-un ans, demeurant rue Notre-Dame-des-Champs, 53, amis des époux. Et ont les époux et les témoins signé avec nous après lecture.

Signé : Emile Zola, Alexandrine Meley, Philippe Solari, Paul Cézanne, Paul Alexis, Roux Marius, et Blanché de Pauniat.

Voilà donc Zola marié, vivant de la vie de famille, car il avait auprès de lui sa mère. Il avait pour elle affection profonde et respect attentif. Au petit hôtel de la rue des Apennins, le second étage était entièrement réservé à Mme veuve François Zola. Elle mourut à Médan, peu de temps après l'acquisition, le 17 octobre 1880. Elle fut enterrée à Aix, selon son désir de revenir auprès de son mari, dans le caveau « dans un état parfait de conservation », dit Zola qui avait accompagné la dépouille maternelle. La cérémonie fut religieuse. « On m'affirme que je ne puis éviter cela », écrivit Zola à Henry Céard.

Emile Zola, jeune marié, ne se trouvait pas à Paris pendant le Siège. On doit le regretter, non pas qu'il eût renforcé considérablement, par sa présence, les moyens de défense dont on usa si peu et si mal, il aurait fait un garde national de plus, et ce n'est pas de soldats improvisés qu'on manquait. Mais quels documents il eût recueillis ! que de notes curieuses il eût récoltées, durant les gardes aux remparts, sur la place publique, dans les réunions fuligineuses, à la porte des boucheries aux queues faméliques, rappelant sinistrement celles des théâtres aux heures de joie. Il nous eût donné de puissants tableaux de Paris à jeun, sans bois, sans lumière, manquant de pain, de journaux, de voitures, de spectacles, de commerce et de plaisirs, mais armé, frémissant d'enthousiasme et de colère aussi; impatient de se battre;

réclamant, dans son incompétence stratégique, la sortie torrentielle, et revivant l'existence révolutionnaire d'autrefois, avec une énergie plus bavarde et moins impitoyable toutefois ; Paris en révolution, sans tribunal révolutionnaire, et Paris vaincu, miséricordieux aux généraux incapables. Le départ de Zola pour Marseille nous a privés d'un livre exceptionnel, que seul peut-être il était capable d'écrire, et qui, aussi passionnant que *la Débâcle*, eût certainement égalé *Germinal* et dépassé *Travail*.

Sa jeune femme était souffrante. Le climat du Midi la sauverait, dit le médecin, prescrivant le départ immédiat. Il se résigna donc à emmener sa mère et Mme Zola. Ces deux femmes, qui constituaient des bouches inutiles, en même temps que des personnes déjà affaiblies, l'une par la maladie et l'autre par l'âge, n'étaient pas en état de supporter les alarmes, les privations et les souffrances d'un siège. Leur exode était donc légitime et urgent. Zola conduisit ces deux êtres chers à Marseille, où il arriva au commencement de septembre. Son intention, ayant installé les deux femmes chez des amis, dans la banlieue marseillaise, était de retourner à Paris, afin de participer à la résistance.

Mais l'invasion avait précipité les événements et Paris était investi. Zola se trouvait interné dans Marseille, par la force des catastrophes. Il fallait vivre, cependant. L'époque n'était guère propice aux besognes de plume. Un romancier, c'était alors une non-valeur, et tout roman paraissait fade, en présence des dramatiques événements dont la France et le monde, avec passion, suivaient les épisodes quotidiens. Quel feuilleton aurait pu lutter d'intérêt et rivaliser de péripéties aventureuses, de psychologie ardente, et douloureuse aussi, avec la réalité !

Dans une fébrile angoisse, on attendait la suite, et peut-être la fin, du siège et des souffrances de la guerre, au prochain numéro de chaque journal, au prochain lever de soleil.

Les journaux, imprimés à la diable, sur des papiers de tous les formats, jaunis, pisseux, pâteux, constituaient la seule littérature possible. Le public se montrait impatient de nouvelles, de suppositions aussi. Il accueillait tous les récits, plus ou moins vraisemblables, sans se préoccuper de les vérifier. Zola songea donc aussitôt à la ressource du journalisme. C'était un des rares métiers ne chômant pas, que celui de correspondant de journaux. Beaucoup de journalistes étaient aux camps ou fonctionnaires. On pouvait espérer les remplacer.

Il écrivit, le 19 septembre 1870 (les portes de Paris avaient été fermées le 17, au soir), à son ami Marius Roux à Aix :

Veux-tu que nous fassions un petit journal, à Marseille, pendant notre villégiature forcée ? Cela occupera utilement notre temps. Sans toi, je n'ose tenter l'aventure. Avec toi, je crois le succès possible. Donne-moi une réponse immédiate. Tu ferais même bien, si ma proposition te souriait, de venir demain à Marseille, avec Arnaud. L'affaire doit être enlevée.

Le projet se réalisa, et le journal parut, grâce à l'appui de M. Arnaud, directeur du *Messager de Provence*. Ce fut une feuille à un sou, ayant ce titre sonore : *la Marseillaise*, que Rochefort avait popularisé. Le « canard », car cette feuille, avait pour toute rédaction Zola et Roux, était insuffisante à tous les points de vue, dénuée d'argent, de publicité, d'abord, et aussi d'informations sérieuses et fraîches du théâtre de la guerre. *La Marseillaise* ne pouvait avoir la prétention de lutter avec les journaux importants du Midi. Elle dura seulement quelques semaines. Il ne fallait donc plus compter sur le journalisme pour végéter à Marseille, et il devenait urgent, pour la famille Zola, que son chef dénichât un emploi sérieux, une situation lucrative, des appointements réguliers.

Avec une souplesse d'esprit et une décision remarquables, chez un homme vivant à l'écart des événements politiques et ne fréquentant guère les milieux militants, Zola résolut d'aller solliciter une fonction auprès du gouvernement de la Défense. Les principaux membres de ce gouvernement provisoire venaient d'arriver à Bordeaux. Il connaissait l'un des gouvernants, l'excellent et tant soit peu ridicule Glais-Bizoin, l'homme au crâne pointu. Il l'avait rencontré à *la Tribune,* journal ennuyeux, mais d'un républicanisme précurseur, que, sous l'empire, avait dirigé Eugène Pelletan.

Glais-Bizoin, devenu tout-puissant, — il était membre du gouvernement, comme député de Paris au Corps Législatif défunt,— accueillit favorablement son ancien collaborateur. Il lui reprocha même de ne s'être pas pressé davantage pour venir offrir ses services, à Tours. Il l'utilisa, pendant quelque temps, comme secrétaire, et le recommanda à Clément Laurier pour une situation quelconque. Zola, rassuré, fit venir à Bordeaux sa femme et sa mère, et attendit, sans trop d'impatience, la fonction promise.

Il avait emporté avec lui le manuscrit inachevé de *la Curée,* et il le regardait avec attendrissement, en soupirant : « Quand pourrai-je me remettre à ce roman ? Quand paraîtra-t-il ? » Et il en arrivait, dans l'étourdissement du tumulte ambiant, dans l'effarement du cauchemar réel de l'invasion, à se demander si l'on imprimerait encore des romans, et s'il y aurait toujours une place pour l'homme de lettres, dans la société bouleversée.

Comme j'avais avec moi ma femme et ma mère, sans aucune certitude d'argent, disait-il plus tard, en se remémorant ces journées d'angoisse et de misère, j'en étais arrivé à croire tout naturel et très sage de me jeter, les yeux fermés, dans cette politique que je méprisais si fort, quelques mois auparavant, et dont le mépris m'est, d'ailleurs, revenu tout de suite.

Zola, qui devait plus tard, indirectement, revenir à la politique, indirectement peut-être d'une façon un peu inconsciente, fut donc sur le point de devenir fonctionnaire.

En mars 1871, seulement, c'est-à-dire après la paix, et quand la lutte communaliste débutait, Clément Laurier, tenant la promesse faite à Glais-Bizoin, nommait Zola sous-préfet de Castel-Sarrazin, dans le Tarn-et-Garonne.

Cette nomination fut presque aussitôt rapportée, et Zola n'endossa point l'uniforme à broderie d'argent. Il n'eut pas à se déranger pour aller même voir sa sous-préfecture. Cette petite ville et cette petite fonction ne lui convenaient guère. Il s'attendait à mieux. Et puis, il venait d'obtenir une correspondance au *Sémaphore* de Marseille, et le journal *la Cloche*, de Paris, lui prenait des « Lettres parlementaires ». Il avait ainsi le pain assuré, et même des émoluments supérieurs au traitement d'un sous-préfet de 3ᵉ classe. De plus, il conservait l'indépendance qui convenait à son caractère. L'espoir lui revenait de pouvoir reprendre, la guerre étant terminée, sa carrière purement littéraire. Il avait sa *Curée* à achever. Il lui parut qu'il lui serait bien difficile de terminer son roman, et surtout de le faire paraître, s'il s'enterrait dans la petite ville gasconne qui lui était assignée. Qui songerait à l'exhumer de là ? Il disparaîtrait, enfoui sous les cartons verts et les papiers administratifs. Il refusa donc la situation officielle qui lui était offerte, et, quand l'Assemblée nationale rentra à Paris, il la suivit. Il conservait sa place de rédacteur parlementaire à *la Cloche*, et cela lui paraissait suffisant et agréable.

Au milieu de ces cataclysmes nationaux et de ces péripéties domestiques, Zola, qui avait déjà fourni au *Siècle* un roman, pour être publié en feuilleton, *la Fortune des Rougon*, se disposa à en donner un second dans *la Cloche* de Louis Ulbach, où il était chargé du compte rendu des séances de l'Assemblée nationale. *La Curée* avait été commencée avant la guerre. Elle ne fut terminée qu'en 1872, après une interruption dans la publication du feuilleton, motivée par des tracasseries policières. Les magistrats de l'empire, qui poursuivaient, en 1858, Gustave Flaubert et *Madame Bovary* pour immoralité, avaient été changés ou s'étaient changés eux-mêmes. Ils étaient presque tous devenus, de forcenés bonapartistes qu'ils étaient, des fervents républicains, dès le soir même du 4 septembre 1870, mais l'esprit de la magistrature était demeuré le même : hostile à la littérature. Parquets et tribunaux qualifiaient de délit contre la morale toute tentative d'artiste pour montrer la société à nu, et ôtant le masque humain, laisser voir le fauve qui est dessous.

La publication de *la Curée* en librairie fut ajournée, suivant le retard de *la Fortune des Rougon*, qui n'avait pu paraître à temps, à raison de la guerre et de circonstances spéciales à l'auteur et à l'éditeur.

Cet éditeur était Lacroix, l'ancien associé de Verboeckhoven pour la Librairie Internationale. Zola était entré en rapports avec lui, pour les *Contes à Ninon*. Ils avaient passé un traité peu ordinaire. C'était un forfait. L'éditeur devait donner à « son » auteur des appointements fixes, comme à un employé. Six mille francs l'an, payables par fractions mensuelles de cinq cents francs. Zola avait accepté d'enthousiasme. C'était le salut ! C'était le pain quotidien suffisamment accompagné de rôti et de légumes, c'était aussi la fixité dans les recettes, la régularité dans son petit budget. Il retrouvait, avec moins de sécurité, mais avec plus d'avantages métalliques, sa situation de commis de la maison Hachette, voyant, au bout de chaque mois, tomber la somme fixée, sans redouter l'incertitude et l'irrégularité des gains littéraires.

En échange de cette mensualité, l'écrivain au fixe devait fournir deux romans par an.

Il était stipulé que, si ces romans paraissaient dans des journaux, l'éditeur devrait prélever son remboursement des six mille francs par lui dûs, et alors l'auteur recevrait, outre le surplus de la somme payée par les journaux, 40 centimes par volume en librairie.

Ce traité paraissait assez avantageux pour l'auteur, étant donnée sa réputation encore à faire. Si ses romans n'étaient pas placés dans des journaux, il était assuré de les vendre 3.000 francs pièce, et il touchait le prix, partiellement, d'avance. La vie matérielle se trouvait assurée. En même temps, il était astreint à une production constante et régulière. Ce traité ne fut pas exécuté à la lettre.

La guerre, d'abord, interrompant, retardant la publication dans *le Siècle* du feuilleton *la Fortune des Rougon,* mit un arrêt au fonctionnement des clauses stipulées : l'éditeur devait être remboursé des six mille francs annuels, par lui dus ou versés, mais il était nécessaire, pour cela, que l'auteur les eût encaissés d'un journal, ce qui n'était pas le cas. Ensuite l'éditeur Lacroix, un excellent homme, mais légèrement aventureux et fortement imprévoyant, s'était engagé dans des entreprises honorables, malheureusement, pour la plupart, aléatoires et onéreuses. Il avait payé très cher le droit d'éditer *les Misérables*. Victor Hugo avait touché 500.000 francs, rien que pour la première édition, format in-8°. Grand admirateur de Proudhon, Lacroix avait entrepris la publication des Œuvres complètes du puissant philosophe, qui, sauf quelques ouvrages, se vendirent peu. L'intéressante publication de la collection des Grands Historiens étrangers, Gervinus, Motley, Mommsen, Draper, Prescott, etc., avait donné peu de résultats immédiats. Lacroix se trouvait donc obéré, à la fin de la guerre. L'interruption des affaires avait aggravé sa situation commerciale déjà embarrassée. Il eut avec Zola un compte de billets, qui, renouvelés, impayés, accrus d'agios et de frais, formèrent un total important, au moment de la faillite Lacroix.

Grâce à la loyauté des deux parties, tout s'arrangea au mieux et à l'amiable. Le compte de Zola avec son premier éditeur fut définitivement soldé en 1875.

Un libraire jeune, intelligent et très camarade avec ses auteurs, Georges Charpentier, racheta de Lacroix, moyennant huit cents francs, *la Fortune des Rougon* et *la Curée*. Un nouveau traité fut rédigé. L'éditeur payait comptant chaque roman trois mille francs. Devenu propriétaire du manuscrit, il pouvait le publier ou le faire reproduire dans les journaux, et cela pendant dix ans, ce traité, bien que rédigé de très bonne foi, était aléatoire pour les deux parties. Les manuscrits étaient trop payés, si une seule édition s'écoulait. Ils ne l'étaient pas assez, si ces romans se vendaient bien en librairie, s'ils étaient reproduits par les journaux et traduits à l'étranger. C'était donc une mauvaise affaire pour l'auteur, si la vogue venait.

Elle vint. Zola, dont les besoins, sans être excessifs, dépassaient le revenu de sa plume, car il n'arrivait pas à fournir même un volume par an, se trouvait en avance chez son éditeur. Il se montrait préoccupé de cette dette, et se demandait soucieusement quand il parviendrait à l'éteindre, soit en livrant volumes sur volumes, soit en cessant de solliciter des avances. Georges Charpentier, heureusement, était un éditeur généreux. Il ne pratiquait nullement les procédés stricts des libraires fameux, ses opulents confrères, qui, ayant acquis de Victor Hugo, moyennant sept cent cinquante francs, *Notre-Dame-de-Paris*, ce chef-d'œuvre devenu presque classique qui leur avait rapporté plus d'un million, poussèrent l'auteur à ne pas publier de nouveaux romans, tant que leur traité durerait. Victor Hugo, en effet, devait leur céder exclusivement, et pour le même prix, tout roman nouveau qu'il viendrait à produire. Le résultat fut que, pendant trente ans, Hugo ne livra point de roman, et *les Misérables*, bien que composés de longue date, attendirent ainsi l'expiration du fâcheux traité. Rien de semblable dans les rapports entre Zola et Georges Charpentier. Celui-ci, sur la demande de l'auteur, lui communiqua son compte, et voici la scène qui se produisit. Elle n'est pas ordinaire. C'est Zola lui-même qui l'a racontée. (Interview par Fernand Xau. 1880.)

— Un jour que je demandais de l'argent à M. Charpentier, il me dit : j'ai fait nos comptes. Voici votre situation.

Je constatai avec stupeur que je devais un peu plus de dix mille francs à M. Charpentier. Celui-ci, se tournant vers moi, me regarda en riant, puis, déchirant le traité :

— Je gagne de l'argent avec vos ouvrages, me dit-il, et il est juste que vous ayez votre part dans les bénéfices. Ce n'est plus six mille francs que je vous offre annuellement, mais une remise de cinquante centimes par volume vendu. A ce compte-là, le seul que j'accepte, c'est vous qui êtes mon créancier : il vous est redû la somme assez ronde de douze mille francs, que vous pouvez toucher. La caisse est ouverte !...

On conçoit de quel pied joyeux Zola descendit à la caisse pour palper ce boni inattendu. De débiteur il passait créancier ! Quel allègement ! En même temps qu'il se libérait, il encaissait, et, ce qui était plus précieux encore, il acquérait un bon et véritable ami. L'inaltérable affection mutuelle de Georges Charpentier et de Zola, de l'auteur et du libraire, est à envier et à montrer en exemple.

Bien que vivant modestement, Zola, en attendant la publication et la réussite de ses romans, ne pouvait demander qu'au journalisme le supplément de ressources qui lui était nécessaire, durant ces trois années difficiles, 1869-1870-1871. Ecrire au jour le jour des articles n'était pas une besogne qui lui fût difficile ou pénible. Nous savons que sa première méthode de travail était la régularité. Bien qu'il n'ait été qu'un journaliste intermittent, et qu'il ait considéré seulement la presse comme un gagne-pain quotidien, et ensuite, l'aisance venue avec la notoriété, comme un instrument puissant de propagande, comme une arme incomparable de polémique, il doit être compté parmi les professionnels, et en bon rang, du journal, au XIXe siècle. Il aimait le journalisme. Il m'a fait à moi-même, en plusieurs circonstances, l'éloge de cette profession ingrate, au labeur continu, aux succès éphémères. Il voulut bien me complimenter, à diverses reprises, sur ce qu'il nommait ma « virtuosité ». Il se rendait un compte exact de la difficulté de ces variations quotidiennes qu'il faut improviser, la plume devenant rivale de l'archet de Paganini, sur la banalité de thèmes courants ou vulgaires, et cela tous les jours, parfois plusieurs fois par jour, sans paraître jamais las, sans reprendre haleine. Il avait des idées très précises sur la presse et sur la tâche du journaliste. Je vais lui laisser la parole pour les exprimer :

Je considère, répondit-il à une pressante et peut-être indiscrète interrogation sur ce sujet, puisque vous me demandez mon opinion sur le journalisme contemporain, que, s'il ne sert pas d'instrument politique ou de tribune littéraire, il ne peut constituer qu'une situation transitoire, ou plutôt préparatoire...

Je vous en parle savamment, moi qui ai fait de tout, dans le journalisme, depuis le vulgaire fait-divers jusqu'à l'article politique. L'immense avantage du journalisme, c'est de donner une grande puissance à l'écrivain. Dans un fait-divers, le premier venu peut poser la question sociale. De plus doit-on compter pour rien l'éducation littéraire, l'habitude d'écrire, qu'on acquiert ainsi? Sans doute, il faut avoir les reins solides. Cette besogne à la vapeur tuera les moins robustes, mais les forts y gagneront. Et, je le dis sans fard, je ne m'occupe que de ceux-ci, je ne m'apitoie nullement sur le sort des vaincus, quand c'est leur faiblesse qui est coupable. Il faut, dans la vie, avoir du tempérament. Sans énergie on n'arrive à rien. Enfin, le journalisme donne aujourd'hui au littérateur le pain quotidien, et lui assure ainsi l'indépendance.

Je voudrais pouvoir exprimer toute ma pensée là-dessus. Je le ferai certainement plus tard, car il y a là une question vitale : les écrivains du siècle dernier étaient des valets, parce qu'ils ne gagnaient pas d'argent, et c'est cette bataille de l'écrivain contemporain, que nous avons tous soutenue contre les exigences de la vie, qui nous a valu Balzac... Hélas ! je soulève là tout un monde et il me faudrait des journées entières pour m'expliquer...

J'ai donc, continua Zola, beaucoup travaillé dans le journalisme, quoique j'aie peu fréquenté les bureaux de rédaction.

Quand j'étais pauvre, alors que mes romans ne se vendaient pas, j'ai fait du journalisme pour gagner de l'argent ; j'en fais aujourd'hui pour défendre mes idées, pour proclamer mes principes.

— Où avez-vous écrit ?

— Successivement j'ai travaillé à *la Situation*, au *Petit Journal*, au *Salut Public*, de Lyon, à *l'Avenir National*, à *la Cloche*, où j'ai fait le courrier de la Chambre (alors siégeant à Versailles), et au *Corsaire* (d'Édouard Portalis), qu'un méchant article de moi, intitulé « le Lendemain de la crise », fit supprimer. J'ai écrit aussi à *la Tribune*... Une particularité me frappa, à *la Tribune*. Tout le monde était pour le moins candidat à la députation. Il n'y avait que moi et le garçon de bureau, qui ne fussions pas candidats...

Zola termina ses déclarations sur le journalisme par ces dernières confidences, intéressantes à retenir :

— Je fus correspondant, à Paris, du *Sémaphore* de Marseille, jusqu'en 1877. *L'Assommoir* se vendait depuis sept mois que, par mesure de précaution, j'envoyai chaque jour ma correspondance. Cela, pour quelque cent francs par mois. Et à ce propos, permettez-moi de vous faire remarquer qu'il y a tout au plus quatre ans que je gagne de l'argent. C'est grâce aux sollicitations de mon digne et vieil ami Tourgueneff que j'ai obtenu la correspondance du *Messager de l'Europe*, de Pétersbourg, qui, au début, ne me valut pas moins de sept à huit cents francs par mois.

Enfin, vous m'avez connu au *Bien Public* — (j'étais chargé de la partie littéraire, à ce journal, et, pour le compte rendu des premières, je remplaçais souvent Zola) — et j'avoue qu'au moment où je suis entré à ce journal, pour y rédiger le feuilleton dramatique (1876), ma situation n'était pas ce qu'elle est aujourd'hui ; c'est pourquoi j'avais surtout pour objectif les six mille francs que me rapportait ce feuilleton. Plus tard, quand l'aisance arriva, lorsque je me sentis devenir une force, la question d'argent ne fut plus que secondaire. Je me servis de mon feuilleton comme d'une tribune. Ainsi, vous le voyez, le journalisme est à la fois un moyen et un but. De plus, c'est une arme terrible. Combien de littérateurs, et des plus estimables, seraient heureux de pouvoir s'en servir, et de trouver, en outre, quelques subsides.

— Quelle est votre opinion sur la critique ?

— En France, répondit avec force Zola, on ne fait pas de critique. Je pourrais même dire qu'on n'en a jamais fait ! Tous nos critiques ont des amitiés à ménager, sinon des intérêts à préserver. D'ailleurs, le métier de critique est un casse-cou. Soyez franc : au bout de quelques jours, vous n'avez plus que des ennemis. Aussi je trouve que les vieux sont trop compromis par leurs relations. J'estime que ce sont les jeunes qui devraient faire de la critique. Ils se tremperaient, ils se fortifieraient ainsi. Ce serait, en quelque sorte, pour eux, le baptême du feu...

— Ne vous est-il jamais venu à l'idée d'avoir la direction d'un journal dans lequel vous défendriez et propageriez vos idées ?

— On m'a fait des propositions dans ce sens. Même, il y a huit jours, l'entreprise a été sur le point d'aboutir. Aujourd'hui mes travaux littéraires ne me permettraient pas d'accepter une telle responsabilité. Cependant, je ne dis pas que, plus tard, cette idée ne sera pas mise à exécution.

— Vous publieriez alors un journal politique ?

— C'est-à-dire que je ferai l'ancien *Figaro*, en déposant un cautionnement au Trésor pour avoir, à l'occasion, le droit de traiter les questions politiques. Je prendrai les événements et les hommes de très haut. Je ferai table rase des calculs et des convoitises. Je ne m'inféodorai à aucune coterie, et je tiendrai sur tout mon franc-parler. Je crois qu'un tel journal réussirait. En tout cas, ce serait un curieux document pour l'avenir...

Zola journaliste mérite donc l'attention, et, sans le préjugé de la spécialisation et du cantonnement des genres, dont sont férus la plupart des bavards de salons et des plaisantins de bureaux de rédaction, qui font l'opinion, on ne considérerait pas, comme une partie négligeable de son œuvre, ses articles. Il en a réuni un grand nombre en volumes, et ces productions passionnées, toutes vibrantes de conviction, méritent d'être retenues et considérées comme de véritables livres, comme les meilleures études de critique approfondie sur le roman, sur le théâtre et sur les principaux écrivains modernes.

Zola embrassa tous les genres de littérature. Rien de ce qui appartenait au monde de l'écriture ne lui fut étranger. Il pratiquait le vers fameux de Térence dans l'univers littéraire. Poésie, contes, romans, critique, histoire, philosophie, journalisme, théâtre, il n'a trouvé aucun des modes de manifestation de la pensée indigne de son attention, au-dessous de son talent. Ceci ne veut pas dire qu'il ait réussi dans tous les genres. Le feuilleton populaire, par exemple, n'avait eu en lui qu'un producteur très ordinaire, un concurrent inférieur aux fournisseurs en renom des éditeurs de livraisons et des deux quotidiens spécialistes du roman d'aventures. Dans le journalisme politique, où il figura quelque temps, notamment comme courriériste parlementaire, à *la Cloche* de Louis Ulbach et au *Corsaire* de Portalis, il passa inaperçu. A cette époque, cependant, où le télégraphe et le téléphone n'avaient pas remplacé la plume, où les journaux ne se contentaient pas de couper et de réduire l'analytique, où chaque physionomie de séance avait son originalité et sa tonalité, selon la nuance du journal, où les comptes rendus de l'Assemblée de Versailles, alors très suivis par le public, étaient, selon les rédacteurs, pittoresques, humouristiques, passionnés, violents, ces articles de critique parlementaire constituaient un genre où des journalistes comme Edmond About, Henry Fouquier, Camille Pelletan, Charles Quentin et bien d'autres s'illustraient. Pareillement, dans le théâtre, il ne rencontra guère de succès que grâce à la collaboration de William Busnach, un habile arrangeur de ses romans célèbres, *l'Assommoir*, *Nana*.

Les Héritiers Rabourdin et *le Bouton de Rose*, ses deux seuls ouvrages originaux, qui, par conséquent, doivent être considérés comme son principal bagage dramatique, ne sont pas restés au répertoire, et ne sauraient figurer que comme mémoire dans le bilan de ses œuvres. Cet insuccès théâtral persistant l'irrita. Il y eut, sans doute, de la prévention contre Zola auteur dramatique. Le parti-pris de la presse, et d'un certain public, d'imposer l'absurde limitation des genres, fut évident. Comme si l'art devait avoir des compartiments et des rayons, ainsi qu'un magasin! Comme si les écrivains, assimilés aux gens de métier du temps des jurandes, ne devaient jamais se livrer à aucun travail en dehors de l'atelier corporatif où ils étaient parqués! Enfin, ce préjugé existe, et il est parfois périlleux de n'en pas tenir assez compte. On assomme les talents doubles, et les artistes multiples, avec l'anecdote, qui ne prouve rien du tout, d'Ingres se mettant à jouer du violon, quand on visitait son atelier. Balzac non plus ne connut pas la victoire scénique. On fit expier à l'auteur dramatique la maîtrise incontestable du romancier. Il y a de la jalousie et du dépit, dans le public, quand il assiste à la multiplicité des efforts du génie. Il se trouve comme humilié par cette exubérance déployée. Il ne veut pas admirer deux fois et sous deux formes. Le lecteur et le spectateur ne sont qu'un, mais ils exigent deux auteurs : l'un pour le théâtre, et l'autre pour le home. Ces gens de génie, aussi, sont inconvenants : ils veulent par trop accaparer la gloire. A bas les cumulards ! Nul ne peut servir deux maîtres. Pourquoi ce Balzac, ayant produit *la Cousine Bette*, chef-d'œuvre devant lequel il faut bien s'incliner, a-t-il la prétention de forcer les gens à aluer derechef *Quinola* ou *Mercadet* ? Ces deux pièces sont, sans doute, puissantes : signées de Beaumarchais ou de Dumas fils, elles eussent probablement « été aux nues ». Mais on ne pouvait tolérer que Balzac s'imposât deux fois au public, et l'on ne saurait admettre qu'à deux reprises, en invoquant tour à tour le livre et la scène, un même auteur se permît de solliciter le public, en demandant : la gloire, s'il vous plaît ? Grand homme, on vous a déjà donné !

Comme Balzac, Zola et les Goncourt, le grand Gustave Flaubert fut écarté incivilement de la scène, et on le contraignit à retirer dignement son *Candidat*, après quelques représentations. En même temps, on le renvoyait à sa Bovary.

L'insuccès de *Bouton de Rose* fut éclatant. J'en ai suivi de près les incidents. J'avais alors, comme il a été dit plus haut, la direction des services littéraires du *Bien Public*. C'était un grand journal républicain quotidien, à 10 centimes, paraissant à 4 heures, comme *le Temps*. Son propriétaire était M. Menier, le fameux chocolatier, député de Seine-et-Marne, économiste distingué, auteur d'ouvrages remarquables et remarqués sur les systèmes d'impôts, principalement cité, loué, combattu et raillé, à propos d'un certain projet d'impôt, non pas sur le revenu, mais sur le capital, dont il était le promoteur.

Le Bien Public, d'allure et de ton modérés, s'adressant à une clientèle plutôt bourgeoise et « opportuniste », le terme n'était pas inventé, mais la chose existait, présentait ce caractère singulier d'avoir une rédaction beaucoup plus avancée, beaucoup plus radicale que ne semblait le comporter son public, sa direction, son allure et son classement dans les grands organes parisiens. Yves Guyot en était le rédacteur en chef. Les rédacteurs politiques : Sigismond Lacroix, Auguste Desmoulins, étaient plutôt rangés parmi les socialistes. Un journal, tout à fait rouge, celui-là, et qui forcément teintait fréquemment le rose *Bien Public*, était l'annexe avancée de l'organe de M. Menier : il se nommait *les Droits de l'Homme*. Il se faisait dans la même maison, chez le même imprimeur, l'imprimerie Dubuisson, 5, rue Coq-Héron, avec plusieurs rédacteurs communs. Il va de soi que l'excellent M. Menier était empêché par sa position commerciale de manifester sa participation à un organe presque révolutionnaire. On était au moment du coup parlementaire du 16 mai, de la terreur de l'ordre moral, et le sabre de Mac-Mahon semblait menaçant. Le nom de M. Menier ne figurait pas dans les manchettes du journal, mais le commanditaire bénévole ne se dérobait nullement, quand le caissier, toujours à sec, des *Droits de l'Homme*, le malin père Guignard, lui faisait part de la présence à ses guichets de la meute des rédacteurs altérés. J'appartenais aux deux journaux. Aux *Droits de l'Homme*, se trouvaient, en dehors des collaborateurs du *Bien Public*, Jules Guesde, alors débutant, Paul Strauss, P. Girard, Léon Millot, Léon Angevin, E.-A. Spoll, Albert Pinard, Emile Massard, Céard, Louis Ollivier, et d'autres encore dont les noms et les physionomies se sont effacés, pour moi, dans les brumes du temps.

L'un des premiers, j'avais signalé aux lecteurs du *Bien Public* et à ceux des *Droits de l'Homme* la force, l'originalité du talent d'Emile Zola, et j'avais proclamé quelques-unes des théories et des déclarations de guerre du « naturalisme », tout en conservant mon indépendance et mon éclectisme, car rien ne pouvait, rien n'a pu affaiblir mon admiration pour Victor Hugo. J'étais donc ainsi dans les meilleurs termes avec mon co-rédacteur Zola, chargé du feuilleton dramatique du *Bien Public*. Mais le « lundiste » en pied, souvent, n'éprouvait aucune tentation d'aller écouter une pièce qui ne l'intéressait guère. Il désirait se soustraire à l'obligation d'en rendre compte et préférait ne pas revenir de la campagne. Il fut tout un été à l'Estaque, près de Marseille ; par conséquent loin des premières. Restant à Paris, assez fréquemment il lui arrivait de développer des théories sur l'art dramatique et sur le roman expérimental, plutôt que de gaspiller l'espace dont il disposait, au rez-de-chaussée du journal, les dimanches soir, au profit d'une revue insipide ou d'un drame baroque. Zola me priait alors de « corser » mon courrier théâtral quotidien, et d'y insérer un aperçu de la pièce nouvelle, suffisant pour renseigner le public et tenir lieu de compte rendu. Lors de la représentation au Palais-Royal de *Bouton de Rose*, ce fut à moi que revint la tâche, assez délicate, étant donnée la situation de l'auteur au *Bien Public*, et notre camaraderie, de narrer cette soirée, plutôt pénible.

Le Bouton de Rose, vaudeville en trois actes, n'était ni meilleur ni pire que bien des pièces de ce genre qui, au Palais-Royal et aux Variétés, ont réussi. Comme le titre peut le faire soupçonner, il s'agissait d'une allusion, d'un symbolisme galant. Une jeune femme, dont le mari s'absente, ne doit pas se laisser ravir son bouton de rose, et elle doit, au retour de l'époux, montrer intact l'emblème de la vertu conjugale. Là, rien de sublime, ni de choquant non plus, étant donnés le genre du théâtre et la mentalité de son public habituel. Sur une scène renommée pour son répertoire assez vif, ce sujet pouvait passer, était bien dans la note. *La Sensitive*, *le Roi Candaule*, *le Parfum*, d'autres vaudevilles encore, écoutés avec plaisir, et applaudis sans protestation, prouvent qu'il y eut parti pris, pour ne pas dire cabale, contre l'auteur, déjà trop célèbre, de *l'Assommoir* et de *la Page d'Amour*.

Au second acte, où la jeune épouse, entraînée au mess des officiers, se laisse griser et entonne le refrain de route :

As-tu bu
Au tonneau de la mèr' Pichu ! (*bis*)

il s'éleva des murmures véritablement exagérés ; il y eut même des sifflets tout à fait excessifs. Ces indignations dépassaient la mesure, en admettant que la chanson troupière, fort crânement et gentiment lancée par Mlle Lemercier, ait déplu aux délicats spectateurs, accoutumés à se pâmer lorsqu'on jouait *la Mariée du Mardi-Gras* ou *le Chapeau de Paille d'Italie*.

Zola fut blessé et attristé de cet échec inattendu et, en quelque sorte, inexplicable de *Bouton de Rose*. Il n'avait voulu écrire qu'une farce, afin de montrer sans doute qu'il était capable de besognes vulgaires, et on le jugeait avec la sévérité à peine de mise pour une grande comédie de mœurs à prétentions philosophiques. On ne doit pas regarder *le Médecin malgré lui* avec les yeux graves et la pensée en éveil qui conviennent aux représentations du *Misanthrope*. On a prêté à Zola, après coup, une attitude, autre que celle qu'il eût réellement, la vraie, la bonne. Quand, le rideau relevé, l'excellent artiste Geoffroy, si aimé du public, pourtant, eut toutes les peines du monde à nommer l'auteur, au milieu de sifflets et de clameurs, également stupides, on a montré Zola affectant, dans les coulisses, au milieu des cabotins effarés et devenus méprisants, une attitude hautaine. Aux directeurs consternés il aurait dit :

« Vous voyez bien, Messieurs, que vous avez eu tort de jouer ma pièce, malgré moi ! » On ne joue aucun auteur malgré lui, et Zola, si intransigeant sur ses droits d'écrivain, moins que personne était homme à se laisser prendre, d'autorité, une œuvre. Sans son consentement, sans son désir, aucun directeur de théâtre ou éditeur n'eût osé mettre, sous les yeux du public, un roman ou une comédie qu'il eût estimés indignes de paraître. La vérité est qu'il supposait, sans croire avoir enfanté un chef d'œuvre, que *Bouton de Rose* était bien dans le cadre du Palais-Royal, et que le public accepterait cette pièce comme tant d'autres de même tonalité, sans y chercher midi à quatorze heures, riant et s'amusant, comme il sied à une farce un peu grosse. Il se doutait si peu de l'échec, qu'il m'avait bien recommandé, dans le compte rendu que je devais faire de la première, à sa place, pour *le Bien Public*, d'insister sur les plus énormes plaisanteries de la pièce, de les montrer conformes à l'esprit national, d'après les fabliaux et les contes qualifiés de gaulois, qu'Armand Silvestre commençait à remettre à la mode. Un petit détail prouvera combien il escomptait la victoire : un souper de trente couverts avait été par lui commandé chez Véfour, restaurateur voisin, sous le péristyle, en face du théâtre, le soir de la première, pour célébrer la succès nouveau, original et désiré de Zola, auteur comique! Ce fut un souper de funérailles. Mais, avec sa robuste placidité, Zola parut indifférent et calme. Il supporta la douche sans broncher. C'était un four? Eh ! bien ! soit ! après ? Il restait toujours l'homme qu'il était. Les presses de Charpentier attendaient, et un nouveau chef-d'œuvre était tout prêt pour boucher ces mâchoires hurlantes. Il ne maudit ni le parterre, ni la critique : il ne voulut, cependant, pas reconnaître qu'il s'était fourvoyé. Il ne consentit même pas à confesser son infériorité dans le genre plaisant.

Comme à tous les esprits puissants, aux vastes pensées, la blague, qui est la classique *vis comica* dégénérée, lui échappait. Il n'était pas le maître du rire. Le sens du drôle lui faisait défaut. Il n'est pas le seul qui ait cette lacune du risible. Victor Hugo, même au 4º acte de *Ruy Blas*, même dans ses plus grands efforts pour être plaisant, n'a jamais pu arriver à ce résultat que le premier turlupin venu obtient si facilement, au théâtre : faire rire ! Il est faux que que le plus puisse être le moins. Défense au Mont-Blanc de se rapetisser et de devenir monticule. S'il est impossible à la grenouille de s'enfler jusqu'à devenir bœuf, le bœuf ne peut même pas tenter de se réduire au point de devenir grenouille. Etre comique est un don. Les plus grands génies n'ont pu l'acquérir, même au prix des plus vigoureux efforts. Le pitre et le clown sont des spécialistes. Talma, Frédérick-Lemaître et Mounet-Sully ne pourraient faire ce qu'ils exécutent, le sourire sur les lèvres, ni entraîner les mêmes applaudissements. Tous les jours, des écrivains rudimentaires, des abécédaires de la littérature, des romanciers primaires et des vaudevillistes illettrés, obtiennent le franc succès du rire. Ils désopilent, et ils arrachent à la foule de contagieux accès d'hilarité, sans qu'on puisse expliquer pourquoi leur papotage force à pouffer les moins disposés, comme l'opium contraint au sommeil les plus tenaces éveillés. Ce sont des choses qui rentrent dans l'inconnaissable. Tout au plus peut-on dire que le pouvoir d'égayer les foules échappe aux grands cerveaux, parce que la moquerie, la raillerie, la gaîté, ont leur siège dans les parties honteuses de l'intellect. C'est une évacuation, le rire. C'est le propre de l'homme, dit-on. Oui, comme l'adultère, la pédérastie, le fanatisme, le crime, la méchanceté. L'animal ne rit pas, parce que l'animal, même le tigre, est bon : pas plus féroce quand il dévore un homme, par faim, que nous quand nous avalons une huître vivante, par gourmandise. Ce n'est que l'esprit de malveillance qui anime le rieur. Une personne qui trébuche, un mari qui souffre, un bossu qu'on maltraite, voilà d'éternels sujets de rire. Toute la joie du théâtre français est là. Sans Sganarelle cocu et Géronte bâtonné, il resterait peu de chose du grand comique français.

Ce n'est pas seulement le rire, mais l'ironie, qui fait défaut à l'homme de génie, et aussi à l'homme seulement pourvu de talent. L'ironie, traduisez en parisien la blague, est une modalité de l'esprit, incontestablement inférieure. La bassesse humaine a la parodie pour manifestation. Homère a déjà signalé cette honte et cette misère de l'espèce, dans son abominable Thersite. Ils sont malheureux, plus qu'on ne le pense, ceux qui tournent tout en dérision, et qui rigolent devant ce qui est digne d'admiration. Le diseur de bon mots, selon Pascal, est toujours un mauvais caractère. Les écrivains qui furent des moqueurs ont laissé, parfois, des œuvres impérissables, car ce sont de grands et cruels génies que Rabelais, Molière, Voltaire, Beaumarchais ; ils ont légué surtout un déplorable héritage. Il ne faut, d'ailleurs, pas confondre les grands railleurs avec les blagueurs subalternes.

Il y a de l'amertume, au fond de la joyeuseté de nos vrais comiques. Est-il rien de plus tragique que Molière, amoureux quadragénaire, rebuté et déçu, mettant en joie la parterrre, et les marquis aussi, aux dépens de son Arnolphe, c'est-à-dire aux siens ? L'autobiographie jouée de *l'Ecole des Femmes* ne peut faire rire que du bout des lèvres ceux qui connaissent Molière, qui l'aiment, et qui savent sa douleur d'amour. Dans plus d'une pièce, il y a des rires, en certains passages, qui éclatent comme des blasphèmes.

Zola est un grand poète lyrique, un psychologue pénétrant, un historien synthétique des mœurs, un anatomiste audacieux des nerfs, des muscles, du sang et des réflexes de la carcasse humaine ; il est aussi un philosophe humanitaire, un socialiste pacifique, un rêveur de paradis terrestres, un constructeur de Tours de Babel collectivistes, où tous les ouvriers confondus finiraient par s'entendre, sans parler la même langue ; il est, enfin, un grand écrivain coloré, majestueux, épique ; sa place, dans le Panthéon de la littérature moderne, est entre Hugo et Balzac, mais il ne saurait être comparé, comme inspirant le rire, à Courteline, à Alphonse Allais, à Tristan Bernard, et même au plus plat et au plus vulgaire des vaudevillistes du Théâtre-Déjazet. Lui, qui ne pouvait que sculpter dans le granit et tailler dans le marbre, il a eu le tort de vouloir se montrer fabricant de breloques en toc. Son *Bouton de Rose* est une erreur, une bévue.

Cette tentative, qu'il n'a d'ailleurs jamais renouvelée, a dû lui démontrer, à lui si partisan de l'expérimentation scientifique, que l'art, comme la force humaine, a des limites. Pareil aux grands fleuves, le génie peut croître et se perdre dans l'immensité des océans ; il lui est interdit, en eût-il agrément et désir, de rebrousser son cours et de redevenir ruisseau. Quand on a reçu en don la puissance merveilleuse de faire résonner la lyre aux sept cordes sonores, il est malaisé, parfois même il est impossible, d'y ajouter la crécelle et le mirliton.

Zola semble démontrer, par l'inutilité de ses efforts à la scène et par la persistance de ses insuccès réitérés, la vérité de la prétention des « hommes de théâtre » de former comme une caste littéraire à part, un sacerdoce spécial initié à certains rites, prêtres d'une Isis aux mystères abscons. Ainsi, un vaudevilliste, un faiseur d'opérettes, un confectionneur de revues serait un savant possédant une algèbre inconnue des profanes ? Le moindre bâtisseur de scenario deviendrait un architecte aux épures mystérieuses, le membre d'une confrérie aux arcanes interdits. Les « hommes de théâtre » seuls sauraient construire des ouvrages compliqués et difficiles, destinés pourtant à être compris instantanément, à être jugés de même, et du premier coup, par le grossier passant, par l'ignorant stupide, par le convive sortant de table congestionné, par la marchande des Halles au vocabulaire sonore, et par la femme élégante et sotte, capable, ordinairement, de s'intéresser seulement aux chiffons ou aux banalités de la conversation mondaine. Tout ce grand art, toute cette technologie et toute cette esthétique supérieure aboutissant à se faire comprendre des ignorants et des imbéciles ? C'est le mystère de la foi théâtrale !

La scène serait un collège d'augures, d'où l'on ne saurait regarder la foule sotte et crédule sans rire entre initiés, mais où l'on ne serait admis à officier que dans des conditions particulières de savoir-faire, de roublardise et de tour de main ? Zola, comme Balzac, comme Flaubert, comme les Goncourt, ne possédait pas, paraît-il, les capacités particulières exigées pour être admis dans la confrérie. L'école dite naturaliste n'a pas, il est vrai, en général, réussi au théâtre. Le roman fut plutôt son champ de bataille et de victoire. La plupart des pièces de cette école sont extraites de romans. Pourtant, l'on peut classer comme auteur dramatique se rattachant au naturalisme, Henri Becque, dont les pièces n'étaient pas des scènes de romans découpées, dialoguées et adaptées, plus ou moins harmonieusement, au théâtre. Un maître auteur dramatique, celui-là !

Il faut reconnaître aussi que tous les hommes n'ont pas des aptitudes égales, ni surtout universelles. La scène exige, avant tout, l'action, la synthèse parlante, remuante, l'ellipse de la phrase, et souvent de l'idée. Un geste y remplace une explication, qui, dans un livre, exigerait plusieurs mots, parfois plusieurs lignes. Le théâtre a donc des procédés d'exécution et des moyens de réalisation du sujet conçu, ce sujet fût-il le même, tout autres que ceux que réclament le livre, le roman. Il en est de même dans les autres formes de l'art. Un violon et un pinceau, un ébauchoir et un burin, sont des instruments d'art différents et produisent des effets distincts par l'exécution. Mais l'artiste, apprenant à se servir de ces outils variés, ne peut-il traduire, avec une même maîtrise, avec des procédés distincts, son rêve, son idée, la nature par lui surprise et interprétée ? Léonard de Vinci, Michel-Ange, et la plupart des grands artistes de la Renaissance n'ont-ils pas prouvé la dualité, la multiplicité du génie ? Il est probable, étant donnée une certaine dynamique cérébrale, et en supposant rassemblés le don créateur, la connaissance des moyens techniques, et l'énergie suffisante pour les appliquer, qu'un même artiste pourrait être poète, dramaturge, philosophe, romancier, peintre, sculpteur, musicien, orateur et architecte. Le domaine de l'art, comme le champ de la science, ne s'est pas agrandi. Il est difficile, aujourd'hui, d'être, comme au XVIe siècle, un

Rabelais ou un Pic de la Mirandole, un savant possédant toutes les connaissances de son temps. La science, de plus en plus étendue, variée, infinie, exigera, de plus en plus, des spécialistes, des gens cantonnés dans une étude, des insectes de génie et de patience fixés sur une branche unique, et passant leur existence à la fouiller, à la dénuder. Il n'en est pas de même en matière artistique, en littérature surtout, où le progrès n'existe à peu près pas, la matière et le travail restant presque toujours semblables. Il y a un abîme entre le rapide de Marseille et le char qu'Automédon dirigeait ; la distance n'est pas grande qui sépare une églogue de Virgile de la rencontre de Miette et de Silvère, au puits de *la Fortune des Rougon*.

Pourquoi tel artiste, tel privilégié susceptible de devenir un ouvrier d'art, au lieu de demeurer un manœuvre, s'adonne-t-il à une spécialité et prend-il pour instrument la plume et non le pinceau, et inversement ?

Le hasard, l'imitation, les encouragements des camarades, dans l'art comme dans les carrières nullement artistiques, où s'observe un choix analogue, sans raison apparente ordinairement, décident de la localisation des aptitudes. Zola aurait pu faire un auteur dramatique, égal au romancier qu'il est devenu, mais il lui fallait, pour cela, concentrer son énergie sur des sujets scéniques, préparer, étudier des actions et des caractères susceptibles de se développer dans le cadre conventionnel et limité de quelques heures de spectacle ; il lui eût fallu aussi bander, vers un autre but, cette arme de la volonté qu'il possédait plus que tout autre, et viser, au lieu du roman, le théâtre. Il n'est pas douteux qu'il aurait mis plus d'une fois dans le mille, l'adroit archer.

Il fut détourné de ce but-là, d'abord par les difficultés,

qu'on pourrait nommer subjectives, de l'art théâtral, c'est-à-dire la trouvaille des sujets, l'étude et le rendu des caractères, le choc des situations, le mouvement des personnages et le choix de leurs faits et gestes, devant, dans leur synthèse mimée et parlée, fournir l'analyse de leurs sentiments, de leurs pensées, de leurs individualités. Ensuite, il rencontra, lui barrant la route, les obstacles extérieurs et matériels, contre lesquels plus d'une intention scénique s'est brisée net : la confection définitive de la pièce, sa mise au point pour l'optique des planches, et enfin les démarches, les attentes, les sollicitations et les tiraillements, avant d'être joué, afin de l'être.

La volonté n'est pas l'audace. Zola était un grand timide. Les fameux « hommes de théâtre » sont généralement des gaillards résolus, sceptiques, marchant carrément dans la vie, le chapeau sur l'oreille, ayant beaucoup de l'aplomb du commis-voyageur, exhibant la crânerie du candidat politique : voyez les deux Dumas, l'un exubérant, l'autre froid théoricien ; Scribe intrigant et souple ; Victorien Sardou alerte et séduisant ; Maurice Donnay cambriolant l'Institut avec la pince-monseigneur de feu Salis ; Alfred Capus proclamant sa veine et faisant, avec ses allures félines, et son sourire bénin, le fracas du joueur chançard, tous ces triomphateurs de l'arène théâtrale sont des lutteurs rudement musclés, et dont pas un n'a jamais eu froid aux yeux, ni crampe aux mollets. Zola n'était pas taillé pour se mesurer avec ces Alcides du plateau, et il n'était pas surtout disposé à leur disputer la place. Il ne pouvait supporter de paraître combattre dans un rang secondaire. Il s'était reconnu, la vingt-cinquième année sonnée, peu apte à devenir un poète lyrique de premier ordre : il cessa d'écrire en vers ;

il plongea dans un tiroir, comme dans un bocal où l'on conserve un embryon, ses poèmes avortés de *l'Amoureuse Comédie*, qui lui avaient donné tant de joie, lors de la conception. Tournant le dos, en apparence, au romantisme des *Contes d'Espagne* et des *Orientales*, il marcha, droit et triomphal, sur la voie qu'il venait de doter de cette désignation neuve et sonore : le naturalisme. Là, il se sentait robuste et maître. Rien ne pouvait l'arrêter, et les obstacles qu'il démolissait, quand il ne voulait pas se donner la peine de les écarter, lui donnaient la force et la confiance pour franchir ou supprimer ceux qu'il viendrait à rencontrer par la suite.

Il avait constaté son peu d'aptitude au roman-feuilleton. Un genre, pourtant productif et susceptible d'agir sur les grandes masses de lecteurs. *Les Mystères de Marseille* furent son unique tentative en ce genre. Il ne se sentait pas davantage la force de donner, chaque jour, un article d'actualité, soit politique, soit littéraire. Il cessa donc pareillement de faire du journalisme courant, car, bien qu'il ait beaucoup écrit dans divers journaux, et qu'il ait collaboré à l'un des plus répandus, *le Figaro*, il y fit plutôt ce qu'on nomme, et c'était un des titres qu'il avait lui-même choisis, des « campagnes » que des articles dans le goût de ceux des maîtres articliers. Ses correspondances littéraires, au journal russe *le Messager de l'Europe*, où Tourgueneff l'avait accrédité, les abondantes et massives colonnes de prose, qui contenaient ses théories et ses argumentations sur le roman expérimental, sur les documents humains dont il préconisait l'usage exclusif dans toute œuvre, en bannissant l'imagination, bannissement qu'il n'appliqua pas toujours à ses propres conceptions, c'étaient des pages de livres interrompues, débitées en tranches et non du véritable journalisme. Le public ne s'y trompa guère. Zola lui-même ne se fit aucune illusion sur son peu de succès dans la chronique ou dans la critique. Si les articles, signés de son nom retentissant, étaient recherchés par les directeurs de journaux et regardés avec curiosité, c'est que sa renommée forçait l'attention. Des pages, au bas desquelles flamboyait, comme une vedette, le nom de l'auteur de *l'Assommoir*, ne pouvaient passer inaperçues. Le nom de l'étoile attirait, mais bientôt la lourdeur de son jeu fatiguait et l'on trouvait peu amusante la pédanterie du magister naturaliste. Zola professsait beaucoup. Il transformait le journal où il écrivait en chaire de collège, et il faisait la classe aux lecteurs, aux élèves de lettres. Sa manière se rapprochait de celle de Sarcey, mais avec moins de bonhomie et plus de suffisance. Le public goûtait peu Zola journaliste et pion, et le renvoyait à ses romans. Il y retournait volontiers. Là où il n'obtenait pas, du premier coup, l'excellence, il abandonnait la partie. Cet homme, si admirablement doué d'énergie, et qui se montra si résistant à tous les coups de la fortune, n'éprouvait pas le découragement, mais l'ennui, l'indifférence pour l'entreprise où il sentait qu'il n'obtiendrait que lentement, et peut-être jamais, la réussite. Remarquez qu'il ne s'agit pas du succès même, de la foule applaudissant, acclamant, et de la gloire venant poser sa couronne sur le front radieux de l'écrivain promu grand homme. Zola ne renonça pas au roman parce que *Thérèse Raquin*, *la Fortune des Rougon*, *la Curée*, *Son Excellence Eugène Rougon*, *la Conquête de Plassans*, n'avaient eu qu'une chance relative, comme vente, comme argent, comme classement parmi les livres célèbres. Il persévéra jusqu'à l'éclatement de *l'Assommoir*, parce qu'il avait le sentiment de sa vigueur, de sa supériorité. Très bon critique de lui-même, il se jugeait sans indulgence ni parti pris. Bien avant que Coupeau et Gervaise eussent lancé son nom aux quatre coins de l'univers lisant, il s'était reconnu capable d'être un maître romancier, et il avait persévéré dans sa tâche. Indifférent à l'indifférence, il avait laborieusement entassé les chapitres sur les chapitres, les livres sur les livres, attendant l'aube du succès, avec la confiance du laboureur traçant le sillon, répandant ses semailles, et ne doutant pas de voir la semence lever et le jour de la moisson venir. Il trouvait en lui-même cette certitude. Pas une heure, il ne put douter de ses romans. Il continua donc à en combiner l'ordonnancement, et à exécuter, scrupuleux architecte d'un devis arrêté, le plan généalogique de la famille Rougon-Macquart, tel qu'il l'avait conçu, tracé et décidé.

Au théâtre, au contraire, il ne s'avançait que timidement, doutant des autres et de lui-même. Il tâtonna dans cette voie, pour lui hasardeuse et malaisée. Il s'y était, pourtant, engagé dès la prime jeunesse. Au collège, à Aix, il avait écrit trois actes comiques ; d'abord, un acte en prose : *Enfoncé, le Pion !* Il s'agissait d'un pauvre diable de maître d'études courtisant une jeune femme, que lui enlevaient deux élèves de rhétorique. Le triomphe de Don Juan collégien. Le Principal avait son rôle de Cassandre. On le bernait et on le rossait. Cette œuvre enfantine, rancune de potache, devait avoir un titre plaisant : *Un pion qui veut aller à dame !* Le novice auteur le changea comme trop long. *Enfoncé, le pion !* n'a d'ailleurs jamais vu l'aurore de la rampe, et demeurera, sans doute, éternellement plongé dans les limbes des œuvres inédites. D'autres œuvres infantiles, comme *Perrette*, d'après la fable de La Fontaine, où le fabuliste avait un rôle dans la pièce, puis, un acte en vers : *Il faut hurler avec les Loups*, font cortège aux œuvres juvéniles également injouées, dans cet obituaire dramatique : *la Laide*, un acte en prose, *Madeleine*, un drame en trois actes, présenté et refusé à l'Odéon, au Gymnase, au Vaudeville, et qui jamais ne sut tenter un directeur. Peut-être exhumera-t-on, un jour, ces enfants morts-nés? Le squelette des manuscrits doit se retouver ; étant donnés le soin et l'ordre de Zola, ils gisent certainement encore dans le tombeau des tiroirs. Zola écrivit aussi, à l'époque de *Rodolpho*, quand il était romantique ardent et pratiquant, le scenario d'un drame moyenâgeux, *l'Archer Rollon*, qui ne fut jamais écrit.

La première œuvre théâtrale de Zola jouée fut un drame, tiré de son roman : *les Mystères de Marseille*. Cinq actes, en collaboration avec son camarade Marius Roux. La première représentation eut lieu au théâtre du Gymnase, à Marseille, direction Bellevent, le 6 octobre 1867. Zola y assistait. Il écrivit à son collaborateur, resté à Paris, le lendemain de la première :

> C'est un succès contesté, qui peut se tourner en chute complète, ce soir. Comme je te l'ai dit dans ma dépêche, le commencement de la pièce a bien marché. Les tableaux : *les Aygalades* et *le Crime* n'ont pas donné ce que nous attendions, et, dès lors, la pièce a langui. Elle s'est un peu relevée vers la fin...

Les sifflets furent plus nombreux que les applaudissements. La pièce ne fut jouée que quatre fois. Zola, peu encouragé par ce début, pendant plusieurs années, ne chercha pas à tenter la fortune scénique.

Le 11 juillet 1873, il donna, au théâtre de la Renaissance, dirigé par Hostein, *Thérèse Raquin*, pièce tirée du roman. Le livre avait eu un succès relatif, le drame fut un four complet. Neuf représentations, le directeur en faillite, et le théâtre, après avoir fermé ses portes, changeant de genre et faisant sa réouverture avec l'opérette, tel fut le bilan désastreux de cette opération. Mme Marie Laurent jouait pourtant magistralement la paralytique, et la pièce était suffisamment bien montée. Je me souviens vaguement de l'impression de la première, à laquelle j'assistais : elle fut plutôt pénible, bien qu'il y eût deux ou trois scènes très fortes, d'un grand effet.

L'année suivante, Zola fit jouer au théâtre Cluny une comédie, peu gaie, car la maladie et la mort y tenaient trop de place, intitulée *les Héritiers Rabourdin*, trois actes. Rien que le choix de ce théâtre de quartier indique le peu de crédit de Zola sur la place dramatique. Il avait présenté sa pièce au Gymnase et au Palais-Royal. Refusée, la comédie fut prise par M. Camille Weinschenk, qui la monta de son mieux. *Les Héritiers Rabourdin* n'atteignirent pas la vingtième représentation.

Bouton de Rose et *les Héritiers Rabourdin* sont les deux œuvres théâtrales de Zola, originales et sans collaborateur. Il n'écrivit plus rien pour le théâtre depuis. Mais plusieurs de ses romans furent mis à la scène, et et non sans succès. Ses collaborateurs-adaptateurs, MM. William Busnach et Benjamin Gastineau, s'acquittèrent habilement et fructueusement de leur tâche. Ces drames réussirent tous, bien qu'avec des fortunes diverses. *L'Assommoir*, dont Zola avait écrit et revu le scénario, plusieurs fois repris, à l'Ambigu et au Châtelet, fut le plus durable succès : le rôle de Coupeau fut joué successivement par Marais, Gil-Naza, Auvray-Guitry, et toujours l'effet en fut considérable. A l'étranger, cette pièce réussit extraordinairement. En Angleterre, soutenue par les sociétés de tempérance et d'autres confréries de « teetotalers », elle est considérée comme ayant une portée moralisatrice. *Nana*, où Massin apparaissait hideuse, avec le visage boursouflé par la petite vérole ; *Pot-Bouille, le Ventre de Paris*, furent également joués avec un nombre de représentations auquel Zola, sans collaborateur, n'était pas habitué. *Germinal*, d'abord interdit, fut transporté sur une scène de quartier, aux Bouffes du Nord. Zola eut une collaboration musicale importante : le compositeur Alfred Bruneau donna à l'Opéra, *Messidor*, en 1897; à l'Opéra-Comique, *le Rêve* et *l'Attaque du Moulin*, d'après la nouvelle des Soirées de Médan qui fut reprise, avec la grande artiste Delna, à la Gaîté, en 1907.

De son roman *la Curée*, il tira, pour Sarah-Bernhardt, une pièce portant le titre de l'héroïne, *Renée*, qui ne fut pas jouée.

Zola n'avait pas tout à fait abdiqué ses prétentions d'auteur dramatique, malgré ses insuccès du début. Il raisonnait, toutefois, ses aptitudes théâtrales et ses chances de réussite :

> Il y a, au théâtre, un élément essentiel dont il faut toujours tenir compte, disait-il à un journaliste l'interviewant à la veille de la représentation du *Ventre de Paris*, au Théâtre de Paris (ancien Théâtre des Nations, puis Théâtre Sarah-Bernhardt) : c'est le succès. On n'est pas un bon auteur dramatique si l'on n'a pas de succès. Pour l'obtenir, il faut de la persévérance, il faut accommoder son tempérament et son talent à certains goûts du public. J'admets très bien qu'on fasse une première pièce, et même une seconde, qui ne réussiront pas, mais on ne peut en écrire de mauvaises toute sa vie. Je suis condamné à écrire des romans pendant cinq ou six années encore. Je dois terminer une série de vingt volumes sur les Rougon-Macquart. Mais le roman ne m'intéresse plus

autant, aujourd'hui. Il me semble que j'ai été jusqu'au bout du plaisir que ce travail pouvait me procurer. Aussi, ma série terminée, si j'ai encore assez de jeunesse et d'énergie, je me mettrai au théâtre, qui m'attire beaucoup. Je crois qu'il y a là une foule d'expériences curieuses à tenter, des milieux inexplorés à mettre à la scène, une conception plus large de la vie à développer que celle que l'on trouve chez nos auteurs contemporains, d'autres passions à étudier que l'éternel adultère.

Zola avait raison. Le théâtre moderne aurait tout à gagner à sortir un peu des alcôves, et à intéresser la foule à autre chose qu'à la banale aventure sexuelle. Or, l'auteur de *Thérèse Raquin*, dont le point de départ était, d'ailleurs, un adultère, mais fortement rehaussé par le crime, et surtout par le châtiment de la conscience, l'œil de Caïn, n'eut ni le temps, ni l'occasion, ni sans doute aussi la force, de tenter cette rénovation. Nous attendons encore le Messie dramatique qui viendra bouleverser magnifiquement la scène, et changer en câbles neufs les ficelles usées, rajeunissant les vieilles conventions et les situations caduques.

S'il n'a pu faire seul une bonne pièce, plaisant à la foule et intéressant les lettrés, ce qui est le double event à tenter, Zola a, du moins, formulé de curieuses et souvent justes théories sur le théâtre. *Le Naturalisme au théâtre* et *Nos Auteurs dramatiques* sont deux volumes, composés principalement d'articles de critique parus dans *le Bien Public*, et *le Voltaire*, arrangés, corrigés, recousus bout à bout, qui contiennent, à côté de vantardises et de prophéties, par trop mirobolantes, sur le théâtre naturaliste et son avenir, des jugements justes et des opinions fort sages.

En ce qui concerne son collaborateur Busnach, mort

en 1907, auquel il rendait un hommage mérité, Zola disait à un confrère le questionnant :

Je ne prends pas la responsabilité littéraire des pièces que M. Busnach a tirées de mes romans. Je reste dans la coulisse et je suis l'expérience avec curiosité. Dans ces pièces, en vertu de mon principe que le succès est un élément essentiel, au théâtre, de grandes concessions sont faites aux habitudes et au goût du public. Nous brisons la logique des personnages du roman pour ne pas inquiéter les spectateurs. On introduit des éléments inférieurs de comique et des complications dramatiques. Enfin, on développe une mise en scène pompeuse pour fournir un beau spectacle à la curiosité de la foule. Cependant, ces drames contiennent l'application de quelques-unes des idées nouvelles que je défends. M. Sarcey, qui a recherché toutes les occasions d'attaquer *l'Assommoir*, était obligé de reconnaître que la représentation des drames tirés de mes romans avait porté un coup funeste à l'ancien mélodrame, qui ne pouvait plus s'en relever.

Et Zola, à plusieurs reprises, revenant sur cette opinion du critique du *Temps*, redisait :

Malgré l'introduction d'éléments inférieurs, il faut avouer, comme l'a reconnu Francisque Sarcey, que les drames tirés de mes romans contiennent plus de vérité humaine, d'une part, et aussi plus de pittoresque et de modernité dans les tableaux mis en scène.

Il y eut des polémiques intéressantes et amusantes entre Sarcey et Zola. Celui-ci reprochait notamment au critique du *Temps* de ne pas être « documenté » et de commettre des bévues et des anachronismes dans ses appréciations. Sarcey opposait à Zola les bourdes qui lui avaient échappé, comme à tout le monde, et dont quelques-unes sont devenues légendaires. Il les énumérait malicieusement :

Est-ce à M. Zola à me reprocher l'anachronisme d'avoir parlé de Florent revenant de la Nouvelle-Calédonie, en 1858, alors que ce furent les condamnés de la Commune, et non ceux de Décembre 51, qui furent envoyés à Nouméa, — et il ajoute assez rudement : lui, qui nous a décrit un soldat rentrant, en 1815, coiffé du képi d'ordonnance, ne se souvenant plus que le képi est contemporain de l'expédition d'Afrique ; lui, qui nous montre une jeune fille se promettant, en 1810, « de ne jamais épouser quelque maigre bachelier, qui l'écraserait de sa supériorité de collégien et la traînerait, toute sa vie, à la recherche de vanités creuses ». Des bacheliers en 1810 ? Vous n'y songez pas, mon cher confrère ! A cette même date, 1810, vous faites tuer l'amant d'Adélaïde par un douanier, « juste au moment où il entrait en France toute une cargaison de montres de Genève », et Genève, en ce temps-là, faisait partie du territoire français, c'était le chef-lieu du Léman. N'est-ce pas vous encore qui avez fait, en 1853, apercevoir à Hélène, du haut du Trocadéro, la masse énorme de l'Opéra de Garnier, qui n'était pas encore sorti de terre ? N'est-ce pas vous qui avez entendu chanter le rossignol en septembre ?...

Le malicieux et pionnesque Sarcey reproche encore à Zola la phrase suivante :

Ils se mirent tous les trois à pêcher. Estelle y apportait une passion de femme. Ce fut elle qui prit les premières crevettes, trois petites crevettes roses.

Le citateur caustique fait suivre l'extrait fâcheux de cette mercuriale, évoquant la bévue classique de Jules Janin :

Vous n'êtes pourtant pas sans savoir que les crevettes ne sont roses que dans les mers où le homard revêt la pourpre du cardinal. Mais vous aviez mis « roses » sans y attacher d'autre importance, peut-être parce que le rose est une couleur gaie, parce qu'elle vous plaît davantage, comme vous avez, autre part, attribué aux prunes une « délicate odeur de musc », parce que le musc vous rappelle des sensations agréables, et que ce sont là des détails qui n'ont point de conséquence. Ce qui est essentiel à la peinture du caractère d'Estelle, c'est qu'elle cherche des crevettes avec une passion de femme, et qu'elle mange des prunes avec concupiscence. Maintenant, que ces crevettes soient grises ou roses, que ces prunes sentent le musc ou tout bonnement la prune, voilà qui est indifférent. Je m'embrouille sur les sexes (Sarcey avait, dans son compte rendu du *Ventre de Paris*, qualifié de petite fille le jeune personnage qui réconcilie, au 6e tableau, sa mère avec sa grand'mère, et qui était un garçon dans la pièce, bien que joué par une fillette, la petite Desmets), vous vous trompez sur les couleurs et les odeurs, nous sommes à deux de jeu. Mais pourquoi ce qui est, chez vous, noble indépendance de l'homme de génie, vis-à-vis de la vérité, serait-il, chez moi, simple bafouillement? Et remarquez, mon cher confrère, que, si ces petites inadvertances étaient aussi condamnables que vous le dites, elles le seraient bien plus dans un roman naturaliste que dans une critique de théâtre, qui n'affiche point de prétention à une minutieuse exactitude dans le détail.

Sarcey avait raison. Des erreurs, des méprises, des confusions d'époques, peuvent se produire dans tous les ouvrages, et ne sauraient leur ôter tout mérite. On doit négliger leur insignifiance. Comme le dit Sarcey, ce n'est pas parce que les crevettes seraient désignées sous leur couleur naturelle, grise ou plutôt opale, que la précocité gourmande d'Estelle se trouvera plus ou moins bien dépeinte et cessera d'être portée à la connaissance du lecteur, ce qui était le but cherché. On abusait beaucoup, autrefois, dans les revues littéraires, de la poursuite des anachronismes, des sottises, des coqs-à-l'âne échappés aux journalistes les plus en renom. Parfois, ces bévues, bruyamment signalées, étaient tout simplement des coquilles d'imprimerie, par exemple, en matière d'anachronisme dû à un chiffre retourné ou changé. Ces terribles corrigeurs de textes mettaient un pauvre diable de correcteur d'imprimerie en posture de perdre son emploi. Mais ici, le reproche d'inexactitude, renvoyé à

Zola se targuant de sa documentation, était un procédé piquant de polémique.

Les rieurs furent du reste du côté de Sarcey. Si j'évoque ce duel de plume entre le romancier-dramaturge et le critique célèbre, c'est que le coup de massue asséné par Zola, dans *le Figaro,* sur la « caboche » de Sarcey, demeure, le livre en gardant la trace, tandis que, pour retrouver la riposte du journaliste, il faut aller fouiller la collection du *Temps* et relire le feuilleton du 7 mars 1887. N'est-il pas juste qu'à côté du réquisitoire de Zola le livre, à son tour, garde la trace du plaidoyer de Sarcey ?

Vous prétendez, écrivait donc le critique du *Temps*, que j'ai accueilli avec rudesse et mauvaise humeur *l'Assommoir*, à son origine, et que, plus tard, averti par le succès du drame, après les 300 représentations qu'il avait obtenues, je l'ai tenu pour un chef-d'œuvre. Ni l'une ni l'autre de ces deux assertions ne sont conformes à vérité. Il est facile de me mettre en contradiction avec moi-même, en prenant, tantôt dans la première partie de mon article, qui est fort élogieuse, et tantôt dans la seconde, qui est de vive critique. Vous le faites, sans y prendre garde, car vous avez ce privilège singulier, quand vous croyez regarder les choses de la réalité, de ne voir que les images qui s'en impriment dans votre cerveau. Ce sont les visions qui se forment en vous-même que vous observez, et d'un œil qui les grossit démesurément.

Vous parlez toujours de la vérité vraie, et vous êtes un homme d'imagination, qui prend pour vérité les hallucinations écloses d'une cervelle toujours en mouvement.

C'est ainsi que, dans *Nana*, vous nous avez peint des mœurs de théâtre qui nous ont si fort étonnés, nous qui vivons dans ce milieu spécial. C'est ainsi que, l'autre soir, au Théâtre de Paris, vous avez vu, à la scène de l'enfant, toute une salle debout et battant des mains, quand nous autres, qui ne sommes point naturalistes, nous l'avons vue battre des mains, tout tranquillement assise, comme c'est l'habitude.

Il y a quelques années, vous donniez, à Cluny, une comédie qui avait pour titre : *les Héritiers Rabourdin.* La pièce n'avait pas trop bien marché le premier soir, et mes confrères, non plus que moi, nous n'avions pu dissimuler l'insuccès. Vous m'écrivîtes pour me prier d'y retourner, m'affirmant que le grand public, le vrai, avait cassé notre arrêt, qu'il emplissait la salle tous les soirs, et qu'il riait de tout son cœur. Je me rendis à votre invitation, et, pour vous faire la partie belle, je choisis un dimanche. La salle, hélas ! était aux trois quarts vide, et du diable si j'ai entendu personne rire. Mais je ne doute pas que vous, de ces yeux qui sont toujours tournés en dedans sur votre désir, vous n'eussiez vu la salle comble, et que vous n'eussiez entendu, de vos oreilles ouvertes à l'écho de votre pensée, ses universels éclats de rire.

Vous avez un talent si merveilleux que vous réussissez parfois à imposer comme vraies ces chimériques visions de votre esprit ; vous nous faites illusion au point que, sur votre foi, nous croyons voir toutes roses les crevettes à qui la nature a oublié de donner cette jolie couleur. Ce n'est pas une raison pour railler les malheureux qui les voient grises.

Et maintenant, mon cher Zola, parlons un peu plus sérieusement, si vous voulez. Cette polémique, attardée sur des vétilles, n'est digne ni de votre grand talent ni, j'ose le dire, de la situation que le public a bien voulu me faire dans ce petit coin de la littérature, où j'exerce la critique. Nous valons mieux que cela l'un et l'autre, et permettez-moi de m'étonner que vous ne l'ayez pas senti. J'ai eu, depuis près de trente années que j'écris dans les journaux, affaire à tous les maîtres du théâtre contemporain. Mes feuilletons ne leur ont pas toujours plu, cela va sans dire. Quelques-uns m'ont fait l'honneur de s'en expliquer avec moi ; aucun n'a eu le mauvais goût d'afficher pour mes critiques, justes ou fausses, un impertinent mépris. Aucun ne m'a parlé du peu d'aplomb de ma « caboche », aucun ne m'a dit que je torchais mes articles sur un coin de table. Ils m'ont pris au sérieux, parce qu'ils étaient convaincus que je parlais sérieusement de choses que je tenais pour sérieuses.

Comment ! Vous qui savez le prix du travail, vous qui avez conquis lentement, par un labeur acharné, une des plus grandes renommées de ce temps, comment se fait-il que vous affectiez de traiter ainsi par-dessous jambe, un homme qui, lui aussi, n'a dû qu'à trente années d'études, sévèrement et patiemment poursuivies, une influence laborieusement obtenue et laborieusement gardée ? Vous êtes surpris de cette influence ; vous n'en pénétrez pas les causes ; je m'en vais vous les dire, ne fût-ce que pour justifier les lecteurs du *Temps* qui me l'accordent.

Eh bien ! mon cher Zola, c'est que, sur la question du théâtre, je suis, pour me servir de votre langage, très *documenté*. Oui, sans doute, il m'arrive d'appeler du nom d'Emmeline un personnage que l'auteur a nommé Emma, et de faire, en l'appelant Berthe, l'éloge d'une chanteuse de café-concert qui se nomme Gilberte. Prével en tressaille d'horreur, et relève gravement, sur ses tablettes, cette grosse méprise. C'est affaire à Prével ; que lui resterait-il s'il n'avait cette exactitude dans le détail ? Mais, si je suis coutumier de ces inadvertances, encore qu'elles soient moins fréquentes qu'on ne l'a dit, il n'y a pas de pièce un peu importante que je n'aie vue trois ou quatre fois, même les vôtres, que je n'aie lue ensuite. J'examine, à chaque représentation, les manifestations du public, tantôt me confirmant dans mon idée première, tantôt revenant sur mon impression première. Il n'y a pas d'artiste que je n'aie étudié dans tous ses rôles ; je les suis partout et lorsque le moindre d'entre eux me demande d'aller le revoir, dans n'importe quel boui-boui, je m'y rends, toute affaire cessante. J'ai subordonné ma vie tout entière au théâtre, et l'on m'y voit tous les soirs devant que les chandelles soient allumées, ou, pour ne pas effaroucher vos scrupules de naturaliste, avant que le gaz de la rampe soit levé, et je ne m'en vais que lorsqu'il est éteint.

Le public le sait, et voilà pourquoi il a confiance. Il sait encore, ce public, que je suis toujours de bonne foi, et je n'y ai même aucun mérite. J'aime le théâtre d'un amour si absolu que je sacrifie tout, même mes amitiés particulières, même, ce qui est plus difficile, mes répugnances, au plaisir de pousser la foule à une pièce qui me paraît bonne, de l'écarter d'une autre qui me semble mauvaise. Il m'est arrivé dix fois de dire en prenant la plume : il faudra que je m'observe aujourd'hui, que je passe légèrement sur tel ou tel détail, que je dérobe de mon mieux le secret de telle ou telle défaillance. Une fois la plume à la main, il y a en moi comme un démon qui la précipite sur le papier, et je suis stupéfait en me relisant, le lendemain, dans le journal, de voir que la vérité m'a échappé, à mon insu, de toutes parts.

Cette vérité, je ne me contente pas de la dire, je tâche de la prouver. J'expose loyalement les raisons de mes adversaires ; je donne aussi les miennes, et je les donne avec une abondance, avec une insistance qui paraissent souvent fatigantes aux beaux esprits. Ma passion serait de démontrer l'évidence ; je reprends dix fois, s'il le faut, un développement, et ne m'arrête que lorsque je sens qu'il me sera impossible d'être plus clair et plus convaincant.

Je le fais dans une langue de conversation courante dont vous souriez. Souriez, mon cher confrère, cela m'est égal. Je n'ai point de prétention au style, ou, pour mieux dire, je n'en ai qu'une. Boileau disait en parlant de lui :

« Et mon vers, bien ou mal, dit toujours quelque chose. »

Eh bien ! moi, ma phrase, bien ou mal, dit toujours quelque chose.

Vous m'avez invité à faire mon examen de conscience ; vous voyez que je vous obéis. Oui, j'ai, dans le cours de ces trente années, commis quelques sottises et laissé échapper beaucoup d'erreurs. Je me suis souvent trompé ; ceux-là seuls ne se trompent jamais qui n'ont pas le courage d'avoir un avis, et je suis toujours du mien, ce qui n'est peut-être pas un mérite si commun. Mais il ne m'en a jamais coûté de reconnaître une méprise, et j'ai toujours réparé de mon mieux les torts que j'avais pu avoir. Il y a tel artiste qui n'a dû l'ardeur avec laquelle je l'ai poussé qu'à un mot malheureux qui m'était échappé, dans un feuilleton, et dont j'avais trop tard mesuré l'injustice.

Et voilà pourquoi le peuple de Paris, ce peuple que vous revendiquez pour vous, que vous appelez, comme nos anciens rois, mon bon peuple de Paris, voilà pourquoi il témoigne d'une certaine confiance dans l'honnêteté et la justesse de mes appréciations, voilà pourquoi il veut bien m'accorder, dans la critique de théâtre, une certaine autorité.

Rassurez-vous, mon cher confrère. Cette autorité, je n'en userai pas pour vous barrer le passage, pour obstruer, comme vous dites. Aussi bien serait-ce peine inutile. Le public n'est pas si idiot que vous dites, et il sait bien aller, sans moi et malgré moi, où il s'amuse. Si jamais vous écrivez, au théâtre, une œuvre qui le prenne par les entrailles, j'aurais beau me mettre en travers, le public me passerait sur le corps pour aller l'entendre.

Mais, croyez-le bien, je me rangerais d'abord et sonnerais la fanfare sur son passage. Votre ami Alphonse Daudet vient de donner à l'Odéon une pièce qui soulève, sans doute, beaucoup d'objections, mais où se trouvent quelques scènes extrêmement bien faites, et d'autres qui ont un ragoût de nouveauté piquante ; c'est lui qui l'a écrite tout seul, répudiant ces collaborations derrière lesquelles on peut se replier, en cas d'insuccès, et battre en retraite. Est-ce que je ne lui ai pas le premier battu des mains ? Je ne suis pas occupé de savoir si son drame était en opposition avec mes théories. Mes théories ! mais je n'en ai qu'une, c'est qu'au théâtre il faut intéresser le public. Peu m'importe à l'aide de quels moyens on y arrive. Ces moyens, je les examine, je les analyse ; c'est mon métier de critique. Mais pourquoi, diantre ! en repousserais-je un de parti pris ?

Non, mon cher Zola, je ne suis pas si exclusif que vous feignez de le croire. Je suis convaincu, pour ma part, qu'un jour vous vous emparerez du théâtre ; ce ne sera pas de prime saut, comme Dumas, par exemple, qui a fait *la Dame aux Camélias*, un chef-d'œuvre, sans y songer, en se jouant, conduit par ce mystérieux instinct qu'on appelle le don. Vous y aurez plus de peine, mais à des qualités d'artiste de premier ordre vous joignez une ténacité invincible ; vous savez vouloir.

Laissez donc, pour le moment, Busnach vous gagner, au petit bonheur, tantôt la forte somme, tantôt un simple lapin, avec vos livres adroitement découpés en pièces. Ne vous mêlez de cette besogne subalterne que pour apprendre les procédés du théâtre ; prenez-en patience et des succès qui n'ajoutent rien à votre renommée, et des échecs qui n'entament point votre gloire. Arrivez-nous un jour avec un drame écrit par vous, et soyez assuré que, s'il est vraiment ce que j'espère, ce n'est pas moi qui ferai obstruction.

Le théâtre n'a été qu'un accident répété, une série d'à-coups dans l'existence de Zola. Le romancier a tout absorbé en lui. Un romancier-poète et un romancier-philosophe aussi. Dans ses derniers ouvrages, il était devenu utopiste humanitaire, fouriériste et phalanstérien, et, pour le peuple des travailleurs, qu'il aristocratisait, pour l'ouvrière surtout, qu'il métamorphosait, du bout de sa baguette de magicien de l'écriture, comme dans le conte de fées de Cendrillon, en princesse aux splendides costumes roulant carrosse vers des bals perpétuels, il bâtissait de superbes châteaux en des Espagnes socialistes.

Par le roman, on pourrait dire par un roman, il s'est emparé de l'opinion, après une longue attente et un stage laborieux. Il n'a pu, cependant, conquérir, vivant, la grande, l'incontestable et unanime popularité. Il n'a pas été de ces privilégiés de la renommée que la foule ne se contente pas d'admirer par ouï-dire et d'acclamer par imitation, mais qu'elle connaît, qu'elle lit, qu'elle applaudit, qu'elle célèbre en connaissance de cause. Je ne crois pas qu'il ait jamais l'innombrable quantité de lecteurs que charma et que conquiert encore Alexandre Dumas, tout démodé et vieillot qu'il semble devenu aux yeux myopes de l'aristocratie lisante. Les journaux démocratiques et les livraisons illustrées savent la réalité de la popularité persistante des *Trois Mousquetaires* et de *Monte-Christo*. Les événements qui ont accompagné l'affaire Dreyfus ont sans doute fait pénétrer le nom de Zola dans les milieux non lettrés, où il était peu ou mal connu. On l'a estimé, salué, pris pour patron de groupes d'études collectivistes et proclamé grand citoyen dans des groupes militants, où d'ordinaire les écrivains sont dédaignés, où les romanciers surtout sont traités en amuseurs frivoles, en non-valeurs pour un parti, des fantaisistes bons tout au plus, parmi les combattants de la Sociale, à incorporer dans la musique. Si la participation considérable de Zola au mouvement dreyfusiste, si ses attaques, ses procès, ses condamnations ont fait sonner son nom, là où il n'avait que tinté faiblement, si, dans les masses politiciennes, on l'a prononcé désormais avec respect, ce nom qu'on accompagnait plutôt, auparavant, d'épithètes irrévérencieuses et injustes, s'il a cessé d'être méconnu par un public hostile qui ne l'avait pas lu, et par ouï-dire le considérait comme un réactionnaire et un pornographe, sa gloire ne s'en est pas sensiblement accrue. Les liseurs populaires ne sont pas venus en aussi grand nombre qu'on aurait pu le supposer. Les livres de Zola sont trop forts, je ne dis pas trop beaux, mais trop lyriques, pour le peuple. Ils sont d'une facture qui dépasse la faculté lisante de la plupart des lecteurs de romans-feuilletons. Ils manquent de l'intérêt dramatique et du mouvement que recherche cette clientèle. La description l'assomme. Elle la saute le plus souvent. Le lecteur ordinaire veut de l'action, des faits, des scènes vives, des coups de théâtre, des personnages tout d'une pièce, expliqués en deux lignes, aux portraits enlevés en quatre traits. La poésie des romans de Zola est au-dessus de l'intellect du populo, et sa philosophie, sa philanthropie et sa doctrine de l'amour régénérant l'humanité, lui donnant le bonheur sur terre, est à côté de la mentalité des classes, plus habituées à agir qu'à réfléchir, et surtout qu'à rêver. Le lyrisme et le socialisme de Zola ne sauraient éveiller la passion chez les foules, et plus d'un de ces lecteurs provoqués par le tapage de l'affaire Dreyfus, laissant tomber le livre, avec un bâillement, aura considéré son auteur, dans les deux sens, au figuré et au propre, ainsi qu'un endormeur.

Quant à la classe plus éduquée, dédaigneuse des vulgarités du roman d'aventures et d'intrigues, le vrai public zoliste, l'Affaire, toujours Elle ! l'a dispersée, épouvantée. Il y a des milieux où l'on n'oserait plus ouvrir un roman de Zola. Cela passera, c'est certain, mais, au moins quant à présent, l'on peut dire que la popularité de l'auteur a subi un arrêt, et qu'il n'a pas encore bénéficié de la gloire sereine et quasi sur-terrestre de Victor Hugo.

Combatif à l'excès, Zola aura été, de son vivant, excessivement combattu. Ses livres ont eu, pendant vingt-cinq ans, une vogue considérable, et ont beaucoup fait parler d'eux, de leurs personnages, de leur auteur. Mais il faut noter que quelques-uns se sont très peu vendus ; si l'on prend le débit commercial comme critérium de la renommée d'un écrivain, Zola a eu cette renommée intermittente et variable. Le public, qui achète, a paru faire tri, et établir une hiérarchie parmi ses divers romans. Ainsi, *la Conquête de Plassans*, *l'Œuvre*, *l'Argent*, *la Joie de vivre*, *le Rêve*, *Son Excellence Eugène Rougon* et *la Fortune des Rougon*, sont toujours restés loin du magnifique total d'éditions obtenu par les autres ouvrages. C'est *la Débâcle*, qui tient la tête avec 218 mille exemplaires (en 1907). *Nana* vient ensuite avec 204 mille. L'avance que ces deux livres ont sur tous les autres, et même sur *l'Assommoir* (157 mille), peut s'expliquer par le sujet, pour *Nana*, par l'actualité et les polémiques, pour *la Débâcle*. La vente n'a toutefois pas grand rapport avec l'art ; la supériorité d'une œuvre ne tient pas au débit du papier ; le total des recettes ne saurait servir à un classement esthétique. Ces chiffres, précisant le goût du public, se modifieront probablement avec le temps. Il se produit, au cours des ans, de si profonds changements dans les appréciations littéraires. Il est à peu près certain que les lecteurs de la seconde moitié du xxe siècle ne se préoccuperont guère des théories du « Naturalisme » auxquelles Zola attachait si grande importance. On se demandera : le Naturalisme? qu'est-ce que cela voulait bien dire exactement? On peut même déjà se poser la question

Etymologiquement, et logiquement aussi, ce terme devait signifier : retour à la nature. Le mot « réalisme » convenait peut-être mieux aux écrivains, qui se proposaient, comme Zola, de montrer l'humanité telle qu'elle était, et non pas telle qu'elle devrait être. On peut noter que, dans ses derniers ouvrages, Zola a pris le contre-pied du « naturalisme », puisque, dans *Fécondité*, *Travail*, *Vérité*, il dépeint une humanité idéale, des personnages hors nature, se mouvant dans des situations et dans des milieux, non plus réels, mais tels que l'auteur et ses coreligionnaires souhaiteraient d'en rencontrer, d'en créer.

Les vrais réalistes, ancêtres de nos naturalistes, ce sont, d'abord, le puissant et encyclopédique Diderot, le créateur de la tragédie bourgeoise; le plat et incolore La Chaussée; ensuite les romanciers, aux peintures triviales et aux aventures souvent libertines, de la fin du xviiie siècle et du commencement du xixe ; les chansonniers poissards, les vaudevillistes du Caveau; Restif de la Bretonne, Pigault-Lebrun, puis Auguste Lafontaine, Paul de Kock, beaucoup trop dédaigné présentement, et à qui ses vulgarités d'expressions et ses scènes d'une crudité trop réelle ont fait le pire tort; Henry Monnier, l'inventeur du bourgeois type du xixe siècle, personnage considérable de la comédie et du vaudeville modernes, reproduit par tous les auteurs, et devenu le principal rôle du répertoire de Labiche, de Gondinet, de

Gandillot, de Feydeau. Un portrait d'après nature, ce Joseph Prudhomme, dont un acteur de grand talent, Geoffroy, donna cent copies. Enfin, Champfleury, Duranty et Gustave Flaubert, voilà les réalistes, les véritables naturalistes.

Balzac est à part : comme Zola, c'est un romantique, un poète en prose, un faiseur d'épopées, l'Homère en robe de moine, vagabondant, puis se claustrant à travers la France, d'une Iliade dont les Achille et les Hector sont des usuriers, des avoués, des journalistes, des commis-voyageurs, des apprentis ministres, des bandits, des commerçants, des grands seigneurs ; et les Hélène ou les Hécube, des filles d'opéra, des duchesses, des paysannes, des boutiquières, des bas-bleus et des parentes pauvres.

On ne saurait nier l'influence de Balzac sur tous ceux qui se sont appelés, ou qui se sont laissé appeler des *Naturalistes*. Il y a, toutefois, dans l'œuvre d'ensemble de Balzac, toute une partie d'imagination, d'aventures exceptionnelles et de personnages extraordinaires, qui ne rentrent nullement dans le genre d'études précises, d'observations exactes et de faits empruntés à la vie ordinaire, bourgeoise, ouvrière, qui caractérise le roman dit naturaliste. Ferragus et les Dévorants, dont il est le XXXVIe roi, les incarnations de Vautrin, ce grand-père du Rocambole de Ponson du Terrail, les mélodramatiques scènes de *la Femme de Trente ans*, les aventures mouvementées de La Torpille, de Lucien de Rubempré, et des principaux personnages des *Illusions perdues*, la fantasmagorie swedenborgienne de *Seraphitus Seraphita*, et les péripéties des *Chouans*, narrées à la façon de Walter Scott, n'ont qu'une analogie très vague avec *Germinie Lacerteux* ou avec *Pot-Bouille*. Balzac, dans ces œuvres, où l'imagination a laissé peu de place à l'observation, et où le bizarre se combine avec l'invraisemblable, a plutôt servi de modèle à Montépin et à Gaboriau qu'à Zola et à Goncourt.

Mais il est impossible de contester la filiation qui unit les romans d'étude et d'observation de Zola, de Goncourt, de Daudet, aux grandes œuvres de Balzac : *la Cousine Bette, le Père Goriot, Eugénie Grandet, les Paysans, César Birotteau, le colonel Chabert*, et tant d'autres miroirs vivants de l'humanité française au commencement du XIXe siècle.

Pour Zola, dans l'intellect duquel un profond et surprenant changement se produisit, vers 1868, à l'époque où il conçut et écrivit *Thérèse Raquin*, il y eut certainement une autre influence. Il avait lu Balzac, bien auparavant, et il en était resté, au moins comme goût, comme genre littéraire, à Musset et à George Sand. Il eut la vision, presque soudaine, d'un autre concept littéraire que celui du romantisme, pour le sujet, le décor et la facture. La lecture de Stendhal, de Mérimée, fut pour beaucoup dans cette évolution, que précisa la fréquentation de Taine. Les études du minutieux critique sur la littérature anglaise, la netteté avec laquelle Charles Dickens et ses procédés étaient notés et mis en lumière durent agir fortement sur son cerveau.

On a fréquemment cité Dickens, à l'occasion d'Alphonse Daudet. C'est surtout la sentimentalité de l'auteur de *David Copperfield* et ses tableaux attendrissants, la similitude de certains sujets aidant, qui ont vulgarisé cette comparaison. Mais les méthodes et les moyens d'exécution des deux romanciers sont susceptibles d'un rapprochement, moins apparent, plus réel au fond, lorsqu'on examine la façon dont « travaillent » l'auteur de *Hard Times* (les Temps difficiles) et celui de *Germinal*. Tous deux ont une loupe dans l'œil. Ils voient les détails avec une précision et un grossissement énormes. Ils les rendent tels. Rien ne saurait échapper à leur minutieux inventaire. A la lueur d'un éclair, dans une tempête, l'un et l'autre surprennent toutes les particularités d'un paysage vaste, et les décrivent sans omettre un arbre renversé, une charrue abandonnée dans un champ, un cheval qui se cabre, au loin, sur la route détrempée, ni la pointe d'un clocher se dressant au fond de la campagne, au-dessus de laquelle courent de gros et lourds nuages noirs, comptés et signalés au passage. En même temps, le romancier anglais et son confrère français ont l'irrésistible tentation d'associer les éléments, les choses inanimées, les objets matériels aux passions, aux sentiments et aux actes impulsifs, ou délibérés, des personnages de leurs histoires. Pour une jeune fille, dont le cœur s'ouvre à l'amour, et qui traverse les cours moroses de Lincoln Inn's Field, où la chicane tend ses toiles, Dickens ensoleille ces ruelles de suie et de boue ; il bat la mesure à tout un orchestre ailé de moineaux gazouilleurs ; sur son passage, il multiplie la joie, la clarté, la vie. Zola aussi ne manque jamais d'harmoniser le décor avec les situations et l'état d'âme de ses personnages. Il réassortit les nuances du ciel avec les sentiments de ses élus de l'amour ou de ses damnés du travail. On en pourrait citer vingt exemples, pris au hasard, dans tous les romans de Zola. On trouvera des citations plus loin, dans l'examen détaillé de ses principaux ouvrages.

On a prétendu que le mouvement naturaliste, absorbé par Zola, identifié en lui seul, aux yeux du public, était dû à Champfleury, dont il n'aurait fait que suivre les traces et continuer l'œuvre. On a nommé aussi Duranty le fondateur du Réalisme.

Vainement chercherait-on la moindre preuve de la filiation dénoncée. Zola n'a rien, mais rien du tout, de Champfleury, et la ressemblance n'existe que dans les prunelles de ceux qui veulent absolument la voir.

Il a cité ce romancier, qui fut oublié de son vivant, et que j'ai connu préoccupé uniquement de céramique, bon fonctionnaire d'ailleurs, dirigeant habilement la manufacture de Sèvres, en 1883, mais la mention est fort sommaire :

> Il y aurait toute une étude, écrivait-il dans *les Romanciers Contemporains*, sur le mouvement réaliste que M. Champfleury détermina vers 1848. C'était une première protestation contre le romantisme qui triomphait alors. Le malheur fut que, malgré son talent très réel, M. Champfleury n'avait pas les reins assez solides pour mener la campagne jusqu'au bout. En outre, il s'était cantonné dans un monde trop restreint. Par réaction contre les héros romantiques, il s'enfermait obstinément dans la classe bourgeoise, il n'admettait que les peintures de la vie quotidienne, l'étude patiente des humbles de ce monde. Cela était excellent, je le répète ; seulement cela restreignait la formule, et l'on devait étouffer bientôt dans cet étranglement de l'horizon...
>
> Certaines œuvres de M. Champfleury sont exquises de naïveté et de sentiment. Il a droit à une place à part, au-dessous de Balzac. C'est un des romanciers les plus personnels de ces trente dernières années, malgré son horizon borné et les incorrections de son style...

Pour Duranty, c'est différent : Zola l'a bien connu, beaucoup lu, presque admiré, lui qui avait plutôt l'admiration rebelle.

Cet Edmond Duranty, complètement oublié présentement, n'eut jamais qu'une notoriété de cénacle, dans le goût de celle d'Hippolyte Babou, célèbre par une odelette funambulesqne de Théodore de Banville, et dont Zola s'égayait ainsi :

> Un type amusant, le critique qui a une réputation énorme dans les coulisses littéraires, disait-il, et qui ne laisse tomber que trois ou quatre pages, chaque année, comme il laisserait tomber des perles... Le public l'ignore absolument. Cela n'empêche pas qu'il soit une illustration...

Duranty, pour Zola, était une autorité. Il avait conservé une déférence à son égard, qui remontait au temps où, commis-libraire, il empaquetait des bouquins sur les comptoirs de la maison Hachette. Ce fut le premier homme de lettres avec qui il échangea des saluts, puis des idées. On peut dire que Duranty fit partie du groupe initial des amis de Zola, celui des Provençaux, compagnons de jeunesse, auxquels il convient d'ajouter Paul Alexis et Antony Valabrègue, le poëte mélancolique de *la Chanson de l'Hiver*, critique d'art distingué.

Paul Alexis a esquissé les entrevues initiales de Duranty et du commis de Hachette et Cie, qui n'était alors que l'auteur inédit des *Contes à Ninon*. Le croquis est précis et vivant :

> Zola voyait quelquefois entrer dans son bureau un petit homme aux extrémités fines, froid, très correct, très raide, fort peu communicatif, qui lui demandait les livres nouvellement parus pour en rendre compte dans un journal de Lyon. Puis, en attendant qu'on lui apportât les volumes, le petit homme aux façons sèches, mais aristocratiques, prenait une chaise et s'asseyait sans rien dire. C'était Duranty. Si peu liant qu'il fût, Duranty devint plus tard un ami de Zola, quand celui-ci l'eut rencontré de nouveau dans l'atelier de Guillemet... A chaque œuvre nouvelle, j'ai vu Zola se poser avec curiosité cette interrogation : Qu'en pensera Duranty ?

Edmond Duranty, né à Paris le 5 juin 1833, passait

pour être le fils naturel de Prosper Mérimée. Il avait la sécheresse du style de ce père présumé, sans son intensité d'expression ni son ferme dessin. C'est à cette filiation supposable que Duranty devait une petite rente lui permettant de produire lentement de la littérature peu lucrative. Elle lui valut, sans doute aussi, la faveur de la concession d'un emplacement dans le Jardin des Tuileries, alors très réservé, pour l'exploitation d'un théâtre de marionnettes. Duranty composa toute une série de saynètes pour ce Guignol. Elles ont paru sous le titre de *Théâtre des Marionnettes des Tuileries*. Paris, 1862.

Il avait collaboré à une petite revue, peu viable, *le Réalisme*, fondée par Assézat, dont le docteur Thulié et Champfleury étaient les principaux rédacteurs.

Le Réalisme est un journal dont la collection complète, reliée, ne formerait pas un volume, mais qui a une histoire et qui a laissé un nom. Il paraissait mensuellement, format in-4°, imprimé sur deux colonnes et deux feuilles, en tout 16 pages. Il annonçait douze numéros par an, il n'en eut que six. Le premier numéro est du 15 novembre 1856, le dernier d'avril 1857.

Le journal était combatif. Il partait vigoureusement en guerre contre le Romantisme. Les rédacteurs du *Réalisme* étaient républicains modérés, mais, à cette époque, c'était très hardi d'avouer une sympathie pour la République, même la République rose. L'un des collaborateurs, Jules Assézat, est mort rédacteur des *Débats*; un autre, le docteur Thulié, a été président du Conseil municipal de Paris et président du Grand-Orient de France. Leur conviction littéraire et philosophique était ardente et sincère, hardie aussi. Il y avait, pour des républicains et des jeunes gens, une certaine témérité à oser combattre le Romantisme. C'était attaquer Victor

Hugo. Or, l'auteur des *Châtiments* était proscrit et populaire. En ne s'inclinant pas devant l'illustre poète, qui, pour la jeunesse frondeuse, était surtout l'auteur de *Napoléon-le-Petit*, on semblait faire sa cour au pouvoir. Ceci fut certainement une des causes de l'insuccès du *Réalisme*.

Zola n'apprécia cette attitude que comme une révolte littéraire. Elle était conforme au goût bourgeois d'alors. On applaudissait la *Lucrèce* de Ponsard et *les Ennemis de la Maison* de Camille Doucet, par esprit de réaction, plus politique que poétique. Les romantiques, bien que beaucoup, comme Théophile Gautier, eussent les faveurs des Tuileries, passaient pour « des rouges».

Il semble tout naturel aujourd'hui, écrivait Zola, trente ans plus tard, de juger froidement et sévèrement le mouvement de 1830. Mais, à cette époque, c'était là une hardiesse surprenante... J'ai souvent confessé que nous tous, aujourd'hui, même ceux qui ont la passion de la vérité exacte, nous sommes gangrenés de romantisme jusqu'aux moëlles ; nous avons sucé ça au collège, derrière nos pupitres, lorsque nous lisions les poètes défendus ; nous avons respiré ça dans l'air empoisonné de notre jeunesse. Je n'en connais guère qu'un ayant échappé à la contagion, et c'est M. Duranty. Souvent, lorsque je songe à nous, j'ai une conscience très nette du mal que le romantisme nous a fait. Une littérature reste toujours troublée d'un pareil coup de folie...

Duranty fut donc antiromantique, comme on est anticlérical. Il apporta dans cette négation toute l'ardeur du sectaire. Il prétendait remonter à Diderot, dont son collaborateur Assézat devait donner une excellente édition.

Voici comment il définissait sa doctrine :

Le Réalisme conclut à la reproduction exacte, complète, sincère, du milieu social, de l'époque où l'on vit, parce qu'une telle direction d'études est justifiée par la raison, les besoins de l'intelligence et l'intérêt du public, et qu'elle est exempte de tout mensonge, de toute tricherie... Cette reproduction doit donc être aussi simple que possible, pour être comprise de tout le monde.

Duranty et ses amis étaient de farouches niveleurs. Ils attaquaient, avec la bonne foi, l'emballement et la présomption de la jeunesse, tout ce qui se trouvait, non pas seulement devant eux, au-dessus d'eux, mais à côté d'eux. Ils ne se contentèrent pas de vouloir déboulonner Victor Hugo, — Duranty et Thulié livrant un assaut de Gulliver au géant, ça semble comique aujourd'hui, c'était odieux et fou, en 1856,— mais, au nom du Réalisme, ils éreintèrent aussi Stendhal et Gustave Flaubert!

Zola, indulgent envers Duranty et ses amis, ne va pas cependant jusqu'à les approuver dans leurs fureurs d'iconoclastes, auxquelles justement il attribue leur insuccès :

... Une autre faute regrettable était de s'attaquer violemment à notre littérature entière. Jamais on n'a vu pareil carnage. Balzac n'est pas épargné... Quant à Stendhal, il n'est pas jugé assez bon réaliste... La note la plus fâcheuse est une courte appréciation de *Madame Bovary*, qui venait de paraître, d'une telle injustice qu'elle étonne profondément aujourd'hui. Comment les réalistes de 1856 ne sentaient-ils pas l'argument décisif que Gustave Flaubert apportait à leur cause ? Eux étaient condamnés à disparaître le lendemain, tandis que *Madame Bovary* allait continuer victorieusement leur besogne, par la toute puissance du style...

Le Réalisme disparut faute de fonds, faute de lecteurs. Edmond Duranty publia ensuite des romans, dont les deux principaux sont : *le Malheur d'Henriette Gérard* et *la Cause du beau Guillaume :* tous deux parurent en 1861 et 1862. Depuis, Duranty ne produisit guère que des nouvelles brèves et exsangues. Etait-ce par atavisme? Mais aucune ne fut une *Carmen* ni un *Enlèvement de la Redoute*.

Elles ont été recueillies et publiées en volume, sous le titre: *les Six barons de Septfontaines* (Les six barons, — Gabrielle de Galaray. — Bric-à-brac. — Un accident.) — Paris, Charpentier éditeur. — 1878.

Il a, en outre, publié de nombreux articles sur la peinture, sur la caricature, sur les peintres de l'école impressionniste.

Edmond Duranty est mort, à la Maison Dubois, le 10 avril 1880.

Le Malheur d'Henriette Gérard est un roman de mœurs bourgeoises, se ressentant de l'influence de *Madame Bovary*, attaquée pourtant par Duranty et ses amis. Henriette Gérard est aussi une petite bourgeoise déclassée, qui s'ennuie dans sa bourgade, et qui « bâille après l'amour, comme une carpe après l'eau sur une table de cuisine », ainsi que disait, un peu lourdement, Flaubert, notant les aspirations de la femme, bientôt délurée, de l'épais médecin de Yonville-l'Abbaye. Fille de bourgeois cossus, Henriette ne saurait épouser un petit scribe de mairie, sans le sou, mais qui lui parle d'amour, en se coupant les phalanges aux culs-de-bouteilles brisés, plantés dans le chaperon du mur enjambé lors des rendez-vous. Le frère d'Henriette trouve, dans les chiffons de sa sœur, une photographie, celle du scribe municipal, et la montre. Tout se découvre. Henriette résiste d'abord aux indignations bourgeoises de ses parents. Elle a même la velléité de se conduire en héroïne de romans non réalistes. La fuite en manteau sombre et l'enlèvement traditionnel en diligence, voire en chemin de fer, en attendant l'auto de nos jours, semblent tout indiqués. Le commis s'y prépare. Le dénouement ordinaire des histoires à la Cherbuliez ou à la Feuillet se présente donc à la pensée du lecteur. Mais Duranty, et c'est là une affirmation très heureuse du système littéraire, qualifié dès lors de « réalisme », prend le contrepied de la solution des romanciers de l'école du bon sens et de l'idéal. Ces imaginatifs, tout en se vantant de fuir la trivialité, d'éviter tout ce qui n'était pas éthéré, céleste, divin, étaient, comme les pirates de l'opérette de *Giroflé*, grands partisans de l'enlèvement. Cette opération délicate leur semblait le prélude convenable de l'union, enfin consentie par les pouvoirs paternels. Aussi leurs critiques, qui daignèrent s'occuper du *Malheur d'Henriette Gérard*, reprochèrent-ils, comme une grossièreté, la conclusion « réaliste » de cette historiette d'amour contrarié, qui commençait tout à fait selon la formule des Sandeau, et le procédé dont devaient abuser les Georges Ohnet futurs : Henriette Gérard ne se laissait pas enlever. Elle manquait évidemment à tous ses devoirs vis-à-vis de la littérature à la mode. La pluie qui l'empêche de sortir, et qui l'arrose quand elle songe à rejoindre son pirate, la fait rentrer au logis, et en elle-même. Elle devient raisonnable, cette amoureuse qui n'a rien d'une Valentine ou d'une Indiana, et elle épouse bourgeoisement un homme médiocre, comme tout son entourage, mais qui s'efforcera de faire son bonheur, et qui a tout pour réussir. Ce bon mari ne sera sans doute pas une manière de héros de roman ; il hésiterait avant de s'écorcher les chairs aux culs-de-bouteilles pariétaires, à l'exemple du don Juan de la mairie, mais il fera ce qu'il pourra pour rendre sa femme heureuse. Et voilà comment s'accomplira la destinée de la pauvre Henriette Gérard, son malheur.

Dans ce roman, remarquable à plusieurs titres, et qui mériterait de ne pas demeurer enseveli dans les ossuaires des quais, rien ne rappelle ni les procédés de composition, ni le style, ni la mise en œuvre large et colorée d'Emile Zola. C'est sec comme une tartine d'enfant puni. Pas de descriptions éclatantes ou poignantes. Un décor vaguement brossé. Des âmes indécises et des corps mollasses. Non, Zola n'a rien emprunté à ce sobre et constipé Duranty. S'il eût conçu le sujet du « Malheur d'Henriette Gérard », il eût autrement dépeint ce milieu de petite ville, et fait vivre et souffrir plus rudement ces bourgeois, en somme paisibles et incolores.

C'est de même sans imitation de Flaubert que Zola a dessiné son plan et construit son œuvre. Il fut l'ami et l'admirateur de Gustave Flaubert (l'amitié et l'admiration se trouvèrent réciproques), mais non pas son élève. Le style de ces deux grands romanciers est sans doute tout empanaché du même plumet romantique. Ils ont eu beau s'en défendre, leurs œuvres sont écrites avec la grandiloquence, la couleur et la truculence des Théophile Gautier et des autres matamores de 1830. Voilà ce que Zola a de commun avec Flaubert : ce sont deux grands peintres sortis de l'atelier Hugo. Loin de moi l'idée de rabaisser le grand et robuste Flaubert. Mais, d'abord, sa puissance créatrice, son génie architectural, sa stratégie de général d'une armée de personnages à faire mouvoir ne sont-elles pas fort inférieures aux mêmes qualités, dont *les Rougon-Macquart* nous offrent un si prodigieux développement? Il n'y a pas lieu de faire ici un parallèle classique, et je ne suis pas Plutarque, bien que j'écrive la vie d'un homme illustre. Mais la puissance littéraire de Zola, affirmée par une œuvre considérable, monumentale, savamment ordonnée et magistralement conduite des fondations au faîte, apparaît, et est réellement, plus imposante et plus grandiose que celle de l'éminent auteur de *M*^me *Bovary*, chef-d'œuvre isolé, par conséquent moins dominateur. *Salammbô* et *la Tentation de saint Antoine* sont des œuvres travaillées, érudites, philosophiques, d'une grande valeur, mais on y trouve vraiment beaucoup trop de rhétorique, et le naturalisme, le réalisme, ou, pour parler sans « ismes », la représentation de la société contemporaine et la reproduction de la vie en sont trop absentes, pour que nous puissions, sur le terrain de la vérité observée et rendue, mettre Flaubert et Zola sur le même plan. La montagne est grande et belle, la mer aussi, mais elles ont, l'une et l'autre, une grandeur propre, et chacune affirme une beauté qui n'est pas à opposer à l'autre.

En reprenant la supposition, émise à propos du roman de Duranty : si Zola eût entrepris le sujet de *M*^me *Bovary*, il l'eût certainement traité d'une façon moins « réaliste ». La noce de campagne, le bal à la Vaubyessard, la chevauchée dans la forêt, le comice agricole, même la fameuse promenade dans le fiacre jaune aux stores baissés, persiennes fragiles et abris fort indiscrets de luxures peu secrètes, ces tableaux vigoureux n'eussent pas été plus largement brossés ; mais Zola eût sans doute grandi et rendu plus tragique, donc plus intéressante, cette Bovary, qui est une Henriette Gérard tournant mal, et qui n'a pas peur d'être trimballée en sapin. Il ne l'eût pas ornée d'une fillette, sans tirer parti de la présence de l'enfant, gêne et obstacle, sinon remords et châtiment, dans les expansions de l'adultère. Il aurait évité surtout, je crois, le dénouement banal, et à la portée de tous les romanciers, du suicide dans la boutique du pharmacien, avec l'aveugle revenu exprès, comme en un mélo de l'Ambigu, pour faire tableau, à l'heure de la mort. Si toutes les femmes qui trompent leur mari avalaient de l'arsenic, ce produit deviendrait si rare qu'il serait presque impossible de s'en procurer chez le chimiste. La Bovary n'eût-elle pas été plus logique, plus dramatique aussi, puisque l'auteur admettait un dénouement tragique, et peut-être plus vraie, empoisonnant son mari, afin de satisfaire l'assouvissement de sa haine méprisante pour ce benêt encombrant, afin d'épancher sans contrainte ses désirs de l'amour libre. Quant à Homais, qui n'est qu'un frère de Joseph Prudhomme, Zola en eût fait un type autrement large, probablement excessif et surhumain, comme ses Nana et ses Coupeau. Il fût devenu, dans les mains de Zola, un gigantesque Cassandre, une incarnation outrancière, démesurée, épique, de la sottise humaine, de la bêtise à front de taureau, ombragé de la calotte à glands de l'apothicaire de chef-lieu de canton.

Ici, je vais me répéter. La répétition n'est pas une faute quand elle est voulue, calculée. C'est le redoublement du verbe, quand on veut convaincre, supplier ou ordonner, c'est la consonne d'appui qui rend plus sonore la rime et plus versifié le vers, c'est le une-deux de l'escrime, coup redoutable, c'est l'aval du billet, le contre-seing du décret, c'est le trille renouvelé du rossignol, dans la nuit, faisant le beau sur la branche et rappelant sa compagne hésitante, c'est la phrase réitérée du leitmotiv annonçant et caractérisant le héros d'opéra, c'est les deux mains serrées pour affirmer l'accord, et les deux joues baisées pour proclamer l'union, c'est aussi le clou des annonces représenté s'enfonçant, sous le marteau, dans le crâne des liseurs, où il s'agit de faire pénétrer quelque chose. Pas de meilleur moyen mnémotechnique pour le lecteur indifférent, distrait, rebelle ou préoccupé, que ce procédé, dont j'userai, dont j'abuserai, en dépit des railleries de la pédantaille, plus ou moins lettrée, qui prétend découvrir une faute ou une négligence, là où il n'y a qu'un système et qu'un argument.

Donc, je répète et j'insiste, parce que ceci a échappé aux thuriféraires grisés de l'encens qu'ils projetaient, aux stercoraires englués par la fange qu'ils maniaient, à tous ceux qui ont écrit pour, contre ou sur Zola : l'auteur des *Rougon-Macquart* est un puissant génie du Midi, donc créateur de types, et son cerveau méridional est tout à la synthèse. Il dédaigne les individualités et néglige les caractères. Il a le don suprême de faire surgir des êtres généraux incarnant l'universalité des êtres particuliers. C'est là que se trouve l'expression littéraire la plus forte de l'humanité. Aussi Zola, égal à ce qu'il y a de plus élevé dans l'art, car ce n'est que dans l'exécution, et non pas dans la conception, que l'art est la région des égaux, n'a-t-il pour concurrents à ce zénith des créateurs de l'ode, de l'épopée, du théâtre, que les Eschyles anonymes, que les Sophocles inconnus, qui engendrèrent les sublimes et immortels personnages de la Comédie Italienne. Pierrot, Cassandre, Arlequin, Colombine, le Capitan, Matamore, Polichinelle, Zerbinette, Isabelle, Léandre, Scaramouche, Pantalon, le docteur Bolonais, c'est toute l'humanité défilant sur des planches frustes, à la clarté des chandelles mal mouchées. Ces êtres immuables de la vie fictive personnifient les vices, les passions, les faiblesses, les enthousiasmes, les dévouements, les héroïsmes, les sacrifices et les martyres des autres personnages de la vie réelle, des acteurs éphémères de la scène du monde. C'est d'eux que descendent les héros de Zola.

Ainsi, dans cette recherche de la paternité cérébrale concernant Zola, l'hérédité intellectuelle existe et a son importance. Il convient de signaler aussi, parmi ses ancêtres et ses consanguins : les conteurs du moyen-âge, les auteurs de fabliaux, Rabelais, Diderot, Stendhal, Balzac, Gustave Flaubert et les Goncourt. La *Germinie Lacerteux* de ces derniers, avec le type de Jupillon, devancier plus rude, plus poussé, du Lantier de *l'Assommoir*, avec ses tableaux faubouriens, son milieu populaire, eut certainement une action directe sur l'esprit et la tendance littéraire nouvelle de Zola, renonçant à la poésie, reniant le romantisme, et voulant observer et rendre la vie contemporaine.

Avec ses théories sur l'introduction de la méthode expérimentale et de l'analyse physiologique dans un roman, Zola eut pour première méthode de se pénétrer du choix des personnages, et de la condition sociale où il les prendrait. Il voulut les choisir dans des milieux simples, vulgaires même. Il décidait de nous intéresser à des passions, à des souffrances, à des luttes, dont les héros et les victimes seraient, non plus des rois, des princesses, des guerriers fameux, mais des commerçants, des ouvriers, des femmes qui détaillent de la charcuterie, ou qui repassent le linge. Ce choix spécial et éliminatoire des acteurs et du décor du drame, cette sélection vulgaire, ce sont des procédés, formant système, qui constituent l'école naturaliste, opposée à l'école romantique, comme aux classiques, aux romanciers mondains et aux feuilletonistes populaires.

Il résolut de renoncer aux poèmes, comme aux contes fantaisistes, et aux romans d'imagination, pour traiter des sujets d'observation, pour étudier des êtres et des faits de la vie réelle, des cas physiologiques aussi, en s'entourant de tous les documents se rapportant à l'objet du roman, devenu un travail expérimental et scientifique.

Il avait toujours manifesté du goût pour les sciences, principalement pour la physique, la chimie, l'histoire naturelle. Lauréat du collège, en ces matières, il avait montré peu d'aptitude aux mathématiques. Rien d'étonnant à ce qu'il s'intéressât, jeune homme refaisant son instruction après coup, aux ouvrages de sciences physiques et naturelles. Les phénomènes de l'hérédité, récemment étudiés et discutés parmi les savants et les philosophes, Ribot, Renouvier, Baillarger, l'avaient intéressé, frappé. Un livre qui lui tomba sous la main : le *Traité de l'Hérédité naturelle* du docteur Lucas, produisit une impression vive sur son esprit disposé à s'intéresser aux découvertes de la physiologie, préoccupé d'appliquer les théories scientifiques aux études littéraires. Sa doctrine du Roman Expérimental s'élaborait et se formulait dans son intellect brusquement agrandi.

Il avait déjà été incité à cette adaptation de la méthode du savant aux recherches de l'homme de lettres, par un travail de Claude Bernard : l'*Introduction à l'étude de la médecine expérimentale*. Il en conclut que le romancier pouvait être un observateur et un expérimentateur, celui que le grand physiologiste qualifiait de « juge d'instruction de la nature ». Des lois fixes régissent le corps humain, comme le démontrent les expériences de Claude Bernard. Il partait de là pour affirmer que l'heure n'allait pas tarder à sonner, où les lois de la pensée et des passions seraient formulées à leur tour. Les romanciers devraient donc opérer sur les caractères, sur les passions, sur les faits humains et sociaux, comme le chimiste opère sur les corps bruts, comme le physiologiste opère sur les corps vivants. La méthode expérimentale dans les lettres déterminerait les phénomènes individuels et sociaux, dont la métaphysique n'avait pu donner que des explications irrationnelles et surnaturelles.

Imbu de ces idées d'application des procédés scientifiques aux études littéraires, prenant pour épigraphe de son nouveau roman, *Thérèse Raquin*, cette phrase de Taine : « Le vice et la vertu sont des produits comme le sucre et le vitriol », Emile Zola avait trouvé sa voie nouvelle, et déjà la conception première des *Rougon-Macquart* se dessinait, s'agrégeait et se constituait dans son esprit.

Il établit ce raisonnement : faire une œuvre littéraire, qui soit un ouvrage issu, non pas de l'imagination, et de la combinaison plus ou moins heureuse de personnages fictifs et d'aventures exceptionnelles, mais fondé sur l'observation des faits de la vie courante, sur l'examen des hommes et des choses qu'on rencontre, qu'on voit, sur lesquels on a des analyses et des procès-verbaux, en se préoccupant des phénomènes biologiques, des maladies, des infirmités, des tares et des prédispositions de ces êtres, avec sincérité et sang-froid étudiés. Il ébaucha vaguement un plan, vaste et varié, qu'il résumait ainsi, dans ses songeries d'avenir, de travail et de gloire :

Tracer un tableau de la société actuelle, placer les personnages de l'action à imaginer dans leur milieu réel, et montrer les actes, les passions, les crimes, les vertus, les souffrances et les résignations de ces êtres, aussi vivants, aussi exacts, aussi contemporains que possible, provenant de leur organisme, des affections transmises par l'hérédité, des legs funestes ou favorables des parents.

Il y eut sans doute, dans l'inspiration de Zola, dans son désir de composer « l'histoire naturelle et sociale d'une famille sous le Second Empire », une autre préoccupation que celle de décrire les ravages successifs de la névrose d'Adélaïde Fouque, parmi ses descendants, tous placés dans des milieux divers et situés à des échelons différents de l'ordre social. L'étude détaillée, brillante aussi, de la lésion organique ancestrale d'une paysanne, et l'analyse des manifestations de cette tare originelle dans la postérité de cette démente, ne pouvaient suffire à l'imagination et à la puissance généralisatrice d'un poète tel qu'il était, à l'heure où il écrivait la première ligne de *la Fortune des Rougon*, tel qu'il est resté lorsqu'il nous donnait l'épopée sombre et grandiose de *la Débâcle*. Au fond, il rêvait une autre et plus vaste composition, qu'une série de procès-verbaux et d'observations physiologiques sur des accidents héréditaires, nerveux et sanguins. Il était romancier, poète, surtout, un grand artiste capable de peindre de larges fresques, il ne pouvait d'avance se confiner dans un travail de carabin, dans un rapport de médecin-légiste. Aussi a-t-il largement sauté, et par des bonds superbes, au-delà du cercle anatomique dans lequel il avait prétendu s'enfermer.

Il n'a pas toujours appliqué logiquement et scientifiquement la théorie de l'hérédité, qu'il attribuait comme base à l'édifice littéraire qu'il avait résolu de construire, et dont il portait déjà tous les devis et toutes les proportions, dans son jeune et ardent cerveau.

Le principe de l'hérédité est que tous les êtres tendent à se répéter dans leurs descendants. Les races, les nations, les populations, les familles ont une sorte d'identité collective et générale. L'hérédité se fait sentir dans les manifestations de la santé, de la maladie, dans les prédispositions à contracter certaines affections, et dans l'aptitude à leur résister.

Au physique, dans les dispositions morbides, dans le développement vital, la force héréditaire, nocive ou bienfaisante, est dominatrice. Elle agit, à notre insu, par elle-même. De nos parents, nous tenons une aptitude à contracter certaines maladies, à résister à certaines contagions. L'hérédité prédispose à la tuberculose, aux tumeurs cancéreuses, aux affections cardiaques, aux maladies mentales. Ceci n'implique point une fatalité complète et inévitable. L'évasion est possible du bagne de l'hérédité. Dans l'ordre des affections malheureusement transmissibles, il n'y a, en général, qu'une facilité fâcheuse à les contracter et une difficulté à en obtenir guérison. Toutefois, les soins, les changements de milieu et de climat, le genre de vie approprié à la cure peuvent contre-balancer les prédispositions héréditaires, et même les anéantir. Le fils d'un goutteux, urbain, menacé d'une affection essentiellement héréditaire, peut, en habitant la campagne, en exerçant un métier manuel, en vivant sobrement, en se privant d'alcool, quelques-uns disent en buvant du cidre, car la goutte est inconnue en Normandie, se rendre exempt de la maladie paternelle. Le diabète, l'albumine, attributs ordinaires des citadins aisés et des pères voués aux occupations sédentaires, aux travaux intellectuels, aux spéculations, ne se rencontrent pas chez les fils, transportés aux champs, ou tombés dans la pauvreté.

Les instincts, chez les animaux, se transmettent, se perpétuent. Tout ce qui a rapport à la nutrition, à la reproduction, à la défense et à la conservation de l'animal, passe de sujet en sujet, de génération en génération.

Les qualités particulières d'une espèce : la vitesse des chevaux de courses, le flair et la sagacité des chiens de chasse, sont tellement considérés comme essentiellement héréditaires que le prix d'achat de ces animaux est fondé sur leur filiation exacte. Certains prix, dans les épreuves de courses, les paris, les enchères sont établis d'après les noms des parents et les renseignements que l'on a sur leurs anciennes actions. L'élevage, en général, attribue l'importance la plus grande à l'hérédité. L'animal vaut, à sa naissance, par son pedigree.

En est-il de même, chez l'homme, pour le caractère, pour la santé morale, pour la vigueur intellectuelle, pour les talents, pour les vertus civiques ou privées ? Le doute est permis. On signale, il est vrai, des familles où des supériorités artistiques se sont maintenues, d'autres, où des habiletés professionnelles se sont visiblement transmises. Il est des lignées notoires de musiciens, de peintres, de militaires, d'athlètes, de maîtres d'armes, de constructeurs, d'inventeurs. L'hérédité est-elle seule en cause? L'exemple, les propos perçus dès les primes auditions, les encouragements paternels ou maternels, la familiarisation, au bas âge, avec les instruments ou les outils de l'art et du métier des parents, ont une influence plus décisive sur la vocation, et sur la future maîtrise de l'enfant, que l'hérédité en soi.

Les légistes, les criminalistes, les médecins rendent l'hérédité responsable de bien des infirmités morales. Sans doute, il est fréquent de voir le fils d'un alcoolique, d'un débauché, d'un paresseux, d'un voleur, ou d'un meurtrier, suivre les traces paternelles. Mais qui ne voit que la fatalité du milieu, la contagion perverse du voisinage, la misère, le manque de bons exemples et d'utiles enseignements, ne jouent, dans cette transmission malfaisante, un rôle aussi puissant que l'atavisme? La contradiction du proverbe, sur ce sujet énigmatique, formule bien l'incertitude de l'opinion : « Tel père, tel fils », dit l'axiome favorable à la transmission morale héréditaire. A quoi un autre dicton, non moins populaire, réplique : « A père avare, fils prodigue. » De nombreux exemples, sous les yeux de chacun, justifient ce dernier proverbe, en particulier, et démontrent qu'en général les enfants qui héritent des vertus, des vices, des talents, des antipathies, des goûts et des opinions des parents, forment la minorité. La richesse, la culture intellectuelle, les relations sociales font, le plus souvent, du fils, un personnage bien différent du père, au moins par les manières, les tendances, les sentiments. Toutefois les habitudes alimentaires, les goûts, les préférences professionnelles, les vocations, les opinions aussi, et ce qu'on appelle les préjugés, ne sont que la transmission de croyances et de répugnances ancestrales.

Mais la loi biologique de l'hérédité, incontestable dans l'ordre physique, et qui se manifeste par la génération perpétuant l'espèce, se trouve-t-elle vérifiée dans le domaine psychologique, dans la pensée, dans la conscience? C'est un mystère redoutable, et qui constituerait, s'il était réellement établi, et scientifiquement démontré, la plus épouvantable des fatalités. Les discussions théologiques interminables sur la prédestination et la grâce, et la vieille théorie du péché originel reprendraient toute leur âpreté, toute leur funeste vigueur, sous le couvert, non plus de la foi et de dogmes révélés, mais sous le terrible évangile nouveau de la science et de l'expérimentation. L'existence serait le bagne où l'être, en naissant, se trouverait enfermé à perpétuité, sans espoir de libération. La scholastique, et sa damnation irrévocable, revivraient sous les controverses scientifiques, avec la prédestination de l'homme au châtiment ou à la grâce.

Il n'est pas de problème humain plus inquiétant que celui-là. La légende d'Adam serait-elle toujours l'histoire véridique des êtres, et le premier homme, châtié à perpétuité dans sa postérité, aurait-il transmis, comme l'enseigne l'Eglise, l'expiation de sa prétendue faute à l'immense théorie des générations se déroulant à travers les siècles, sans pouvoir échapper aux conséquences de l'hérédité? La terre serait l'Enfer de Dante, et les damnés, en franchissant la porte de la vie, devraient, sur le seuil fatal, laisser toute espérance? Seulement, l'origine de la damnation serait, non point le péché, mais la vie même. Ce serait épouvantable, et l'innocent réprouvé n'aurait même point le droit de maudire une divinité cruelle et injuste, ni de nier un dogme absurde et sauvage, puisque ce serait la vérité, et la science qui, sans avoir édicté la pénalité, en établiraient l'existence.

Ce fatalisme n'est heureusement pas aussi absolu; et l'évasion n'est pas impossible aux condamnés de l'atavisme. L'homme, grâce aux conditions meilleures de l'existence, à l'aide de soins appropriés, par les moyens curatifs que la science lui fournit, dans l'ordre physique, et par la culture intellectuelle, par l'enseignement reçu, par le travail et le bien-être acquis, par toutes les organisations de prévoyance et toutes les ressources d'éducation et d'instruction que la civilisation, le progrès moderne, et surtout les institutions démocratiques mettent à sa disposition, dans l'ordre psychologique, dans le domaine de l'intellect et de la conscience, peut se soustraire aux conséquences de l'hérédité.

Zola, surtout dans les premières heures de son travail, où la physiologie semblait servir de guide à sa littérature, a certainement accordé trop d'importance aux influences ancestrales. Il n'a voulu voir que les transmissions de tares et de prédispositions morbides, et il a trop négligé d'observer le déterminisme moral, provenant des conditions sociales et individuelles, au milieu desquelles le sujet humain évolue.

L'homme, dans bien des cas, puise dans un sentiment tout personnel, égoïste, ambitieux ou indolent, parfois capricieux et illusoire, car les rêveries gouvernent aussi l'âme humaine, la force nécessaire pour réagir contre les pressions de l'hérédité morbide, de l'hérédité anormale. L'homme est curable et perfectible dans le plus grand nombre des cas. La société n'eût pas vécu, si les tares physiques et les vices psychologiques n'avaient pu être atténués, dilués, guéris. Nous avons, tous les jours, sous les yeux des exemples de ces résistances aux phénomènes héréditaires. Des fils de tuberculeux, d'anémiés, habitant des logements insalubres, ou exerçant des professions malsaines, se transforment assez rapidement en travailleurs bien portants, si la lumière et l'air viennent assainir les masures natales, si, tout jeunes, on les envoie travailler aux champs, ou s'ils exercent quelque métier sain et fortifiant. Dans l'ordre de la conscience, des rejetons de coquins et de paresseux, arrachés à la contagion du milieu, à la promiscuité vicieuse et criminelle, deviennent très souvent de probes ouvriers. Des populations entières, aux tares héréditaires indéniables, peuvent être profondément et promptement améliorées. L'Angleterre expédia par delà les mers, il y a une soixantaine d'années, le rebut de sa plèbe, les déchets sociaux de Londres et de ses cités manufacturières, des filous et des prostituées. Toute cette cargaison avariée et contagieuse est débarquée sur le sol neuf de la Nouvelle-Hollande. On ne sait trop ce qu'il adviendra de ces vagabonds et de ces voleurs, tous urbains, à qui l'on donne pour travail et pour pâture un sol infertile, des roches, du sable, à défricher, à fumer, sans outils, sans engrais. Le courage et l'espoir ne peuvent se trouver dans le cœur de ces misérables. On s'en est débarrassé. Le but est atteint. La pratique métropole n'a pas à faire du sentiment et de la générosité à l'égard de ces convicts ; ne sont-ils pas incapables de relèvement, d'une amélioration quelconque ? La loi divine, comme les jugements des tribunaux, les condamnent à une irrémédiable déchéance ; ils sont perdus, damnés, et nulle rédemption n'est supposable. Il faudrait être fou pour supposer que cette terre de désolation, cette Australie utilisée comme bagne, pût produire autre chose que des serpents, des anthropophages et de petits voleurs, fils de voleurs, promis à la potence s'ils osaient jamais reparaître en Angleterre.

Mais des gisements d'or sont découverts. Les émigrants affluent. Les convicts déportés, occupant le territoire, bénéficient des premiers filons. Les uns commencent à creuser, à extraire des pépites ; les autres louent leurs bras, installent de petits commerces de denrées et d'outils, de boissons ou de vêtements. Ils réalisent des sommes plus ou moins importantes. Des villes se fondent, où les fils de ces anciens voleurs et de ces vieilles prostituées, devenus aisés par le travail et la spéculation, se font banquiers, entrepreneurs, ingénieurs, négociants, avocats. Il en est qui deviennent juges, d'autres représentent la reine. Trois générations à peine ont passé, et les tares héréditaires ont disparu, à la surface tout au moins, et c'est ce que demande la société. Ces héritiers des pickpockets de Londres ont, sans doute, au fond de l'âme, de mauvais ferments ; mais ils les contiennent, ils les dissimulent. Ils auraient pour aïeux nos barons et nos chevaliers, qu'ils ne différeraient sans doute pas beaucoup. Ils ont acquis l'hypocrisie sociale, et cela suffit.

Ces descendants des convicts d'Australie ont une hérédité aussi fâcheuse que toute la lignée d'Adélaïde Fouque, et, parmi eux, s'il se trouve, comme partout ailleurs, des débauchés, des voleurs, des meurtriers, des névrosés, il se rencontre aussi, et en grande majorité, des gens honnêtes, respectables, des travailleurs sobres, des commerçants loyaux, d'excellentes mères de familles et des citoyens qui ont constitué un parlement. Bientôt, en poursuivant leur séparation d'avec l'empire britannique, ils auront réalisé ce noble rêve d'avoir une patrie, sans les proclamations d'un Washington, sans l'épée d'un Rochambeau. Les bandits de Londres ont donc fait souche d'honnêtes gens. Malgré les antécédents déplorables, leurs fils, étant à l'abri du besoin et ainsi protégés contre les tentations de la misère, sont devenus des habitants laborieux, respectueux de la propriété, des administrés paisibles, soucieux d'éviter tout conflit avec les autorités et les lois. Comme les plus actifs poisons se dissolvent dans l'eau, ou s'atténuent par des mélanges propices, dans des bouillons de culture favorables, les tares de l'hérédité finissent donc par perdre de leur nocivité, et par se dissoudre dans la culture civilisatrice. La damnation du vice, de la criminalité, de la misère, a pour baptême purificateur le bien-être, le loisir et la satisfaction, au moins relative, des appétits, des instincts et des aspirations. Le monstre héréditaire peut, après une ou deux générations, se trouver rectifié par une orthopédie spéciale, et la plante humaine la plus sauvage apparaît cultivable, par une greffe lente et appropriée, susceptible de donner de bons fruits.

Zola a ainsi exagéré la portée de la loi biologique de l'hérédité. Il a, du reste, sinon corrigé, du moins compensé cet exclusiviste et attristant jugement, dans plusieurs de ses dernières œuvres, notamment dans *Travail*.

La science, l'adaptation de la méthode expérimentale des biologistes, des physiologistes, des chimistes et des physiciens au roman, et l'on pourrait ajouter au théâtre et à l'histoire, voilà donc ce que représente ce terme si tapageur de Naturalisme, jeté dans la littérature comme un pavé dans une vitrine.

Le Naturalisme fut un de ces vocables mal employés, et sans grand sens d'étymologie, qui servent un temps à la désignation des partis. Les combattants de l'art, comme ceux de la politique, ont recours à ces pavillons distinctifs, combinés à l'aventure, suivis au hasard. Ce sont des fanions de bataille. Ils ne servent plus, l'affaire terminée : la dislocation des troupes accomplie, les vaincus conspués et terrés, les chefs victorieux promenés sous des arcs de triomphe, on efface le plus qu'on peut l'inscription malchanceuse, et l'on brûle, après les avoir déchirés, les drapeaux de la défaite. Dans l'ombre, cependant, de futurs vainqueurs vagissent, sentent croître ongles et dents, et se disposent à mordre et à déchirer les aînés vainqueurs, en acclamant un nouveau vocable, en arborant des flammes et des inscriptions inédites. Ils recommencent la bataille avec une qualification toute neuve, tandis que disparaît sous les opprobres celle dont se paraient les autres triomphateurs, à leur tour vaincus et insultés.

Ces désignations, purement nominales, et qui ne représentent rien autre que les passions et les goûts de l'instant où elles sont lancées dans la vie publique, parfois au hasard et par le caprice d'un parrain demeuré anonyme, sont des moyens de classement et des procédés mnémotechniques. Elles se distribuent souvent à tort. La plupart du temps, elles soulèvent des protestations et des résistances de la part de ceux à qui on les applique, comme des papiers de police mensongers et de faux états signalétiques. Elles finissent, après avoir été l'origine et le prétexte de querelles, de haines, d'excommunications, de cruautés, et de vengeances aussi, par tomber dans l'oubli et dans le ridicule. On comprend à peine aujourd'hui les violences qui s'élevèrent, aux temps de la scholastique, entre réalistes et nominalistes. Guillaume de Champeaux et ce docte Abailard, demeuré glorieux surtout par une aventure d'amour barbarement interrompue, nous semblent deux théologiens qui disputèrent follement à propos de choses bien peu passionnantes. Les âpres controverses qui agitèrent le xviie siècle, à la suite des propositions de Jansénius sur le libre arbitre et sur la grâce, sont pour nous d'incompréhensibles logomachies, de peu intéressantes rivalités de casuistes. Si l'histoire nous a rendu familières la plupart des appellations dont usèrent les factions, sous la Révolution, comme celles de feuillants, de brissotins, de girondins, de dantonistes, de montagnards, d'hébertistes, nous englobons ceux qui s'en servirent dans une admiration collective ou dans un antagonisme parallèle, selon nos propres sentiments, et l'on ne se préoccupe plus des nuances ni des épithètes. De nos jours, les appellations de légitimistes, d'opportunistes, de centre-gauchers, ne nous représentent qu'une masse de politiciens plus ou moins entachés de réaction. Les qualificatifs dont s'affublent, tour à tour, les gens de la politique, disparaissent et perdent leur signification précise, comme celles que prennent, dans leurs luttes, aussi passionnées, aussi injustes, les gens de la littérature. Nos épithètes du langage politique actuel, de radicaux, de socialistes et d'unifiés, que chacun entend et applique aujourd'hui, cesseront d'avoir un sens et une portée pour nos descendants, comme ont perdu importance, ou même usage, les retentissantes dénominations de jadis. Qui comprendrait un membre de nos assemblées traitant M. Ribot de girondin, ou M. Clemenceau de dantoniste? qui classerait un de nos écrivains parmi les classiques, ou l'incorporerait dans les romantiques? C'est pour employer un langage rétrospectif, et pour user d'une comparaison encore intelligible, que j'emploie, comme un terme historique, le mot de « romantisme », en parlant, ici et là, de certaines tendances littéraires d'Emile Zola. Victor Hugo a été le dernier romantique. On pourrait ajouter qu'il fut le plus grand et presque le seul représentant de cette école mémorable. Il n'a pas laissé de successeurs. De son vivant, il eut des disciples, mais personne, même parmi les plus talentueux adeptes des soirées de l'Arsenal, chez Nodier et du salon de la Place Royale, ne pouvait continuer à se dire et à se montrer romantique. Auguste Vacquerie voulut persister : l'accueil fait à *Tragaldabas* et aux *Funérailles de l'honneur* fut la démonstration sifflante qu'on ne saurait recommencer le passé, et que, comme la jeunesse, les écoles et leurs épithètes n'ont qu'un temps.

Il en est pareillement aujourd'hui pour le Naturalisme. Zola revendiqua jusqu'au bout ce titre. Mais qui l'imita? Le fidèle Paul Alexis, Vacquerie de cet Hugo, persista le dernier. Jusqu'à son heure suprême, suivant de près celle de son ami et maître, il se vanta d'user de ce vocable suranné, vainement. Un reporter l'interrogeant sur l'évolution littéraire, il télégraphia : « Naturalisme pas mort! » La doctrine était, sans doute, immortelle, mais l'épithète ne représentait qu'une chose défunte. Depuis, aucun écrivain n'a consenti à endosser cette livrée passée de mode, mise à la réforme, une loque en vérité! Ceci n'empêche pas les souvenirs de gloire et l'on doit du respect à ces défroques. On ne porte plus, dans nos régiments, les bonnets à poils, les hauts plumets et les sabretaches des grenadiers, des voltigeurs et des hussards du premier empire, mais on les respecte toujours. Il est bien, aussi, de s'efforcer, sous des classifications nouvelles et des costumes neufs, de reproduire, le cas échéant, les exploits de ceux qui, avec la plume ou le fusil, firent glorieux ces vieux galons.

Ceci est d'ailleurs dans l'ordre naturel, sinon naturaliste. Le monde des idées, le cosmos intellectuel et immatériel est en évolutions constantes, comme le globe physique, comme tout l'univers. La lutte y est perpétuelle, et les générations, les œuvres, les êtres se succèdent, se recommencent, comme les couches successives du sol, qui révèlent, par leur stratification, les terribles combats et les enfantements déchirants ayant accompagné toutes ces formations superposées dans le cours des siècles. Les romantiques ont assailli et submergé les classiques; à leur tour, les romantiques ont été recouverts par le flot naturaliste, et voici que déjà ce courant a passé, et que, sous nos yeux, la littérature continue à couler : le fleuve est le même, les ondes fluviales seules ont changé.

La répercussion des épithètes dans le langage courant, dans les opinions circulantes, se prolonge pourtant, et souvent faussement.

Pour les romantiques, qu'on se figure toujours chevelus et échevelés, portant le « pourpoint cinabre » sans lequel on était honni, et acclamant à tort et à travers les tirades d'*Hernani*, — « vieil as de pique ! il l'aime ! » — les auteurs rangés parmi les classiques étaient des podagres cacochymes, ensevelis sous de volumineuses perruques ; pour les naturalistes, les ménestrels du romantisme ne hantaient que les tourelles moyenâgeuses, sonnaient du cor perpétuellement, et ne sortaient qu'en compagnie de gentilshommes habillés de ferblanterie. A leur tour, les naturalistes ont connu ces exagérations railleuses. A entendre les réacteurs de l'idéalisme, de la psychologie élégante et de la bavarderie mondaine, — il faut se souvenir que Bourget, talentueux d'ailleurs, se présenta à l'Académie contre Zola et fut élu, — le naturalisme a pour équivalents le grossier, le malodorant, l'immonde. Ce terme de jargon scientifico-littéraire semble vouloir dire, en langage ordinaire : cochonnerie. Les livres de Zola ne pouvaient se lire qu'un flacon d'ammoniaque à la main, disait-on. Ses disciples étaient qualifiés de scatologues. Leurs ouvrages sortaient des sentines, et, en se tamponnant les narines, on écartait ces produits évocateurs de la vidange. Comme tout cela est loin, est bête, paraît vieillot ! comme le temps se charge de tout remettre en sa place, et de dissiper les parfums fâcheux. Le vidangeur en chef, Emile Zola, est aujourd'hui en bonne odeur de popularité. Il est devenu grand homme officiel.

De cela, ses vrais, sincères et purement littéraires amis, parmi lesquels je m'honore d'être, se soucient peu. Ce n'est pas le Panthéon, glorieux bloc, qui ajoutera une pierre au monument colossal érigé par Zola. L'homme de lettres puissant, l'un des plus vigoureux remueurs de mots, et, par conséquent, d'idées, que le xixe siècle ait produit, n'a nul besoin pour apparaître grand d'être juché sur un socle officiel, et d'être mis au rang du bon Sadi-Carnot, béatifié par le couteau imbécile d'un Italien surexcité.

Emile Zola est en passe de devenir un autre classique. On l'expurgera peut-être, avant de le donner à commenter dans les pensionnats de demoiselles, où pourtant l'on connaît Molière et son mari imaginaire, mais on l'expliquera, on l'apprendra par cœur et l'on donnera ses meilleurs ouvrages en prix aux meilleurs élèves. Ainsi en est-il arrivé pour Hugo, son devancier, son camarade de Panthéon. Nous étions, dans ma jeunesse, « collés » si, au lycée, nous citions un vers ou même le nom de ce Victor Hugo, qui épouvantait notre excellent professeur de rhétorique, le racinien Deltour. Aujourd'hui, peut-être avec l'assentiment de Deltour, qui est devenu inspecteur général de l'Université, et ordonne les programmes de classes, *les Feuilles d'Automne* par exemple, sont devenues tellement classiques que les élèves bâillent en apprenant par cœur ces morceaux, comme si c'était du Boileau. Dans quelques années, quand le rôle militant du Zola des dernières années sera effacé, oublié, et même justement dédaigné, on donnera comme morceaux de récitation aux enfants des écoles, des pages de *la Fortune des Rougon*, de *la Faute de l'abbé Mouret*, de *la Débâcle*, ou de *Travail*. Zola sera devenu, à son tour, comme il le mérite, un classique ! on le traitera comme un maître, c'est-à-dire qu'on ne le lira plus en cachette, dans l'entrebâillement des pupitres, durant les heures d'études. Il sera imposé comme un modèle aux bons élèves, et ceux-ci le traiteront de pompier et s'efforceront de ne le point imiter. Ainsi s'accomplissent les temps.

Le Naturalisme, c'est-à-dire l'œuvre de Zola, a consisté dans un système de composition littéraire, et pour ainsi dire, dans un parti pris, dans un procédé de rhétorique nouveau, en contradiction avec ceux qui déjà étaient admis et recommandés.

Il s'agissait de paraître innover, en prenant le contrepied sur la route suivie par les devanciers, Balzac mis à part. On se souciait peu de justifier l'étymologie. L'école nouvelle ne procédait pas plus qu'une autre de « la nature ». Le fumier est naturel, le lilas aussi. Zola et ceux qui l'acceptèrent pour chef, par amitié, par admiration, par goût de l'aventure et recherche du nouveau, s'imposèrent comme règle de négliger les lilas. Ils firent donc une sélection dans les choses naturelles. Ils écartèrent, par méthode, tout ce qui n'était pas simple, vulgaire ou brutal. On bannit des emplois, dans tout roman, les personnes entachées d'aristocratie. Le décor fut bourgeois, populaire, rustique, et les personnages triés sur le volet le plus démocratique. Intentionnellement, on réagit contre la théorie de Racine sur l'avantage de présenter au public les malheurs des grands, qui semblent plus intéressants, et d'avance l'on protesta contre l'opinion de Maurice Barrès disant : « Il y a plus de luttes et d'intéressants débats dans l'âme d'une impératrice détrônée, qui a connu toutes les gloires et toutes les ruines, que dans l'âme d'une femme de ménage dont le mari rentre habituellement ivre. » Ce parti pris eut ses exceptions : Zola, dans *la Débâcle*, a consenti à analyser ce qui se passait dans la conscience de Napoléon III, vaincu et annihilé à Sedan, et, quand il eut étudié la physionomie intéressante de Léon XIII, à Rome, il s'écria satisfait : « Je tiens mon pape ! »

Le naturalisme s'efforça de ne pas être mondain. Il évita tout ce qui pouvait flatter l'afféterie féministe. En cela, il se priva d'un élément certain de succès. Ceci serait plutôt à son actif. Il faut être formidablement fort pour s'imposer comme romancier, en négligeant le plus gros du public liseur de romans, le public féminin. Avoir contre soi la mondaine, la fille et la petite bourgeoise disposant de loisirs, c'est, pour un auteur, diminuer de moitié sa clientèle.

L'école nouvelle multiplia les tableaux crus, les scènes choquantes même, et dédaigna le plus souvent les mignardises amoureuses qui plaisent: « Arrière la romance et l'idylle! » comme dit Bruant dans sa chanson montmartroise. Mais il y a autre chose, dans la voix humaine, que des hoquets et des gueulements, et les marlous ne sont pas toute la société.

On affecta de montrer à la foule les sentiments bas, les appétits grossiers, les sensualités bestiales, les misères et les lamentables nécessités de l'espèce humaine. Capable de faire une statue belle, très belle même, statuaire adroit, de ses mains robustes modelant l'argile de la femme, le bon romancier naturaliste n'oublie jamais les parties qualifiées par M. Prudhomme de honteuses. Il commence même par là. On a dit plaisamment de Zola que, lorsqu'un de ses héros s'abandonnant à l'imagination, à la rêverie, à l'espérance, construisait des châteaux en Espagne, ce bâtisseur pratique, mais grossier, entamait l'édifice par les cabinets d'aisances. Il en faut, de ces endroits-là, même dans un château, surtout dans un château, mais, quand on visite le logis, c'est rarement la première pièce qu'on demande à voir.

Zola et ses disciples ont rompu absolument avec le roman d'aventures, avec les récits mouvementés, les péripéties, les intrigues, les invraisemblances, qui reviennent à la mode en ce moment, avec le roman policier, re-exportation anglaise des ingénieuses déductions du subtil Dupin d'Edgar Poë, ou du perspicace Monsieur Lecoq de Gaboriau. Les naturalistes se sont éloignés avec horreur des contes fantastiques, d'ailleurs amusants ou impressionnants, des Alexandre Dumas, des Eugène Sue, des Frédéric Soulié. Ceci toutefois n'est pas absolu : car, dans *l'Assommoir,* la grande Virginie, Poisson le mari tueur ; dans *Nana,* l'incendie ; dans *Travail,* le couteau de Ragu, sont du domaine feuilletonesque ; l'élément mélo intervient, noyé, entortillé dans les descriptions, sans doute, mais brutal et exceptionnel quand même. Les naturalistes ont cherché à tourner le dos au populaire, aussi aucun n'a-t-il pu obtenir un minimum de popularité, que sans effort obtiennent de très vulgaires conteurs.

Le naturalisme a donc, comme bien d'autres choses, sa légende. On en a fait le symbole de l'ordure, du cynisme, de la trivialité et de la grossièreté libertine. Zola, avant sa glorification socialiste, pour des besoins de parti, était surtout célèbre, dans la foule, comme un homme qui avait relevé les jupes de la Mouquette, et noté avec grand soin les crépitements du paysan venteux, baptisé irrévérencieusement du nom célèbre d'un respectable fondateur de religion.

Le système et sa réalisation ont soulevé longtemps de vives protestations. Nous en pourrions citer de fort curieuses, revues à distance et comparées avec de subséquentes résipiscences. La plus connue et l'une des plus intéressantes, parmi ces sévères invectives, est celle d'Anatole France, qui, depuis, avec une sincérité égale, et une conviction modifiée par le changement de son point de vue, a prononcé, aux solennelles obsèques de Zola, la magistrale oraison funèbre que l'on sait.

Il est certain que, malgré toutes les affirmations, plus ou moins sincères, des écrivains qui ont voulu justifier un système et se camper en chefs d'école, en professeurs de chefs-d'œuvre, les préceptes, les méthodes, les grammaires ne sont venus qu'après la conception et la réalisation des ouvrages. Les règles sont enseignées après coup : les livres précèdent les traités sur l'art de les composer. Il convient, toutefois, de noter chez Emile Zola une intense préparation, un plan savamment établi, et la construction préalable d'une sorte de métier,— le métier dont parlait Boileau, — sur lequel il a mis et remis son ouvrage. Il avait dressé, dès les primes élaborations de son propre cycle, un arbre généalogique et un tableau physiologique de sa famille des Rougon-Macquart. Cet arbre n'a été publié qu'en 1878, mais l'auteur déclarait l'avoir préparé longtemps auparavant, dès qu'il eut conçu le projet de son œuvre. Il aurait donc travaillé d'après un plan arrêté et sur un canevas fixe. Ce fut un peu la prétention d'Edgar Poë, quand il expliqua la fabrication de son poème du *Corbeau*, et comment il était arrivé à le construire, ainsi qu'une pièce d'horlogerie, dont toutes les parties choisies à l'avance devaient s'emboîter avec précision, à la place désignée, dans l'ordre voulu. Mais le génial Américain était un grand ironiste, et, en lisant avec intérêt son explication de la genèse d'un poème, on peut estimer qu'il se moque gravement de son lecteur.

Zola paraît plus véridique, lorsqu'il énonce qu'ayant lu certains ouvrages scientifiques il résolut de donner un tableau de la société française sous le second empire, observée dans ses parties les plus moyennes, voire dans la classe prolétarienne, ouvriers, employés, mineurs, paysans, soldats, en prenant pour point de départ une donnée scientifique incontestable ; la névrose héréditaire retrouvée chez les descendants d'une aliénée, Adélaïde Fouque, dispersés à travers la France.

Les Rougon-Macquart forment donc comme un tableau de l'homme et de la société, durant les vingt années comprises entre le coup de décembre 51 et la catastrophe de 70-71.

Comment Zola a-t-il compris son rôle de peintre des individus, des passions, des mœurs et des milieux, des foules, des grands organismes sociaux de l'époque, qui avait immédiatement précédé celle où il écrivait? Il s'est vanté de procéder expérimentalement. Il est exact qu'il se soit entouré de documents abondants, qu'il ait lu les ouvrages, les journaux, les notices, les catalogues, se rapportant aux divers sujets qu'il se proposait de traiter. Il a questionné avidement les contemporains. Avec une méticuleuse attention de juge d'instruction, il a noté tous les renseignements recueillis. Il apportait une grande et consciencieuse patience à ces recherches. Il n'épargnait aucune démarche. Casanier, il se déplaçait pour visiter une mine, et, peu alerte, inhabitué aux exercices violents, il descendait, revêtu du costume réglementaire dans les galeries, la lampe à la main. Il remontait du puits, connaissant le travail souterrain, comme un porion ; il prouvait alors, dans *Germinal*, qu'il avait ramené, du fond des galeries, une pleine bannerée de documents précieux sur l'existence et sur les passions des travailleurs du sous-sol.

Une anecdote caractéristique : faisant partie de la rédaction du *Bien Public*, il fut invité, comme tous les collaborateurs, à la soirée d'inauguration que M. Menier, propriétaire de ce journal, donna, lorsqu'il prit possession de son hôtel fastueux, avenue Velasquez, au parc Monceau. Pendant la réception, indifférent aux excellents artistes qui se faisaient entendre, on vit Zola, errer, fureter parmi les salons dorés, braquant, ici et là, avec fixité, son pince-nez sur un meuble, sur un panneau, et, sournoisement, prenant, sur le revers de son programme, des notes brèves. Il se documentait pour son roman de *l'Argent*, et l'hôtel Menier servait de devis descriptif pour le futur logis de Saccard.

Il accepta, lui qui vivait bourgeoisement, en reclus laborieux, courbé sur la tâche quotidienne, et en compagnie de sa mère, de sa femme, très « pot-au-feu », et de quelques amis fort peu mondains, des invitations à dîner chez des femmes en vue de la galanterie parisienne. Il soupa au Café Anglais avec des viveurs émérites, et le peintre Guillemet le conduisit chez Mlle Valtesse de la Bigne, l'amie des artistes, demi-mondaine réputée, dont les échotiers décrivaient complaisamment la table bien servie, l'écurie correctement tenue, la chambre à coucher somptueusement décorée. Il étudia, comme s'il eût procédé à une expertise, l'hôtel du boulevard Malesherbes, l'ameublement, les toilettes de Mlle Valtesse, pour habiller, meubler et loger sa *Nana*.

Il se fit noctambule, en compagnie de Paul Alexis, pour assister au réveil des Halles, aux arrivages, aux déballages, et à la criée. La lecture de nombreux ouvrages de piété, de manuels de théologie, de rituels et de publications ecclésiastiques, lui prit de longues journées lorsqu'il préparait *la Faute de l'abbé Mouret*. On le vit, assidu et comme figé dans une édifiante attitude, suivre les offices, à Sainte-Marie des Batignolles, pour la confection de cet ouvrage, où la description du Paradou exigea encore de lui la consultation minutieuse du catalogue de Lencézeure, et le dépouillement de nombreux traités de botanique et d'horticulture.

Il n'avait jamais été invité à Compiègne; il ignorait les usages et l'étiquette de la cour. Il se fit renseigner, pour *la Curée*, par Gustave Flaubert, qui avait été compris dans une des séries. Il puisa aussi des indications utiles, dans un livre sans grande valeur, mais plein de détails sur la vie du château impérial, écrit d'après les souvenirs d'un ancien valet de chambre des Tuileries. Ces renseignements de seconde main se trouvaient parfois incomplets ou erronés. Alors il suppléait à la documentation par un effort imaginatif. Ceci fut cause de quelques inexactitudes, très rares, dans ses livres. Ainsi, dans *la Curée*, il décrit le brouhaha des conversations, les chuchottements au crescendo bientôt assourdissant, les exclamations et les rires des convives de la table impérial, tapage de gens satisfaits et repus, chœur de joie et de triomphe, auquel l'empereur ne tarde pas à se mêler. Le tableau est vigoureux et impressionnant. L'exactitude en est, toutefois, contestable. Un des articles du règlement du château, que chaque invité trouvait affiché dans sa chambre, et dont il devait prendre connaissance à son arrivée à Compiègne, prévenait que l'obligation du silence était rigoureuse, pendant les repas auxquels Sa Majesté présidait. On ne devait entendre que le rythme des mâchoires, dans la salle à manger, et la musique des Guides sous les fenêtres. Zola ignorait cette prescription, dont Flaubert avait négligé de lui faire part, et que le valet de chambre avait omis de consigner dans son livre. Il est probable que, s'il eût connu ce règlement, Zola eût tiré du silence, planant sur ces dîneurs de proie, un effet autre, mais aussi puissant que celui qu'il demanda à la description du prétendu tumulte joyeux et arrogant du festin impérial.

Les tableaux de la vie des faubourgs, de la misère ouvrière, des allées et venues des travailleurs, ont été brossés d'après nature. Il n'eut qu'à se souvenir, pour décrire les logis de la Goutte d'Or, des méchants garnis du Quartier où s'était abritée sa jeunesse besogneuse. Il avait eu Bibi-la-Grillade et Mes-Bottes pour voisins de table, aux gargottes du quartier Mouffetard. Il eut, cependant, besoin de parcourir les dictionnaires d'argot, les lexiques de la langue verte d'Alfred Delvau, de Lorédan Larchey, pour faire parler aux personnages de *l'Assommoir* le langage pittoresque et faubourien qui leur était familier, et pour raconter leurs sentiments, leurs actes, leurs préoccupations et leurs goûts, avec les termes vulgaires et colorés dont leurs congénères usaient dans la réalité. Des livres sur les classes ouvrières, comme *la Réforme sociale* de Le Play et *le Sublime* de Denis Poulot, l'aidèrent aussi dans sa peinture des mœurs populaires.

Zola, pour construire un roman, se préoccupe donc d'abord des matériaux pour ainsi dire accessoires. Il donne le plus grand soin au milieu. Il dresse l'état signalétique de chacun de ses personnages.

Je ne sais pas inventer des faits, a-t-il dit, racontant à un de ses amis comment il établissait un roman. Ce genre d'imagination me manque absolument, ajoutait-il. Si je me mets à ma table pour chercher une intrigue, un canevas quelconque de roman, j'y reste trois jours à me creuser la cervelle, la tête dans les mains, et je n'arrive à rien. C'est pourquoi j'ai pris le parti de ne jamais m'occuper du sujet. Je commence à travailler mon roman, sans savoir ni quels événements s'y dérouleront ni quels personnages y prendront part, ni quels seront le commencement et la fin. Je connais seulement mon personnage principal, mon Rougon ou mon Macquart, homme ou femme. Je m'occupe seulement de lui, je médite sur son tempérament, sur la famille où il est né, sur ses premières impressions et sur la classe où j'ai résolu de le faire vivre. C'est là mon occupation la plus importante...

Muni de ses notes, des détails qu'il se procurait par des enquêtes personnelles, par des renseignements sollicités à droite et à gauche, par des lectures, jetant sur le papier quelques brèves indications destinées à servir de points de repère, il déposait sous une chemise ce butin documentaire. Chaque personnage avait sa fiche. Il procédait ainsi à la façon d'un juge d'instruction, préparant un dossier criminel, ou d'un avocat général recueillant sur accusés et témoins, tous les rapports, tous les constats, qui lui serviront à prononcer son réquisitoire devant le jury. Zola n'abordait le public qu'avec un dossier complet et en état. Il ne voulait rien laisser à l'imagination, à l'hypothèse, et son roman était, à ses yeux, un livre d'enquête et un résumé d'observations physiologiques, sociales et humaines.

Ainsi compris et appliqué, le roman dit « naturaliste » se distingue d'un travail littéraire, plus ou moins perfectionné, destiné uniquement à montrer l'humanité dans ce qu'elle a de laid, de bas, de malpropre, de honteux et de misérable, et le romancier cesse d'être considéré comme un boueux et un scatologue, parce qu'il a tenu compte, dans son œuvre, de ce qui existe dans la nature. Assurément, on peut reprocher, surtout aux imitateurs de Zola, d'avoir systématiquement recherché la sanie et l'ordure. Zola, dans tous ses livres, a réservé la part de l'idéal, et c'est faire montre d'ignorance ou de parti pris que d'affirmer, comme on l'a tant de fois répété, d'après une bouche éloquente, qui, depuis, s'est rétractée :

Il prête à tous ses personnages l'affolement de l'ordure...

jamais homme n'avait fait un pareil effort pour avilir l'humanité, insulter à toutes les images de la beauté et de l'amour, nier tout ce qui est bien et tout ce qui est beau. Jamais homme n'avait à ce point méconnu l'idéal des autres hommes...

Nous verrons, en examinant de près chaque œuvre de Zola, combien ce violent réquisitoire, qui a fait jurisprudence, était injuste et inexact.

Zola a considéré et pratiqué son système, qualifié par lui de naturaliste, comme l'étude scientifique et expérimentale de l'homme dans la société. Il l'analyse, comme être pensant, avec ses vices, ses passions, ses qualités, ses prédispositions, ses attaches consanguines, ses affections héréditaires, ses préjugés d'éducation, tout cela relativement au milieu où il s'agite. Il procède à ce travail analytique avec le manque absolu de parti pris, qui doit animer le vrai savant faisant une opération intéressante. Il se campe, la plume transformée en scalpel, devant de la chair, devant de la réalité. Il dissèque avec précision et observe avec méthode. Il a la patience et la sagesse d'un Cuvier étudiant un animal peu connu. Il use du microscope et s'arrête, charmé, quand il a surpris tel filet nerveux jusque-là négligé. C'est à l'œuvre du naturaliste que peut, avec justesse, se comparer la tâche de cet écrivain biologiste et physiologiste.

Ce labeur, cette sévérité de moyens, cette scrupuleuse attention, ce souci du détail, cette patiente investigation de tous les instants font du livre du romancier, jusquelà considéré comme chose frivole, jouet pour les grandes personnes, une œuvre scientifique digne d'être classée au rang des travaux les plus sérieux et les plus ardus. Mais c'est toujours une œuvre d'art. La forme, avec ses mille difficultés de langue, de couleur, de netteté, vient parer, comme un vêtement magnifique, le squelette scientifique de l'ouvrage, témoignant, chez l'artiste, d'une difficulté de plus vaincue.

Cette formule du naturalisme n'est pas nouvelle. Elle a été donnée en théorie, en 1842, et, en pratique, dans quarante chefs-d'œuvre, durant vingt-cinq ans, par Balzac, qui, dans l'avant-propos d'une des éditions de *la Comédie Humaine*, disait :

> En dressant l'inventaire des vices et des vertus, en rassemblant les principaux faits des passions, en peignant les caractères, en choisissant les événements principaux de la société, en composant des types par la réunion des traits de plusieurs caractères homogènes, peut-être pouvais-je arriver à écrire l'histoire oubliée par tant d'historiens, celle des mœurs.

On ne recommence pas les conteurs d'imagination. On les plagie, voilà tout. Walter Scott est ainsi pillé et refait, tous les jours, par de petits Dumas subalternes. Les feuilletonistes populaires recommencent les extraordinaires aventures des héros de Frédéric Soulié, d'Eugène Sue, voire de Paul Féval, de Montépin et de Ponson du Terrail. Le roman policier, qui reprend vigueur, avec des épopées compliquées et invraisemblables, dont des détectives gentlemen sont les Achilles et et les Hectors, ne fait que rééditer des exemplaires du *Scarabée d'or* et du *Double assassinat de la rue Morgue* d'Edgar Poë. Enfin, les psychologues, les narrateurs mondains et les fabricants de livres bébêtes, dont la couverture peinturlurée, affriolante et brutale, est tout l'intérêt, comme ces toiles peintes à l'extérieur de la baraque foraine, n'ont pu, en recommençant les conteurs badins du xviiie siècle et en costumant à la moderne, chez le couturier en vogue et chez la modiste en renom, les héroïnes de Choderlos de Laclos et de

Louvet, renverser la base même du roman moderne : la réalité.

L'humanité marche et se modifie. Le roman la suit, pas à pas. L'écrivain qui naît, à chaque étape reprend l'histoire de l'étape, où firent halte avant lui ceux de la génération précédente. Le roman, conçu selon les principes que Zola a non seulement exposés, mais dont il a, par l'exécution, démontré la force et la vérité, devient ainsi comme le journal de l'humanité. C'est ce qui fait que si le Naturalisme, en tant qu'école, que cénacle, n'est plus qu'une expression littéraire, un vocable servant, comme celui de Romantisme, à désigner une époque et un certain nombre d'œuvres classées, la méthode, dont ce mot caractérisait les principes, survit. Elle ne peut mourir. Balzac, Stendhal, Flaubert, Zola n'auront plus, assurément, un public pressé et se hâtant de lire leurs œuvres pour être au courant, ou se mettre au niveau intellectuel du temps, mais leurs ouvrages, acquérant la solidité des classiques, s'imposeront longtemps, toujours, à l'admiration des hommes. Ils mériteront d'être étudiés, commentés, expliqués, étant devenus livres d'histoire, traités de philosophie sociale, et documents indispensables aux sciences morales et politiques, pour la connaissance du siècle qui les a produits.

IV

LES ROUGON-MACQUART. — LA FORTUNE DES ROUGON. — LA CURÉE. — SON EXCELLENCE EUGÈNE ROUGON. — L'ASSOMMOIR. — UNE PAGE D'AMOUR. — L'ŒUVRE

(1872-1886)

Zola, lorsqu'il se mit à écrire le premier volume de la série des Rougon-Macquart, qu'il intitula : *la Fortune des Rougon*, ne pouvait prévoir la brusque disparition du régime sous lequel il faisait vivre ses personnages. Il avait composé les premiers chapitres en mai 1870. C'était l'heure du plébiscite triomphal. Un rêve d'empereur victorieux, bientôt suivi du tragique réveil d'un vaincu, sur la route de l'exil. Il y avait quelque audace à placer, au frontispice d'une œuvre littéraire annoncée comme comportant des proportions considérables et des développements successifs, les scènes peu flatteuses de l'origine du régime. Le dénouement et la moralité, bientôt fournis par la sévérité de l'histoire, ne pouvaient se présenter à la pensée de l'auteur, avec netteté, avec certitude. Le châtiment était lointain, indéterminé : une vision poétique et une illusion vengeresse. Victor Hugo avait sans doute prédit la chute de l'empire et la punition de l'empereur, mais c'était là un désir, une fiction, qu'aucune réalité probante n'accompagnait. Nul n'aurait pu deviner, alors, la candidature Hohenzollern pour le trône d'Espagne, ni les complications diplomatiques avec la Prusse, encore moins supposer le dépêche d'Ems falsifiée, suivie de la funeste et, pour ainsi dire, inévitable déclaration de guerre. En admettant qu'au moment où il finissait son premier chapitre, les événements se précipitant, Zola eût pressenti une conflagration, il n'aurait pu supposer le désastre si proche, ni si profond. Nos soldats de Crimée et d'Italie étaient réputés invincibles. Si l'on partait en guerre, on allait sûrement à la victoire, et l'empire s'en trouverait consolidé. Voilà l'hypothèse la plus probable, et c'était aussi la désirable issue d'un conflit où l'on s'engageait, non pas avec légèreté, mais animé d'espoir, nanti de confiance, et d'un cœur nullement alourdi par la crainte et les pressentiments fâcheux ; la regrettable expression échappée à Emile Ollivier, trop bon latiniste, mal comprise et impitoyablement commentée par la suite, ne signifiait pas autre chose.

Les plans du romancier furent donc bouleversés, ou, tout au moins, resserrés, et l'action de ses personnages devint circonscrite. La fin de l'empire, c'était l'épilogue des Rougon-Macquart en 1870. A raison des événements, l'œuvre entreprise prit donc un caractère rétrospectif. On put même y voir un tardif réquisitoire contre des hommes et contre un régime, qui n'étaient plus des accusés, mais des condamnés. Se faire accusateur, après le verdict des faits, n'était ni dans l'intention de Zola, ni dans son projet ébauché. Sans l'effrondrement subit de la clef de voûte du système, sans la substitution d'un pouvoir nouveau aux gouvernants disparus, engloutis, le cadre de son œuvre se fût trouvé considérablement élargi. Le changement prodigieux qui, avec la République, s'accomplit dans la direction des affaires, dans la classification et la compétition des partis, dans la finance, dans les grands travaux, dans l'industrie, dans les mœurs, dans les goûts et les préoccupations des Français devenus républicains, lui aurait fourni des éléments nouveaux et des champs d'observation autres. Les conséquences, pour la fortune publique comme pour les spéculations privées, du paiement anticipé de l'indemnité de guerre, l'effort et le coup de collier nécessaires pour réparer les ruines de l'invasion, les modifications considérables apportées aux organisations politiques et judiciaires, l'avènement aux affaires de ces nouvelles couches sociales, saluées par Gambetta, dans son discours prophétique de Grenoble, la presse démuselée, le monde du travail commençant à se grouper, et à postuler sa place au soleil, enfin, le service militaire pour tous et l'obligation de l'instruction primaire, ces deux grands actes révolutionnaires, accomplis sans bruit ni désordre, eussent assurément trouvé place dans son œuvre. Les Rougon-Macquart se fussent rapprochés de nous, insensiblement et fatalement. Quels tableaux mouvementés et quels milieux intéressants lui eussent présentés les années de lutte, de formation et de développement de la Troisième République !

Mais il s'était enfermé volontairement dans le cercle d'années allant du coup d'Etat à l'invasion. A un certain point de vue, cette limitation fut bonne. La disparition du régime impérial donnait à l'écrivain plus de latitude, on pourrait dire plus de licence. Il n'avait plus à redouter les interdictions ni les poursuites. Sans craindre de voir s'abattre sur son manuscrit la patte des policiers, il lui devenait permis de peindre la société impériale, telle qu'il l'avait observée, devinée, et selon qu'il s'était documenté. En même temps, son œuvre échappait au péril de l'éparpillement. Le cadre était fixé, la vaste fresque sociale, qu'il entreprenait de brosser à larges touches, devait y entrer, et la toile ne déborderait pas, étant contenue dans la bordure historique.

Il a, d'ailleurs, constaté lui-même cette limitation dès 1871, dans l'introduction à *la Fortune des Rougon*.

Depuis trois années, dit-il, je rassemblais les documents de ce grand ouvrage, et le présent volume était même écrit, lorsque la chute des Bonaparte, dont j'avais besoin comme artiste, et que toujours je trouvais fatalement au bout du drame, sans oser l'espérer si prochaine, est venue me donner le dénouement terrible et nécessaire de mon œuvre. Celle-ci est dès aujourd'hui complète. Elle s'agite dans un cercle fixe. Elle devient le tableau d'un règne mort, d'une étrange époque de folie et de honte.

Zola aurait certainement pu sortir du champ où il décidait de se clore. Nul ne se serait plaint, ou n'eût songé à critiquer. *Les Trois Villes* et *les Trois Evangiles* sont en dehors de l'époque et du milieu, où l'auteur s'était parqué avec ses Rougon-Macquart, et cette évasion du milieu impérial n'a soulevé aucune objection. Mais il tenait à exécuter de point en point le plan qu'il s'était tracé. Comme il ne laissait rien au caprice, ni à l'imprévu, dans la composition de chaque ouvrage, pris séparément, il entendait montrer que l'ensemble de ses œuvres avait été soumis à un devis général, à un avant-projet complet et définitif, dont il ne pouvait ni ne voulait s'écarter. Il partageait l'opinion de Charles Baudelaire, qui disait, dans sa dédicace à Arsène Houssaye des *Petits Poèmes en prose* :

Sitôt que j'eus commencé ce travail, je m'aperçus que je

restais bien loin de mon modèle, mais encore que je faisais quelque chose de singulièrement différent, accident dont tout autre que moi s'enorgueillirait sans doute, mais qui ne peut qu'humilier profondément un esprit qui regarde comme le plus grand honneur du poète d'accomplir juste ce qu'il a projeté de faire.

Avec une coquetterie vaniteuse, Zola affirmait que, dès *la Fortune des Rougon*, c'est-à-dire en 1870, il avait composé patiemment l'arbre généalogique des Rougon-Macquart. Il ne convient pas d'attribuer à ce tronc l'importance que son arboriculteur lui donnait. Peut-être, pourtant, est-ce à sa plantation qu'il convient de rapporter l'obstination de Zola, malgré la chute de l'empire, alors qu'il n'avait composé que deux de ses romans, *la Fortune* et *la Curée*, à se renfermer dans les vingt années impériales. L'antériorité de son « arbre », servant à démontrer celle du plan, n'a qu'un intérêt anecdotique. C'est une preuve chronologique de composition, aussi. Si l'on contestait que la conception totale des Rougon-Macquart dût remonter à 1870, on ne saurait douter qu'en 1878 tout ce vaste drame, avec ses multiples personnages, n'eût déjà ses décors dessinés et ses rôles distribués. Cet arbre-scénario a été publié avec *la Page d'Amour*, et j'ai sous les yeux l'exemplaire du journal *le Bien Public* où il parut pour la première fois.

C'est dans le numéro de ce journal portant la date du 5 janvier 1878 que ce tableau fut donné. Il tenait, à la 2ᵉ page, tout le rez-de-chaussée. Il était composé à la façon de ces états généalogiques, dressés par des hommes d'affaires spéciaux, fabricants d'ancêtres pour roturiers, ou pourchasseurs d'héritiers pour successions vacantes. Toute la famille, on devrait dire la dynastie des Rougon-Macquart, se trouve là enregistrée, baptisée, avec ses lignes et ses degrés. Chaque membre est pourvu des mentions ordinaires d'état civil. Un signalement médico-légal accompagne l'indication généalogique. Les tares héréditaires, les prédispositions morbides, les influences psycho-physiques sont précisées, comme dans un procès-verbal d'autopsie.

On peut retrouver, dans cette nomenclature aux prétentions scientifiques peut-être excessives, les principaux personnages des divers livres de Zola, depuis le Pierre Rougon du premier volume de la série, jusqu'au docteur Pascal qui la termine.

Peu importe l'époque à laquelle ce plan a été combiné, l'intéressant c'est qu'il ait été complètement suivi et patiemment réalisé. L'idée première de faire figurer, à tour de rôle, les mêmes personnages dans des romans distincts, remonte à Balzac. Le procédé a ceci d'excellent et de logique, qu'il rapproche de la réalité les êtres de fiction. Dans la vie, on se trouve nécessairement en rapport avec les mêmes personnes, on se croise, on se côtoie et dans des circonstances très différentes. Nul ne peut s'abstraire de ses contemporains. Leur existence se mêle à la vôtre. En sa *Comédie Humaine*, Balzac avait, outre ses protagonistes, introduit tout un personnel secondaire. Il disposait d'une très complète figuration, qui lui servait pour sa mise en scène, sans avoir besoin de présenter, à chaque œuvre nouvelle, ces comparses au lecteur. Zola s'est surtout préoccupé de rattacher ses principaux acteurs par le lien familial, la consanguinité et la névrose d'origine. Il nous montre successivement, dans les divers milieux où il promène ses observations, les descendants morbides de la folle des Tulettes, Adélaïde Fouque, tronc dégénéré, d'où sortaient tous ces rameaux humains, poussés dans le terreau du second empire.

C'est pendant l'hiver de 1868 que fut commencée *la Fortune des Rougon*. Cet ouvrage fut achevé en mai 1869. Zola habitait alors à Batignolles, rue de La Condamine, n° 14. Ce roman, que l'éditeur Lacroix s'était engagé, par traité, à éditer, devait d'abord paraître en feuilleton, dans *le Siècle*, alors le plus répandu des journaux politiques. C'était une puissance, cet organe, qui, selon l'aristocrate et le dédaigneux *Figaro*, avait surtout la clientèle des marchands de vins. Il n'était pas d'une lecture distinguée. Modéré de ton, anticlérical, hardi, prudemment républicain, *le Siècle* fut longtemps le seul journal d'opposition. L'empire libéral le tolérait, tout en le craignant. Mais ne fallait-il pas une soupape pour l'échappement des bouillonnements populaires? Pour l'époque, ses tirages étaient considérables : 60.000 abonnés. On ne l'achetait guère au numéro; c'était un journal cher : le numéro se vendait, à Paris, 15 centimes, le prix de l'abonnement était de 80 fr. par an. On ne prévoyait guère alors de grands quotidiens à six ou huit pages, se payant trente sous par mois.

Ces journaux coûteux avaient un tirage restreint et une vaste influence. L'abonné du *Siècle*, qui ne croyait pas toujours en Dieu, croyait en son journal, et propageait, comme articles de foi, les propositions des rédacteurs. On se prêtait, on se repassait chaque numéro. Il y avait des groupes, et comme des coopératives de liseurs : un principal abonné, dans de petits cercles de voisins, acceptait des sous-abonnés. Quelques-uns de ces locataires n'avaient droit qu'au journal de la veille, payant une redevance moindre au titulaire de l'abonnement. Les feuilletons étaient patiemment découpés et cousus; ils formaient de gros cahiers de lecture qui se louaient, se prêtaient : toute une bibliothèque roulante de romans circulant de mains en mains.

Le Siècle, qui d'ailleurs observait un respect dynastique suffisant, par crainte des suspensions et de la suppression, car le ministère de l'intérieur ne badinait pas avec la presse, comptait de nombreux républicains dans sa rédaction. Il avait pour directeur un bourgeois, riche, solennel, prudhommesque et autoritaire: Léonor Havin. Ce Normand finaud, exploitant l'opposition, escomptant l'impopularité de l'empire, avait été élu député de Paris et député de la Manche. Il avait opté pour Saint-Lô. Ce fut une sotte puissance, longtemps. Il dirigea les élections législatives des dernières années impériales. Il avait pour principaux collaborateurs : Emile de la Bédollière, Jourdan, Léon Plée, Cernuschi, etc., etc. Le feuilleton dramatique était confié à E.-D. de Biéville, l'un des renommés lundistes. La critique musicale était faite par Oscar Comettant. La partie littéraire de ce journal, qui semblait plutôt s'adresser à une clientèle exclusivement politique, était suffisamment soignée, et l'on y donnait des feuilletons d'une facture moins brutale et d'une visée plus recherchée que dans les autres journaux, voués aux exploits des Rocambole et aux aventures invraisemblables des héros de Xavier de Montépin. *Le Siècle* a publié, entre autres bons romans, les premiers, qui sont aussi les meilleurs, ouvrages d'Hector Malot, et l'on voit qu'il avait accueilli *la Fortune des Rougon*, œuvre d'un quasi-débutant recommandé seulement par des critiques artistiques novatrices et combatives, ayant à son actif deux ou trois romans passés inaperçus, signalé enfin aux lettrés, par un dernier livre, *Thérèse Raquin*. Ce roman, d'une originale brutalité, avait suscité des protestations, voire des nausées. On l'avait qualifié de « littérature putride ». Accepter une œuvre nouvelle de l'auteur, c'était une hardiesse dont il faut savoir gré au directeur du *Siècle :* ce journal, au fond très bourgeois, avait l'originalité d'accueillir les romanciers nouveaux et audacieux.

Par suite de difficultés ultérieures, probablement des dénigrements et des résistances provenant de personnes influentes dans la maison, *la Fortune des Rougon* subit d'assez longs retards, avant d'être définitivement annoncée. On semblait, au *Siècle,* avoir des regrets, et aussi des craintes. L'auteur de *Thérèse Raquin* commençait à effrayer. Une rumeur hostile le précédait. Enfin, on passa outre, et le roman parut. La publication fut tourmentée, comme l'époque où elle débutait. Le premier feuilleton de *la Fortune des Rougon* était inséré à la fin de juin 1870. Trois semaines après, la guerre l'interrompait. L'auteur crut qu'il ne serait jamais repris et terminé. Il s'en fallut de peu que les derniers chapitres ne fussent pas tels que l'auteur les avait conçus et écrits. Au milieu du désarroi de l'invasion, le manuscrit, remis complet à l'imprimerie du *Siècle,* avait été égaré. Il ne pouvait être question de récrire en hâte les feuilletons manquant. Le tour d'insertion, que l'auteur avait à grand'peine obtenu, allait lui échapper, et, au lieu de reprendre une publication, ayant perdu de son intérêt, coupée par les deux sièges, le journal donnerait un autre roman, ajournant indéfiniment la continuation de cet ouvrage, considéré comme terminé, déjà probablement oublié, enterré. Heureusement, dans le tiroir du correcteur, les principaux feuillets perdus furent retrouvés, et, après une interruption de huit mois, et quels mois! les lecteurs du *Siècle* purent reprendre la lecture des événements dont Plassans était le théâtre, en 1851. L'œuvre malchanceuse n'eut aucun succès. *La Fortune des Rougon* parut en librairie, l'hiver suivant, selon le traité antérieurement signé, chez l'éditeur Lacroix. Une seule édition fut mise en vente. C'était sans doute, pour le jeune auteur, l'aube de la gloire, mais combien grise, et même morose !

L'édifice rêvé, combiné, aux plans arrêtés, existait, cependant, et ses fondations étaient sorties. La construction était visible déjà, et l'avenir appartenait à son architecte. Le reste importait médiocrement. Pour ceux qui savaient lire avec intuition, une force se révélait dans ces pages solides, et les forts piliers indiquaient un vaste monument futur. Un vigoureux talent venait de se lever. Nous n'étions guère alors qu'une faible poignée de clairvoyants, une bande en partie désarmée ou dispersée, à la suite des événements de 1871 pour élever la voix, et saluer cette montée d'un astre inconnu sur l'horizon littéraire. Les admirateurs de Zola disposaient de journaux timorés. Le silence de la répression terrible emplissait le pays. Nos bravos prématurés ne furent pas même hués. On ne fit attention ni à nous ni à notre auteur. J'écrivais pourtant ceci, dans *le Peuple Souverain* de 1872 :

Dès le sous-titre « histoire naturelle et sociale d'une famille sous le second empire », dès la première page, nous sommes avertis de la sévérité et de l'importance scientifique de l'œuvre. Nous ne sommes pas en présence d'une fantaisie d'imagination, d'une simple fiction propre à faire passer les heures. L'auteur ne songe pas un instant à nous amuser à l'aide d'aventures plus ou moins extraordinaires et captivantes. Ce n'est pas une frivole distraction que ce livre hardi et coloré. C'est une étude sévère qui fait penser. Nous sommes prévenus qu'il s'agit d'un travail de savant, d'une œuvre de science, d'un essai de littérature expérimentale, fondée sur l'observation et ayant pour objet l'expression de la vérité moderne, l'analyse de la vie. La méthode de l'auteur se révèle, dans sa logique simplicité, à tout lecteur se donnant la peine de réfléchir sur ce qu'il lit.

Telle est, en effet, la substance et la moëlle de *la Fortune des Rougon :*

Dans un cadre donné, qui est le second empire, depuis son avènement jusqu'à sa chute, montrer une famille personnifiant toute une portion de l'humanité contemporaine, avec ses vices, ses vertus, ses appétits, ses maladies morales et physiques, évoluant dans le milieu créé par les événements, participant de près ou de loin à ces choses tragiques ou grotesques, avec le temps devenues de l'histoire. Puis, mêlant aux faits publics des intérêts privés, présenter des êtres vivant de l'existence contemporaine, personnifiant les généralités de l'état social actuel, montant à la fortune ou descendant à la misère, aimant, souffrant, haïssant, accouplant les infamies aux vertus, et les crimes aux héroïsmes, suivant le tran-tran banal de la vie quotidienne, ou s'emplissant du souffle surhumain de l'épopée ; se faire l'historiographe d'une famille, qui résume en elle cent autres familles, et dont la monographie puisse à bon droit passer pour celle d'un groupe important d'individus français, dans la deuxième moitié du dix-neuvième siècle, voilà le thème des Rougon-Macquart, voilà ce que s'est proposé l'auteur. On sait ajourd'hui comment il a exécuté ce large plan, et réalisé ce concept magistral.

Toute la série des Rougon-Macquart comporte la description et l'analyse des évolutions, dans la vie contemporaine, de cette famille-type, ayant des membres répandus dans toutes les classes sociales, participant à toutes les éventualités de l'existence. C'est le Ministre, l'Insurgé, le Paysan, le Mineur, l'Ouvrier, le Bourgeois, le Spéculateur, le Soldat, l'Employé, l'Artiste, le Savant, la Servante, la Courtisane et la Femme du Peuple, dont l'histoire contient celle de tous leurs contemporains. Zola crée des types. Il synthétise. Il peint des tempéraments et non des caractères, des êtres généraux et non des individus. C'est l'Homme, la créature ondoyante et diverse de Montaigne, qui passe et s'agite dans son œuvre, mené par la double fatalité de l'Hérédité et du Milieu.

En particulier, dans cette *Fortune des Rougon*, volume initial, document primordial, on assiste à l'avènement, à la conquête de la richesse, et on suit l'accès au pouvoir de quelques membres de cette famille, à la faveur du crime triomphant du Deux-décembre. Aussi, Emile Zola a-t-il désigné ce premier roman comme étant le livre des Origines.

Le décor, observé et connu de près par l'auteur, est le paysage qu'il eut, dans son enfance, sous les yeux, jamais oublié, toujours évoqué. La Provence est le berceau de ses Rougon-Macquart, et la ville où la plupart des personnages se meuvent, c'est Aix, qu'il a baptisée du nom fictif de Plassans, qu'on retrouve fréquemment dans son œuvre. De là s'élanceront sur la société les Rougon-Macquart, famille de proie. Si le nom de Plassans est imaginaire, la ville apparaît bien réelle, avec ses trois quartiers, où se parquent systématiquement les nobles, les bourgeois, le menu peuple. Plassans, resté, malgré la Révolution, ville de hobereaux et de magistrats fossiles, avec ses grands hôtels toujours clos, dans les cours trop vastes desquels l'herbe pousse, ses églises, ses couvents, ses promenades solennelles, son commerce presque nul, sa stagnation intellectuelle, ses préjugés, ses castes, ses allures féodales et ses affections d'ancien régime, Plassans, c'est bien l'aristocratique et cléricale ville d'Aix-en-Provence. Puisqu'il a plu à l'auteur de laisser l'incognito à la cité mère de ses personnages, respectons-le. Constatons seulement que tout ce qui touche à la topographie extérieure et intime de Plassans, à son architecture, à son archéologie, à son individualité et à son anatomie comme cité, est traité avec une précision, une netteté et un relief étonnants. Plassans n'a que son nom qui ne soit pas réel.

Dans Plassans, donc, l'auteur nous montre, avec un grand coloris de détails et une abondance de petites touches, aussi minutieuses et aussi précises que celles dont Balzac usait pour nous initier à la vie de province de son temps, les quelques types saillants de la capitale parlementaire de l'ancienne Provence. On est aux derniers jours de la maladive République de 1848. Encore quelques semaines et, dans une nuit sombre, propice aux crimes, une poignée de bandits audacieux fabriquera une dynastie, que la France, pas fière, acceptera. Mais ce coup de main, dont quelques malins, à Paris, ont le pressentiment, est alors absolument insoupçonné en province. Plassans est très divisé. Il y a une force républicaine assez considérable dans les faubourgs; le quartier Saint-Marc, légitimiste et clérical, ne prend pas le Bonaparte au sérieux; la bourgeoisie, sournoise, peureuse, lâche, et cupide, irait volontiers au césarisme, puisqu'on dit que cela fera monter le 3 o/o, mais Plassans hésite dans son ensemble. Il faudra que le coup réussisse définitivement pour que la ville réactionnaire l'admette, et qu'on chante le *Te Deum* dans ses églises et qu'on crie : Vive l'empereur ! dans ses rues. L'auteur alors nous montre une famille dont un membre, qui a vécu à Paris et s'est trouvé mêlé à des agents bonapartistes, croit à la réussite du complot, et s'efforcera de le faire triompher, en province comme à Paris. C'est la famille Rougon.

Ici, l'auteur abandonne la peinture de cette société de Plassans, avec ses types subalternes : le marquis de Carnavant, le vieux beau ; Granoux, le prudhomme féroce ; Roudier, l'important ; Vuillet, le journaliste clérical, suant l'eau bénite et distillant la haine ; il entre en plein dans le cœur de son sujet, et nous décrit cette famille Rougon.

Cette galerie de portraits en pied, peints en pleine pâte, avec une largeur de touche, accompagnée de finis et de pointillés surprenants, comprend une série de figures, d'une variété et d'une vérité qui frappent. Elle s'ouvre par ce portrait de l'aïeule, de l'ancêtre, Adélaïde Fouque, de qui descendra cette race complexe des Rougon et des Macquart. Provençale, fille et femme de paysans, orpheline à dix-huit ans, Adélaïde était une grande fille maigre à l'œil trouble, aux airs étranges, dont le père mourut fou, et qui passait, dans le pays, pour avoir le cerveau fêlé comme son père.

Cette folie originelle se retrouvera plus ou moins accentuée, plus ou moins visible, dans ses manifestations, dans toute la descendance de cette Adélaïde. On en suivra les traces, d'Aristide Saccard, le spéculateur éhonté qui tripote dans la bâtisse et tire des millions du vieux Paris exproprié, jusqu'au séraphique abbé Mouret, tombant pâmé dans les bras d'Albine, sous l'arbre géant, à la sève capiteuse et au branchage extatique, du mystérieux Paradou ; d'Eugène Rougon, le politique, l'homme fort, le ministre, se jetant, comme une bête en rut, sur la froide Clorinde, dans la pénombre tiède de l'écurie, jusqu'à Gervaise, la femme de Coupeau l'alcoolisé, trébuchant, en compagnie de Mes-Bottes et de Bibi-la-Grillade, devant le comptoir terrible du père Colombe.

Cette Adélaïde Fouque épouse un paysan des Basses-Alpes, nommé Rougon, son domestique, qui meurt bientôt en lui laissant un fils. La jeune veuve prend presque aussitôt pour amant un homme mal famé : « ce gueux de Macquart », comme on le désigne dans le pays. Macquart est grand pilier de cabaret, et, quand le débitant chez qui il fréquente ferme sa porte, c'est d'un pas solide, la tête haute, comme redressé par l'ivresse, qu'il rentre chez lui, et on dit sur son passage : « Macquart marche bien droit, c'est qu'il est ivre-mort ! » A jeûn, il va courbé, évitant les regards.

De cette liaison d'Adélaïde la folle avec l'alcoolisé Macquart, naissent des enfants portant en eux ce double vice héréditaire, qu'ils transmettront : l'alcoolisme du père, le nervosisme de la mère.

L'intérieur de ce faux ménage est lugubre. Pierre Rougon, l'aîné, l'enfant des justes noces, grandit entre les deux bâtards. Il s'empare de sa mère et la domine, chasse ses frères et sœurs, et, quand Macquart meurt d'une balle reçue au coin d'un bois, en faisant la contrebande, il confine la veuve dans une masure sombre, isolée au fond d'une impasse, derrière un cimetière, s'empare de son avoir et le gère. Voilà posée la première pierre de l'édifice futur des Rougon. Cette pierre a pour assises la cupidité et le mépris du sentiment le plus doux chez l'homme : l'amour filial. Viendront ensuite la trahison, la ruse et le crime.

La progression ascensionnelle de Pierre Rougon, son mariage avec Félicité, la femme intelligente et ambitieuse, « petite Provençale noire, semblable à ces cigales brunes, sèches, stridentes, aux vols brusques, qui se cognent la tête dans les amandiers » ; l'extension donnée à son commerce, puis le temps d'arrêt dans la montée, la malchance, les faillites, dont on subit les contre-coups, les enfants qui surviennent et dont l'éducation coûte cher, toute cette lutte obscure et acharnée, qui dure trente ans, nous mènent jusqu'à la veille du coup d'Etat.

Alors se dessine le caractère odieux du chef de la famille. Pierre Rougon est poussé par son fils Eugène, et par sa femme qui n'a qu'un rêve : avoir un salon comme celui du receveur particulier, un salon tendu de damas de soie, où le Tout-Plassans souhaitera d'être invité, une cour provinciale dont elle serait la reine. Il s'enhardit, il se révèle. Au milieu de l'affolement des bourgeois et des hobereaux, surpris par l'apparition des bandes de paysans soulevés, à la nouvelle du coup d'Etat, Pierre Rougon se faufile à la mairie, y simule une résistance qui s'appuie sur la trahison de Macquart, le chef prudent des téméraires insurgés. Finalement il sauve l'ordre, la famille, la religion, en petit, à Plassans, comme Louis-Napoléon, en grand, à Paris, en jonchant les rues de cadavres. La fortune des Rougon se trouve donc avoir, pour origine et pour complice, la fortune des hommes de décembre. Dans deux autres volumes, *la Curée* et *Son Excellence Eugène Rougon*, on retrouve, s'accomplissant parallèlement, la destinée des deux aventuriers, le Rougon expliquant et complétant le Bonaparte.

La Fortune des Rougon, l'un des romans, de Zola, les moins connus, et dont le tirage est resté faible, est cependant un de ses livres méritant le plus d'être étudié. Il contient en germe tous les autres. C'est le gland d'où sortira le chêne, c'est une œuvre complexe où se retrouvent, comme en formation, embryons cérébraux, tous les éléments des produits qui naîtront successivement.

C'est l'ovule de tous les enfants de Zola. Il contient, en substance, leurs défauts, leurs qualités, leurs caractères et leur tempérament. Il faut lire ce livre-prologue, un peu comme un sommaire, donnant l'argument de tous les autres ouvrages de la série.

L'étude scientifique s'y trouve d'abord. La méthode expérimentale est appliquée avec précision et vigueur, pour la première fois, et comme pour servir de patron. Elle est passée au microscope et radiographiée, cette famille aux rejetons maladifs, choisie comme objet d'examen et d'analyse. Déjà on les pressent, on les devine, on les voit presque tous apparaître, ces névrosés, ces surexcités, ces haletants et ces dégénérés, dont l'autopsie intellectuelle révélera les tares et les tumeurs. Dès ce premier récit, on est initié aux désordres de l'organisme et à la mentalité de ces passionnés, jouets aussi d'un rut moral, qui les fait se lancer commes des fauves sur la proie, sur les jouissances physiques, sur les brutales satisfactions, femmes, argent, pouvoir, alcool. On n'a plus qu'à attendre à l'œuvre : Eugène Rougon, Saccard, Coupeau, Gervaise ou Nana. On a l'intuition de ces ivresses hyperphysiques, comme la griserie où se plonge l'abbé Mouret, aspirant à d'autres adorations que celles de l'autel, sorte de Bovary mâle, étouffant, râlant et se rebellant, dans son sanctuaire, comme la femme de l'officier de santé, dans son chef-lieu de canton, où l'oxygène du désir se trouve raréfié.

Ainsi que dans plusieurs autres œuvres de Zola, où l'effort humain est noté, pesé, enregistré, avec une exactitude mathématique, dans *la Fortune des Rougon* se trouvent relevées les sommes de manœuvres et totalisées les menées souterraines de Félicité, de Pierre et d'Eugène Rougon, pour obtenir le produit final, pour mettre la main sur Plassans, comme leur modèle et maître a déjà posé sa patte césarienne sur Paris.

Là aussi se révèle la puissance d'évocation des foules, et la magistrale stratégie avec laquelle l'auteur les maniera plus tard, dans *l'Assommoir, Germinal* ou *la Débâcle*.

On trouve enfin, dans *la Fortune des Rougon*, comme dans tous les livres de Zola, de la poésie, du lyrisme, de la tendresse et de la rêverie. Seulement, ici, l'auteur n'ayant pas atteint la trentaine, encore tout vibrant de ses premières émotions romantiques, plus proche de Musset, d'Hugo, de George Sand, ayant fermé seulement la veille le tiroir empli des rimes de *Rodolpho* et de *l'Aérienne*, donne plus de place au lyrisme et plus grande part à la tendresse. Ce qui fait de *la Fortune des Rougon* un ouvrage précurseur et intense, c'est qu'il s'y rencontre une outrance de poésie et de grandeur qui ne sera plus jamais atteinte, même dans *le Rêve*, même dans *Une Page d'amour*, même dans *la Débâcle* et dans *Germinal*. Il y a, dans ce roman, une épopée et une idylle.

Une population frémissante, indignée, héroïque, court, en chantant la *Marseillaise*, à la rebellion juste et à la mort imméritée, voilà l'épopée. Deux enfants purs, gracieux, énamourés, voilà l'idylle. Il y a du sang dans l'idylle, des extases dans l'épopée. Ce n'est qu'un épisode, l'amour ingénu de Miette pour Silvère, une pastorale évoquant Longus ; quant à la révolte des paysans, on peut considérer ce magistral tableau tel qu'un hors-d'œuvre historique, faisant souvenir de *la Légende des siècles*, mais ces deux morceaux d'art affirment, au portail même du monument massif et géant des Rougon-Macquart, quel poète et quel artiste en fut le constructeur.

Miette, c'est Chloé. Elle a treize ans. Elle est donc à l'heure indécise où, de l'enfant, chrysalide ambiguë, la jeune fille se dégage. Miette s'élance dans la vie, comme une libellule, échappée du calice d'une fleur, s'envole parmi les roseaux. Avec quelle délicatesse Zola dépeint cette envolée printanière :

> Il y a alors, chez toute adolescente, une délicatesse de bouton naissant, une hésitation de formes d'un charme exquis ; les lignes pleines et voluptueuses de la puberté s'indiquent dans les innocentes maigreurs de l'enfance ; la femme se dégage avec ses premiers embarras pudiques, gardant encore à demi son corps de petite fille, et mettant, à son insu, dans chacun de ses traits, l'aveu de son sexe. Pour certaines filles, cette heure est mauvaise ; celle-là croissent brusquement, deviennent jaunes et frêles comme des plantes hâtives.

L'analyse du romancier est complétée ici par l'observation du physiologiste, et le charme de la forme et l'éclat du coloris parent et masquent la vérité scientifique.

Donc Miette-Chloé et Silvère-Daphnis s'aiment ingénuement, crûment. Ils se le disent, naïfs et sincères, durant de longues promenades, le long des bords encaissés de la Viorne, et aussi dans les faubourgs déserts, par les allées des routes, les terrains vagues, les lieux sombres, les cours peu fréquentées, dans tous les recoins propices et au fond de toutes les solitudes, délicieuses et cherchées. Les deux amoureux, pour accomplir en toute sécurité ces promenades si douces, s'enfouissent dans la mante vaste de la jeune fille. Enveloppés, encapuchonnés, isolés, ils vont, se parlant bas, et se pressant silencieusement l'un contre l'autre. Ils cheminent au hasard devant eux, tout sentier leur étant bon. Parfois ils rencontrent d'autres couples, des amoureux comme eux, et, comme eux, serrés et abrités sous l'ampleur des mantes :

... dominos sombres qui se frôlent lentement, sans bruit, au milieu des tiédeurs de la nuit sereine, et qu'on croirait être les invités d'un bal mystérieux que les étoiles donneraient aux amours des pauvres gens...

Le tableau est charmant. Le Maître en tirera d'autres exemplaires, par la suite, comme lorsqu'il nous peindra ses deux petits amoureux parisiens gaminant dans les sous-sols et parmi les arceaux des Halles.

Une fraîche odeur de jeunesse circule, comme un bon parfum de foin coupé, à travers ces pages savoureuses. Le poète délicat, qu'il y eut dans celui qu'on se plut à traiter de pornographe, et à considérer comme un brutaliste incapable de sentir et de décrire autre chose, dans l'amour, que la culbute et l'étreinte haletante de la bête s'assouvissant, se laisse aller à l'émotion jeune et débordante de ses deux gentils personnages. C'est avec une sincérité émue, avec un enthousiasme où il y a de l'adoration, du désir, et peut-être une secrète envie, c'est avec une effusion toute juvénile, que les chastes enivrements des deux enfants nous sont contés. La scène délicieuse du puits, miroir gracieux et truchement fidèle des amants de l'aire Sainte-Mitte, prouve une fois de plus que, dans l'œuvre de l'écrivain naturaliste, il y a place pour les peintures les plus douces et les plus fraîches, telles que le caprice d'un poète élégiaque pourrait en évoquer. Et ce n'est ni une fausse note ni une contradiction, puisque ces scènes gracieuses et touchantes se rencontrent dans la nature.

Car ils sont vivants et vrais, ces deux enfants qui s'aiment, en dépit des temps mauvais et des préjugés pires. Avec quel art le romancier a su nous intéresser à eux, et mêler leur hymne de passion à la symphonie puissante et terrible de l'insurrection des gens de Plassans ! Avec quelle émotion on suit leur marche vagabonde dans la nuit, quand, Paul et Virginie provençaux, enfouis sous le capuchon et la mante épaisse, comme les poétiques amants de l'Ile de France sous la feuille protectrice et large du latanier des Pamplemousses, ils s'enfoncent, insoucieux et gais, dans l'ombre ouvrant devant eux son porche mystérieux. Ils suivent cette grande route noire, en parlant d'amour et d'avenir, cependant qu'à l'horizon gris-bleu, où déjà se dessine la barre blanchissante de l'aube, monte, grandit, éclate la rumeur étrange d'une foule en mouvement. C'est le peuple qui, dans les ténèbres, avec un bruit lointain de marée, accourt, roule ses vagues. Peu à peu s'élève, croît et rugit, claire, formidable, vengeresse, la grande Marseillaise des anciens jours, chantée par trois cents paysans en armes, marchant au pas, et qui croient, héros naïfs et sublimes, que l'heure de gloire est arrivée, et qu'un sang impur abreuvera bientôt leurs sillons !

Ici, l'idylle se fond dans l'épopée. Cette Marche des Paysans dans la nuit est un tableau d'histoire solide et large. Une fresque de maître. La composition est panoramique. Les détails sont nombreux, précis, choisis. Rien d'oiseux, rien d'inutile, rien d'omis, rien de trop. Les masses s'y meuvent, disciplinées, comme dans un finale d'opéra, et avec l'entrain d'une cohue d'insurgés enthousiastes. On entend d'abord rugir au loin l'hymne révolutionnaire, devenu depuis chant officiel, admis à la table des souverains. *La Marseillaise*, c'est l'avant-courrière superbe des bataillons. La campagne endormie s'éveille à ce tonnerre.

Elle frissonna tout entière, ainsi qu'un tambour que frappent les baguettes ; elle retentit jusqu'aux entrailles, répétant par tous ses échos les notes ardentes du chant national.

Ainsi le drame humain se déroule avec sa musique de scène. On remarquera à tout instant cette communion profonde, dans l'œuvre de Zola, de l'homme avec la nature, de l'être et de la chose, de l'objectif et du subjectif. Ce mélange intime et constant de l'élément animé et de l'élément inanimé, cet accouplement de l'espèce vivante et de l'inorganique, voilà une des plus précieuses conquêtes de l'école naturaliste. Le grand romancier anglais, Dickens, a beaucoup appliqué cette méthode ; souvent, il faut le dire, avec exagération et sans utilité. Le romancier français y a mis plus de mesure, partant, plus d'art.

Après le décor, après la symphonie, après la traduction, avec le mot, des bruits, des rumeurs, des souffles, de ce qui est confus et incohérent, après la perception donnée au lecteur de l'air ambiant, de l'atmosphère dans laquelle se meut cette foule qu'on entend marcher dans l'ombre, par cette nuit mémorable de décembre, voici la description des contingents divers des campagnes provençales soulevées pour la défense de la loi, de la justice et de la République. Il y a là un dénombrement des bandes armées, au fur et à mesure qu'elles défilent devant Silvère et Miette, qui est majestueusement épique. Et de ce magnifique tableau, avec un art infini de composition, l'écrivain a détaché en pleine lumière Miette, dont la pelisse est retournée du côté de la doublure rouge, ce qui en fait un manteau de pourpre. Dans la blanche clarté de la lune, le capuchon de sa mante arrêté sur son chignon, bonnet phrygien improvisé, elle serre, contre sa poitrine d'enfant, le drapeau que les insurgés lui ont confié. Fière, heureuse, grandie, la fillette qui prend, sans s'en douter, la stature héroïque d'une Jeanne d'Arc ou d'une Velléda, murmure à Silvère avec un sourire naïf et sublime à la fois

— « Il me semble que je suis à la procession de la Fête-Dieu et que je porte la bannière de la Vierge ! »

§

La Curée a été, nous l'avons dit, commencée avant la guerre, à raison du retard apporté par *le Siècle* à publier *la Fortune des Rougon*. Elle a été terminée en 1872. Publiée en feuilleton dans *la Cloche*, elle fut arrêtée par l'auteur lui-même. Un substitut manda Zola au parquet, et le prévint que, son roman étant immoral, il serait prudent de sa part de ne pas en continuer la publication sous la forme populaire du feuilleton. Des poursuites pourraient être requises. Le parquet n'agirait pas si l'ouvrage, au lieu d'être propagé par le journal, était seulement publié en librairie. Ce bienveillant, mais timoré substitut, conseillla à l'auteur de sauver le livre en abandonnant le feuilleton, car, si les poursuites étaient entamées, si la police se mettait en route vers l'imprimerie du journal, elle ne s'arrêterait pas, elle irait certainement jusqu'à la boutique du libraire. Zola suivit ce conseil. *La Cloche* interrompit les feuilletons, et, l'hiver suivant, *la Curée* parut chez l'éditeur Lacroix.

Cette prudence fut peut-être exagérée. Le parquet est un bon lanceur de romans, souvent. Mme *Bovary* dut d'être connue, achetée, lue, et dénigrée ou vantée, au réquisitoire bébête et prétentieux de l'avocat impérial Pinard. Puisque le livre de Flaubert était immoral, ainsi que le prétendait l'honorable et stupide organe du ministère public, tout le monde avait désiré se régaler des obscénités dénoncées. *La Curée*, déférée aux tribunaux comme roman dégoûtant, c'était le succès sûr et l'auteur attaqué, insulté, mais connu et bien payé, et cela trois ans avant *l'Assommoir*. Ce procès eût abrégé le stage que Zola devait encore faire avant d'arriver à la notoriété, au succès et à la fortune.

C'est une Phèdre moderne que cette Renée, et son Hippolyte est le pâle convive d'un festin de Trimalcion contemporain. Un roman truculent, évoquant les orgiaques banquets du Bas-Empire. Une des œuvres les plus colorées et les plus romantiques de Zola. Il y a un peu de grossissement dans les faits et d'exagération dans les personnages : Zola, il est vrai, écrivit ces pages, où Juvénal et Pétrone semblent avoir soufflé des épithètes, au moment où l'empire s'écroulait dans le sang, dans la honte, et où l'indignation et le dégoût excitaient à voir tout hors de proportion : on vantait la corruption impériale à force de la dénoncer énorme. C'était l'époque où, dans le langage de chaque patriote vibrant et surexcité, tout était à l'outrance : la guerre comme le mépris.

C'est peut-être dans *la Curée* que la très grande et très extraordinaire puissance descriptive dont fut doué Zola atteignit son apogée. Non seulement le relief, la configuration extérieure et l'impression plastique des êtres et des choses s'y trouvent rendus avec une netteté incomparable et une perfection sans rivale, l'art précis de Vollon ou de Roybet, mais l'atmosphère, le son, le rythme, l'allure propre à l'homme, ou imprimée par lui à l'objet dans son ambiance, y sont traduits avec une couleur qui éblouit et une vérité qui déconcerte. C'est de la peinture plus exacte que la photographie.

Voici, en exemple, le dîner donné par le spéculateur Saccard à une meute de bonapartistes, pourceaux sénatoriaux du bas empire, s'empressant à qui dévorera ce règne d'un moment.

Les types, d'abord, sont frappants : ce baron Gouraud, sénateur abruti, qui a des yeux d'accusé qu'on juge à huis-clos, et qui, lourd, avachi, brisé par les rudes travaux des maisons de passe, mâche pesamment, la tête penchée sur son assiette, comme un bœuf aux paupières lourdes ; Hupel de la Noue, le préfet à poigne, qui a dû être quelque part le père des pompiers et inventer de prodigieux virements ; Haffner, le candidat officiel, qui, plus tard, livrera son Alsace à la Prusse, par la force du plébiscite qu'il fera triompher ; Michelin, le chef de bureau corrompu, dont l'avancement est le prix de la honte, et les deux entrepreneurs balourds, Charrier et Mignon, qui sont si contents de la Curée impériale qu'ils disent tout haut ce que chacun pense tout bas : « Quand on gagne de l'argent, tout est beau ! »

Mais, outre ces types si vrais, si reconnaissables, l'air capiteux de cette salle à manger, où tant de convoitises et d'infamies sont attablées, l'impression de cette réunion de parvenus digérant les truffes comme ils avalent les millions, gloutonnement et bestialement, le relent de tous ces êtres échauffés mêlé à l'odeur de toute cette mangeaille, la buée indéfinissable flottant au-dessus de cette nappe et de ces convives, tout ce fond du tableau, l'artiste l'a rendu, et de main de maître. Il a noté jusqu'à ces « fumets légers traînant, mêlés au parfum des roses », et a constaté que « c'était la senteur âpre des écrevisses et l'odeur aigrelette des citrons qui dominaient ».

Une autre scène, où le talent de l'écrivain s'est joué de toutes les difficultés cherchées et entassées comme à plaisir, c'est celle de la serre : la fameuse scène de la serre. Zola est parvenu à y donner la sensation vive et précise d'un effréné duo d'amour. Là, tous les raffinements d'une passion maladive se mêlent à l'âcre stimulant du crime, dans un lieu étrange, capiteux, chargé de parfums provocants, où l'air même est lascif et irrite les sens à vif. La description de ce boudoir végétal, tout imprégné de senteurs aphrodisiaques et de sucs vénéneux, les enlacements brusques, les bonds, les caresses, les spasmes, les convulsions extatiques et les heurts désordonnés de Maxime et de Renée, « goûtant l'inceste », roulés sur les grandes peaux d'ours noir, au bord du bassin, dans la vaste allée circulaire aux ombrages monstrueux des tropiques, — tout ce chaos de sensations, de nerfs, de mouvements, de contacts et de violences physiques, tout ce pêle-mêle de la passion fouettée par le rut, tout ce tumulte d'imaginations maladives est peint, buriné plutôt, avec une furia inouïe. Ce tableau d'apparence érotique, mais dont l'impression est sévère et triste comme celle qu'on emporte d'une opération chirurgicale, a la précision d'une eau-forte de Rops.

Les peintures crues abondent dans l'œuvre de Zola, mais les voluptueuses et les raffinées y sont assez rares. Quand il rencontre ces tableaux érotiques à peindre, il n'hésite pas. Il ne fuit ni n'oblige à se rhabiller ses modèles. Il se rapproche et de tout près, froidement, les observe pour les décrire, avec l'impartiale exactitude du physiologiste, traitant de quelque virus surpris dans les organes du plaisir. Il détaille les phases, minutieusement, de la maladie qu'il a observée. Il y a en lui, alors, comme une de ces curiosités si étendues, si prolixes, des ecclésiastiques casuistes, s'efforçant dans leurs manuels de n'oublier aucune variété, aucune manifestation de la passion, dont ils ont entrepris d'éclairer les plus sombres arcanes, sans en avoir, par eux mêmes, exploré les seuils. C'est ainsi que cette phrase étonnante se trouve sous la plume d'Emile Zola, qui l'a certainement écrite simplement et chastement, constatation d'une particularité voluptueuse devinée : « C'était surtout dans la serre que Renée était l'homme ».

En présence de cette bonne foi évidente de l'artiste, tout au plus peut-on lui reprocher de se laisser aller à un peu trop d'admiration complaisante pour sa vicieuse Renée. Il l'a faite bien séduisante, cette femme de plaisir, et il la déshabille hardiment dans la scène des tableaux vivants, non sans goûter la jouissance âcre de l'imprudent et trop peu égoïste Candaule découvrant les belles formes de sa reine endormie.

Les procédés de composition de *la Curée* apparaissent plus simples et plus complets à la fois que ceux de *la Fortune des Rougon*. Ainsi le livre a pour bordure deux tableaux jumeaux, qui se répondent symétriquement et se renvoient la même pensée et la même impression. Tels deux miroirs conjugués.

Le tableau d'ouverture, c'est le retour du bois de Boulogne par un soir d'octobre. Le mouvement des voitures, le scintillement des harnais, les armoiries peintes sur les panneaux, les livrées, les laquais raides, graves et patients, les chevaux soufflant, et le lac, au loin, endormi, sans écume, comme taillé sur les bords par la bêche des jardiniers, ce paysage si parisien est rendu avec la couleur et l'intensité de perception que nous avons déjà si souvent signalées et louées chez l'auteur des Rougon-Macquart. Le tableau d'épilogue, c'est le même bois de Boulogne, mais revu en pleine clarté, par une chaude après-midi de juin. C'est le même défilé de voitures, de laquais, figés dans leur gravité patiente, avec les mêmes scintillements de harnais, de ferrures, de chanfreins d'acier ; mais tout cela baigné par une lumière large, éblouissante, tombant d'aplomb. Le lac n'est plus le miroir mat de l'après-midi d'octobre, c'est une grande surface d'argent poli reflétant la face éclatante de l'astre. Puis, au fond, comme dans une gloire, enfoncé au milieu des coussins d'un grand landau, passe, au trot de ses quatre chevaux, précédé de piqueurs à calottes vertes sautant avec leurs glands d'or, l'Empereur, mettant ainsi le dernier rayon nécessaire, et donnant un sens à ce défilé triomphal de l'empire à son zénith.

Le Ventre de Paris est une gigantesque nature-morte. On peut supposer que Zola, obligé, par sa collaboration au *Bien Public*, dont les bureaux étaient situés rue Coq-Héron, à l'angle de la rue Coquillère, à deux pas des Halles centrales, de passer fréquemment dans le voisinage de l'énorme garde-manger parisien, a dû être tenté de rendre la vie, l'animation, la couleur, jusqu'à l'émanation de cette prodigieuse Bourse de la boustifaille. Ce qu'il a fait plus tard pour la Halle aux valeurs, le marché de l'argent de la rue Vivienne.

Cette rencontre, cette hantise quotidienne ont dû certainement favoriser l'exécution de son livre sur les Halles.

Mais il y eut un autre élément, dans son inspiration, et un stimulant différent à sa conception.

Je me souviens qu'entre modernistes, lorsque nous nous préoccupions de rechercher et de signaler les monuments, les œuvres susceptibles d'affirmer la grandeur et la poésie du présent, sans nier ni rabaisser pour cela les belles et grandes choses du passé, nous parlions souvent des Halles. J'étais l'un des admirateurs du hardi et élégant palais de fer érigé par Baltard sur les plans de Hauréau. J'avais formulé cet enthousiasme pour la modernité architecturale, dans le premier article qui sortit de ma plume naïve : cet article, dont j'ai perdu le texte, mais retenu le titre et la donnée, s'appelait : *l'Art et la Science*. J'y indiquais un rajeunissement des formules épuisées, un renouvellement des conceptions usées, par l'adjonction de la science. C'était surtout l'architecture, qui me paraissait avoir fait son temps, et réclamer du neuf. Les ogives et les arceaux gothiques n'avaient-ils pas magnifiquement et longuement rempli leur rôle d'utilité et de beauté ? Il s'agissait, maintenant, puisque l'homme moderne avait besoin de gares, de docks, de théâtres, d'hôpitaux, comme le contemporain de Philippe-Auguste réclamait des cathédrales et des monastères, de concevoir et d'élever des édifices modernes, traduisant le vœu, l'enthousiasme, la foi des générations scientifiques, positivistes et industrielles du siècle de la vapeur et de l'électricité.

Sans contester le charme de Saint-Séverin, la délicatesse de Saint-Julien-le-Pauvre, et la majesté compacte de Saint-Eustache, j'exaltais, peut-être avec excès l'Opéra de Garnier et les Halles de Baltard. Avec Zola, nous parlions souvent de la beauté intrinsèque de cet art tout récent, que nos contemporains semblaient ne point voir, et dont la plupart se refusaient à admettre le double caractère utilitaire et esthétique. L'idée lui était venue, flottant en l'air, éparse dans nos propos, sommairement indiquée dans nos articles, discutée, combattue, approuvée, commentée, d'écrire un livre ayant les Halles pour décor et pour scène. Ce thème l'enchantait. Son système des milieux et des grands cadres participant à l'action, s'y incorporant, allait trouver là un propice sujet d'application. *Le Ventre de Paris* fut le premier de ses romans ayant le « milieu » pour sujet principal, presque pour intrigue. Comme, dans les tragédies antiques, le chœur intervient dans l'action. Il mêle son âme à celle des personnages. Il les anime. Il les explique. Participant à leurs passions, à leurs douleurs, il prend une part si importante aux événements, qu'il semble jouer un premier rôle. Dans plusieurs des volumes de la série des Rougon-Macquart, le lieu où se passe le drame, le décor des scènes, le cadre des tableaux deviennent ce qu'est, dans les romans d'imagination, dans les récits d'aventures, dans les péripéties de cape et d'épée, le Héros.

Dans *Germinal*, c'est la mine qui est le véritable protagoniste de la tragédie souterraine, et successivement ainsi nous aurons le roman de la Maison Bourgeoise, de la Maison Paysanne, de la Maison Ouvrière, de la Bourse, des Grands Magasins, des Chemins de fer, de l'Usine, enfin du Camp, et du Champ de bataille.

Le Ventre de Paris, c'est donc avant tout le roman des Halles Centrales. Zola fut attiré par le spectacle bigarré, fourmillant, ultra-vivant de ce quartier alimentaire qu'il fréquentait, qu'il observait au passage, qu'il se mit à étudier et de près, toujours avec son pince-nez de myope ardemment fixé sur les êtres et sur les choses. Oh! rien ne lui échappa du bazar de la mangeaille. Avec sa méthode d'investigation patiente et de vérification documentaire, dont il commençait à user avec une sûreté surprenante, et une précision presque infaillible, doué d'une faculté de perception quasi-instantanée et d'une puissance prompte d'assimilation, il inspecta, posséda ses halles. Paul Alexis a très bien raconté les promenades préparatoires, pour le roman en gestation, qu'il fit, à diverses époques, avec Zola, dans les Halles et par les rues environnantes :

Une fois, dit-il, en nous en allant, arrivés à un certain endroit de la rue Montmartre, il me dit tout à coup : « Retournez-vous et regardez ! » C'était extraordinaire : vues de cet endroit, les toitures des halles avaient un aspect saisissant. Dans le grandissement de la nuit tombante, on eût dit un entassement de palais babyloniens empilés les uns sur les autres. Il prit note de cet effet qui se trouve décrit quelque part dans son livre. Et c'est ainsi qu'il se familiarisait avec la physionomie pittoresque des Halles. Un crayon à la main, il venait les visiter par tous les temps, par la pluie, le soleil, le brouillard, la neige, et à toutes les heures, le matin, l'après-midi, le soir, afin de noter ses différents aspects. Puis, une fois, il y passa la nuit entière pour assister au grand arrivage de la nourriture de Paris, au grouillement de toute cette population étrange. Il s'aboucha même avec un gardien-chef, qui le fit descendre dans les caves, et qui le promena sur les toitures élancées des pavillons...

Il entassa ensuite tous les documents écrits qu'il put se procurer ; les livres sur les Halles étaient rares ; un volume de l'ouvrage de Maxime Du Camp, *Paris, sa vie, ses organes*, était à peu près tout ce qu'il trouvait comme sources. Il dut se renseigner à la préfecture de police, et se procurer des états, des statistiques, des règlements d'administration. *Le Ventre de Paris* devint un véritable traité d'organisation, de fonctionnement et d'administration des Halles.

Le livre est intéressant, avec son symbolisme en action des Gras et des Maigres, et le drame intime du suspect Florent et des Quenu-Gradelle, repus, satisfaits. Il s'y rencontre des passages d'une lecture plutôt écœurante, comme la confection du boudin, et la fameuse symphonie des fromages « où les marolles donnaient la note forte ». La force de l'expression et l'intensité de la description sont poussées si loin que l'on admire ce tour de force littéraire, en comprimant des nausées.

C'est un véritable poème gastrique que ce roman curieux. Inspiré sans doute par le spectacle des Halles et le désir de faire un livre, dont le palais de la nourriture fournirait le milieu et les personnages, Zola a aussi, probablement, obéi à une secrète pensée de rivalité. Il a voulu se mesurer avec Victor Hugo. C'est *Notre-Dame-de-Paris* qui semble avoir servi de modèle au *Ventre de Paris*. L'antithèse de l'Eglise et des Halles. Le poème de la matière répondant à celui de la spiritualité. La cathédrale personnifiant le monde mort du mysticisme et de la foi, le vaste marché incarnant les appétits et les besoins de notre société matérialiste. Les merveilles de la description et la vigueur du coloris étant également prodigués, pour le charme du lecteur, par le peintre des vitraux gothiques et par l'aqua-fortiste des arceaux de fonte, par le poète des fromages nauséabonds et des mous de veau rouges pendus aux crocs des boucheries, comme par le chantre des processions passant sous les voûtes hautes, dans des volées d'encens, au pied des tours dentelées et sonores, d'où Dieu semble parler à la terre. Notre-Dame et les Halles, c'est la lutte, dans la lice éternelle de l'art, de l'Ame et du Corps, de l'Esprit et de la Matière, de l'Idéal et du Réel, de l'Estomac qui mange et du Cerveau qui pense, du Passé, cela, tué, comme l'avait prévu Hugo, par ceci, le Présent.

Le Ventre de Paris, malgré son titre et son sujet, est un des livres de Zola où il y a le plus de poésie. Cette nature-morte superbe est traitée avec fougue, avec lyrisme, avec vie, par un pinceau romantique. C'est du Delacroix écrit.

La Conquête de Plassans suivit *le Ventre de Paris*.

C'est un drame intime ; l'histoire d'un fou, la progression effrayante de la fêlure cérébrale, avec des scènes de vie provinciale et cléricale. C'est la captation d'une fortune, la démolition lente d'une maison, le détraquement d'une intelligence, accompagnant la dispersion du bonheur domestique, sous les yeux et par l'effort d'un prêtre ambitieux et tenace, qui semble sorti du séminaire de l'abbé Tigrane.

La Faute de l'abbé Mouret est un livre étrange et touffu, où la botanique se mêle à la liturgie. On voit un prêtre, Serge Mouret, s'éprendre d'une petite sauvagesse, Albine, sous les arbres d'un paradis moderne et fantastique, le Paradou. Il y a tout un poème adamique dans ce livre prestigieux, qui semble par moments inspiré par un jardinier, en d'autres, par Milton. C'est une propriété de la campagne d'Aix, visitée dans sa jeunesse, que Zola a décrite sous le nom patoisé de Paradou. Toutes les parties techniques de ce livre sont très soignées, très vérifiées. Zola, pour les nomenclatures horticoles, s'était procuré le catalogue de Lencézeure et, pour les descriptions rituéliques, car la messe tient une place aussi considérable dans l'ouvrage que l'énumération florale, il ne manquait pas de suivre, le paroissien d'une main, le crayon de l'autre, les offices à Sainte-Marie-des-Batignolles. Le digne abbé Porte, curé de la paroisse, avait en lui un fidèle, jusque-là ignoré, qui donnait un exemple fort édifiant. On parlait même de lui offrir une place au banc d'œuvre, songez donc ! un homme de lettres connu, et passant pour incrédule, qui revenait au Seigneur ! Un jour, l'assidu et pieux chrétien ne reparut plus à l'église : *la Faute de l'abbé Mouret* était terminée, et, vaguement, la pensée de Zola se tournait vers les cabarets où Coupeau l'attirait.

Mais, avant *l'Assommoir* qu'il rêvait, qu'il cherchait, en piétinant le sable de la plage de Saint-Aubin, il publia un autre roman, le sixième de la série. Il abandonnait les curés, les personnages intimes, pour mettre en scène des hommes politiques, et le chef de l'Etat français avec son chien Nero et ses courtisans. C'était assez hardi de faire figurer, quelques années à peine après Sedan, Napoléon III dans un roman. Est-ce à ce personnage impopulaire, odieux même, ou au peu d'intérêt qu'avait pour ce public trop proche la représentation d'un monde politique dont on venait à peine d'être débarrassé dans un sanglant cataclysme, qu'il faut attribuer l'insuccès de *Son Excellence Eugène Rougon*, mais ce roman est un des moins connus et des moins vendus de toute la série.

C'est *la Curée*, affaiblie d'intensité et de mise en scène, plus restreinte. *Son Excellence Eugène Rougon* est un de ces romans à demi politiques, où l'histoire se trouve mêlée à la satire. On a assez justement rapproché différentes scènes de *Son Excellence*, de quelques-uns des tableaux du roman à clef d'Alphonse Daudet, *le Nabab*.

Les silhouettes des personnages secondaires de l'œuvre sont tracées assez nettement pour qu'on cherche à mettre un nom au-dessous de chaque type. Cependant, je ne crois pas qu'on puisse exactement fournir la légende individuelle, au bas de chaque portrait de cette galerie.

En réalité, les Kahn, les Béjuin, les Charbonnel, sont des figures composites où le romancier, usant de son droit, a fondu différents traits épars chez plusieurs de ses contemporains.

Les scènes d'intérieur, où l'on voit le ministre en proie à ses amis, dévoré par eux, et, à tout instant, accusé d'ingratitude par ces tyrans du bienfait, sont d'une observation très juste et d'une couleur absolument historique. Cet entourage véreux et compromettant de *Son Excellence Eugène Rougon*, ce n'était pas seulement le ministre, mais aussi le maître qui le subissait. Les échos des Tuileries ont souvent répété de singulières histoires, où des individus, infimes et crapuleux, parlaient en maîtres dans le cabinet impérial, et se faisaient grassement payer d'anciens services honteux, armés qu'ils étaient d'une intimité compromettante et de souvenirs inquiétants. Sur la figure fantasque et toute d'exception de Clorinde, on pourrait mettre le nom d'une grande dame cosmopolite, qui n'était pas mariée à un ministre français, et dont les ébats, à Compiègne, aux Tuileries et ailleurs, — notre Paris, pour cette aristocratique catin, n'était qu'un cabaret, — ont longtemps défrayé le chronique scandaleuse. Mais le grand, le véritable intérêt de ce livre gît dans ces scènes saisissantes : le dernier jour de Rougon au ministère, l'intérieur de la marquise Balbi et de sa fille, les réceptions de Compiègne, le voyage officiel dans les Deux-Sèvres, et surtout la puissante description du baptême du Prince Impérial.

La foule, la rumeur, le bruit, l'entassement des têtes aux fenêtres et sur les boulevards, les propos des badauds, le défilé, les soldats, les dames d'honneur, les prêtres, les cloches, les salves, les baïonnettes luisantes, la gloire enfin de cet empire de boue, de sang et d'or à son apogée, « flottant dans la pourpre du soleil couchant, tandis que les tours de Notre-Dame, toutes roses, toutes sonores, semblaient porter très haut, à un sommet de paix et de grandeur, le règne futur de l'enfant baptisé sous leurs voûtes », telle est cette page d'histoire, qui a l'ampleur d'une fresque, le pittoresque d'une chronique, et le mordant d'une satire.

De même que *la Curée* s'ouvre et se ferme par un même tableau correspondant, le Bois à l'aller et au retour, *Son Excellence Eugène Rougon* se déroule entre deux scènes jumelles, deux séances du Corps législatif, se répondant et se faisant pendant, comme ces deux toiles de Géricault qui sont au Louvre et représentent, l'une un cavalier triomphant, le sabre au poing, campé solidement sur ses étriers, enlevant son cheval qui hennit joyeusement en s'élançant, la crinière haute, à la lutte et à la victoire; — l'autre personnifiant la défaite sombre, et la retraite difficile, montrant le même cavalier, mais démonté, la bride de son cheval las et blessé passée à son bras, descendant péniblement une pente abrupte et s'aidant, comme d'un bâton ferré, du fourreau de son sabre inutile. Tout le livre est dans ce cadre, la chute et le triomphe d'Eugène Rougon. Si l'intensité d'effet produit est ici moins grande que dans *la Curée*, l'art de la composition y est aussi parfait. La vérité de l'histoire, l'intimité de la vie surprise, et la précision des détails y sont remarquables.

L'Assommoir est le plus célèbre des romans de Zola. Il a fait fortune. Le talent et l'originalité, vainement prodigués en d'admirables pages, et dont l'auteur avait fait la preuve dans les six volumes précédents, n'avaient pu forcer les portes de la grande notoriété. Zola, stagiaire de la gloire, piétinait dans le vestibule, faisant queue derrière d'encombrantes médiocrités, aujourd'hui balayées, attendant qu'on lui accordât audience. *L'Assommoir* donna le coup d'épaule nécessaire et l'auteur entra d'un bond dans la pleine célébrité. Il fut non seulement connu, classé, mais aussi fut-il désormais discuté, injurié, admiré. Il devint quelqu'un. Il ne fut plus permis de l'ignorer. On dut, sans doute, presque partout, accabler de mépris et d'insultes sa personnalité, son talent, mais il était interdit de ne pas savoir qui il était.

Sans ce retentissant ouvrage, Zola serait demeuré un romancier estimable, raccrochant ici et là, d'un confrère bienveillant, un éloge, et d'un grincheux, un éreintement ; tout cela sans portée, sans intérêt pour la foule. Il eût disparu, inhumé dans les dictionnaires encyclopédiques et les bibliographies, entre divers écrivains également enterrés vivants, comme Champfleury, Duranty, Charles Bataille, Marc Bayeux et autres contemporains, plus ou moins morts-nés, conservés dans les bocaux de l'érudition frivole. Zola était littérairement perdu. On le classait, depuis *la Faute de l'abbé Mouret*, parmi les fantaisistes, les poètes en prose, gens qu'on lit peu, et après *Son Excellence Eugène Rougon*, parmi les ennuyeux, gens qu'on n'achète jamais. Son éditeur, malgré l'amitié qui existait entre eux, eût fatalement espacé les publications de ses œuvres, de moins en moins attendues par le public, et les secrétaires de journaux se seraient empressés de déposer ses feuilletons dans l'armoire bondée, où s'étagent les manuscrits destinés à ne jamais connaître les rouleaux d'imprimerie.

Il fallait presque un miracle pour que son nouveau roman trouvât un journal pour le publier et des lecteurs pour le lire. Le miracle se produisit. Voici son explication, car tout miracle est explicable : il y avait, à cette époque, 1875-1876, tout un groupe de littérateurs, de médecins, d'artistes, de politiciens, de professeurs de droit et de sociologues, qui reprenaient, avec plus de sérieux, plus d'autorité, plus de ressources financières aussi, l'œuvre inachevée dont Thulié et Assézat avaient disposé les fondations, dans leur revue : *le Réalisme*. Ces hommes, jeunes alors, dont quelques-uns survivent, voulaient introduire dans la science, dans la philosophie, dans la linguistique, dans la politique, dans l'art et dans la littérature, la vérité, la réalité, l'expérimentaion. Ils avaient pour maîtres Littré, Broca ; ils se rattachaient à Darwin, à Spencer, à Bentham. Une association assez singulière, *l'Autopsie mutuelle*, les groupait. Le but de cette société était l'étude du cerveau du membre décédé. Etant personnellement connu, ayant manifesté son énergie pensante, laissant des œuvres, une trace sur le sable fugitif des générations, ce sociétaire pouvait fournir un sujet plus intéressant, plus vaste, plus précis aussi, pour l'étude du cerveau, que les pauvres hères, appartenant d'ordinaire aux classes illettrées et peu intellectuelles, livrés par les hôpitaux, et dont on ignorait les antécédents, les facultés, l'existence. Broca était le président de cette société, qui existe encore et dont je fais partie, sans toutefois être pressé de lui fournir un prochain sujet d'études. Les principaux membres de l'Association étaient Louis Asseline, docteur Coudereau, Abel Hovelacque, Issaurat, Sigismond Lacroix, Yves Guyot. Ce dernier dirigeait *le Bien public*. Emile Zola, déjà critique dramatique à ce journal, en rapport avec les mutualistes de *l'Autopsie*, ayant annoncé l'achèvement d'un nouvel ouvrage, où la névrose ancestrale était étudiée dans ses manifestations perverses et morbides, surexcitées par l'alcoolisme, fut encouragé, appuyé par le groupe. Malgré quelques hésitations suggérées par des crudités de style, Yves Guyot eut le courage, car c'en était un pour l'époque, de donner en feuilleton *l'Assommoir* dans *le Bien public*. Composé à Saint-Aubin, au bord de la mer, dans l'été de 1875, il parut en 1876. Ce fut une louable tentative littéraire, une fâcheuse opération financière, pour le journal que M. Menier, le bon chocolatier, subventionnait.

L'Assommoir avait été payé dix mille francs à l'auteur, pour sa publication en feuilleton. Non seulement le tirage ne monta pas, mais, sous l'avalanche des lettres d'injures et la grêle des menaces de désabonnement, il fallut battre en retraite. On coupa court. Pareille mésaventure était déjà survenue à l'auteur, pour *la Curée*. Il supporta l'amputation avec son habituelle énergie.

L'Assommoir fut transporté dans une petite revue littéraire, *la République des Lettres*, que dirigeait Catulle Mendès, le poète parnassien, aux œuvres plutôt raffinées, et dont les préoccupations artistiques, comme les tendances littéraires, semblaient si distantes des théories du naturalisme, et d'ouvrages comme *les Rougon-Macquart*. Il était, cependant, grand admirateur de Zola. *La Faute de l'abbé Mouret*, avec son Paradou, l'avait enthousiasmé. Cet accueil, fait à un auteur et à un ouvrage aussi fougueusement « naturaliste » par un écrivain et par une publication se recommandant de Victor Hugo, démontre combien, malgré ses protestations et ses théories, Zola était considéré comme un romantique, comme un poète.

La presse fut moins tendre. Des articles indignés parurent. Les journalistes vertueux dénoncèrent *l'Assommoir* comme immoral, les publicistes solennels, courtisans populaires, affirmèrent que le corps électoral était insulté dans l'une de ses forces les plus utiles à flatter, la masse ouvrière urbaine. Les petits journaux, les revues de cafés-concerts, les feuilles illustrées, chansonnèrent, raillèrent, exagérèrent. A force de persuader au public que *l'Assommoir* était un livre excessivement « cochon », le traditionnel pourceau que toute gaine humaine passe pour contenir endormi, s'éveilla, et le succès devint énorme. Bien qu'au fond il n'y ait rien de folichon dans le sombre tableau de la misère ouvrière, et dans la description des déchéances morales et physiques de l'homme et de la femme, happés par l'engrenage de l'ivrognerie, la réclame-outrage porta. L'épithète de pornographe lancée resta, et attira. La maîtrise de l'auteur, sa puissance de vision et son art d'évocation furent révélés à des milliers de lecteurs, qui, sans le tapage fait autour de *l'Assommoir*, n'auraient probablement jamais eu l'idée d'ouvrir ce roman, ni les ouvrages qui l'avaient précédé. Grâce à cette fausse réputation d'auteur licencieux, Zola devint en quelques jours le romancier le plus connu, le plus acheté aussi. On rechercha ses premiers volumes, et ceux-ci, à la remorque de *l'Assommoir*, furent emportés vers le succès.

L'Assommoir est demeuré comme exceptionnel dans l'œuvre de Zola. Les mœurs populaires y sont peintes avec une vigueur touchant à la brutalité, qui empoigne et qui émeut. Les uns éprouvent de l'indignation, d'autres du dégoût, quelques-uns de la pitié. Nul lecteur ne saurait demeurer indifférent devant une page de ce livre extraordinaire.

La facture en est également à part. Soit que Coupeau, Gervaise ou Mes-Bottes emploient le langage direct, soit que le romancier, en style indirect, raconte et explique leur existence, leurs actes, leurs sentiments, leurs passions, le vocabulaire est celui de l'atelier, du comptoir, de la rue. Ce n'est pas l'argot classique, le bigorne des chansons du temps de Gaultier-Garguille, ni le « jars » d'Eugène Sue « dévidé » dans *les Mystères de Paris*, mais plutôt la langue verte, le parler trivial des ateliers et des cabarets. L'auteur a écrit comme les ouvriers ont l'habitude de « jacter ». Il a dû, pour substituer à sa langue littéraire ce parler, faire un effort de linguistique.

Je crois que *la Chanson des Gueux*, de Jean Richepin, parue un peu avant *l'Assommoir*, l'aura excité à user de ces vocables pittoresques et colorés, qui forment le fond de la langue du peuple parisien. Cette curieuse adaptation de l'idiome populaire à une œuvre de littérateur ne s'est pas effectuée sans travail. On sent, ici et là, que l'auteur a péniblement fait son thème. Il devait penser, dans la langue très littéraire, souvent poétique, qui était la sienne, qu'il employait en ses romans précédents, et il mettait ensuite en « faubourien » les mots et les tournures de son langage usuel. Ainsi, et cet exemple, pris entre mille, démontrera le mécanisme du procédé, dont il ne parut s'aviser qu'après réflexion, car les deux premiers chapitres de *l'Assommoir* ne sont pas écrits en style argotique : à un endroit du roman, il s'agit de montrer Coupeau déambulant, l'air crâne, disposé à rire, à s'amuser, avec des camarades qu'il précède. Ceci pourrait se dire simplement ainsi. Zola transpose argotiquement la phrase ordinaire et écrit : « Coupeau marchait en avant, avec l'air esbrouffeur d'un citoyen qui se sent d'attaque... »

Cette déformation du langage correct et littéraire est d'un usage fréquent au théâtre. C'est ce qu'on appelle patoiser. Il y a des exemples classiques et fameux de ce procédé. Molière y eut recours dans deux ou trois pièces. Les comiques secondaires, les auteurs poissards, les membres du Caveau en ont abusé. Les paysans d'opéra-comique, depuis Sedaine jusqu'à Scribe, s'exprimaient presque obligatoirement dans ce patois. Désaugiers, Emile Debraux, Frédéric Bérat, ont également employé ce vocabulaire destiné à donner l'illusion de la réalité. Aujourd'hui encore, dans les revues, dans les farces militaires et dans les drames, où il y a des bergers, des campagnards, des filles de ferme et des servantes d'auberge, les auteurs les font patoiser, pour donner, pensent-ils, plus de vraisemblance au milieu. Des paroliers populaires, ou plutôt populaciers, comme Charles Colmance, l'auteur du *P'tit Bleu*, d'*Ohé! les Petits Agneaux*, et les chansonniers montmartrois, Aristide Bruant, Jules Jouy, de Bercy, Yann' Nibor, Botrel, ont employé tour à tour l'argot des souteneurs et le parler naïf des matelots et des pêcheurs de Bretagne. Enfin, dans le roman, il existe un très curieux récit, antérieur de plusieurs années au livre de Zola, *le Chevrier* de Ferdinand Fabre, où l'auteur prête à son Eran de Soulaget, à son Hospitalière et aux autres personnages du Rouergue qu'il met en scène, un idiôme bâtard, mi-littéraire et mi-rustique, qui donne de la saveur agreste à l'ouvrage.

Zola a voulu communiquer l'impression frappante de la vie, en faisant parler l'argot à ses faubouriens. On peut contester qu'il ait réussi. C'est une réalité factice et un langage convenu qu'il nous donne. Il y a forcément une convention du langage, au théâtre comme dans le livre; et, dans toute œuvre de littérature, les personnages ne dialoguent pas du tout comme ils le feraient dans la vie réelle. Ils n'expriment que les sentiments, les passions, les faits qu'il est intéressant de connaître, et l'auteur traduit, avec son style propre, mais avec le dictionnaire courant, avec la grammaire ordinaire, ce qu'ils ont pensé, ce qu'ils ont à dire. Quand, au lieu du dialogue, l'auteur emploie le style indirect, quand il analyse et décrit les sensations, les idées de ces mêmes personnages, il le fait avec une correction et une minutieuse analyse qui le dénoncent à chaque ligne.

Il est impossible que la convention ne régisse pas l'expression dans toute œuvre, romanesque ou théâtrale. Si vous mettez un Anglais, un Africain, un Japonais à la scène, vous supposez, et le public admet avec vous, que cet exotique connaît notre langue. Schiller a fait Jeanne d'Arc s'exprimer en bon allemand, bien qu'il soit contraire à la vraisemblance historique que l'héroïne lorraine ait pu parler l'idiome germanique. Elle l'ignorait. Quand un romancier raconte les actes de ses personnages, ou décrit ce qui se passe dans leur conscience, il emploie nécessairement les termes, les tournures, les formules qui sont à sa disposition et qui correspondent à sa culture, à sa force de coloris, à l'intensité de son style, et pas autrement. On ne saurait demander à un auteur dramatique du xxe siècle, donnant une pièce sur l'Affaire des Poisons, de mettre dans la bouche de ses acteurs les phrases et les tournures usitées à la cour de Louis XIV, ou à un romancier moderne, traitant un sujet se passant dans l'antiquité, de faire parler ses héros comme les contemporains de Pétrone Arbiter. Ni Victorien Sardou ni Sienkiewickz n'ont estimé nécessaire, à la vraisemblance de leur œuvre ou à l'illusion du public, ce trompe-l'œil linguistique.

L'Assommoir eût été un livre tout aussi fort, et aurait fourni un tableau tout aussi saisissant des milieux populaires, s'il eût été écrit dans le style des autres romans de Zola. D'autant plus que l'argot employé par lui est plutôt poncif, et hors d'usage. C'est un idiome excessivement variable que ce jars ou jargon. Il se forme et se déforme avec une surprenante spontanéité et une diversité continue. Une vraie végétation cryptogamique. Elle se développe rapidement sur le fumier des villes. Ceux qui usent de ces vocables étranges se proposent surtout de parler une langue à eux, une langue secrète. Il s'agit de ne pas être compris par tous, de se faire entendre des seuls initiés. L'argot des personnages de *l'Assommoir* était déjà démodé au temps où Denis Poulot en mettait des expressions sur les lèvres de ses ouvriers du *Sublime*. Il serait incompréhensible et ridicule aujourd'hui. Celui qui, même à l'époque où Zola place ses personnages, eût répété, dans un *assommoir* quelconque, les expressions que l'auteur prête à Bibi-la-Grillade ou à Mes-Bottes, eût provoqué chez les copains un ahurissement analogue à celui qui, dans un salon, accueillerait un jeune provincial s'imaginant qu'il est toujours d'usage, à Paris, de mâcher les *r*, comme les incroyables du Directoire. Le terme même d'*assommoir* n'a jamais été employé, au moins couramment; on disait, et l'on dit encore, parmi ceux qui fréquentent ces endroits populaires : bistro, mannezingue, mastroquet, abreuvoir, etc. *L'Assommoir* était simplement le sobriquet d'un cabaret de Belleville.

Une chanson, grossière, de Charles Colmance avait donné une notoriété à cette guinguette. Voici le couplet de cette chanson, dont le refrain était : « J' suis-t-y pochard ! »

> A l'Assommoir de Bell'ville,
> Au vin à six sous,
> A propos d'une petite fille,

> J'ai z'evu des coups.
> J'en ai-t'y r'çu un' terrible
> Dans mon pauv' pétard...
> On n' m'appell' pus l'invincible,
> Ah ! j' suis-t-y pochard !

Cette question de forme, de vocabulaire, n'a donc pas eu l'importance ni l'originalité que lui attribuait l'auteur. Le grand succès de *l'Assommoir* tint à d'autres causes : d'abord à l'intensité du drame de l'alcool, à la peinture violente des mœurs populaires, à la vigueur et au coloris des tableaux de l'existence ouvrière. Il faut également noter que *l'Assommoir* a été surtout un succès bourgeois, presque un triomphe de réaction. L'antagonisme des classes était flatté. Malgré les affections sympathiques, les élans, les effusions, qui se manifestent, surtout dans la vie publique, en vue de la captation électorale, ou par crainte prudente, ceux qu'on nomme les bourgeois n'aiment guère ceux de leurs contemrains qu'on englobe dans la désignation de « peuple ». La distinction paraît subtile. Elle est forte, cependant, et aisée à constater. Elle se traduit par le langage, par le costume, par le cantonnement et la séparation d'existences et d'habitudes. Ceux qui ne se livrent pas à un travail manuel, qui ne sont pas salariés à la journée, ou qui ont des prétentions à une certaine élégance, à une distinction plus ou moins affinée, ceux qui se classent dans la catégorie des « messieurs », leurs épouses étant des « dames », et leurs filles des « demoiselles », — on sait quel fossé il y a entre ces deux expressions : une « dame » ou une « femme » vous demande ! » — ceux-là sont désignés sous le nom historique et politique de « Bourgeois »; ils forment une formidable caste, allant de la haute finance, de l'aristocratie vieille ou neuve, des fonctionnaires, des titulaires de charges, des possesseurs de terre et de châteaux, des gros négociants et des hommes à professions dites libérales, jusqu'aux modestes employés, aux petits commerçants, aux contre-maîtres, aux surveillants, aux ouvriers détachés de l'établi, démunis de l'outil et portant redingote et veston, siégeant au bureau, circulant dans les ateliers, tous ceux-là n'aiment pas ce qu'ils appellent le « Peuple ». Ils peuvent le flatter à haute voix pour lui soutirer des bulletins de vote, pour l'amadouer et éviter ses insolences, ses gros mots, peut-être ses voies de fait ; ils n'ont pour lui, sauf quelques rares exceptions, que secret dédain et instinctive répugnance. Quelque chose de la répulsion méprisante et haineuse du créole pour le nègre. Les barrières matérielles qui isolaient, dans les Etats-Unis du Sud, les blancs des hommes de couleur ont pu être renversées là-bas ; elles subsistent, chez nous, morales. La bourgeoisie, la classe ci-dessus dénombrée, ne fraye pas avec le travailleur manuel. Elle ne partage ni ses plaisirs, ni ses peines. Elle est indifférente à ses souffrances, à son emprisonnement fatal dans les cellules sociales d'où il est si difficile de s'évader. Est-il un seul de ces bourgeois qui consente à faire apprendre à son fils un état manuel, un métier, à moins d'y être contraint ? Une fille de cette bourgeoisie épouse-t-elle librement, sur le conseil de ses parents ou par amour, et par choix, un ouvrier ? Les classes marchent dans la vie sur des voies parallèles. Elles cheminent sans se confondre, leur union n'a lieu qu'à titre exceptionnel. Ceux qui se mélangent ainsi sont des individus à part, qualifiés selon le côté de la voie qu'ils occupent, de déclassés ou de parvenus. Ces deux armées rivales s'injurient et se lancent de loin des regards irrités. Pour l'ouvrier, la classe bourgeoise se compose de fainéants, d'inutiles, de jouisseurs, d'exploiteurs ou simplement de privilégiés chançards, dont on envie la veine, qu'on voudrait bien imiter, dans les rangs desquels on s'efforce, à coup de coude, parfois à coups de crimes et d'abjections, de se faufiler, mais que le commun des déshérités du sort se sent impuissant à rejoindre et à fréquenter. Pour le bourgeois, la classe ouvrière, est un ramassis d'êtres inférieurs, grossiers d'allures, sentant mauvais, capables de tous les méfaits, toujours entre deux vins, et dont les amours font songer aux accouplements des bêtes, en somme des êtres inférieurs avec lesquels on ne fraternise que les jours d'émeute et les soirs d'élections.

Zola, par la suite, dans ses généreux contes de fées humanitaires, publiés sous des noms qu'on donne à présent aux cuirassés : *Travail*, *Vérité*, *Fécondité*, a réhabilité l'homme du peuple, exalté les vertus ouvrières, idéalisé le forgeron, le paysan, l'instituteur, et peint avec des couleurs fort sombres le monde bourgeois, mais, à l'époque de *l'Assommoir*, il a tracé un si vilain tableau des mœurs du peuple qu'il a pu passer pour avoir fait œuvre de réaction et de diffamation sociale. *L'Assommoir*, où l'on ne voyait que des pochards et des prostituées, apparut à la fois comme une caricature et comme une satire de la classe ouvrière.

Malgré ma vive admiration pour Zola, malgré le respect qu'on doit avoir pour une œuvre de la force de *l'Assommoir*, il est difficile de ne pas reconnaître que cette peinture des existences et des mœurs ouvrières est peu flatteuse pour la population laborieuse. Plus on l'estimera exacte, plus cette reproduction de la vie faubourienne apparaîtra blessante et même injurieuse, pour les modèles. Elle donne trop d'arguments aux antipathies bourgeoises, et l'on s'explique ainsi pourquoi Zola, honni légendaire comme pornographe et irrespectueux envers le clergé, la morale et le capital, a paru longtemps suspect aux milieux démocratiques. Son tableau, du reste, péchait par l'exactitude. Il n'y a pas que de la débauche et de l'ivrognerie dans les faubourgs, et les ouvriers laborieux, sobres, rangés, sont encore en majorité. Sans cela, Paris ne serait qu'un assommoir géant et qu'un colossal asile d'aliénés.

Les personnages de *l'Assommoir*, en mettant à part Coupeau et Gervaise, qui devaient symboliser et synthétiser la déchéance morale, matérielle et sociale de l'ouvrier, conséquence de l'atavisme et de l'alcoolisme, sont tous des ivrognes, des coquins, des brutes. Bibi-la-Grillade, Mes-Bottes, Bazouge, voilà des êtres indignes, abrutis par la fréquentation de l'assommoir du père Colombe ; tous sont happés par la machine à saouler et pas un n'échappe au monstre. L'auteur n'a fait d'exception que pour deux des comparses de son drame : Lantier et Goujet. Ceux-là seuls ne sont pas des pochards. Mais ces sobres héros sont, l'un méprisable et l'autre ridicule. Exceptionnellement aussi, l'auteur a donné des opinions politiques au souteneur : il est républicain. Grand merci pour la République de cette recrue !

Ici, une critique s'impose : si *l'Assommoir* était une vaste fresque ouvrière, brossée d'après nature, à larges touches, avec crudité, et d'un pinceau brutal, souvent, mais peinte aussi en pleine pâte de vérité ; si les modèles avaient été observés dans toute leur réalité, l'artiste n'eût pas manqué de donner une place, et au premier plan, à ces ouvriers parisiens si connus, si répandus : le vieux travailleur, à barbe grisonnante, ancien combatant de 48, plein des souvenirs de la barricade, évoquant les journées tragiques de juin, l'émeute de la faim, maudissant Cavaignac, et narrant les atrocités commises par les petits « mobiles », féroces gamins, fils d'ouvriers défenseurs des bourgeois. Ce type existait alors, et très net, très accusé. Il manque. A côté de lui, il eût fait figurer le socialiste rêveur et utopiste, ayant mal et trop lu Proudhon, énonçant de chimériques projets, construisant, avec des matériaux imaginaires, une cité future idéale et humanitaire, où seraient réalisés les plans fantaisistes des Cabet et des Considérant, fondateurs de fantastiques Icaries. Il eût aussi dessiné les silhouettes familières aux hommes de la génération qui assista à la chute de l'Empire, du jeune ouvrier froid, pincé, aux lèvres minces, lisant beaucoup, pérorant avec âpreté, n'allant au cabaret que pour y rencontrer des amis politiques, recherchant les postes de secrétaire ou de trésorier de groupes, organisant des cercles d'études sociales, et préparant, avec une flamme intérieure, révélée par l'éclat sombre des yeux, la lutte finale du prolétariat. Zola ne l'a ni vu, ni même connu, cet affilié à l'Internationale, futur délégué au comité central de la garde nationale, communard ardent, combattant du fort d'Issy ou délégué à une fonction quelconque, destiné, s'il échappait à la fusillade, aux avant-postes, au massacre du Père-Lachaise ou à l'exécution sommaire de la caserne Lobau, à être déporté en Calédonie. L'ouvrier politicien, le socialiste doctrinaire et le militant révolutionnaire absents, la représentation de la vie ouvrière se trouve incomplète et *l'Assommoir* n'est qu'une ébauche inexacte des mœurs et des passions de la population parisienne. Et l'estaminet clos, aux carreaux brouillés, le lupanar-café dont le numéro géant flamboyait autrefois, sur les boulevards extérieurs, à Monceau, *la Patte de chat*, à Rochechouart, *le Perroquet gris*, et ainsi de suite à la file, raccrochant au passage, les samedis de paie, l'ouvrier rentrant des Ternes à la Villette. Zola complètement l'a négligé, oublié. C'est pourtant, comme le cabaret, un des endroits démoralisateur de la classe ouvrière.

Lantier est un personnage flou, vague, impersonnel sans être typique, dessiné de chic, d'après le Jupillon de *Germinie Lacerteux*. En lui donnant des idées et des préoccupations politiques, Zola a encore commis une erreur, et ajouté à l'inexactitude du tableau. Presque tous les ouvriers, à l'époque où se place le drame de *l'Assommoir*, s'occupaient de politique, et étaient ouvertement hostiles au gouvernement impérial. Les votes des circonscriptions populaires en font la preuve. Malgré la pression administrative formidable et la puissance de la candidature officielle, les ouvriers de Paris nommaient alors députés : Jules Favre, Emile Ollivier, Ernest Picard, Garnier Pagès, Darimon, les fameux Cinq, puis bientôt Jules Simon, Pelletan, Bancel, enfin Rochefort et Gambetta. Ceci prouvait la force de l'opinion démocratique et opposante dans les faubourgs. Ce n'étaient pas les seuls souteneurs qui battaient, avec des majorités écrasantes, les candidats du gouvernement. Bien au contraire, ces êtres à part dans la société, vivant comme en dehors de la population, dont ils ne partageaient ni les labeurs, ni les soucis, ni les préoccupations, étaient, en grande majorité, indifférents à tout ce qui se rapportait à la politique et aux affaires publiques. N'étant pas électeurs et sans domiciles stables, ils se désintéressaient des opinions et des luttes. Si, par hasard, ils témoignaient d'une préférence gouvernementale, c'était en faveur du régime existant : ayant pour principe de ne pas se mettre mal, sans nécessité, avec les autorités. Au moment des désordres provoqués dans la rue par la police, à la fin de l'Empire, ce furent les souteneurs, descendus de Ménilmontant, qui formèrent les contingents des fameuses Blouses Blanches : Lantier, certainement, se fût trouvé parmi eux.

Ajoutons que ce personnage, le vagabond spécial, comme on dit aujourd'hui en termes judiciaires, assez facile à se représenter, et dont les exemplaires sont fort nombreux sous nos yeux, n'est pas non plus exactement observé, ni pris dans la réalité. Lantier, c'est l'homme qui débauche une femme mariée, établie, et qui l'entraîne à la ruine, à la déchéance, à la mort. C'est un traître de mélo. Ce n'est pas l'un de ces pourvoyeurs qui pullulent aux abords des ateliers, des magasins, des gares. Ils guettent les jeunes filles coquettes et frivoles, les provinciales venant à Paris, à la suite de couches, les domestiques sans places, les femmes lâchées par un amant volage, et, quand ils se sont emparés de ces proies faciles, ils s'efforcent, en les cajolant, en les brutalisant aussi, de les « mettre au truc », c'est-à-dire de les envoyer sur le trottoir ramasser, dans la boue de l'amour vénal, les subsides nécessaires à leur entretien, à leurs plaisirs. Beaucoup sont les amants de filles d'amour leur rapportant le salaire ignominieux, le jour de sortie de la maison close. Lantier, bien qu'exploitant la tendresse de Gervaise, la poursuivant, la dominant, agit plutôt en amant ordinaire de femme mariée, et ce n'est pas du tout le don Juan du « tas », pilotant et rançonnant la malheureuse ouvrière d'amour, qu'il change fréquemment, et avec laquelle il ne mène nullement l'existence du ménage à trois. Zola nous a donné un souteneur romanesque, idéalisé, fictif, après Gervaise, poursuivant Mme Poisson, ou toute autre femme mariée ; les scombres du ruisseau ne le reconnaîtraient pas pour un des leurs. Ils ne lui permettraient pas de frayer dans leur bande. Un « paillasson », tout au plus pour employer un des termes de leur langage, et non pas un vrai « marle ».

Comme Lantier, le personnage sympathique Goujet, est incomplet et exceptionnel. C'est le seul honnête homme du livre. Un parfait imbécile, ah! le sentencieux raseur et quel insupportable prêcheur. Zola avait un faible pour ce type, inventé par lui, de l'ouvrier prudhommesque et sentimental, pourvu de toutes les qualités du cœur, orné de tous les dons de l'esprit. On le retrouve dans plusieurs de ses romans. Ce Goujet, amoureux platonique et délicat de la chaude et ouverte Gervaise, et qui demeure toujours sur le seuil, hésitant et godiche, est introuvable dans les faubourgs. Pour avoir son modèle, il faudrait se reporter à l'époque où George Sand, cohabitant avec Pierre Leroux et s'imprégnant de son socialisme poétique, faisait s'adorer à distance les vicomtesses et les compagnons menuisiers, qui, entre autres singularités, avaient celle de n'avoir jamais donné de coups de varlope dans leur tablier d'innocence. Zola, en ses années d'apprentissage littéraire, avait beaucoup trop lu George Sand, et il lui en était resté une propension à supposer, comme l'auteur du *Meunier d'Angibault* et du *Compagnon du Tour de France*, qu'il existait, dans la classe ouvrière, à côté de crapuleux fainéants et de grossiers ivrognes, des êtres sensibles, sentimentaux, fidèles amoureux jamais récompensés, de chevaleresques Amadis de l'usine ou du chantier, avec cela tout bourrés de belles phrases sur l'honneur, la vertu, le travail, qu'ils débitaient à leur belle, ahurie, nullement pâmée, dont les lèvres, à la fin, s'entr'ouvraient, non pour un baiser ni pour un soupir de désir et d'abandon, mais pour laisser filer un simple et logique bâillement. Goujet, amoureux transi, est plus beau et plus bête que nature.

Mais, à côté de ces deux personnages vagues et irréels, quelle vie, quel relief l'auteur a su donner à ses deux figures du premier plan : Coupeau, Gervaise, et aux personnages plus en arrière, mais qui demeurent devant les yeux, dans la mémoire, si nets, si vrais, si vivants, ceux-là ! Et quels magnifiques tableaux se déroulent, dans une clarté intense, de la première à l'ultime page de ce maître-livre ! Ce sont hors-d'œuvre, pour la plupart, mais ils sont toute l'œuvre, et constituent la plus magistrale des compositions.

C'est d'abord l'impressionnante et si réelle descente du faubourg en éveil, à l'aube frissonnante. Comme un régiment qui part, les ouvriers, en marche pour le travail, vont par files, par pelotons, et voici la pause devant le comptoir, puis le morne et régulier défilé reprend. Le sombre Paris, le vieillard laborieux de Baudelaire, en se frottant les yeux, empoigne ses outils, cependant que le vent du matin souffle sur les lanternes. Zola a rivalisé, ici, avec le merveilleux aquafortiste du *Crépuscule du Matin;* il l'a commenté, agrandi.

Puis c'est la scène du lavoir, la lutte grotesque et tragique des deux femmes à la rivalité naissante, l'insulte suivie de la fessée, épisode plein de vie, de mouvement, de rumeur. La rencontre de Coupeau et de Gervaise devant le zinc du père Colombe, et la noce, où Mes-Bottes, Mme Lerat, les Lorilleux, la grande Clémence se trémoussent, pérorent, rigolent avec une alacrité donnant l'illusion de la vie et la sensation du déjà vu.

D'autres morceaux suivent, d'une exécution aussi rigoureuse : c'est la blanchisserie, avec son odeur fade de linges échauffés, son atmosphère alourdissante et son personnel remuant, babillard et trivial. L'apprentie délurée, vicieuse, la grande Clémence dépoitraillée, Gervaise grasse, active cependant, allant, venant, besognant, j'ordonnant, mettant les fers au feu toujours en riant, satisfaisant les pratiques, gagnant de l'argent, taillant des bavettes oiseuses entre deux pliages, et, de temps en temps, jetant des regards indulgents de travailleuse réussissant, sur son homme encore aimé, dorloté, excusé, car, pour la première fois, il est rentré saoul, et cuve, sans malice, dans l'arrière-boutique. Toutes ces scènes composent un drame simple et vrai. Impossible de mieux rendre les allures, les façons de vivre et d'ouvrer du petit commerce. Le repas joyeux et plantureux, donné dans l'atelier, presque dans la rue, imposant l'envie et l'admiration aux voisins, avec M. Poisson, qui, en sa qualité de sergent de ville, est réputé avoir l'habitude des armes, investi, par conséquent, de la mission de trancher le gigot, dont d'abord il détache, au milieu de rires polissons, « le morceau des dames », l'ivresse tapageuse grandissante, l'étourdissement général, tout ce tohu-bohu d'ouvriers et de petits bourgeois en liesse, l'apothéose de Gervaise toujours heureuse et de Coupeau seulement éméché, pas encore incendié dans les flammes de l'alcool, voilà l'un de ces morceaux d'art où Zola s'est montré peintre puissant, à la touche sûre. D'autres scènes, comme la veillée mortuaire, où l'on perçoit l'horrible glou-glou de la « vieille qui se vide », la faction lamentable de Gervaise sur les boulevards extérieurs, la mort navrante de la petite Lalie, le delirium tremens final sont d'une rare puissance, et la mémoire en garde à jamais l'impression.

Le romantique impénitent que fut Zola, bien qu'ici

moins débordant, a, dans *l'Assommoir*, donné sa note : elle est macabre. Le père Bazouge, le croque-mort ivrogne et philosophe, qui circule dans l'œuvre, pour un contraste voulu, est un de ces personnages exceptionnels comme les bourreaux, les bouffons, les nains difformes, que Victor Hugo se plaisait à introduire au milieu de ses autres personnages, en manière d'antithèse vivante, et que Zola critiquait et raillait. Ce Bazouge a paru plus en sa place dans le mélo de Busnach que dans le livre. Les porteurs des pompes funèbres, qui sont de simples déménageurs, coltinant des cercueils, comme ils transporteraient des coffres, ont moins de poésie et plus de simplicité dans la vie réelle. C'est ici un comparse romantique. Un burgrave du faubourg.

L'Assommoir n'a pas, ne pouvait avoir, chez nous, une influence moralisatrice quelconque. Nous ne sommes pas des Anglais pour y admirer, sous le titre de « Drink » (Boisson), un appel à la tempérance. Il n'a détourné aucun ouvrier du cabaret. Les ouvriers ne l'ont d'ailleurs pas lu. C'est un réquisitoire contre l'alcoolisme, il est vrai, mais il s'étend à la classe des travailleurs prise dans sa totalité. C'est un anathème en masse et un mépris collectif. On pourrait reprocher à l'auteur, tout en généralisant l'abrutissement de la classe ouvrière par le comptoir, et les terribles breuvages qu'on y débite, d'avoir pourtant pris pour point de départ un fait d'exception. Ce n'est pas tant l'alcool que la fatalité qui cause la déchéance de Coupeau et de Gervaise. L'Ananké antique domine toute la tragédie. C'est un accident qui entraîne la dégringolade morale et matérielle du couple. Coupeau était un bon ouvrier, rangé, laborieux, sobre surtout. Quand il lui fallait trinquer avec les camarades, on est homme, donc sociable, et l'on ne saurait refuser une politesse qu'on doit ensuite rendre, il ne prenait que des boissons inoffensives. On le surnommait Cadet-Cassis, parce qu'à la verte et à la jaune qu'on servait aux amis il substituait le doux cassis, une consommation de dames. Gervaise était vaillante et tendre. Le bonheur logeait dans la maison. Une chute, un accident du travail, qui aurait pu ne pas se produire, le fait à tout jamais déguerpir. C'est parce que Coupeau est blessé, parce qu'il a le loisir de la convalescence, qu'il se met à fréquenter l'Assommoir, qu'il se laisse agripper par la machine à saouler, perdant le goût du travail en prenant celui de l'alcool. Si Coupeau n'eût pas été précipité d'un échafaudage, il eût continué à boire du cassis et eût offert, jusqu'à la fin de ses jours, avec sa Gervaise, le modèle du ménage ouvrier. Ce n'est donc pas le cabaret du père Colombe, qui est cause de la chute morale de ces deux infortunés, mais la chute matérielle, la tombée du tréteau. Supprimez l'accident, et le cabaret, l'Assommoir perd son relief romantique et sa couleur truculente.

Zola préoccupé, en écrivant *l'Assommoir*, de peindre la vie ouvrière de Paris, voulait montrer les ravages que fait l'alcoolisme dans le monde du travail ; une moralité, un avertissement, et un enseignement social pouvaient en provenir. Et pourtant, la seule pratique leçon à tirer du livre, c'est que l'ouvrier doit éviter de dégringoler d'un échafaudage.

Il est vrai que les livres comme celui-ci ne doivent avoir aucun but moralisateur, aucune tendance utilitaire, et que nous n'avons à demander à l'auteur que du talent, et au roman que d'être intéressant et beau, d'être œuvre d'artiste, et, non sermon de prédicant.

L'Assommoir n'est pas le meilleur, mais il est le plus

violent et le plus impressionnant des romans de Zola. Il est demeuré le plus notoire, sans être pourtant celui qui se soit le plus vendu. Mais, à coup sûr, c'est celui qui a attiré le plus d'injures à son auteur, par conséquent la plus grande célébrité. Toutes les pierres qu'on jette à un écrivain finissent par former un haut piédestal, sur lequel il se trouve tout naturellement hissé, et d'où il domine la foule. Un moment vient où les pierres ne l'atteignent plus, il est trop haut, et le lapidé devient le glorifié.

Zola ignoré, et, ce qui pis est, méconnu, fut, du jour au lendemain, grâce à *l'Assommoir*, une puissance. Il connut la roche Tarpéienne à rebours : on le précipita, comme infâme, dans le gouffre, et il se trouva, comme par un miracle, relevé et transporté immédiatement au Capitole. La haine et la sottise se trompent heureusement parfois dans leurs calculs et dans leurs guets-apens.

Zola n'eut pas une bonne presse, au lendemain de l'apparition de son livre. Elle fut, pourtant, excellente, mais, par surprise, et sans qu'il y eût, à cet égard, bonne volonté et complaisance intentionnelle. Aucune qualification désobligeante ne lui fut épargnée. On le proclamait roi de l'ordure et empereur des pourceaux. C'était, pour les uns, le plus dégoûtant des pornographes, et, pour d'autres, un insulteur d'ouvriers, bref un infâme, un scélérat, Zola-la-Honte !

Le plus répandu des journaux parisiens caractérisait ainsi l'œuvre et l'auteur :

A l'encontre de ce personnage des Contes de fées qui changeait en or tout ce qu'il touchait, M. Zola change en boue tout ce qu'il manie...

M. Jules Claretie, pourtant classé parmi les bénins, lançait cet anathème :

Une odeur de bestialité se dégage de toutes ses œuvres. Ses livres sentent la boue. C'est du priapisme morbide...

Le grand critique du *Temps*, M. Edmond Schérer, écrivait doctoralement :

On assure que Louis XIV aimait l'odeur des commodités ; M. Zola, lui aussi, se plaît aux choses qui ne sentent pas bon...

Pour M. Louis Ulbach, oublieux de la publication, dans sa *Cloche*, de *la Curée*, et dont Zola avait été le rédacteur parlementaire, la littérature de l'auteur de *l'Assommoir* était « putride ».

M. Maxime Gaucher, dans la *Revue politique et littéraire*, se contentait de raconter et d'interpréter une anecdote enfantine, qu'il attribuait, d'après Paul Alexis, à l'auteur de *l'Assommoir*.

Emile Zola, disait-il, avait, dans son enfance, de la difficulté à articuler certaines consonnes. Ainsi, par exemple, au lieu de Saucisson, il disait Tautisson. Un jour, pourtant, vers quatre ans et demi, dans un moment de colère, il proféra un superbe : Cochon ! Le père fut si ravi qu'il donna cent sous à Emile. Cela n'est-il pas curieux, en effet, que le premier mot qu'il prononça nettement soit un mot réaliste, un gros mot, un mot gras, et que ce mot lui rapporte immédiatement ? Evidemment, cette pièce de cinq francs gagnée d'un seul mot, M. Zola se l'est, un beau jour, rappelée, au temps où les choses décentes qu'il écrivait ne faisaient pas venir un centime à sa caisse. Une révélation, ce souvenir se réveillant brusquement ! Et alors il se sera écrié : Eh ! bien ! au fait, et les mots à cent sous ! Alors, de même qu'en son jeune âge, ils lui ont porté bonheur...

C'est cette misérable et dérisoire critique, c'est ce

tohu-bohu d'outrages et de blagues, c'est ce tintamarre haineux se propageant dans la presse, à tous les étages des feuilles plus ou moins vertueuses, c'est l'indignation des salons faisant chorus avec l'hostilité des faubourgs, c'est tout cet orchestre d'ignominie qui s'est trouvé attaquer, sans le vouloir, la marche du couronnement de Zola. Le mépris montant de la foule, le ridicule s'élevant des couplets de revues, cette clameur, comme au temps du normand Harold, poursuivant cet homme, tout à coup, et à l'insu des bouches hurlantes, se transformèrent en formidable Hosannah. Quelques semaines après ce déchaînement universel, par la force des choses, et de par la domination du talent, l'acclamation montait, grandissait, couvrait tout, et l'auteur de *l'Assommoir*, Zola-la-Honte, Zola-le-Pornographe, Zola-le-Cochon, était devenu Zola-la-Gloire !

Après une œuvre violente comme *l'Assommoir*, Zola voulut une détente. Sa cervelle était en feu, il lui convenait de la rafraîchir. Il avait besoin d'air pur, de liquides doux, pour apaiser la fièvre prise au contact des cabarets et des bouges. Le public aussi, à ce roman âcre et pimenté, verrait avec satisfaction succéder une œuvre intime et discrète, avec de larges descriptions coupant de reposantes scènes d'intérieur. Alors il écrivit *Une Page d'Amour*.

Ce roman parut d'abord dans *le Bien Public*, à la place même où avait été publié, puis interrompu *l'Assommoir*. Le premier feuilleton fut inséré dans le n° du 11 décembre 1877; c'est à l'occasion de l'apparition d'*Une Page d'Amour* que Zola donna, dans le même journal, son fameux arbre généalogique des Rougon-Macquart.

Une Page d'Amour, c'est l'histoire de deux êtres, un homme et une femme, que la maladie d'un enfant réunit. Ils s'aiment. Longtemps, ils hésitent à reconnaître eux-mêmes cet amour. Enfin, l'aveu éclate. La maladie de l'enfant, qui avait réuni les amants, les isole, et sa mort les sépare à jamais. L'homme retourne à sa compagne légale, au foyer conjugal, aux affaires et à la banalité écœurante de la vie de tous les jours, la femme se jette, comme en un port, en les bras d'un ancien notaire, amoureux en cheveux gris, qui se trouve être un honnête homme. Les deux couples peuvent encore être heureux. L'enfant pourrit sous la terre grasse du cimetière.

Tel est le squelette du drame. Rien de plus simple.

Le principal personnage d'*Une Page d'Amour*, « l'héroïne », c'est l'Enfant.

Elle s'appelle Jeanne. Elle a onze ans et demi. Victime fatale de la loi de l'hérédité, elle roule dans ses veines des globules malsains, et porte dans la matière nerveuse de son cerveau des ferments maladifs, semblables à ceux qui conduisirent son aïeule, Adélaïde Fouque, de qui elle procède, à la maison de fous des Tulettes, et qui la jetteront, la pauvrette, à douze ans, dans une bière, guère plus grande qu'un berceau.

L'enfant n'a que sa mère au monde. Elle l'aime fiévreusement, de toutes les forces irritables de son petit être exsangue, de toutes les ardeurs surexcitées de son organisme douloureux. Cet amour filial est si intense que la nerveuse petite fille sanglote de jalousie quand sa mère vient à caresser un autre enfant. Elle est à l'état de chloro-anémie. Sur le seuil de la puberté, la jeune fille s'arrête comme frappée. Une langueur invincible l'envahit, succédant à des ardeurs passagères. Les chairs s'amollissent. La peau prend des tons de cire. Un sang pâle, déchargé de fer, fait battre à peine ses artères. Voilà pour le physique. Le moral n'est pas moins atteint. Impressionnable à l'excès, Jeanne est restée deux jours frissonnante, au retour d'une visite de charité à un vieillard paralytique. Quand un orgue vient à jouer dans le silence des rues voisines, elle tremble et des pleurs mouillent ses yeux. Une nuit, à la clarté bleuâtre et calme d'une veilleuse, tandis que tout dort dans le paisible quartier de Passy, Hélène Grandjean, la mère, s'éveille à un cri sourd de l'enfant : Jeanne, raide, les muscles contractés, les yeux grands ouverts, dans une fixité sinistre, se tord sur son petit lit. Folle, navrée, hors d'elle-même, demi-nue, la mère crie au secours, et comme le secours ne vient pas, elle court le chercher. Elle descend, en pantoufles, dans la rue que couvre une neige légère tombée le soir, sonne à une porte voisine et trouve un médecin, le docteur Deberle, qu'elle entraîne en veston, sans cravate, sans lui permettre de se vêtir davantage. C'est l'amour, c'est l'amant, qu'elle ramène ainsi à la maison.

Au chevet de l'enfant, le médecin et la mère se voient, sans se regarder, et se reconnaissent sans s'être jamais rencontrés. Il y a des attractions d'âmes. Ils ne se parlent pas. Ils ne quittent pas l'enfant des yeux. Cependant, ils se devinent, et, si leurs regards s'évitent, leurs cœurs se cherchent. Cette première et définitive entrevue s'accomplit dans une chaste pénombre. A la fin seulement, le docteur se décide à contempler Hélène, et il admire cette Junon chataîne, dont le profil blanc a la pureté grave des statues. Son châle a glissé, et une partie de sa gorge apparaît, éblouissante et ferme. Les bras sont nus. Le jupon est mal attaché. Une grosse natte de ses beaux cheveux, d'un chatain doré à reflets blonds, a coulé jusque dans les seins. Il voit tout cela. Elle, à son tour, examine le docteur, et s'aperçoit qu'il a le cou nu. Hélène alors, faisant un retour sur sa nudité chaste de mère affolée, remonte son châle et cache ses seins; le docteur boutonne son veston, et tous deux se quittent, laissant l'enfant, calmée, endormie, et seulement surprise de voir un homme à son chevet, dans la nuit, auprès de sa mère. En s'en allant, le docteur emporte avec lui comme une odeur de verveine qui montait du lit défait et des linges épars dans cette chambre de femme, dont sa profession lui a permis de violer l'intimité, et cette odeur-là ne le quittera plus, jamais plus. On a comme cela, dans la vie, des parfums qui décident d'une existence.

L'enfant guérie, il convient de remercier le médecin. La mère mène sa petite Jeanne chez M. Deberle. Une intimité s'établit. Il y a des liaisons fatales. La femme du médecin, Juliette, une caillette parisienne qui, selon la formule de nos légères aïeules, babille, s'habille et se déshabille tout le jour, et ne pense à rien autre, la reçoit fort gentiment. La gravité d'Hélène plaît fort à cette évaporée, qui court les premières représentations et les assemblées de charité, joue la comédie de salon, organise des ventes de bienfaisance, caquette au sermon ou coquette sur la plage de Trouville, et finit, faiblesse où le cœur n'est pour rien, par se laisser aller à un rendez-vous périlleux dans la chambre suspecte d'une maison douteuse. Elle accepte Hélène comme repoussoir. Elle la plaisante aussi. Elle la compare à son mari, le docteur, toujours quelque peu froid et posé. « Vous vous entendriez bien tous les deux », dit-elle en se moquant. Le moment n'est pas loin où cette hypothèse va devenir une réalité.

Il passe par la tête de cette éventée de Juliette, qui a la satiété des fêtes mondaines ordinaires, de donner un bal d'enfants. Le bal a lieu en plein jour, dans le grand salon noir et or, aux volets soigneusement clos, et entièrement éclairé, comme pour une fête de nuit. A un moment de ce bal d'enfants, les grandes personnes qui y assistent se trouvent dispersées, assises ou circulant çà et là. Le docteur Deberle rencontre Hélène. Ici un effarement réciproque. Elle tremble, et il frissonne. Il est derrière elle. Son souffle lui passe dans les cheveux. Elle sent qu'il va parler ; elle n'a pas la force de fuir, et faible, vaincue, heureuse au fond, elle reçoit ce premier aveu, haleine embrasée qui la brûle : — « Je vous aime ! oh ! je vous aime ! »

Voilà l'exposition terminée et le drame noué. La catastrophe est proche : l'aveu fait et subi, Hélène et Henri Deberle se sont trouvés séparés par les choses, autant que par eux-mêmes. Une sorte d'effarouchement des sens s'est emparé d'eux, et, sans s'éviter; ils n'ont rien tenté pour se rapprocher. Mais le mois de mai est venu. Un souffle tiède envahit la nature et les êtres. Le clergé, qui sait merveilleusement tirer parti des admirables accessoires que lui fournit l'inépuisable magasin du monde, use de ce mois et s'en sert pour une toute-puissante mise en scène. Il l'appelle le mois de Marie, et en fait la pieuse saturnale des fleurs fraîches écloses, des bonnes odeurs des feuilles vertes, des aromes qui caressent et des chants qui consolent. Aux voix des vierges se mêlent les senteurs des roses; l'orgue, l'encens, les cantiques rivalisent avec les moissons de bouquets et les gerbes de feuillages, pour célébrer Marie. Cette fête de la femme, cette fête de mai, attire, passionne et exalte les femmes. Le moment du renouveau est propice. La féminine nervosité, toujours prête à subir l'excitation, ébranlée par tout cet appareil décoratif plein d'art et de douceur, aspire les capiteuses ivresses du printemps. Une sorte de rut mystique pousse ces créatures impressionnables aux églises discrètes et parfumées.

C'est dans l'église qu'Hélène revoit Henri. Avec réserve tous deux se retrouvent. Ils évitent de paraître se souvenir de la scène vive et brusque du bal d'enfants. Un apaisement profond et une sensation nouvelle de passion réfrénée accompagnent ces entrevues. On ne se permet pas un serrement de main. On garde tout. Le cœur s'emplit à éclater. Pas un muscle du visage ne bouge. C'est là le bonheur de tous deux. Les forts et les chastes ont goûté de ces joies. Henri a beau se taire, Hélène l'entend. N'est-ce pas lui qui, d'une voix plus belle, chante, avec l'orgue, leur amour infini et leur volupté sans bornes? L'extase lui vient à entendre ces cantiques où débordent les passions divines, et elle ne peut s'arrêter quand elle a commencé à converser de ses amours, avec Marie.

Mais les extases célestes descendent et se prolongent sur la terre. Un soir, grâce à l'hypocrite intervention d'une vieille hideuse, la mère Fétu, qui retient Jeanne lui faisant l'aumône, Henri et Hélène se trouvent seuls, ensemble, dans la rue, et les mains des deux amants se rencontrent. Les voilà repris au piège éternel.

Cependant le mois de Marie s'achève, et il va falloir renoncer aux délicieux retours de l'église, quand Jeanne vient encore une fois servir de lien fatal entre ces deux êtres.

Une après-midi, tandis que sa mère, agenouillée à

l'église, demeure abîmée dans ses rêveries sans fin, Jeanne, saisie par la fraîcheur qui tombe des voûtes, éprouve un sourd malaise, mais elle ne se plaint pas. Elle regarde trop attentivement et trop tristement les ouvriers qui démolissent cette chapelle de Marie, qui lui paraissait si belle, et qu'elle s'imaginait devoir durer toujours ; son cœur se gonfle de chagrin à voir emporter les grands bouquets de roses qui fleurissaient l'autel. Quand la Vierge, vêtue de dentelles, chancelle et tombe aux mains des ouvriers, Jeanne jette un cri, chancelle et tombe comme la Vierge. Le terrible mal qui lui vient de son aïeule, la folle des Tulettes, la ramène à ce petit lit où, par une nuit paisible, à la clarté faible de la veilleuse brûlant sur la cheminée dans un cornet bleuâtre, sa mère dévêtue, au châle glissant, à la chevelure défaite, s'était rencontrée, pour la première fois, avec un homme dont le veston mal boutonné, laissait voir le cou nu.

Toute cette première moitié d'*Une Page d'Amour* est traitée avec un art de composition et une perfection de touche qu'on ne saurait surpasser. Tout y est à sa place, au point ; pas une dissonance, pas une faute de perspective. Modestement, dans une courte mais ferme préface, l'auteur a été amené, par incidence d'ailleurs, à qualifier son livre, et il l'a défini ainsi : « Œuvre intime et de demi-teinte. » Demi-teinte ne semble pas absolument juste : tout étant éclairé comme il convient.

Est-ce une figure de demi-teinte que cette épouvantable mère Fétu, geignarde hypocrite, fausse indigente, sensuelle, cupide, gourmande, Macette à l'eau bénite, marmottant, avec des yeux libidineux, des oraisons suspectes et des pollicitations équivoques, mêlant les choses de sacristie aux histoires du boudoir. Ce Mercure femelle, dont le caducée est un chapelet, provoque, au sortir de la chapelle, les rencontres entre les gens qui s'aiment et n'osent pas se le prouver. La pieuse proxénète les encourage, les excite, leur montre du doigt l'alcôve propice, au nom du Père, du Fils et du Saint-Esprit, sans oublier d'ajouter : Ainsi soit-il ! en tendant sa main crochue, façonnée à tous les vices et à toutes les recettes. Hélène, cette majestueuse et sereine veuve, aux lignes sculpturales, à l'attitude de déité douce, pensive et triste, n'apparaît-elle pas en pleine lumière, à toutes les pages du récit, avec tout son relief et toute son intensité de vie et de passion ? Il en est de même des autres personnages, même de ceux du deuxième plan, comme le petit soldat Zéphirin, au dos rond, aux joues énormes, balourd et sentimental, rustre couvert d'un uniforme, meilleur à la cuisine qu'au camp, épluchant les légumes, astiquant les cuivres, ou ratissant le jardin, pour faire sa cour à la cuisinière Rosalie, qu'il épousera, peut-être, quand il aura son congé.

Je suppose qu'Emile Zola, en se servant de cette expression : « œuvre de demi-teinte », a voulu désigner une œuvre douce, où la passion a des sourdines, où les orages éclatent dans le lointain et ne font entendre qu'un roulement assourdi. En cela il se serait trompé. *Une Page d'Amour*, malgré son titre paisible, est l'un de ses romans les plus vigoureux. Si l'on n'y retrouve ni la crudité voulue de *l'Assommoir*, ni l'élégante brutalité de *la Curée*, ni la fièvre extatique de *la Faute de l'abbé Mouret*, la vie n'y est pas moins manifestée avec toute son outrance ; les passions s'y bousculent dans les mêmes paroxysmes. Ce n'est pas absolument une œuvre douce et charmante que *Une Page d'Amour*, c'est une œuvre puissante, presque violente. Ne nous laissons pas abuser par les allures posées et de bon ton des personnages. Ils ne marchent point fendus comme des compas et poussant de tragiques exclamations ; les sentiments qui les meuvent et les torturent en sont-ils moins véhéments ? On ne voit pas leur sang couler, les blessures n'en sont pas moins profondes, et les coups bien portés à fond.

Descendez, la lampe de l'analyse à la main, dans cet étrange et maladif cœur de fille de onze ans et demi, qui s'agite, secouée par les crises spasmodiques de la chlorose à sa dernière période, et demandez-vous si ce drame n'est point poignant et terrible, qui, commencé au bord du petit lit de fer de la malade, trouve son dénouement au fond de cette bière d'un mètre et demi, où l'on couche pour toujours la petite morte ?

L'art moderniste, que Zola désignait sous le terme aujourd'hui démodé de Naturalisme, par la simplicité et la puissance de ses moyens, parvient ainsi à montrer, dans leur puissante réalité, les drames de tous les jours, ceux qui se nouent et s'accomplissent sous nos yeux, et que souvent nous ne voyons pas, ou plutôt que nous ne voulons pas voir, habitués que nous sommes au fracas, à la mise en scène, aux oripeaux, aux grandes phrases et aux sentiments à panaches et à perruques. C'est par ce rayonnement universel de l'art moderne que l'épopée et la tragédie, jadis domaine exclusif des crimes et des passions des rois, sont devenus la conquête de la réalité. C'est par cette transfiguration puissante de la vie contemporaine que les souffrances et la mort d'une enfant de onze ans ont l'ampleur tragique du sacrifice d'une Iphigénie, victime, elle aussi, des crimes et des vices héréditaires. Deux êtres qui s'aiment, une petite fille qui souffre de cet amour et qui en meurt, il n'en faut pas plus au romancier pour laisser une œuvre belle et durable. N'a-t-il pas suffi, d'après Musset, pour que le néant ne touche point à Raphaël, d'un enfant sur sa mère endormi ?

L'intérêt poignant qui se dégage d'*Une Page d'Amour* gît tout entier dans la lutte affreuse qui s'engage dans l'âme de la petite Jeanne. La jalousie, une jalousie étrange, ronge cet enfant, comme le vautour le Titan. Sa souffrance renaît tous les jours.

Quand M. Rambaud, le notaire grisonnant, ami fidèle et amoureux patient d'Hélène, se déclare, et que Jeanne apprend que, si sa mère le veut, il sera à la maison, le jour, la nuit, toujours, cette question, d'une précocité terrible, lui monte du cœur aux lèvres : « Maman, est-ce qu'il t'embrasserait ? » Sur la réponse d'Hélène : « Il serait comme ton père », Jeanne tombe dans une de ses crises nerveuses, et désormais Rambaud lui fera horreur.

Mais cette répugnance pour l'homme qui a demandé à épouser sa mère fait bientôt place à une nouvelle haine. Avec une perspicacité impeccable, Jeanne reconnaît bien vite qu'elle n'a pas lieu d'être jalouse de ce pauvre vieux Rambaud, car sa mère ne l'aime pas; mais elle a pressenti qu'un autre lui avait volé ce cœur maternel, que son égoïste affection veut accaparer tout entier. Elle a deviné le docteur. Alors elle ne veut même plus se laisser toucher par ce médecin qui la soigne. Elle lui dit : « Vous me faites mal ! » et à sa mère elle crie : « Tu ne m'aimes plus ! » Quand Henri et Hélène se trouvent réunis à son chevet, elle fait semblant de dormir, pour les surprendre. Quand ils s'éloignent, elle saute à bas du lit, pour les rejoindre. Eveillée, son œil soupçonneux ne les quitte pas un instant. Et elle n'éprouve un moment de satisfaction et d'apaisement que lorsqu'elle peut faire mille amitiés à Rambaud, devant le docteur, pour le rendre jaloux à son tour. Cette jalousie de l'enfant, cette répugnance envers l'homme qui peut embrasser sa mère est une trouvaille d'observation. Les passions toutes féminines de cette enfant maladive sont fouillées de main de maître.

Enfin, l'adultère se consomme. Un accident. La rencontre fortuite et décisive des deux amants est amenée d'une façon sobre et dramatique à la fois. Donc Hélène se trouve seule avec Henri, et l'acte s'accomplit. Hélène s'éloigne, surprise des baisers qu'elle vient de recevoir, et de rendre. En rentrant, elle trouve Jeanne toute blanche, dormant, la joue sur ses bras croisés, près de la fenêtre ouverte, les vêtements trempés par un orage formidable qui a éclaté sur Paris. La petite fille, que sa mère a laissée seule, pendant l'orage, a eu, durant ces longues heures d'attente, une sorte de vision. Intuition ou pressentiment, sa jalousie l'a éclairée. Elle a compris que quelqu'un prenait définitivement possession de sa mère. Alors, quand Hélène rentre, mouillée, crottée, harassée, Jeanne se recule, de l'air sauvage dont elle fuit devant la caresse d'une main étrangère. Son odorat subtil ne retrouve plus l'odeur familière de la verveine. Elle ne reconnaît plus la voix de sa mère. Sa peau même semble changée, et son contact l'exaspère. Elle se dit que sa mère n'est plus la même ; que c'est bien fini, et qu'elle n'a plus qu'à mourir, et elle meurt en effet.

Pour la mère, quand elle sort du cimetière, pour fuir à jamais la présence de cet Henri, qui l'a prise pour une heure, et qui lui a pris sa fille pour toujours, afin sans doute de détruire toute pensée de retour subséquent, et peut-être aussi pour étancher une soif passionnelle, un besoin d'aimer et d'être aimée, qu'elle ne connaissait pas auparavant et qui la brûle maintenant, elle met sa main dans la main de ce brave homme grisonnant qui l'adore depuis si longtemps. Au bout d'un an, les époux, dans un voyage à Paris, entre deux emplettes, vont faire une visite à la fosse de la petite Jeanne, puis retournent à leurs affaires, à leurs plaisirs aussi.

Tel est l'épilogue impitoyable d'*Une Page d'Amour*. Le livre se termine avec cette simplicité et dans cette banalité paisible et cruelle, qui sont la vie même.

Il y a, dans cet ouvrage, pour moi l'un des meilleurs de Zola, celui où Balzac a été non seulement égalé, mais même, en maint endroit, dépassé, d'amusants et curieux personnages secondaires, comme le beau Malignon, dont l'amusante silhouette de gommeux, quelque peu naïf, se détache si nette et si vraie, ou comme cette Pauline, la grande sœur qui entend, les oreilles larges ouvertes, les légers propos mondains, et, à la veille d'être mariée, joue encore à la petite fille étourdie, bruyante et garçonnière ; quelques tableaux, d'après nature, sont admirablement enlevés : les conversations oiseuses des bourgeoises élégantes en visite dans le jardin, — la soirée de Mme Deberle, — la scène d'amour dans la chambre rose, et aussi ce délicieux croquis de la petite Jeanne jouant toute seule à la Madame en course d'emplettes dans Paris, et faisant arrêter Jean, un cocher imaginaire, à la porte de fournisseurs invisibles. Deux scènes sont remarquables entre toutes : le bal d'enfants et l'enterrement.

A ce bal, le petit Lucien, le fils du docteur, et, comme tel, maître minuscule de la maison, est en marquis. Un mignon petit marquis, haut comme ça, avec l'habit de satin blanc broché de bouquets, le grand gilet brodé d'or et les culottes de soie cerise. De plus, orgueil inexprimable, il porte l'épée en quart de civadière. Comme un familier du Régent, il a le tricorne sous le bras, la tête poudrée. On lui a appris à saluer et à offrir le bras. Il est charmant. Il conduit à leur place, selon la leçon qui lui a été faite, d'un air tout à fait marquis, les petites laitières, les chaperons rouges, les espagnoles, les pierrettes qui font leur entrée dans le salon. Mais, quand sa petite amie Jeanne arrive, il n'offre plus le bras à personne, et lui dit brusquement et ardemment : « Si tu veux, nous resterons ensemble ! »

Tout marquis doit avoir sa marquise, dame ! C'est qu'aussi Jeanne est si charmante ! Elle porte un costume de japonaise, la robe brodée de fleurs et d'oiseaux bizarres, tombant jusqu'aux pieds. Son haut chignon est traversé de longues épingles, et l'enfant, au fin visage de chèvre, semble une véritable fille d'Yeddo marchant dans un parfum de benjoin et de santal.

La fête enfantine se poursuit. Une bousculade joyeuse d'enfants bariolés, nappe de têtes blondes, où ondulent toutes les nuances du blond « depuis la cendre fine jusqu'à l'or rouge avec des réveils de nœuds et de fleurs ». Puis c'est le goûter avec sa salle féerique, où sont entassés tous les gâteaux, toutes les sucreries que la plus inventive gourmandise peut faire concevoir, « un goûter gigantesque, comme les enfants doivent en imaginer en rêve, un goûter servi avec la gravité d'un dîner de grandes personnes ». Après le goûter, c'est la danse : spectacle fantastique et charmant que « ce carnaval de gamins, ces bouts d'hommes et de femmes qui mélangeaient là, dans un monde en raccourci, les modes de tous les peuples, les fantaisies du roman et du théâtre. On aurait dit le gala d'un conte de fées, avec des amours déguisés pour les fiançailles de quelque prince charmant. »

Comme contraste à ce tableau d'une couleur si délicate, et si vive à la fois, voici l'enterrement de la pauvre Jeanne. Autour du corbillard de l'enfant doivent prendre place des petites filles. Selon l'usage, on les a habillées de blanc. Elles sont joyeuses dans leurs jolies robes neuves, et descendent au jardin, en attendant l'heure du convoi. Une volée d'oiseaux blancs lâchés. Hélène, la mère douloureuse, les aperçoit, et un souvenir cruel la frappe en plein cœur. Elle se rappelle le bal de l'autre saison, et la joie dansante de tous ces petits pieds. Toutes ces fillettes en robes blanches lui apparaissent dans leurs joyeux costumes : laitières, chaperons rouges, alsaciennes, folies et marquises. Mais une manque à la folle ronde, l'étrange et maladive Japonaise au chignon élevé, traversé de longues épingles... Et, plus tard, au retour du cimetière, quand il s'agit de donner à goûter à toutes ces petites filles blanches, un goûter presque aussi beau que celui du bal, Lucien n'offre-t-il pas à une autre petite fille, sa nouvelle amie, blanche et frêle, qu'on nomme Marguerite, et qui a de fins cheveux d'or pâle, de rester avec lui et d'être sa petite femme, puisque Jeanne n'est plus là ?...

Un personnage étonnant, qui tient une large place dans le drame, la place du Chœur dans les tragédies d'Eschyle, assiste à toute l'action, témoin impassible et acteur inconscient, c'est Paris.

Avec hardiesse, Émile Zola a fait entrer Paris, la ville énorme, dans le cadre étroit de son œuvre. Il a donné un premier rôle au Trocadéro, et fait de Sainte-Clotilde, une utilité. La Seine, les buttes Montmartre, les cimes vertes du Père-Lachaise, les verrières blanches du Palais de l'Industrie, la coupole ventrue des Invalides, le carré morne du Champ-de-Mars, tout cela prend part aux événements, donne une sorte de réplique muette aux sentiments des personnages. Ces tableaux du Paris extérieur, vu par masses et de haut, sont des fresques brossées avec une largeur et une sûreté de main étonnantes.

A la description de ce Paris monumental, qu'Hélène et sa fille voient du haut des pentes du Trocadéro, vient s'ajouter l'étude large et minutieuse à la fois des ciels, ces ciels de Paris, si variés, si mobiles et si beaux ! Il en est deux ou trois descriptions, notamment celle du coucher de soleil qui termine la deuxième partie, qui sont éclatantes de couleur et de vérité. L'analyste ici fait place au peintre, comme, en maint endroit de chacun de ses livres, le grand poète qu'il y a dans Emile Zola reparaît sous le romancier.

L'Œuvre a paru en feuilleton dans *le Gil-Blas* en 1886. C'est une étude d'un tempérament d'artiste que la difficulté de l'éxécution étreint, roue, torture, et finalement abat, dans l'impossible réalisation de son rêve, dans l'irréalisable matérialisation de sa pensée. Lutte d'un Jacob avec l'Ange, où Jacob ne se relève jamais vainqueur.

Zola, avec son intensité d'observation et son acharnement à disséquer le sujet étalé sur sa table anatomique, ne montre pas seulement l'abîme terrible qui sépare l'œuvre conçue de l'œuvre accomplie. Avec Claude Lantier, le peintre, il analyse aussi l'homme de lettres et nous met à nu, dans son Pierre Sandoz, victime fatale, passive, presque inconsciente de l'Idéal, luttant avec le Travail, les ravages du cancer de l'Œuvre.

On a dit qu'il s'était dépeint lui-même dans Pierre Sandoz. Il est évident qu'il a prêté à son écrivain, laborieux, régulier, absorbé par sa tâche, quelques-uns des sentiments, peut-être des regrets, qui ont dû traverser son âme. Comme Pierre Sandoz, Zola s'est isolé, s'est confiné dans le labeur, et a vécu, pour ainsi dire, en dehors du monde. Tels les fanatiques religieux, dans les forêts de l'Inde, dans les cellules du moyen âge. Il y a de l'anachorète et de l'alchimiste dans Zola : du Faust aussi. Il a sans doute traduit, ou plutôt confessé ses plus intimes rêveries, quand il fait dire à Pierre Sandoz, racontant son existence confisquée par la production acharnée et rétive, qu'il a vu l'Œuvre à faire lui prendre sa mère, sa femme, tout ce qu'il aimait, lui voler sa part de gaieté ; le hanter comme un remords ; le suivre à table, au lit, partout !

L'obsession de l'Œuvre entreprise, qui vous martèle la cervelle, et vous étourdit l'âme, au point de la rendre sourde aux plus sonores commotions extérieures, cette absorption de l'homme par la chose, qui seule peut-être produit les grands artistes, et les grandes œuvres, Zola la connut. Mais est-il le seul de ces malades du travail, de ces intoxiqués de la pensée ? Flaubert, lui aussi, est descendu dans son œuvre comme le gladiateur dans le cirque, avec le secret sentiment qu'il serait vaincu, mais avec la volonté aussi de lutter, ferme et droit, jusqu'au bout, se préoccupant seulement, quand ses forces seraient épuisées, et que le monstre se relèverait, plus terrible, enfonçant plus avant les ongles dans la chair, d'avoir le soin de se tourner, une dernière fois, vers le César Public impassible dans sa loge, et de tomber avec grâce.

Comme le Pierre Sandoz de Zola, Flaubert a lutté désespérément contre l'Œuvre. Tour à tour, il l'étreignait comme une maîtresse adorée, et la piétinait comme un ennemi. Il s'est épuisé dans cette double bataille. Lui aussi est mort de l'effort, et, lui aussi, n'avait vécu que pour mourir ainsi. Comme Claude Lantier et comme Pierre Sandoz, Flaubert a eu sa vie volée par le Travail et par l'Œuvre. La femme non plus n'a pas existé pour lui. Il n'avait pas le temps d'aimer, et les plaisirs courants du monde, les distractions, les bonnes causeries entre amis, les flâneries au soleil, le long des quais ou les siestes béates dans la profondeur des divans, lui semblaient de mauvaises actions, des détournements et des abus de confiance, au détriment de l'Œuvre.

Cette existence de Sisyphe roulant son rocher jusqu'à ce que le bloc vînt écraser le manœuvre, cette claustration intellectuelle de l'artiste, ce servage cérébral, qui n'est pas tout à fait volontaire, qui n'est pas à tout fait fatal non plus, car il a parmi ses causes l'accoutumance, c'est la matière de ce roman intime, une étude philosophique plutôt que sociale ou biologique, sujet esthétique beaucoup plus que romanesque. Il ne s'agit plus ici de la peinture d'un milieu moderne, ou du tableau d'un groupe social, comme dans *l'Assommoir* ou dans *la Curée*. *L'Œuvre* est inscrite dans la nomenclature sérielle des *Rougon-Macquart*; en réalité, la famille névrosée, dont les divers rejetons supportent chacun un roman de Zola, ayant tous des professions diverses, et vivant dans des milieux distincts, pourrait demeurer étrangère à cette histoire intime des luttes, des espoirs, des projets, des efforts, des tâtonnements, des triomphes secrets, et des désespérances cachées d'un artiste, et ce n'est que par une supposition, non par nécessité, ni intérêt, que l'auteur a fait parent des Rougon et des Macquart le peintre Claude Lantier. L'Œuvre n'est même plus un roman conçu dans la forme ordinaire de l'auteur de l'Histoire naturelle et sociale d'une famille sous le second Empire, qui est avant tout objective; c'est un livre où l'analyse intérieure remplace la description purement extérieure.

Le sujet de *l'Œuvre* a été déjà maintes fois traité. Depuis qu'il y a des artistes, toujours de leurs poitrines se sont échappés des sanglots, et les plus beaux cris des poètes sont peut-être ceux que leur arrachait la Forme rebelle et l'impuissance à la vaincre. Pétrus Borel, quelques jours avant de succomber à une insolation, en Algérie, trouvait sa plus belle imprécation dans un appel désespéré à la Muse inerte et froide, qu'il s'évertuait en vain à ranimer, et dont il étreignait inutilement les bras de statue. Musset, le moins poétique des poètes, mais le plus philosophique peut-être, Musset, qu'Emile Zola, peu liseur de vers, a cependant beaucoup pratiqué, a donné lui aussi cette note douloureusement désespérée. Combien d'hommes ignorés, méconnus, éconduits, se sont reconnus, et se reconnaîtront dans Pierre Sandoz, l'écrivain qui s'accouche avec des fers, et, quand c'est fini, quand la délivrance est accomplie, éprouve non pas une jouissance, non pas un soulagement, mais le sentiment de son infériorité, de sa faiblesse, de son avortement. C'est l'histoire des merveilleuses pommes d'or des Hespérides, métamorphosées brusquement en navets ridicules, entre les bras qui précieusement les serraient. Mais Zola, avec une vigueur renouvelée à chaque page, a su rajeunir ce thème philosophique, un peu vieillot. Il est parvenu à tirer des effets nouveaux et surprenants d'un refrain banal, et il a, sur la quatrième corde, improvisé des variations délicates ou brutales, donnant le frisson à tout l'être. Virtuose psychique, avec un archet invisible, d'une douceur infinie, promené sur les fibres tendues de tout cerveau d'artiste, il a joué une fantaisie cruelle et douce, dont chaque créateur, peintre, sculpteur, écrivain, semble avoir fourni le thème.

Tout ce qui pense, tout ce qui écrit, tout ce qui agit, quiconque porte en soi une idée à réaliser, un rêve à faire descendre du ciel sur la terre, tous les créateurs, sans qu'il soit besoin d'être manieur de cordes, brosseur de toiles, gâcheur de terre ou noircisseur de papier, tous les laborieux et tous les espérants, l'homme politique qui s'épuise à la tribune et escalade fiévreusement en imagination le pouvoir entrevu, comme Lantier apercevait sa tête de femme, dans une brume décevante et séductrice à la fois, le savant qui, penché sur la mort, le microscope à la main, se tue à chercher la vie, l'inventeur comme le marin, le missionnaire comme l'apôtre socialiste, tous ceux qui ont voulu escalader l'Olympe, Prométhées hardis, et en sont redescendus, n'ayant plus trouvé, au lieu de l'étincelle rêvée, qu'un tas de cendres froides, avec le vautour aiguisant ses serres, tous ces argonautes de la pensée, tous ces chercheurs de toisons d'or, qui sont nombreux sous le soleil, éprouveront toujours, en lisant *l'Œuvre* de Zola, cette sensation cruelle, et en même temps attirante, que connaît le malade incurable, à qui tombe sous les yeux un livre de médecine où son mal est traité.

L'Œuvre est un manuel de clinique cérébrale, un formulaire de pathologie esthétique. Il ne guérira personne, ce traité, d'ailleurs, car ceux qui sont atteints du mal de Claude Lantier et de Sandoz, non seulement ne voudraient pas être guéris, mais, s'ils n'étaient pas malades, s'ils étaient comme les autres hommes, bien portants et bons vivants, consentiraient-ils à vivre ? Sans la souffrance qui les ronge, et les ravit, ils dédaigneraient de faire jusqu'au bout l'étape vitale, pour eux devenue sans but, comme sans intérêt.

V

LA TERRE. — LE MANIFESTE DES CINQ. — LA BÊTE HUMAINE.— LA DÉBACLE. — LE DOCTEUR PASCAL.
(1887-1892)

La Terre fut publiée en 1887.

C'est, avec *l'Assommoir*, le livre de Zola qui a soulevé le plus de protestations; une surtout fut retentissante, celle des « Cinq » qu'on trouvera plus loin. Des critiques passionnées se produisirent, à l'apparition de ce roman, qui n'étaient pas toujours injustes. Là aussi, la trivialité du style choqua et motiva les haut-le-cœur. Les personnages de *la Terre*, comme ceux de *l'Assommoir*, s'expriment en des termes crus qu'ils ponctuent à la façon du père Duchesne. Peut-être le paysan n'emploie-t-il pas couramment un vocabulaire aussi épicé. Il m'a semblé, parmi les rustiques que j'ai rencontrés, que, sauf dans la colère, au cabaret, ou aux champs avec des animaux rétifs ou vagabonds, le langage du cultivateur était plutôt réservé ; les phrases sont incorrectes, mais sans gros mots. L'antique soumission au seigneur, aux gens du roi, aux propriétaires, a transmis aux gens de la terre cette modération du verbe. L'auteur, en usant de verbes gros et de termes souvent orduriers, a voulu éveiller en nous l'idée de la grossièreté paysanne. Ce n'est pas la sténographie du discours qu'on tient aux champs, ni la reproduction comme au phonographe des propos qu'échangent les campagnards, mais seulement un procédé de rhétorique, un artifice d'écrivain, destinés à nous donner la perception mentale des allures, du tour d'esprit, de la pensée des rustiques. Et cette rhétorique rurale heurta, comme la faubourienne dans *l'Assommoir*, les oreilles sensibles et les esprits délicats.

Mais ce qui nuisit le plus à *la Terre* dans l'opinion générale, ce fut le personnage de Jésus-Christ. D'abord le choix du nom semblait un défi à des sentiments, en somme respectables, et comme une bravade inutile. On peut être libre-penseur, anticlérical militant, ou athée convaincu, toute la gamme de l'irréligion, sans pour cela tourner en dérision le nom des fondateurs de croyances. Bouddha, le Christ, Mahomet, Luther, Calvin peuvent être maudits, combattus, critiqués et dépouillés par la science de tout caractère surnaturel, mais, par leur génie, par leur action sur l'humanité, et, pour quelques-uns, en considération des outrages et des supplices que leurs contemporains leur infligèrent, ils ont droit à une certaine déférence de la part des générations. On peut les nier, les proscrire de l'enseignement et les bannir de la cité, mais poliment. Ce sobriquet de Jésus-Christ est, il est vrai, assez courant dans les campagnes. On le donne volontiers aux compagnons ayant de longs cheveux roulés, couleur acajou, le nez droit et la barbe blonde foncée, en pointe, d'après l'imagerie populaire des descentes de croix, bien que, dans la réalité, le Christ, étant né à Béthléem, d'origine judéo-syrienne, dût avoir, comme tous ses compatriotes, les cheveux noirs, le teint bronzé, l'aspect d'un Arabe moderne. Zola assurément a rencontré un rustre barbu répondant à ce signalement légendaire et gratifié de ce surnom. Ce n'était pas un motif suffisant pour l'introduire dans son livre. Ce paysan se fût appelé Nicolas ou Jean-Pierre, que le tableau de la vie rurale aurait eu le même coloris, la même vraisemblance.

Mais, en passant condamnation sur ce nom fâcheusement choisi, il est difficile d'admirer, au point de vue purement littéraire et naturaliste, la conception de ce Jésus-Christ, personnage flatueux. Il est véritablement un trop puissant Eole. L'auteur semble l'avoir pourvu, après coup, de ce talent spécial qu'un monstrueux histrion a fait, tout un hiver, applaudir du public parisien. Le pétomane, dont Zola se fait le Barnum, ne révèle sa vocation qu'à la page 314 du volume. Jusque là rien ne faisait prévoir ce déchaînement de sonorités intestinales. On avait, jusqu'à ce point du récit, plusieurs fois aperçu, mais non entendu, le musical paysan ; toujours il s'était retenu. Chez le notaire Baillehache, au marché, dans les scènes de partage et de chicane, il avait gardé un silence de bonne compagnie. Tout à coup il se lâche. L'idée de faire pétarader Jésus-Christ dans son œuvre a dû venir à Zola, non pas en écoutant le rossignol dans les arbres de Médan, mais probablement en regardant pousser les rames de haricots de son jardin.

Etrangement, ce Jésus-Christ et ses sonorités fournissent à Zola le thème lyrique, le leitmotiv où sa virtuosité se manifeste, qu'il a placé dans chacun de ses romans : ainsi se développent la marche des fromages du *Ventre de Paris*, le festin impérial de *la Curée*, les orages sur Paris de *la Page d'Amour*, la culbute réitérée des herscheuses dans les galeries et par les fossés de *Germinal*; *la Terre* a la symphonie des crépitements.

Rarement Zola a montré un lyrisme plus excessif. Cette constatation, souvent répétée dans ces pages, de son exubérante imagination, de sa méridionale, on pourrait dire marseillaise exagération, se trouve ici démontrée, sans atténuation.

Zola ne s'est pas contenté de pourvoir son tempétueux Jésus-Christ des outres d'Eole, il l'a aussi armé de la foudre de Jupiter tonnant. Quand le maigre huissier Vineux se présente à lui, porteur de pièces, prêt à signifier un acte du greffe, Jésus-Christ résiste et s'arme. Comme autrefois les seigneurs insoumis, accueillant du haut de leurs tours à créneaux par une détonation, plus bruyante que meurtrière, des lourdes bombardes cerclées de cuivre, débuts de l'artillerie, la sommation au nom du roi, le rebelle se dresse, épique, arrogant, intrépide. Les hostilités commencent. Jésus-Christ lève, à sa façon, l'étendard de la révolte. Il se contente de lever la cuisse. Ici je cite :

> Pan ! il en fit claquer *un* d'une telle sonorité que, terrifié par la détonation, Vineux s'étala de nouveau. (L'huissier avait déjà été foudroyé par un premier bombardement.) Cette fois son chapeau noir avait roulé parmi les cailloux. Il le suivit, le ramassa, courut plus fort. Derrière lui les coups de feu continuaient. Pan ! Pan ! sans un arrêt ; une vraie fusillade au milieu de grands rires qui achevaient de le rendre imbécile. Lancé sur la pente ainsi qu'un insecte sauteur, il était à cent pas déjà que les échos du vallon répétaient encore la canonnade de Jésus-Christ. Toute la campagne en était pleine, et il y en eut un dernier formidable, lorsque l'huissier, rapetissé à la taille d'une fourmi, là-bas, disparut dans Rogues...

Ce passage, avec l'elliptique incorrection du *Un* absolu, est caractéristique. Quelle lentille que cet œil de Zola, quel tympan multiplicateur aussi ! Comme sa prunelle de myope grossissait les objets ! Quelle puissance d'acoustique avait son oreille ! Cette canonnade de son Jésus-

Christ fait songer à Valmy ; c'est excessif. L'auteur a certainement vu trop énorme, et entendu trop fort.

J'ai signalé cette outrance dans un article de *l'Echo de Paris* au moment de l'apparition du livre, en 1887. On me pardonnera de me citer moi-même, car cet article me valut une intéressante lettre de Zola, qu'on trouvera ci-après, et suscita de nombreux commentaires dans la presse :

> L'auteur, disais-je en examinant le cas de son Jésus-Christ, a traité l'infirmité de son rustre, comme Camoëns décrivant l'ouragan des Luciades, comme Virgile sa tempête de l'Enéide. Le naturalisme est ici fort loin de la nature. Il est arrivé à plus d'un, sans doute, par mégarde, faiblesse ou sans-gêne, de laisser échapper une détonation, comme ce Jésus-Christ, mais qui donc, eût-il tous les huissiers de France et de Navarre à ses trousses, eût pensé, à l'aide de cette artillerie que chacun porte en soi, mettre en fuite le plus poltron de ces corbeaux, ou même effrayer les moineaux pépiant dans les brandes ?

J'ajoutai cette critique, à laquelle Zola voulut répondre plus spécialement :

> *La Terre* est pleine de ces morceaux hyperboliques.
> Ce sont, il est vrai, des tableaux d'une large poésie : les semailles, la pousse du blé, l'envahissement de la Beauce par la marée verte, la grêle, la moisson. Zola évoque Hésiode. Il chante les Travaux et les Jours de notre temps. Je ne le chicanerai point sur des détails inexacts. Qu'importe qu'il ait fait pousser la vigne en Beauce, et donné à ses villages et à ses villageois du plat pays central, des noms méridionaux ou montagnards comme Rogues, Fouan, Hourdequin. Le défaut de ce roman, c'est d'être un poème géorgique trop touffu, trop chargé d'ornements. Il y a aussi abus du « culbutage ». Le paysan, rompu par les travaux de la journée, ne songe guère le soir à des exercices amoureux. Il mange la soupe, se couche et ronfle aussitôt. Le dimanche soir, ou les lendemains de

fête, passe encore, mais en semaine il n'a ni le désir, ni le temps d'aimer. Vénus aime des corps reposés.

Zola a mal vu le paysan électeur, politicien, agent électoral, ou candidat. Ses scènes de candidature sont faibles. Il n'a pas su tirer tout le parti désirable de l'âpre lutte des paysans pour les fonctions municipales. L'écharpe est la rivale du lopin de terre dans les convoitises rustiques. Balzac, dans ses *Paysans*, a également négligé, mais avec raison, la passion politique rurale. De son temps, les paysans n'étaient point électeurs, mais l'abolition du cens, et le suffrage universel ont excité les ambitions et les rivalités paysannes.

Enfin, une dernière critique, les époux Charles, tenanciers honoraires d'une maison hospitalière, admis, considérés, sont trop poussés à la charge.

Malgré ces défauts et ces exagérations qui, par instant, semblent des gageures, *la Terre* est une œuvre puissante, et qui peut soulever des critiques, des indignations même, plus ou moins sincères, mais dont la maîtrise est incontestable comme le talent de l'auteur.

Je reçus, le jour même de la publication de cet article, la lettre suivante de l'auteur de *la Terre*, qui ne figure point dans le 2ᵉ volume de la *Correspondance* d'Emile Zola, tout récemment paru.

Paris, 27 novembre 87.

Mon cher Lepelletier,

Merci mille fois de votre article, qui me fait grand plaisir; car il comprend et il explique au moins. Mais que de choses j'aurais à vous dire, à vous qui êtes un ami !

Il y a de la vigne à la lisière de la Beauce, les vignobles de Montigny, près desquels j'ai placé Rognes, sont superbes. Tous les noms que j'ai employés, sauf celui de Rognes, sont beaucerons. Il n'est pas vrai que la fatigue soit contraire à Vénus : demandez aux physiologistes. Si vous croyez que les paysans ne reproduisent que le dimanche et le lundi, je vous dirai d'y aller voir. La lutte politique dans les villages n'est point aussi âpre, ouvertement, que vous le pensez : tout s'y passe en manœuvres sourdes. Mes Charles sont copiés sur nature ; et puis, c'est vrai, eux et Jésus-Christ sont la fantaisie du livre. Est-ce qu'à l'ironie de la phrase vous n'avez pas compris que je me moquais ?

La vérité est que l'œuvre est déjà trop touffue et qu'il y manque pourtant beaucoup de choses. C'est un danger de vouloir tout mettre, d'autant plus qu'on ne met jamais tout. Du reste, c'est là l'arrière-plan, car mon premier plan n'est fait que des Fouan, de Françoise et de Lise : la terre, l'amour, l'argent.

Merci encore, et bien cordialement à vous.

ÉMILE ZOLA.

Je n'argumenterai pas, dans ce livre, contre Zola qui n'est plus là, pour de nouveau expliquer et réfuter. Sa lettre est intéressante et fournit un excellent plaidoyer. J'avais sans doute, dans mon article, traité deux personnages épisodiques du drame rustique, en premiers rôles. Mais l'auteur n'avait-il pas tellement grandi leur stature et si fortement accentué leurs tics et leurs tares qu'ils arrivaient à dominer : ils masquaient les autres acteurs, comme ce marquis de comédie, campé sur la scène au premier plan, qui, de son large dos, aux trois quarts du parterre, cachait les comédiens, et puis comme ce Jésus-Christ vous assourdissait !

La Terre, malgré les exagérations et les brutalités signalées, est un livre impressionnant, et pas aussi pessimiste qu'on l'a dit. C'est un tableau sombre et dur de la vie rurale, mais les modèles vivants sont-ils gracieux et sémillants ? Les animaux à face humaine de La Bruyère sont reconnaissables dans leurs descendants, bien que modifiés, atténués, par le suffrage universel, l'instruction obligatoire, les journaux et le régiment. Les personnages de Zola ne sont pas des monstres façonnés à plaisir, et pour effrayer les gens. Ils sont très humains, très vraisemblables. Ils sont fréquents dans la réalité, les accidents criminels, comme le meurtre de

Françoise et l'étranglement du père Fouan, roi Lear paysan à qui manque une Cordélia; il se produit aussi d'analogues scélératesses dans les milieux les plus urbains. Les actes et les pensées de ces bœufs de labour, comme Zola les a reproduits, sont acceptables et normaux. Ils peinent sans grande satisfaction autre que le travail et l'économie, avec l'espoir de l'agrandissement, de l'acquisition. Ils portent le faix des impôts, proportionnellement le plus lourd, le plus inégal. Ils fournissent le plus fort contingent aux casernes, en temps de paix; à la guerre, c'est eux qui offrent la plus large cible aux mousqueteries. Régulièrement, patiemment, avec une précision astronomique, selon le cours des saisons, ils ensemencent, ils cultivent, ils moissonnent, et c'est grâce à eux que la vie ordinaire est possible. Quand le paysan, comme on l'a vu sous la Terreur et durant les invasions, cesse de féconder la glèbe ou d'approvisionner les villes, l'horloge sociale semble s'être arrêtée, et tout un pays est terriblement désheuré. Les campagnards vivent dans une angoisse perpétuelle, les yeux tour à tour abaissés anxieusement vers la récolte qui pousse, ou sondant avec terreur le ciel où l'orage gronde. Ils maudissent et craignent à toute heure la pluie, la sécheresse, le vent, la grêle, les inondations, les insectes voraces, les maladies sur les végétaux, les épizooties dévastant les étables. Ils ignorent les plus délicates jouissances humaines, les sensations d'art, la conversation légère et gaie, les impressions de la nature; ils passent leur existence au milieu des plus admirables paysages, sans en être émus; ils sont comme des sourds, si par hasard de la bonne musique résonne à leur portée; devant un beau tableau, ils sont aveugles; leur cerveau semble toute matière brute. L'amour, ils ne le connaissent que sous la forme du rut ; ils l'éprouvent et le manifestent comme nos premiers parents, les ancêtres des cavernes et des huttes lacustres, se ruant sur les femelles après s'être battus pour leur possession. Seulement, ils aiment la terre, c'est leur joie, leur force, leur vertu, leur vie aussi, cette terre, mère souvent marâtre, fille fréquemment ingrate ; le jour où ils ne l'aimeraient plus et des craintes à notre époque peuvent être conçues à cet égard, le jour où ils abandonneraient cette terre, qui est pour eux à la fois la mère, l'enfant, l'épouse et la maîtresse, le jour de misère et de désastre arrivé, où ils la laisseraient s'épuiser dans une stérilité prolongée, c'est alors qu'il faudrait maudire le paysan, et le traiter en être méprisable et odieux. Jusque-là il convient de l'admirer, de le plaindre aussi. Ses vices ne nuisent guère qu'à lui, et ses mâles vertus profitent à tous. Ce n'est pas le paysan qui a décrété la République, mais c'est grâce à lui qu'elle a pu durer. L'avenir socialiste, qui s'ouvre devant nous, ce sera l'œuvre pacifique, et la récompense légitime aussi, des hommes de la terre.

Le roman de *la Terre* eut une répercussion inattendue dans le monde littéraire.

Des jeunes gens, alors débutants, et dont les noms sont devenus connus : J.-H. Rosny, Lucien Descaves, Paul Margueritte, Gustave Guiches, sous la conduite de Paul Bonnetain, alors rédacteur assez important au *Figaro*, lancèrent dans ce journal une singulière excommunication de Zola. Paul Bonnetain, l'auteur de *Charlot s'amuse*, reprochant à l'auteur de *Germinal* sa « Mouquette », c'était bouffon et cynique. Bonnetain est mort, fonctionnaire à la Côte d'Ivoire, mais les quatre autres membres de cette congrégation de l'Index vivent encore ; ils ont acquis, les uns du talent, les autres de la renommée. Ils doivent regretter leur escapade de jeunesse.

Voici ce qu'ils fulminèrent contre Zola, en tête du *Figaro*.

A ÉMILE ZOLA

Naguère encore Emile Zola pouvait écrire, sans soulever de récriminations sérieuses, qu'il avait avec lui la jeunesse littéraire. Trop peu d'années s'étaient écoulées depuis l'apparition de *l'Assommoir*, depuis les fortes polémiques qui avaient consolidé les assises du Naturalisme, pour que la génération montante songeât à la révolte. Ceux-là mêmes que lassait plus particulièrement la répétition énervante des clichés, se souvenaient trop de la trouée impétueuse faite par le grand écrivain, de la déroute des romantiques.

On l'avait vu si fort, si superbement entêté, si crâne, que notre génération malade presque tout entière de la volonté, l'avait aimé rien que pour cette force, cette persévérance, cette crânerie. Même les Pairs, même les Précurseurs, les Maîtres originaux, qui avaient préparé de longue main la bataille, prenaient patience, en reconnaissance des services passés.

—

Cependant, dès le lendemain de *l'Assommoir*, de lourdes fautes avaient été commises. Il avait semblé aux jeunes que le Maître, après avoir donné le branle, lâchait pied à l'exemple de ces généraux de révolution dont le ventre a des exigences que le cerveau encourage. On espérait mieux que de coucher sur le champ de bataille ; on attendait la suite de l'élan, on espérait de la belle vie infusée au livre, au théâtre, bouleversant les caducités de l'Art.

Lui, cependant, allait creusant son sillon ; il allait, sans lassitude, et la jeunesse le suivait, l'accompagnait de ses bravos, de sa sympathie si douce aux plus stoïques ; il allait, et les plus vieux et les plus sagaces fermaient dès lors les yeux, voulaient s'illusionner, ne pas voir la charrue du Maître s'embourber dans l'ordure. Certes, la surprise fut pénible de voir Zola déserter, émigrer à Médan, consacrant les efforts — légers à cette époque — qu'eût demandés un organe de lutte et d'affermissement, à des satisfactions d'un ordre infiniment moins esthétique. N'importe ! la jeunesse voulait pardonner la désertion physique de l'homme. Mais une désertion plus terrible se manifestait déjà : la trahison de l'écrivain devant son œuvre.

—

Zola, en effet, parjurait chaque jour davantage son programme. Incroyablement paresseux à l'expérimentation *personnelle*, armé de documents de pacotille, ramassés par des tiers, plein d'une enflure hugolique, d'autant plus énervante qu'il prêchait âprement la simplicité, croulant dans des rabâchages et des clichés perpétuels, il déconcertait les plus enthousiastes de ses disciples.

Puis, les moins perspicaces avaient fini par s'apercevoir du ridicule de cette soi-disant *Histoire Naturelle et Sociale d'une amille sous le Second Empire*, de la fragilité du fil héréditaire, de l'enfantillage du fameux arbre généalogique, de l'ignorance, médicale et scientifique, profonde du Maître.

N'importe, on se refusait, même dans l'intimité, à constaer carrément les mécomptes. On avait des : « Peut-être aurait-il dû... », des « Ne trouvez-vous pas qu'un peu moins de... », toutes les timides observations de lévites déçus, qui voudraient bien ne pas aller jusqu'au bout de leur désillusion. Il était dur de lâcher le drapeau ! Et les plus hardis n'allaient qu'à chuchoter qu'après tout Zola n'était pas le naturalisme et qu'on n'inventait pas l'étude de la vie réelle, après Balzac, Stendhal, Flaubert et les Goncourt ; mais personne n'osait l'écrire, cette hérésie.

—

Pourtant, incoercible, l'écœurement s'élargissait, surtout devant l'exagération croissante des indécences, de la terminologie malpropre des *Rougon-Macquart*. En vain, excusait-on tout par ce principe émis dans une préface de *Thérèse Raquin :*

« Je ne sais si mon roman est moral ou immoral ; j'avoue
« que je ne me suis jamais inquiété de le rendre plus ou
« moins chaste. Ce que je sais, c'est que je n'ai jamais songé à
« y mettre les saletés qu'y découvrent les gens moraux ; c'est
« que j'en ai décrit chaque scène, même les plus fiévreuses,
« avec la seule curiosité du savant. »

On ne demandait pas mieux que de croire, et même quelques jeunes avaient, par le besoin d'exaspérer le bourgeois, exagéré la curiosité du savant. Mais il devenait impossible de se payer d'arguments : la sensation nette, irrésistible, venait à chacun, devant telle page des *Rougon*, non plus d'une brutalité de document, mais d'un violent parti pris d'obscénité. Alors, tandis que les uns attribuaient la chose à une maladie des bas organes de l'écrivain, à des manies de moine solitaire, les autres y voulaient voir le développement *inconscient* d'une boulimie de vente, une habileté instinctive du romancier, percevant que le gros de son succès d'éditions dépendait de ce fait, que « les imbéciles achètent les *Rougon-Macquart*, entraînés, non pas tant par leur qualité littéraire, que par la réputation de pornographie que la *vox populi* y a attachée. »

—

Or, il est bien vrai que Zola semble excessivement préoccupé (et ceux d'entre nous qui l'ont entendu causer ne l'ignorent pas) de la question de vente ; mais il est notoire aussi, qu'il a vécu de bonne heure à l'écart et qu'il a exagéré la continence, d'abord par nécessité, ensuite par principe. Jeune, il fut très pauvre, très timide, et la femme, qu'il n'a point connue à l'âge où l'on doit la connaître, le hante d'une vision évidemment fausse. Puis, le trouble d'équilibre qui résulte de sa maladie rénale contribue sans doute à l'inquiéter outre mesure de certaines fonctions, le pousse à grossir leur importance. Peut-être Charcot, Moreau (de Tours) et ces médecins de la Salpêtrière qui nous firent voir leurs coprolaliques pourraient-ils déterminer les symptômes de son mal... Et, à ces mobiles morbides, ne faut-il pas ajouter l'inquiétude, si fréquemment observée chez les misogynes, de même que chez les tout jeunes gens, qu'on ne nie leur compétence en matière d'amour ?...

—

Quoi qu'il en soit, jusqu'en ces derniers temps encore, on se montrait indulgent ; les rumeurs craintives s'apaisaient devant une promesse : *la Terre*. Volontiers espérait-on la lutte du grand littérateur avec quelque haut problème, et qu'il se résoudrait à abandonner un sol épuisé. On aimait se représenter Zola vivant parmi les paysans, amassant des documents personnels, intimes, analysant patiemment des tempéraments de ruraux, recommençant enfin le superbe travail de *l'Assommoir*. L'espoir d'un chef-d'œuvre tenait tout le monde en silence. Certes, le sujet simple et large promettait des révélations curieuses.

La Terre a paru. La déception a été profonde et douloureuse. Non seulement l'observation est superficielle, les trucs démodés, la narration commune et dépourvue de caractéristiques, mais la note ordurière est exacerbée encore, descendue à des saletés si basses que, par instants, on se croirait devant un recueil de scatologie : le Maître est descendu au fond de l'immondice.

—

Eh bien! cela termine l'aventure. Nous répudions énergiquement cette imposture de la littérature véridique, cet effort vers la gauloiserie mixte d'un cerveau en mal de succès. Nous répudions ces bonshommes de rhétorique zoliste, ces silhouettes énormes, surhumaines et biscornues, dénuées de complication, jetées brutalement, en masses lourdes, dans des milieux aperçus au hasard des portières d'express. De cette dernière œuvre du grand cerveau qui lança *l'Assommoir* sur le monde, de cette *Terre* bâtarde, nous nous éloignons résolument, mais non sans tristesse. Il nous poigne de repousser l'homme que nous avons trop fervemment aimé.

Notre protestation est le cri de probité, le dictamen de conscience de jeunes hommes soucieux de défendre leurs œuvres, — bonnes ou mauvaises, — contre une assimilation possible aux aberrations du Maître. Volontiers nous eussions attendu encore, mais désormais le temps n'est plus à nous : demain il serait trop tard. Nous sommes persuadés que *la Terre* n'est pas la défaillance éphémère du grand homme, mais le reliquat de compte d'une série de chutes, l'irrémédiable dépravation morbide d'un chaste. Nous n'attendons pas de lendemain aux Rougon : nous imaginons trop bien ce que vont être les romans sur les *Chemins de fer*, sur l'*Armée ;* le fameux arbre généalogique tend ses bras d'infirme sans fruits désormais !

—

Maintenant, qu'il soit bien dit une fois de plus que, dans cette protestation, aucune hostilité ne nous anime. Il nous aurait été doux de voir le grand homme poursuivre paisiblement sa carrière. La décadence même de son talent n'est pas le motif qui nous guide, c'est l'anomalie compromettante de cette décadence. Il est des compromissions impossibles : le titre de naturaliste, spontanément accolé à tout livre puisé dans la réalité, ne peut plus nous convenir. Nous ferions bravement face à toute persécution pour défendre une cause juste ; nous refusons de participer à une dégénérescence inavouable.

C'est le malheur des hommes qui représentent une doctrine, qu'il devient impossible de les épargner le jour où ils compromettent cette doctrine. Puis, que ne pourrait-on dire à Zola, qui a donné tant d'exemples de franchise, même brutale ? N'a-t-il pas chanté le *struggle for life*, et le *struggle* sous sa forme niaise, incompatible avec les instincts d'une haute race, le *struggle* autorisant les attaques violentes ? « Je suis une force », criait-il, écrasant amis et ennemis, bouchant aux survenants la brèche qu'il avait lui-même ouverte.

Pour nous, nous repoussons l'idée d'irrespect, pleins d'admiration pour le talent immense qu'a souvent déployé l'homme. Mais est-ce notre faute si la formule célèbre : « un coin de nature vu à travers un tempérament » se transforme, à l'égard de Zola, en « un coin de nature vu à travers un *sensorium morbide* », et si nous avons le devoir de porter la hache dans ses œuvres ? Il faut que le jugement public fasse balle sur *la Terre*, et ne s'éparpille pas, en décharge de petit plomb, sur les livres sincères de demain.

Il est nécessaire que, de toute la force de notre jeunesse laborieuse, de toute la loyauté de notre conscience artistique, nous adoptions une tenue et une dignité, en face d'une littérature sans noblesse, que nous protestions au nom d'ambitions saines et viriles, au nom de notre culte, de notre amour profond, de notre suprême respect pour l'*Art !*

PAUL BONNETAIN, J.-H. ROSNY, LUCIEN DESCAVES, PAUL MARGUERITTE, GUSTAVE GUICHES.

———

C'était une réclame imprévue autant qu'audacieuse, ce manifeste. Enchantés de la publicité du *Figaro* que leur offrait le téméraire Bonnetain, les quatre exorcistes ne se rendirent pas compte de la singularité, et aussi de la naïveté de leur anathème. Il leur était permis individuellement, dans des articles isolés, de blâmer, de critiquer Zola. Ils eussent alors fait chorus avec les pompiers des salons et les prudhommes de la presse. Ils se montraient rétrogrades et amis du poncif, mais ils ne s'affirmaient pas comme des étourneaux voletant à l'aventure, et se brisant le bec sur l'armature solide d'un phare éblouissant. Ces écoliers tapageurs étaient extraordinaires aussi en donnant à leur opinion la forme d'un manifeste, d'une déclaration de principes, presque d'un programme de parti. Ils semblaient parler au public, au nom de toute la littérature française. On remarquera deux des griefs principaux : Zola avait le tort d'habiter la campagne et de vendre beaucoup d'éditions ! Et puis, n'est-ce pas à pouffer, cette protestation « au nom d'ambitions saines et viriles », rédigée par l'onaniste Bonnetain, et quel rire doit s'emparer aujourd'hui de Descaves ou de Rosny, quand ils se souviennent qu'ils ont contresigné « la tenue et la dignité » de la littérature de *Charlot s'amuse*.

Ce qu'il y avait de plus cocasse dans l'excommunication, c'est que les cinq n'étaient pas du tout de l'église de Médan. Ils n'avaient pas été admis à l'honneur et à la gloire des fameuses soirées. Ils procédaient comme les sociétaires du club des pieds humides, qui décréteraient que tel membre du Jockey devrait être exclu comme indigne et malpropre. Si les « zolistes », le groupe des Provençaux amis de la première heure, Baille, Cézanne, Marius Roux, si les peintres et les romanciers célèbres qui, dès l'apparition des *Rougon-Macquart*, firent une escorte d'honneur à l'auteur, Manet, Guillemet, Alphonse Daudet,

avaient refusé de frayer désormais avec le pornographe
de *la Terre*, si enfin les disciples mêmes, les cinq de Médan,
les vrais Cinq ceux-là, Maupassant, Huysmans, Hennique,
Céard, Paul Alexis, avaient renié leur maître, abandonné
leur ami, la condamnation aurait pu paraître injuste,
absurde, mais ceux qui l'eussent prononcée n'auraient
pu être récusés, comme incompétents. Leur juridiction
eût été abominable, mais régulière. Ces justiciers eussent paru des ingrats, mais non des réclamistes prétentieux, un peu cyniques. Ces cinq écrivains, alors peu
connus, car ils venaient seulement de publier leur premier livre, sans grand éclat, sauf le Charlot qu'on sait,
expulsant Zola de la littérature au nom de la morale
outragée, c'était vraiment raide, et le fait, comme bizarrerie, mérite d'être conservé.

Emile Zola accepta, avec philosophie, ce sévère et ridicule verdict. Comme un journaliste lui demandait ce
qu'il pensait de l'excommunication, il répondit avec la
tranquillité de l'archevêque de Paris, à qui des membres
de l'armée du salut auraient lancé l'anathème et refusé
la communion :

— Je ne sais, dit-il au rédacteur du *Gil-Blas* venu l'interviewer à Médan, ce qu'on pense, à Paris, de cette protestation, qui m'a valu un grand nombre de lettres très bienveillantes de la part de confrères ; mais je sais que, pour ma
part, j'en ai été stupéfié. Je ne connais pas ces jeunes gens...
Ils ne font pas partie de mon entourage ; ils ne se sont jamais
assis à ma table ; ils ne sont donc pas mes amis. Enfin, s'ils
sont mes disciples, — je ne cherche point à en faire, — c'est
bien à mon insu.

Mais, n'étant ni mes amis, ni mes disciples, pourquoi me
répudient-ils ? La situation est originale, il faut en convenir.
C'est le cas d'une femme avec qui vous n'auriez aucune
relation, et qui vous écrirait : « J'en ai trop de vous, séparons-nous ! » Eh bien ! la position est analogue...

Ah ! si des amis m'avaient tenu un tel langage !... Si Maupassant, Huysmans, Céard, m'avaient parlé de la sorte, j'avoue que j'eusse été quelque peu estomaqué. Mais la déclaration de ces messieurs ne saurait me produire un tel effet ! Je n'y répondrai du reste absolument rien, et cette détermination se trouve fortifiée par les conseils qui m'ont été donnés de toutes parts.

Il écrivit à J.-K. Huysmans, le 21 août 1887 :

Tout cela est comique et sale. Vous savez ma philosophie au sujet des injures. Plus je vais et plus j'ai soif d'impopularité et de solitude...

A Alphonse Daudet, qui avait été indiqué, à tort, comme ayant sinon inspiré, au moins approuvé le manifeste des Cinq, il écrivit :

Mais jamais, mon cher Daudet, jamais je n'ai cru que vous ayez eu connaissance de l'extraordinaire manifeste des Cinq.... le stupéfiant, c'est que de victime, vous m'avez fait coupable, et qu'au lieu de m'envoyer une poignée de main, vous avez failli rompre avec moi. Avouons que cela dépassait un peu la mesure...

Zola dédaigna donc de répliquer ou de réfuter. Mais on a répondu pour lui. Pour donner idée de la vivacité de la polémique d'alors, et, en choisissant entre vingt ripostes, également vigoureuses, au factum des Cinq, je citerai un passage du très virulent mais très juste réquisitoire, qu'en guise de plaidoyer Henri Bauer publia. Cet article vengeur parut dans *le Réveil*, organe littéraire dont j'avais la direction, et où, on s'en souvient peut-être, Paul Verlaine oublié, calomnié, ou repoussé, fut accueilli, reparut à la publicité ; là il donna des tableaux et des fantaisies, sous la rubrique : « Paris vivant », qui, après dix ans de silence, firent de nouveau prononcer son nom, bientôt retentissant et glorieux.

Dans ce journal, très artiste, où Alphonse Daudet publia *Sapho*, et Guy de Maupassant plusieurs nouvelles inédites, parmi lesquelles *les Sœurs Rondolli*, et où Paul Bonnetain avait débuté, Henry Bauer s'exprima ainsi, avec cette franchise brutale qui lui valut en maintes circonstances beaucoup d'ennemis, mais qui caractérisait son talent sincère et indépendant :

Tant pis pour Bonnetain ! Tant pis pour Descaves ! Vous avez fait là, mes garçons, une vilaine besogne qui se retournera contre vous-mêmes. Vous avez oublié que le peu que vous êtes, vous le lui devez ; vous n'existez que par lui. Tout, votre forme, votre style, votre vocabulaire, vos images, vos idées procèdent de son œuvre, et vos pattes de mouches sont frottées à sa griffe. Vous êtes bien jeunes pour être ingrats. Apprenez, mes petits, que toute la littérature contemporaine a pris son essor dans ces *Rougon-Macquart* « ridicules ». Vous mordez les talons du père qui vous a tous engendrés et vous essayez d'ameuter le Philistin contre votre créateur, gare à la mâchoire d'âne !

La correction était infligée de main de maître. Les quatre, car l'instigateur de la réclame cherchée disparut bientôt, ont depuis fait oublier cette incartade de jeunesse à force d'œuvres estimables.

L'un des signataires devait d'ailleurs, par la suite, faire des excuses publiques qui honorent également celui qui les formulait si spontanément et celui qui les acceptait avec une généreuse effusion.

M. Paul Margueritte écrivit à Zola, au moment de la publication de *la Débâcle*, la lettre suivante.

9 mars 1892.

Cher monsieur Zola,

C'est avec émotion que je vois la division Margueritte et le nom de mon père jouer un rôle dans *la Débâcle*. Je pressens que vous serez sympathique aux efforts perdus de cette belle cavalerie et à la mort de son chef, sacrifié avec tant d'autres, à Sedan.

Laissez-moi saisir cette occasion — je n'en pourrai trouver une meilleure — pour me décharger auprès de vous, en toute franchise, d'un regret qui me pèse depuis longtemps. En m'associant, il y a quelques années, à ce manifeste contre vous, j'ai commis une mauvaise action dont mon extrême jeunesse m'empêcha alors de comprendre la portée, mais dont j'ai eu quelque honte depuis, lorsque j'ai mieux compris le respect qu'on se doit, d'homme à homme, et que je devais surtout, moi débutant de lettres et fils de soldat, à une vie d'écrasant labeur, de fier combat et d'exemple, comme la vôtre.

Il y a longtemps, cher monsieur Zola, que je voulais vous écrire cela. En tardant, je n'ai fait que prolonger mes regrets et la conscience de mes torts. Voudrez-vous bien accepter ces excuses aussi franchement et complètement que je vous les offre ?

PAUL MARGUERITTE

Cette lettre, à laquelle Zola a cordialement répondu, a été publiée dans le 2⁰ volume de la *Correspondance*.

La Bête Humaine, publiée en 1890, c'est le roman sur *les Chemins de fer*, que Zola avait depuis longtemps projeté d'écrire. C'est l'ouvrage le plus dramatique de la série des Rougon-Macquart, un roman criminel, avec des péripéties feuilletonesques. De plus, rappelant des crimes sensationnels : tels que l'assassinat du président Poinsot, en wagon, par l'introuvable Jud, le meurtre également impuni du préfet Barême, et la vengeance d'un perruquier méridional égorgeant un prêtre, par qui sa femme déclarait avoir été séduite avant son mariage. Ce roman a paru en 1890. Zola a déclaré « avoir eu une peur terrible qu'il ne fût pris pour une fantaisie sadique ».

Voici les grandes lignes de ce roman, qu'il est surprenant qu'un émule de Busnach n'ait pas encore transporté à la scène :

Le sous-chef de gare Roubaud, passionné, brutal et jaloux, a épousé une jolie fille, élevée en demoiselle, la protégée du président Grandmorin. Le mari adore sa femme. La jeune Séverine, un nom bien littéraire pour une petite campagnarde devenue l'épouse d'un employé, se laisse passivement aimer. Le ménage est heureux, paisible, honnête. Tout à coup l'accident surgit, sans lequel il n'y aurait pas de roman. Roubaud découvre que sa femme l'a trompé, oh ! avant son mariage. Le président Grandmorin, un satyre en robe rouge, a caressé, frotté, pollué Séverine, à l'âge où la fleur conjugale charmante n'était encore qu'en bouton. Puis il l'a mariée à un brave homme d'employé, après lui avoir passé une bague au doigt, en souvenir des bons moments écoulés dans ses tentatives séniles, au fond de la solitude propice de la Croix de Maufras, son domaine.

La scène de l'aveu surpris est une des plus poignantes du livre. Roubaud a interrogé sa femme sur la provenance de la bague, un serpent d'or à petite tête de rubis. Sottement, inconsciemment, Séverine a répondu que c'était un cadeau du président, un cadeau ancien, à l'occasion de ses seize ans. Roubaud s'étonne de cette réponse. L'explication, simple et vraisemblable, lui semble suspecte, parce que différée.

« Tu m'avais toujours dit, murmure-t-il, soupçonneux, que c'était ta mère qui t'avait laissé cette bague ?... » Et cette interrogation engendre aussitôt la défiance. Séverine avait donc menti ? Pourquoi cachait-elle l'origine de la bague ? Etait-ce mal faire que recevoir ce cadeau ? Quoi d'insolite en ce don du président, qui avait protégé le ménage, et doté la fillette ? Séverine s'enferre dans son mensonge. Elle soutient que jamais elle n'a parlé de sa mère à propos de cette bague. Son insistance étrange et l'embarras de ses dénégations, achèvent d'initier le mari. Il devient très pâle, ses traits se décomposent horriblement. Il jure, menace, et, les poings levés, marchant sur elle finit par crier : « Nom de dieu de garce ! tu as couché avec... couché avec ! » Et il la presse d'avouer, menaçant de l'éventrer. La malheureuse, lasse et terrifiée, se décide enfin à laisser échapper l'aveu : « Eh bien, oui, c'est vrai, laissez-moi m'en aller !... »

La fureur du mari, ses brutalités, ses soufflements de fauve, ses questions pressantes, ses investigations douloureuses, les détails qu'il réclame, les torturantes et minutieuses circonstances qu'il exige, tout cela rythmé sourdement par le tapotement affaibli du piano des voisins d'en dessous, présente un tableau dramatique d'une intensité excessive. Les accablements, les sursauts, les préoccupations du lendemain, les hantises du passé, les prostrations et les énergies soudaines, se succédant en son âme désespérée, achèvent ce tableau tourmenté d'un bonheur de mari naufrageant, avec le raccrochement désespéré de la vengeance entrevue. Roubaud crèvera l'homme. Il a son couteau sous la main, ce couteau fouillera la bedaine polissonne du président et, avec le sang qu'il en tirera, lavera la tache. C'est la farouche hantise des maris espagnols, des justiciers domestiques de Calderon, impitoyables médecins de leur honneur.

Pour réaliser cette saignée, qui doit, pense-t-il, guérir son honneur blessé et nettoyer la souillure, Roubaud se sert du moyen violent dont usa, au théâtre, le duc de Guise pour contraindre la duchesse à faire venir Saint-Mégrin : il commande à sa femme de donner rendez-vous au président. Ce chaud lapin fourré d'hermine est à Paris. Il s'agit de l'attirer dans l'express du soir, là on lui fera son affaire. Séverine résiste. Elle ne veut pas donner ce rendez-vous de mort. Alors,

... cessant de parler, il lui prit la main, une petite main frêle d'enfant, la serra dans sa poigne de fer, d'une pression continue d'étau, jusqu'à la broyer. C'était sa volonté qui lui entrait ainsi dans la chair, avec la douleur. Elle jeta un cri, et tout se brisait en elle, tout se livrait. L'ignorante qu'elle était restée, dans sa douceur passive, ne pouvait qu'obéir. Instrument d'amour, instrument de mort.

Elle écrit donc, et voilà le président déjà à peu près sûr d'avoir son compte réglé à bref délai.

Cet aveu surpris, à propos d'une bague que Séverine portait continuellement à son doigt, qui ne devait par conséquent éveiller chez son mari ni questions, ni soupçon, cet homme découvrant qu'il a été cocu avant le mariage, et aussitôt combinant avec une dextérité d'assassin émérite, dans ses moindres détails, la vengeance qu'il projette, la contrainte mécanique à laquelle il a recours pour décider sa femme à devenir sa complice, tout cet ensemble dramatique est certainement entaché d'invraisemblance, mais il ne faut pas oublier que nous sommes en plein feuilleton criminel, et que les personnages sont des impulsifs, des inconscients, des êtres anormaux placés dans des circonstances exceptionnelles, de véritables héros de roman judiciaire.

Le crime est rendu avec une grande abondance d'effets d'horreur, et tout se passe dans les conditions ordinaires de ces tableaux farouches destinés à être affichés, peinturlurés, sur les murailles, afin d'attirer la clientèle de l'Ambigu. Le train file à toute vitesse, et l'heure du crime est proche. Naturellement, un témoin est là, embusqué dans l'ombre. Comme le solitaire fameux de d'Arlincourt, il voit tout, il entend tout, ce gaillard ayant bons yeux, bonnes oreilles, posté à point nommé, dans la nuit, sur le parcours de la ligne du Havre, au poteau kilométrique 153, juste à la minute où l'on balance, par la portière entr'ouverte d'un vagon de première, le corps de la victime :

Jacques vit d'abord la gueule noire du tunnel s'éclairer, ainsi que la bouche d'un four, où des fagots s'embrasent. Puis, dans le fracas qu'elle apportait, ce fut la machine qui en jaillit avec l'éblouissement de son gros œil rond, la lanterne d'avant, dont l'incendie troua la campagne, allumant au loin les rails d'une double ligne de flamme. Mais c'était une apparition en coup de foudre. Tout de suite les wagons se succédèrent ; les petites vitres carrées des portières, violemment éclairées, firent défiler les compartiments pleins de voyageurs, dans un tel vertige de vitesse que l'œil doutait ensuite des images entrevues. Et Jacques, très distinctement, à ce quart précis de seconde, aperçut, par les glaces flambantes d'un coupé, un homme qui en tenait un autre renversé sur la banquette, et qui lui plantait un couteau dans la gorge, tandis qu'une masse noire, peut-être une troisième personne, peut-être un écroulement de bagages, pesait de tout son poids sur les jambes convulsives de l'assassiné.

Le tableau est saisissant. La vision intense. Nous ne chicanerons pas sur la difficulté que peut rencontrer un observateur, placé « devant la haie d'un chemin de fer, juste à la sortie du souterrain, en face d'un pré, » c'est-à-dire dans un lieu bas, ou tout au moins de plain-pied, à découvrir, par une portière de wagon, un homme maintenu renversé sur une banquette. Ce corps se trouve au-dessous de la ligne visuelle, et masqué par l'épaisseur du panneau n'ayant qu'un petit carreau comme chacun sait, il est donc à peu près invisible du dehors. Si l'on s'arrêtait à ces détails de vraisemblance, il serait difficile de faire constater, par les personnages nécessaires au dénouement, les péripéties d'un assassinat, dans les romans-feuilletons. L'essentiel est que l'effet d'horreur cherché ait été trouvé. Il l'a été. Ici, comme dans les scènes subséquentes de l'enquête judiciaire, Zola s'est révélé, en ce genre pour lui nouveau, expert.

A l'action criminelle, se juxtaposent un drame passionnel et une sorte de synthèse psychologique des théories de Cesare Lombroso, sur l'« Uomo deliquente », l'homme criminel, la bête humaine, le sauvage primitif, l'anthropoïde cultivé, le quadrupède redressé. Roubaud échappe à la justice. On soupçonne un carrier nommé Cabuche, être inquiétant d'allures, bouc-émissaire des crimes mystérieux dans la contrée, une ressource pour la justice dans l'embarras. Mais quelqu'un peut témoigner de la vérité, Jacques, l'homme qui a vu. Roubaud devient l'ami de Jacques. Il ne peut se séparer de lui. Il en fait son commensal, son intime, et lui jette sa femme dans les bras. En même temps, une sorte de démon de la perversité le pousse à fréquenter le commissaire de police. Le souvenir de Raskolnikof de *Crime et Châtiment* se dresse ici. Zola, toutefois, n'a pas cru devoir pousser, aussi loin que le romancier russe, cet irrésistible besoin du coupable de se rapprocher de ceux qui peuvent surprendre et punir son crime. Dostoïewsky a tiré de puissants effets de cette poussée folle et nuisible de la conscience. Zola n'a fait que l'indiquer. En revanche, il a développé largement les amours de Séverine et de Jacques.

Un fou, un monstre, ce Jacques. Plus terrible que ce maniaque, jugé il y a quelques années, qui s'amusait à piquer les jolies passantes avec un stylet, ou que le bijoutier, dont les plaisirs amoureux consistaient à transformer en pelotes à épingles les seins martyrisés des malheureuses qu'il entraînait, en leur jétant des billets de banque pour panser leurs plaies. Ce sadique Jacques a, devant les femmes, les tentations meurtrières que Papavoine manifestait en face de la chair moite et blanche des petits garçons. Il ne veut pas abuser des belles, mais il meurt d'envie de les égorger. Il rêve des voluptés non pareilles, à l'idée de plonger une lame dans le corps de sa maîtresse. Parfois, il lui prend aussi l'envie de tuer la première femme rencontrée. Il suit même une passante, en chemin de fer, dans ce but, s'installe avec elle dans un compartiment, et ne renonce au plaisir promis que par suite de l'entrée d'une dame, une gêneuse, qui dérange la partie de meurtre projetée. Il se dédommage bientôt en assassinant Séverine, sans avoir, Antony de cabanon, l'excuse de la résistance.

Ce goût du sang, cette appétence du meurtre pour le meurtre, ne sont que d'inexplicables déviations de la raison humaine. Toutes les considérations des criminologues fatalistes de l'école italienne ne pourront ôter à ces monstres le caractère, heureusement exceptionnel, qui les signale au médecin, encore plus qu'au juge. Ils ne semblent guère intéressants pour le romancier, pour l'artiste. Ce sont des impulsifs, des inconscients, et ils relèvent surtout de l'aliéniste.

Zola tente de raisonner ainsi la folie de son maniaque : comme à d'autres il suffit, pour se sentir le sang en feu et les nerfs tendus, de surprendre moulant la jambe, un bas noir ou violet, Jacques éprouve le rut du meurtre devant toute peau nue.

Un soir, il jouait avec une gamine, la fillette d'une parente, sa cadette de deux ans ; elle était tombée, il avait vu ses jambes, et il s'était rué. L'année suivante, il se souvenait d'avoir aiguisé un couteau pour l'enfoncer dans le cou d'une autre, une petite blonde qu'il voyait chaque matin passer devant sa porte. Celle-ci avait un cou très gras, très rose, où il choisissait déjà sa place, un signe brun sous l'oreille...

Musset décrit ces tentations-là, mais moins sanglantes, quand, au théâtre Français « où l'on ne jouait que Molière », il découvrait « un cou blanc délicat qui se plie, et de la neige effacerait l'éclat ». Jacques, lui, au théâtre, éprouve la furieuse envie d'éventrer une jeune femme, une nouvelle mariée assise près de lui, qui rit très fort. Et la question se pose alors :

Puisqu'il ne les connaissait pas, quelle fureur pouvait-il avoir contre elles? Car, chaque fois, c'était comme une nouvelle crise de rage aveugle, une soif toujours renaissante de venger des offenses très anciennes dont il avait perdu l'exacte mémoire. Cela venait-il donc de si loin, du mal que les femmes avaient fait à sa race, de la rancune amassée de mâle en mâle depuis la première tromperie, au bord des cavernes?

C'est peut-être faire remonter un peu loin la vengeance préhistorique, et les défenseurs de Philippe, de Menesclou, de Soleilland et autres aliénés, grands tueurs de femmes et de fillettes, n'ont jamais essayé de plaider l'atavisme.

Cette théorie de *la Bête Humaine* n'a d'ailleurs qu'un intérêt pathologique secondaire : Jacques, Roubaud, Séverine, Pecqueux, le Chauffeur, tous les personnages du livre, jusqu'au président Grandmorin, dont on n'entrevoit que la silhouette posthume, sont des monstres en dehors de l'humanité, une véritable ménagerie de fauves, que Zola promène dans son œuvre. C'est un peu de la littérature de cirque.

Comme dans tous les livres de l'auteur du *Ventre de Paris*, il y, a dans *la Bête Humaine*, une chose, un morceau de matière, qui vivifiée par le souffle de l'écrivain, se dresse, s'anime, vit et palpite, comme un être. Zola est un admirable Pygmalion dans ces animations de Galatées, faites de la terre des mines, du liquide brûlant des alambics, des monceaux de légumes ou des charretées de fleurs des halles. La Lison, la machine de Jacques a une âme, une existence, des aventures, et elle connaît les fins tragiques.

Jacques, d'une pâleur de mort, vit tout, comprit tout : le fardier en travers, la machine lancée, l'épouvantable choc, tout cela avec une netteté si aiguë qu'il distingua jusqu'au grain des deux pierres, tandis qu'il avait déjà dans les os la secousse de l'écrasement. C'était l'inévitable... Au milieu de cet affreux sifflement de détresse qui déchirait l'air, la Lison n'obéissait pas, allait quand même, à peine ralentie. Elle n'était plus la docile d'autrefois, depuis qu'elle avait perdu dans la neige sa bonne vaporisation, son démarrage si aisé, devenue quinteuse et revêche maintenant, en femme vieillie dont un coup de froid a détruit la poitrine...

Cette machine, ainsi personnifiée, cette Lison que Jacques avait aimée, soignée, couvée, jalousée, comme une maîtresse, sans avoir jamais eu l'idée de l'éventrer celle-là, nous assistons à son agonie, la seule mort touchante de ce livre plein de meurtres, aux pages éclaboussées du sang des plaies, et où l'on ne voit que cervelles écrabouillées, ventres ouverts et carotides tranchées :

La Lison, éventrée, culbutait à gauche, par-dessus le fardier, tandis que les pierres fendues volaient en éclats comme sous un coup de mine, et que, des cinq chevaux, quatre roulés, traînés, étaient tués net.

La Lison est vraiment le personnage sympathique du livre. Pauvre Lison ! Son meurtre était de longue main préparé. Au commencement de l'ouvrage, déjà, un fardier s'était embarrassé sur la voie, et Flore, la jalouse Flore qui fait dérailler le convoi pour se venger, s'était essayée, en retenant des chevaux rétifs. La machine, décrite, détaillée, ayant l'importance d'un premier rôle, et quelques pages sur les rivalités d'employés, se disputant un logement, ou s'espionnant les uns les autres, font souvenir que le puissant auteur de *la Bête Humaine*, avant tout ce carnage, a décrit le comptoir formidable du père Colombe, la ruche ouvrière de la rue de la Goutte d'Or, la truculente obésité des halles, le puits dantesque du Voreux.

La Bête Humaine n'est pas le meilleur roman de Zola. Je l'ai analysé, pour indiquer la féconde variété du maître, et pour prouver qu'il aurait pu, malgré l'insuccès de son début à Marseille, rivaliser avec les feuilletonistes populaires, ceux qui seuls semblent susceptibles de capter l'attention des foules.

Il y a de nombreuses descriptions, très artistes, dans ce roman rouge. La rouge est la couleur de la vie. Il donne l'impression de la force et aussi de l'horreur, et, en fermant ce livre rude, on se souvient, avec Baudelaire, que le charme de l'horreur n'enivre que les forts.

La Débâcle a paru en 1892. C'est peut-être le livre de Zola qui a suscité le plus de polémiques, inspiré le plus de sottes injures, celui aussi qui a été le moins compris, le plus calomnié. C'est son plus beau livre.

Zola a été, sans raison, accusé d'avoir écrit un ouvrage anti-patriotique. Pourquoi ? Parce qu'il n'a pas montré les soldats de son pays, irrésistiblement victorieux, ou du moins toujours héroïques, toujours debout sur la brèche, toujours grands dans la défaite? Lui était-il permis de refaire l'histoire, et, pour flatter l'orgueil national, devait-il rééditer des légendes, plutôt périlleuses?

Disons d'abord que l'on ne peut maintenant connaître les causes exactes de l'immense désastre, ni apprécier, pour ainsi dire scientifiquement et physiologiquement, l'effondrement de Sedan. Nous sommes beaucoup trop près du sinistre. Ce n'est pas quand le sol frémit encore qu'on peut, avec sérénité, étudier les origines d'une commotion sismique. Les survivants de la catastrophe, au nombre desquels était Zola, ont gardé l'ébranlement dans les nerfs de la secousse, et cela fait trembler les mains tenant la plume, comme l'instrument vacillerait entre les doigts du savant penché sur le cratère fumant, grondant, après l'éruption. Il faut laisser à la brûlante terre le temps de se refroidir, pour en reconstituer les éléments, avant et pendant la conflagration.

Malgré la conscience avec laquelle Zola s'est documenté, et la patience dont il a usé pour se renseigner, auprès des hommes compétents, auprès des acteurs et des témoins contemporains, on ne saurait lui demander d'avoir d'une façon infaillible précisé, dans *la Débâcle*, les explications de l'inattendue et déraisonnable déroute. L'imprévoyance des chefs militaires, le désordre de l'administration, la rivalité des généraux, la disproportion des forces en présence, l'armement inférieur, la préparation militaire insuffisante, la maladie de l'empereur, commandant en chef, et sa faiblesse comme général d'armées, voilà sans doute des causes incontestées de la défaite. Il en est d'autres. Parmi les facteurs importants de notre désarroi, il faut indiquer les mouvements de troupes inutiles ou fâcheux, les marches sans but, les contre-marches sans raisons, et aussi la lenteur des premières opérations. Le Français est combattant d'avant-garde. L'offensive est sa meilleure tactique. Il se bat vaillamment sur son territoire, mais alors il ne compte plus sur la victoire. C'est sur le sol ennemi qu'il reprend tous ses avantages. Il nous était facile, au lendemain de la parade de Sarrebrück, de franchir la frontière et de porter la guerre en Allemagne. Pourquoi s'est-on arrêté, et quelle raison stratégique raisonnable donner de cette halte, l'arme au pied, qui a émasculé les courages, désorganisé les armées, et permis à l'ennemi de rassembler toutes ses forces, puis d'envelopper nos troupes, moins nombreuses? On croit savoir qu'une illusion diplomatique dicta cet atermoiement, qui fut mortel. On comptait, dans les conseils du gouvernement, sur une intervention de l'Autriche, désireuse de prendre sa revanche de Sadowa, et aussi sur une alliance de l'Italie, acquittant la dette de reconnaissance de 1859. L'Autriche, affaiblie et craintive, se soumettant à l'abaissement que Richelieu et Napoléon avaient tant poursuivi, que Bismarck avait pu réaliser, se soumit à la Prusse, ne bougea pas. L'Italie se rangea du côté qu'elle devinait devoir être le plus fort. Victor-Emmanuel, notre ami de Magenta, le caporal de grenadiers de Palestro, apprenant la défaite de Wissembourg, au spectacle, dit à sa maîtresse, la belle marquise : « Je l'ai échappé belle ! j'allais envoyer cent mille hommes à Napoléon ! » La France demeura seule, et elle avait perdu un temps inestimable à attendre le secours italien, à hésiter à envahir l'Allemagne par le sud, de peur de jeter l'empereur d'Autriche dans les bras de son bon frère Guillaume. Il y était déjà.

Zola a indiqué tout cela. *La Débâcle* a fourni le maximum de vérité qu'on peut connaître et divulguer, à une époque contemporaine.

Il existe toute une légende sur la guerre de 1870. Zola très nettement en a dissipé, en partie, les brumes.

Ainsi, c'est un lieu commun que de prétendre que nous ayons succombé sous l'amas du nombre. Ceci est un préjugé militaire. Les énormes armées n'ont jamais la victoire assurée. Les foules militaires, terribles dans le succès, sont lamentables lors de la défaite. Elles sont surtout disposées aux formidables paniques. Ce sont les petites armées, qui ont presque toujours remporté les grandes victoires, et auxquelles la retraite est aisée et le retour offensif possible.

Les généraux, a-t-on dit aussi, étaient jaloux les uns des autres, vieillis, ramollis, incapables. Est-ce que les vainqueurs étaient dans une posture meilleure ? Le major général de Moltke était-il un jouvenceau ? croit-on que ces feld-maréchaux, ces généraux, ces colonels de l'armée allemande furent tous des héros robustes, intelligents, des troupiers indomptables ? Recrutés exclusivement dans la noblesse, devant leurs grades et leurs parchemins à la naissance, à la fortune plutôt qu'au mérite et à l'étude, pas très instruits, sauf quelques-uns, tous prétentieux, arrogants, présomptueux et mondains, ils n'avaient aucune supériorité indiquée, et l'on devait les supposer moins exercés que nos officiers, qui avaient fait leurs preuves en Afrique, en Crimée, en Italie, en Chine, au Mexique. Et puis, est-ce que les généraux de la Révolution étaient tous des stratégistes et des tacticiens de premier ordre ? Pas un général de la République, excepté Bonaparte, n'était de taille à lutter, sur l'échiquier des batailles, avec l'archiduc Charles, le plus grand homme de guerre de son temps. Nos chefs improvisés, d'anciens sergents promus généraux, Lannes, Murat, Marceau, Bernadotte, Brune, Junot, Davoust, ont prouvé par leurs victoires qu'on pouvait gagner des batailles, en sortant d'une étude de procureur comme Pichegru, ou de la boutique d'une fruitière comme Hoche.

Nos troupes, ajoute-t-on, étaient insuffisamment armées, mal équipées, pas entraînées et déplorablement approvisionnées?

Est-ce que les soldats de l'an II étaient plus favorisés? Ils se battaient sans jamais avoir fait l'exercice. Quelques-uns n'avaient pas de fusils, et ce n'étaient pas seulement les boutons de guêtre qui manquaient aux fameux bataillons de la Moselle, en sabots!

En réalité, toutes les grandes batailles de la Révolution ont été gagnées par des gardes nationaux ou à peu près. Ces volontaires, dit-on, et on a cherché à rabaisser leur mérite, avaient d'admirables cadres de l'ancien régime; c'est possible, mais les régiments de 1870 étaient aussi parfaitement encadrés.

Ces soldats improvisés de la République, ces vainqueurs de Jemmapes et de Fleurus avaient ce qui manquait aux vieilles troupes de Napoléon III : la foi! Elle déplace, prétendait-on autrefois, les montagnes, aujourd'hui elle avance ou recule les frontières.

C'est ce défaut d'élan, de confiance, ce manque d'espoir et cette fuite de volonté, que Zola a parfaitement saisi et rendu dans sa synthèse imparfaite de l'invasion de 70. Les premières pages du livre sont peut-être les meilleures. Le harassement, la courte haleine et le manque de nerfs de cette cohue désordonnée, battue sans s'être battue, qu'il nous montre, jetant sacs et fusils aux orties, ces soldats geignant, traînant, mauvais desservants de l'autel de la patrie, blasphémant en face du drapeau, et apostats de la religion et du devoir, sur la route de Belfort à Dannemarie, sont historiques, dans le sens prudhommesque du mot. J'ai eu le bonheur de ne pas faire nombre dans cette traînée d'éclopés, de réclameurs et de pleurnichards. Mon corps, le 13e, sous les ordres de Vinoy, a échappé à la ratière. Il est rentré à Paris de Mézières, tambours battants, drapeaux déployés. Nous avons eu cependant le contre-coup de la panique, et la répercussion de la débandade. En route, çà et là, comme un essaim qui part, nous avons recueilli des évadés du sac où la Prusse avait fourré, d'un tour de main, ce qui était la veille l'armée française. L'esprit de ces hommes, ramassés comme des ivrognes un lendemain de fête, était déplorable. Ils ont contaminé beaucoup des nôtres, ces avariés de l'indiscipline! C'est le moral qui était pis que tout, dans l'armée désarticulée d'alors.

Zola est narrateur exact quand il raconte la démoralisation suprême, l'empereur traversant, somnambule du rêve confus qui s'achevait en cauchemar, les villages encombrés, les routes trop étroites, les plaines crayeuses et gluantes où l'on enfonçait, et traînant avec soi l'ironie pesante de sa vaisselle d'argent, de ses seaux à rafraîchir le champagne, de ses chambellans importants, et de sa valetaille obstruante et bourdonnante. Le romancier historien a raison d'attribuer une grand part dans la déroute, à cette voix impérieuse, venue de Paris, qui lui ordonnait de marcher sur l'Est, aveuglement, follement, bêtement, jusqu'à ce qu'il s'abattît, carcan fourbu, pour essayer de sauver la carrosserie de l'état dynastique qu'il remorquait. *La Débâcle* commença par en haut.

Mais là n'est pas encore toute l'explication de nos malheurs. L'histoire implacable, et impartiale aussi, dira un jour que la France a été violée parce qu'elle s'est laissé faire, parce qu'elle n'a pas serré les jambes, et mordu l'agresseur, ainsi que doit se comporter la fille qui ne veut pas qu'on la prenne. Civils et militaires ont été au-dessous de la tâche, au-dessous du devoir. Je ne parle pas seulement des traîtres avérés, comme Bazaine, ou des nullités comme Mac-Mahon. La masse du pays, soldats, caporaux, capitaines, ingénieurs, maires, propriétaires, cabaretiers, paysans, tout le monde, selon son grade, a sa part dans la défaite. Ils ont pu se montrer héroïques individuellement, se sacrifier ici et là, faire leur devoir, pékins ou troupiers, et avoir leur part de sacrifice et leur couronne de martyrs. Mais, considérée dans son ensemble, prise en bloc, jugée d'ensemble et de haut, cette masse énorme ne s'est pas défendue. Elle pouvait tout arrêter, tout écraser, en résistant, en demeurant dense et ferme : elle s'est effritée, elle s'est étiolée, au premier choc; avant même ! Elle a accepté l'invasion avec un fatalisme tout musulman. Les vivres, les lits, les boissons, l'argent, les égards même, et les bonnes filles aussi, ont été mis en réserve sur le passage de nos hommes en débandade pour les Prussiens. On les attendait. Dans certains villages, on pensait, avec espoir, qu'ils apportaient la paix, et peut-être le roi, derrière leurs caissons ; dans d'autres, on se disait avec satisfaction qu'ils payaient bien les denrées, les verres de vin, et que leur présence faisait « aller » le commerce.

Avec l'intensité de sa vision qui lui a permis, ayant visité quelques heures une mine, d'en tracer un ineffaçable tableau, l'auteur de *Germinal* a merveilleusement rendu ce tableau de la lâcheté et de la cupidité paysannes, au contact de l'ennemi. Son père Fouchard, se barricadant et braquant son fusil sur ses compatriotes affamés, résume le rustre des départements envahis. Ah ! si l'on avait seulement fusillé quelques douzaines de maires et de commerçants de la Moselle, de la Meurthe et des Ardennes, d'abord, en attendant, puis ceux des environs de Paris, et en même temps, si l'on avait, tous les matins, fait fonctionner le peloton d'exécution pour les généraux coupables d'être vaincus, pour les officiers trop disposés à prévoir la défaite, pour les mauvais soldats qui se plaignaient sans cesse, et jetaient la panique dans les rangs, dans la nation tout entière, la France n'eût pas été éventrée du premier coup. Non ! en dépit de quelques magnifiques résistances isolées, on ne s'est pas défendu, on n'a pas été « vendu », comme le criaient les lâches et comme le répètent encore aujourd'hui les imbéciles, on s'est livré. On a dit aux ennemis : Donnez-vous donc la peine d'entrer !

Et ils nous ont écoutés. Oh ! avec hésitation, avec crainte même. On ne s'aventure qu'avec circonspection dans l'antre du lion, même quand il est blessé, au fond de son trou cerné, et qu'il semble n'avoir plus ni dents ni griffes. Jusqu'au jour de l'insulte suprême, la parade, au seuil de Paris, du 1er mars, les vainqueurs ont redouté un réveil, qui ne vint pas. La bête était endormie pour longtemps. Elle dort encore.

Il y eut sans doute, et cela sauva l'honneur, protégea la façade, des héroïsmes individuels surprenants et des dévouements locaux admirables. Ces sacrifices exceptionnels ne sauraient faire contre-poids à la défaillance à peu près universelle. Certes on a raison de glorifier la résistance de Châteaudun. Mais en réfléchissant, n'y a-t-il pas quelque honte en cet exemple unique, et s'il y avait eu cent Châteaudun en France, ne devrait-on pas estimer cette défense multipliée comme toute simple et logique ? Encore doit-on considérer que les habitants mêmes de la ville indomptable estimèrent inutile et désastreuse l'héroïque obstination d'une poignée de francs-tireurs parisiens, sous le commandement d'un Polonais, Lipowski. Ces lascars mal vus, et secrètement désavoués, parvinrent à barrer la cité malgré ses citoyens. C'est par un abus de la force, une émeute de patriotes, venus on ne savait d'où, que les notables n'ont pu ouvrir les barricades, à la première sommation des Prussiens. Si toutes les villes, tous les villages, sur le passage des envahisseurs, avec ou sans le concours des habitants plus soucieux de la sauvegarde de leurs immeubles, de leurs boutiques, de leurs écus, que du salut de la France, eussent été transformés en redoutes, et défendus comme la sous-préfecture beauceronne, il aurait fallu six mois, un an peut-être, aux vainqueurs pour arriver jusqu'à Châteaudun même, et la face des choses eût probablement changé. Il est bien difficile de conquérir un pays qui n'accepte pas d'avance la conquête. Napoléon, malgré son génie et ses invincibles grognards, en fit l'expérience devant Saragosse.

Tous ces grands et douloureux épisodes de l'invasion de 1870 ont été brossés avec une vigueur et une sincérité intenses par Zola, et sa fresque émouvante de *la Débâcle* demeure jusqu'à présent, à côté de morceaux fort estimables, comme *le Désastre*, des frères Margueritte, et de superbes et réconfortants récits, comme *les Feuilles de route*, de Paul Déroulède, le meilleur et le plus véridique de nos tableaux d'histoire contemporaine.

Avec son procédé de synthèse ordinaire, Zola a résumé en quelques personnages typiques l'âme des foules. Maurice Levasseur, dont j'aurais personnellement mauvaise grâce à contester la vraisemblance — ayant été avocat, volontaire, et caporal, comme lui en 1870,—personnifie le patriote que les événements ballottent et qui se sent, atôme impuissant, emporté dans le tourbillon des faits. Jean, le rustique vaillant, débrouillard et doux, c'est le soldat résigné, qui marche dans le sillon de la gloire ou de la défaite, de son même pas de bœuf résistant qui s'en va aux champs. Weiss, pacifique et raisonnable, raisonneur aussi, comptable à lunettes, qui, exaspéré, finit par prendre un fusil, joue sa vie en partisan, et meurt en héros, se dresse, figure exceptionnelle, sympathique, admirable. Zola, dans les pages qui racontent le dévouement de ce civil à la patrie, sa résolution superbe et son exécution en présence de sa femme, qui se cramponne désespérément à lui, a donné une note émue et profondément attristante. Malheureusement, ce bon citoyen, ce grand et obscur patriote est un peu une figure romanesque. Mes camarades et moi, nous avons plutôt rencontré Fouchard et Delaherche, par le hasard des routes.

Le personnage le mieux composé, le plus vrai, le plus humain, et qui vous va au cœur, n'est-ce pas cette brute valeureuse de lieutenant Rochas? Voilà un soldat! Il ne veut pas douter un jour. Il ne permet pas qu'on suppose un instant que des Français puissent ne pas être vainqueurs, et toujours! Il est glorieux, il est vantard, il est bruyant, insupportable et sublime. Même quand les canons des fusils s'abaissent de toutes parts sur sa poitrine, il se croit victorieux. Il le serait, s'il n'était pas seul de sa foi. Il témoigne bien d'une certaine surprise à voir la façon nouvelle de se combattre. Il se sent vaguement tombé dans un piège. Son âme, plus haute que la fortune, résiste. Ce Don Quichotte de l'honneur français, qu'on peut railler, et que Zola n'épargne pas, lorsqu'il nous le montre toujours prêt à conquérir le monde, un vieux refrain de victoire aux lèvres, entre sa belle et une bouteille de vin, nous soulage de l'oppression issue du spectacle de tous ces gens qui s'évanouissent, ou qui demandent grâce. Au milieu de tous ces fuyards, Rochas s'obstine à vouloir marcher en avant. Seul il se tient debout quand les autres se jettent à plat ventre. Dans le spasme final, du fond de Givonne, il crie encore : « Courage, mes enfants, la victoire est là-bas ! » Sa fin est émouvante, et c'est le passage qu'il convient de citer :

D'un geste prompt cependant, il avait repris le drapeau. C'était sa pensée dernière, le cacher pour que les Prussiens ne l'eussent pas. Mais bien que la hampe fût rompue, elle s'embarrassa dans ses jambes, il faillit tomber. Des balles sifflaient, il sentit la mort, il arracha la soie du drapeau, la déchira, cherchant à l'anéantir. Et ce fut à ce moment que, frappé au cou, à la poitrine, aux jambes, il s'affaissa parmi ces lambeaux tricolores comme vêtu d'eux... Avec lui finissait une légende.

Pauvre brave Rochas ! il console, il repose de ces Choutreau et de ces Loubet, encore un nom malencontreusement choisi, comme celui du pétomane de *la Terre*, que Zola a si impitoyablement dessinés. L'auteur de *la Débâcle* croit que la légende est finie avec le brave lieutenant. Elle renaîtra, et d'autres Rochas reprendront la tradition absurde, extravagante, stupide peut-être, mais grande et profitable, des héros humbles dont l'enthousiasme est la force et le sacrifice le bonheur. C'est avec des Rochas, beaucoup de Rochas s'obstinant à croire au succès quand même, et du plus profond de l'abîme saluant l'espérance, que les générations à venir éviteront les débâcles futures. Au *de profundis* des lâches et des traîtres opposons l'*alleluia* des croyants et des braves. Au moins, tant qu'il sera besoin d'avoir des braves, de compter sur eux, et d'appeler, autour du drapeau menacé, ceux qui croient encore à ce vieux symbole de la Patrie.

Il est possible que l'avenir meilleur, plus raisonnable, plus pacifié, nous réserve le surprise de l'accord universel. Ce rêve est encore improbable, sans apparaître impossible, irréalisable. Les Etats-Unis d'Europe ne sont qu'une chimère temporaire. Il fut une époque où les Bourguignons étaient des Prussiens pour les Parisiens. Mais il faudrait commencer par le commencement : la restitution à la France de son territoire, et la substitution de la République sociale et fraternelle aux empires et aux républiques autoritaires et fanatiques du monde actuel. En attendant que cette utopie, nullement fantastique ni éternelle, soit la réalité de demain, il est prudent de conserver chez nous de la graine de ces toqués de Rochas, et de méditer, en relisant *la Débâcle*, sur les causes de la défaite de 1870, sur les moyens d'en éviter le recommencement.

Comme au mois de mars 1908, lorsqu'il fut question de transférer les restes de Zola au Panthéon, et qu'on discuta les crédits à cet effet, comme après cette cérémonie, *la Débâcle* provoqua, lors de sa publication, des protestations diverses. Toutes aussi injustifiées. L'une d'elles attira surtout l'attention. Elle provenait d'un officier allemand, le capitaine Tanera, qui assistait, faisant partie du grand état-major, à la bataille de Sedan.

Ce vainqueur bénévole, et réclamiste, se permit de prendre la défense des soldats français qu'il estimait insultés par Zola.

Toute la bande des aboyeurs anti-zolistes, parmi lesquels se retrouvent d'ailleurs actuellement les thuriféraires les plus agenouillés devant l'auteur de *J'accuse*, fit chorus avec le francophile prussien.

Un journal, qui depuis sollicita l'honneur de reproduire en feuilleton *la Débâcle*, inséra ceci :

C'est un acte de mauvais français, que M. Zola a accompli en écrivant *la Débâcle*, un allemand vient de le lui rappeler et de lui infliger une leçon de patriotisme, en rendant aux vaillants soldats, qui sont morts pour la France, l'hommage que M. Zola aurait dû leur décerner.

Ce capitaine Tanera, dont on faisait le vengeur de l'honneur français, le gardien de notre drapeau, avait prétendu que l'auteur de *la Débâcle* avait fabriqué les faits, et sali une armée qui avait été malheureuse, mais qui, ayant combattu avec courage, n'avait pas perdu son honneur dans la défaite.

Le capitaine, qui falsifiait, beaucoup plus que Zola, les faits, les textes du moins, car nulle part, dans *la Débâcle*, on ne pouvait lire que l'armée, prise dans son ensemble, avait été déshonorée parce qu'elle avait été vaincue, ajoutait, avec une affectation de hautaine commisération à notre égard :

Je ne veux pas chercher à savoir si, en écrivant un tel livre, M. Zola a nui à la France, ou s'il l'a servie ; dans tous les cas, il lui manque une qualité : le respect du malheur.

En ce sens... nous sommes, nous autres sauvages, de toutes autres gens.

J'espère que vous ne m'en voudrez pas d'avoir aussi crûment dit mon opinion. C'est celle d'un homme qui connaît mieux que M. Zola l'armée de Mac-Mahon, car il l'a combattue, tandis que M. Zola ne l'a vue que de sa table, à travers des lunettes brouillées par le parti pris.

Il ne faudrait pas, en exaltant ce capitaine bavarois pour écraser Zola, perdre tout bon sens, et être dupe d'un soi-disant accès de générosité de la part d'un vainqueur, devenu compatissant. Entre parenthèses, ce capitaine si bon pour la France, au cœur si tendre qu'il déplore nos défaites, en accusant Zola de les exagérer, commandait à Bazeilles. Il est un de ceux qui brûlèrent une ville coupable d'avoir abrité des braves résolus à défendre contre l'envahisseur, maison par maison, le sol de la patrie. Il présida la fusillade sommaire de femmes, de vieillards, d'adolescents, pour les punir d'avoir eu des frères, des fils, des maris, qui avaient fait le coup de feu contre les troupes régulières de S. M. Guillaume, sans avoir été revêtus auparavant de l'uniforme admis, qui autorise l'usage des armes contre les bandits qui viennent tuer, piller et brûler chez vous. Ce capitaine, qui protégeait, en 1892, l'armée française contre les coups que, paraît-il, lui portait Zola, de son cabinet de travail, avec les yeux troublés, disait-il, par de mauvaises lunettes, avait commandé à ses hommes, sans doute des amis de la France comme lui, d'arroser de pétrole les habitations de Bazeilles, et d'en faire des torches, à la lueur desquelles on fusillerait plus commodément les prisonniers.

Voilà le champion de l'honneur français. Toute la presse reproduisit avec admiration le réquisitoire du Bavarois. On célébra à l'envi la magnanimité de cet ennemi chevaleresque, rendant un public hommage à ceux qu'il avait battus, les qualifiant tous de redoutables adversaires, et ne voulant voir parmi ces vaincus que des héros.

La presse fut-elle donc dupe de cet accès de générosité ? Ne vit-on pas, dans cet éloge des Français, ce qu'il y avait réellement, un hyperbolique hommage aux Allemands ? En grandissant les vaincus, le Bavarois haussait encore les victorieux, dont il était. L'armée française était, il le proclamait, la première du monde. Eh bien? et l'armée allemande? Évidemment, elle devait encore être placée au-dessus, hors concours. En contestant les infériorités, les paniques, les divagations des troupes en marche, l'esprit d'indiscipline et de démoralisation des adversaires, l'officier allemand affirmait sa supériorité et celle de ses hommes, il établissait l'incontestable super-excellence de ceux qui avaient fini par avoir raison d'une armée aussi bien organisée, aussi admirablement commandée, aussi parfaitement approvisionnée, et aussi capable et résistante que l'était l'armée de Mac-Mahon. Puisqu'ils avaient pu triompher de combattants aussi formidablement préparés pour la victoire, les Allemands devenaient, selon l'expression de leur philosophe Nietzsche, des sur-soldats.

Le capitaine Tanera, en louangeant la France, ne faisait donc que le panégyrique de l'Allemagne. Il portait à la seconde puissance sa patrie, en donnant à la nôtre la valeur d'une unité. Il proclamait enfin, en reconnaissant la supériorité relative des races latines, l'absolue supériorité des races germaniques. Ce Bavarois se moquait de nous avec ses compliments. Il nous faisait très grands, pour se montrer plus grand que nous, puisque nous étions à terre, et qu'il nous piétinait. La France, haute encore, mais assommée, faisait un piédestal géant à la géante Germania. Nos journalistes, surtout pour faire pièce à l'auteur de *la Débâcle*, prirent pour argent comptant les grosses flatteries du capitaine allemand.

Zola répondit à ce malin Bavarois. Dans *le Figaro*, qui avait, le premier, publié la lettre du capitaine Tanera, parut la réplique.

Plusieurs questions techniques et de détail avaient été

discutées par le capitaine, Zola opposa ses documents, ses renseignements, sa sincérité :

J'espère, écrivit-il, qu'on me fait au moins l'honneur de croire que, pour tous les faits militaires, je me suis adressé aux sources. Après la défaite, chaque chef de corps, voulant s'innocenter, a publié ou fait publier une relation détaillée de ses opérations. Nous avons eu ainsi les livres des généraux Ducrot, Wimpffen, Lebrun, et, si le général Douai s'est abstenu, c'est qu'un de ses aides de camp, le prince Bibesco, a écrit sur les mouvements du 7e corps un ouvrage extrêmement remarquable, dont je me suis beaucoup servi.

Ayant ainsi justifié ses affirmations d'ordre stratégique, et cité ses auteurs, Zola, animé d'une grande et légitime indignation, proteste contre la naïveté avec laquelle, dans la presse française, on a paru accueillir les hypocrites éloges d'un officier allemand, brûleur de maisons et tueur de femmes, à Bazeilles.

Il faudrait vraiment être bien nigaud pour accepter, dit alors Zola, de tels éloges, derrière lesquels se cache un soufflet si insultant à la patrie française ! Eh bien ! non, il n'est pas vrai que tout le monde ait fait son devoir. L'histoire a ouvert son enquête, la vérité maintenant est connue et doit se dire. Oui, il y a eu des soldats qui, dans l'affolement de la défaite, ont jeté leurs armes ; oui, nos généraux, si braves qu'ils fussent, se sont presque tous montrés des ignorants et des incapables ; oui, nos régiments ont crié la faim, se sont toujours battus un contre trois, ont été menés à la bataille comme on mène des troupeaux à la boucherie ; oui, la campagne a été une immense faute, dont la responsabilité retombe sur la nation entière, et il faut la considérer aujourd'hui comme une terrible épreuve nécessaire, que la nation a traversée, dans le sang et dans les larmes, pour se régénérer.

Voilà ce qu'il faut dire, voilà ce qui est un véritable soulagement pour la France. C'est le cri même du patriotisme intelligent et conscient de lui-même. Nous avons besoin que la faute soit avouée et payée, que la confession soit faite, pour sauver de la catastrophe notre fierté, et notre espoir dans la victoire future. Et, quant aux capitaines bavarois, il faut qu'ils soient bien persuadés que la France vaincue par eux n'est pas la France d'aujourd'hui, mais une France démoralisée, éperdue, sans vivres, sans chefs, et pourtant si redoutable encore que, partout, elle n'a succombé que sous le nombre, et dans les surprises.

J'imagine qu'au lendemain de la guerre le capitaine Tanera n'aurait point osé écrire sa lettre. Bazeilles était alors une telle tache de sang, avait soulevé dans le monde entier un tel cri d'exécration que les Bavarois eux-mêmes n'aimaient point à rappeler leur victoire. Mais le capitaine dit qu'il était à Bazeilles, et il m'aurait peut-être suffi de lui répondre que, dès lors, il n'était pas placé du bon côté pour juger mon livre, et décider si j'avais fait, avec *la Débâcle,* une besogne utile ou nuisible à la France.

Car, par le fait de cette polémique extravagante, me voilà forcé de défendre mon œuvre française, mon patriotisme français, contre un des égorgeurs, un des incendiaires de Bazeilles.

Voilà le langage d'un patriote et d'un bon Français. C'est aussi la voix même de la raison et de la vérité que fait entendre ici Zola. Ceux qui l'accusent d'avoir attaqué, affaibli l'armée avec son livre, n'ont pas lu *la Débâcle* ou bien ils n'ont pas voulu en comprendre l'esprit, ni la portée. Ce n'est pas avec cette page d'histoire que le défenseur de Dreyfus peut être accusé, avec justice, d'avoir porté atteinte à l'armée, diminué l'esprit militaire, et abattu les courages. Ces reproches sont faux, et il ne faut pas mêler *la Débâcle* à l'affaire Dreyfus.

Zola a expliqué, à propos des attaques du capitaine Tanera, qu'il avait cru devoir ne pas imiter ceux de ses devanciers qui, dans les tableaux de batailles, supprimaient les défaillances, et ne peignaient que les héroïsmes. L'homme, avec ses misères et ses faiblesses, devait se retrouver partout le même, et le champ de bataille ne pouvait faire exception. La légende du troupier français, éternellement et comme fatalement invincible, lui avait semblé belle, mais exécrable. Elle était la cause première de nos effroyables désastres. La nécessité de tout dire s'est imposée à lui. D'où son livre impartial et implacable.

Il concluait par cet éloquent appel à la sincérité, que les plus ardents patriotes ne peuvent qu'approuver :

> La guerre est désormais une chose assez grave, assez terrible pour qu'on ne mente point avec elle. Je suis de ceux qui la croient inévitable, qui la jugent bonne souvent, dans notre état social. Mais quelle extrémité affreuse, et à laquelle il ne faut se résigner que lorsque l'existence même de la patrie est en jeu! Je n'ai rien caché, j'ai voulu montrer comment une nation comme la nôtre, après tant de victoires, avait pu être misérablement battue ; et j'ai voulu montrer aussi de quelle basse-fosse nous nous étions relevés en vingt ans, et dans quel bain de sang un peuple fort pouvait se régénérer. Ma conviction profonde est que, si le mensonge faussement patriotique recommençait, si nous nous abusions de nouveau sur les autres, et sur nous-mêmes, nous serions battus encore. Voilà la guerre inévitable dans son horreur, acceptons-la et soyons prêts à vaincre.

Quel patriote pourrait désapprouver ce langage ferme et sage? Les lignes qui terminent cet admirable et patriotique manifeste sont d'une douceur infinie, et d'une émotion si humaine, qu'on ne saurait les lire sans que tout l'être ne vibre à l'unisson de l'écrivain :

> Ah ! cette armée de Châlons que j'ai suivie dans son calvaire, avec une telle angoisse, avec une telle passion de tendresse souffrante ! Est-ce que chacune de mes pages n'est pas une palme que j'ai jetée sur les tombes ignorées des plus humbles de nos soldats ? Est-ce que je ne l'ai pas montrée comme le bouc émissaire, chargée des iniquités de la nation,

expiant les fautes de tous, donnant son sang et jusqu'à son honneur, pour le salut de la Patrie ? Nier ma tendresse, nier ma pitié, nier mon culte en larmes, c'est nier l'éclatante lumière du soleil.

Qui donc a écrit que *la Débâcle* était l'épopée des humbles, des petits ? Oui, c'est bien cela. Je n'ai pas épargné les chefs, ceux contre lesquels, autour de Sedan, monte encore le cri d'exécration des villages. Mais les petits, les humbles, ceux qui ont marché pieds nus, qui se sont fait tuer le ventre vide, ah ! ceux-là, je crois avoir dit assez leurs souffrances, leur héroïsme obscur, le monument d'éternel hommage que la nation leur doit dans la défaite.

Qui donc pourrait prétendre que de tels sentiments sont ceux d'un calomniateur systématique de l'armée ? Des défenseurs du livre attaqué et faussement commenté se levèrent, et Zola fut compris et approuvé par des hommes dont le patriotisme, et même le militarisme, étaient avérés.

Le Figaro publia, à la suite des discussions allumées par l'incendiaire de Bazeilles, une lettre intéressante du colonel en retraite Henri de Ponchalon.

Cet officier supérieur disait :

Voulez-vous permettre à un combattant de l'armée de Châlons de vous adresser quelques réflexions au sujet de votre réponse au capitaine bavarois Tanera ? Je ne suis pas étonné que ce capitaine ait critiqué votre livre ; il est dans son rôle. Les Allemands ont toujours affecté de grossir les difficultés qu'ils ont rencontrées : c'est ainsi qu'ils ont soutenu que le maréchal Bazaine avait rempli tout son devoir !

Oui, « la vérité doit se dire » ; cette vérité n'est-elle pas le meilleur garant de l'avenir ? Ce n'est pas avec des illusions que nous ferons revivre les gloires militaires du passé.

Oui, nous avons eu des généraux ignorants, incapables ; j'en ai connu qui ne savaient pas lire une carte ! Mais, tout en reconnaissant le sentiment patriotique dont vous êtes inspiré, je dois dire que vous avez généralisé ce qui n'était qu'une exception.

Quant aux autres officiers, si ceux que vous avez dépeints ont pu exister, ils n'étaient, eux aussi, qu'une exception. Entre le capitaine Baudoin et le lieutenant Rochas, il y avait place pour l'officier intelligent, instruit, énergique, tout à fait à la hauteur de ses fonctions.

Si vous n'avez pas épargné les chefs, avez-vous, comme vous le prétendez, rendu complètement justice aux soldats ?

Vous affirmez que, dans l'affolement de la défaite, il y a eu des soldats qui ont jeté leurs armes. Je puis certifier que, dans le 1er corps (corps Ducrot), ce fait ne s'est jamais produit, ni à Wissembourg, ni à Froeschwiller, ni à Sedan.

Emile Zola répondit au colonel de Ponchalon :

Paris, 18 octobre 1892.

Monsieur,

Permettez-moi de répéter que je n'ai nié ni le sentiment du devoir ni l'esprit de sacrifice de l'armée de Châlons. Entre le capitaine Baudoin et le lieutenant Rochas, il y a le colonel de Vineuil.

Après les mauvaises nouvelles de Froeschwiller, des soldats du 7e corps, qui n'avaient pas combattu, ont jeté leurs armes. Je n'aurais pas affirmé un fait pareil sans l'appuyer sur des documents certains. Et puis, encore un coup, c'est notre force et notre grandeur aujourd'hui de tout confesser.

Je vous réponds, Monsieur, parce que vous paraissez croire, comme moi, à la nécessité bienfaisante de la vérité, et je vous prie d'agréer l'assurance de mes sentiments distingués.

ÉMILE ZOLA.

Mais la plus précise et la plus énergique défense de l'auteur et du livre, pour ceux qui ne se donnent pas la peine de lire et qui acceptent et colportent des jugements tout faits, la plus décisive réfutation des allégations de ceux qui soutenaient que *la Débâcle* était une œuvre anti-patriotique, émane de M. Alfred Duquet. Personne ne contestera la compétence de l'excellent historien de la guerre de 1870. Il est un des patriotes actifs les plus autorisés.

M. Alfred Duquet, quelques jours après la mort de Zola, écrivait ces lignes, que devront méditer tous ceux qui parlent avec ignorance, parti pris et mauvaise foi de *la Débâcle* :

Comment comprendre les imprécations avec lesquelles fut accueilli l'un des meilleurs romans de Zola, *la Débâcle*? Comment accepter ces accusations de « traîner l'armée dans la boue », alors qu'il avait peint l'exact tableau de cette fatale époque?

Non, après avoir relu *la Débâcle*, j'y vois bien peu de tableaux à retoucher, bien peu de jugements à réformer, et j'y trouve des descriptions superbes. Dimanche, à l'heure où l'éloquence de M. Chaumié coulait sur le cercueil, pareille à la froide pluie de la veille, je parcourais les lettres de Zola, quand il préparait son roman militaire. Je me rappelais ses arrivées subites à mon cabinet, pour me demander des renseignements, et, surtout, mes stations prolongées rue de Bruxelles, où, penché au-dessus des cartes, je répondais à ses questions stratégiques et tactiques.

Eh bien, je dois l'avouer, il ne me parut guidé que par le désir de dire vrai sur les hommes et sur les choses, et je ne pus saisir en lui la moindre haine de l'armée. Il comprenait les questions avec une rapidité surprenante et, toujours, s'arrêtait à la solution juste.

Aussi bien, ce livre affreux enseigne que, sans la discipline, on ne saurait vaincre : « Si chaque soldat se met à blâmer ses chefs et à donner son avis, on ne va pas loin pour sûr. » Il flétrit Chouteau le « pervertisseur, le mauvais ouvrier de Montmartre, le peintre en bâtiments, flâneur et noceur, ayant mal digéré les bouts de discours entendus dans les réunions publiques, mêlant des âneries révoltantes aux grands principes d'égalité et de liberté ». Et, encore : « Malheur à qui s'arrête dans l'effort continu des nations, la victoire est à ceux qui marchent à l'avant-garde, aux plus savants, aux plus sains, aux plus forts ! » Et, enfin : « Jean était du vieux sol obstiné, du pays de la raison, du travail et de l'épargne. »

Au point de vue technique, Zola reconnaît que la marche de Châlons sur Metz était pratique le 19 août, possible, mais aventureuse le 23, « un acte de pure démence » le 27. Et comme il s'élève contre le stupide abandon des collines dominant Sedan, aux environs de Saint-Menges, Givonne, Daigny, La Moncelle! A propos de la retraite vers Mézières, prescrite le 1er septembre à huit heures du matin par Ducrot, — qui n'avait cessé de critiquer tout et tous, et qui, mis au pied du mur, se montrait au-dessous de tout et de tous, — je vois encore Zola me désignant, du doigt, sur une carte prussienne où étaient notées les positions de tous les corps d'armée, le défilé de Saint-Albert, et me disant :

— Mais Ducrot, avant de donner ses ordres, n'avait donc pas envoyé un cavalier pour savoir si les Allemands ne se trouveraient point à Vrigne-aux-Bois ?

Non, *la Débâcle* n'est pas un mauvais livre, car on ne saurait guérir une plaie sans la voir, sans la sonder; c'est une œuvre forte et saine. Il faut être juste envers tout le monde, même envers ceux qui vous ont fait le plus de mal.

Cette calme et impartiale apologie de l'auteur de *la Débâcle*, cette mise au point de ses sentiments sur l'armée, cette infirmation de tant d'arrêts injustes et injustifiés de la presse, répercutés dans l'opinion, paraissait dans *la Patrie*, organe de la *Ligue des Patriotes*, et dont le directeur Emile Massard est en même temps le rédacteur en chef de *l'Echo de l'Armée*, journal non seulement patriote, mais militariste, étant pour l'Armée ce que *la Croix* est pour l'Eglise, et celui qui signait cette loyale déclaration, M. Alfred Duquet, était l'adversaire politique de Zola et un violent anti-dreyfusard.

Pour tout lecteur de bonne foi, et non aveuglé par la passion de parti, l'affaire de *la Débâcle* est jugée définitivement. C'est un livre d'histoire sévère, où les nôtres ne sont pas flattés, sans doute, mais où les ennemis sont dénoncés et flétris dans leurs actions atroces, où l'historien a cherché et su trouver presque partout la vérité.

Toute vérité n'est pas bonne à dire, affirme la sagesse des nations. Dans un salon, c'est possible, c'est prudent surtout, mais l'histoire ne doit connaître ni la politesse ni l'hypocrisie.

Pour achever de faire toute la lumière sur les ténèbres que l'hostilité et l'indignation envers Zola, homme de parti, ont projetées sur Zola écrivain, l'historien subissant injustement la réprobation de certaines consciences qui visait le défenseur de Dreyfus, je reproduirai, magnifique profession de foi bien française et bien patriote, la déclaration qui terminait un article magistral, intitulé *Sedan*, paru dans *le Figaro* du 1er septembre 1891, c'est-à-dire un an avant l'apparition de *la Débâcle* :

... Longtemps, il a semblé que c'était la fin de la France, que jamais nous ne pourrions nous relever, épuisés de sang et de milliards. Mais la France est debout, elle n'a plus au cœur de honte ni de crainte.

Personne, certainement, ne souhaite la guerre. Ce serait un souhait exécrable, et ce que nous avons enterré avec nos morts, à Sedan, c'est la légende de notre humeur batailleuse, cette légende qui représentait le troupier français partant à la conquête des royaumes voisins, pour rien, pour le plaisir. Avec les armes nouvelles, la guerre est devenue une effrayante chose, qu'il faudra bien subir encore, mais à laquelle on ne se résignera plus que dans l'angoisse, après avoir fait tout au monde pour l'éviter. Aujourd'hui, des nécessités impérieuses, absolues, peuvent seules jeter une nation contre une autre.

Seulement, la guerre est inévitable. Les âmes tendres qui en rêvent l'abolition, qui réunissent des congrès pour décréter la paix universelle, font simplement là une utopie généreuse. Dans des siècles, si tous les peuples ne formaient plus qu'un peuple, on pourrait concevoir à la rigueur l'avènement de cet âge d'or ; et encore la fin de la guerre ne serait-elle pas la fin de l'humanité ? La guerre, mais c'est la vie même ! Rien n'existe dans la nature, ne naît, ne grandit, ne se multiplie que par un combat. Il faut manger et être mangé pour que le monde vive. Et seules, les nations guerrières ont prospéré ;

une nation meurt dès qu'elle désarme. La guerre, c'est l'école de la discipline, du sacrifice, du courage, ce sont les muscles exercés, les âmes raffermies, la fraternité devant le péril, la santé et la force.

Il faut l'attendre, gravement. Désormais, nous n'avons plus à la craindre.

Zola disant : « La guerre, mais c'est la vie même ! Elle est inévitable ! Il faut s'y préparer et désormais nous n'avons plus à craindre ! » est-il un organisateur de la déroute ? Mais jamais apôtre de la Revanche n'a tenu langage plus net, plus persuasif, plus chauvin aussi. La dernière phrase est une reproduction, avec moins de latinité, du cœur « léger », le cri de l'âme exempte d'inquiétudes après la décision, le cœur intrépide, expression choisie, mais déplacée, si rudement reprochée à Emile Ollivier.

Toutes les sottises, toutes les malveillances, toutes les déclamations mensongères de ceux, qui, pour atteindre le Zola de Dreyfus, injurièrent et maltraitèrent le Zola de *la Débâcle*, ne prévaudront pas contre la vérité, contre l'évidence. L'auteur a d'avance bouclé toutes ces mâchoires hurlantes avec cette affirmation, que Paul Déroulède a certainement dite avant lui, et que je voudrais voir inscrite sur tous les tableaux appendus aux murs de nos écoles primaires :

« Seules les nations guerrières ont prospéré, une « nation meurt dès qu'elle désarme ! »

Zola a également expliqué les sentiments qui l'animaient en écrivant *la Débâcle*, dans une lettre, adressée à M. Victor Simond, directeur du *Radical*, le jour où commençait, dans ce journal, la publication de cet ouvrage. Cette lettre ne figure pas dans la *Correspondance* de Zola qui vient d'être publiée :

Mon cher Directeur,

Vous allez publier *la Débâcle* et vous me demandez quelques lignes de préface.

D'ordinaire, je veux que mes œuvres se défendent d'elles-mêmes et je ne puis que témoigner ma satisfaction en voyant celle-ci publiée dans un grand journal populaire qui la fera pénétrer dans « les couches profondes de la démocratie ».

Le peuple la jugera, et elle sera pour lui, je l'espère, une leçon utile. Il y trouvera ce qu'elle contient réellement : l'histoire vraie de nos désastres, les causes qui ont fait que la France, après tant de victoires, a été misérablement battue, l'effroyable nécessité de ce bain de sang, d'où nous sommes sortis régénérés et grandis.

Malheur aux peuples qui s'endorment dans la vanité et la mollesse ! La puissance est à ceux qui travaillent et qui osent regarder la vérité en face.

Cordialement à vous.

ÉMILE ZOLA.

19 octobre 1892.

Forcément, dans cette étude, qui ne saurait dépasser les limites normales d'un ouvrage de librairie, j'ai dû analyser sommairement, ou me contenter d'indiquer, certains livres de Zola. Je n'ai pu accorder à chaque roman la même part d'examen et de critique, mais les observations et les remarques d'un ordre général, faites sur toutes les œuvres étudiées en ces pages, peuvent s'appliquer à celles qui sont mentionnées seulement.

Le dernier livre de la série des Rougon-Macquart est *le Docteur Pascal*. Ce docteur est l'ultime rameau du fameux arbre généalogique, que Zola prit tant de peine à greffer, à enter, à émonder, et à décrire.

Ce n'est pas que Zola fût à court de Rougons et dépourvu de Macquarts. Encore moins se trouvait-il à bout de souffle, vidé de sève, et ne pouvant plus faire vivre et palpiter de nids dans les branches épuisées de son arbre, sur le point d'être sec. Il avait d'autres projets. Il écrivait, dès 1889, à Georges Charpentier :

> Je suis pris du désir furieux de terminer au plus tôt ma série des Rougon-Macquart. Cela est possible, mais il faut que je bûche ferme... Ah! mon ami, si je n'avais que trente ans, vous verriez ce que je ferais. J'étonnerais le monde !...

Il devait faire succéder aux Rougon-Marquart *les Trois Villes*, et *les Quatre Evangiles*. Mais il commençait à être las de ce monde de personnages à porter, à remuer. La fatigue, ou plutôt l'ennui, lui venaient au milieu de cet enchevêtrement de collatéraux, qui faisait ressembler son travail de romancier à une besogne de clerc de notaire élaborant une liquidation compliquée. Ah! que cette famille prolifique lui donnait de mal pour établir, physiologiquement et socialement, sa répartition successorale. Il lui a fallu l'attention méticuleuse d'un archiviste-paléographe pour ne pas commettre d'erreur dans les noms, prénoms, âges, degrés de parenté, et faits d'alliance de tous ces Rougon et de tous ces Macquart, nomades et divers, dont pas un n'exerçait le même métier, presque tous séparés d'avec leurs parents, et dispersés aux quatre coins de la société, ainsi que les héritiers Rennepont dans *le Juif-Errant* d'Eugène Sue.

Enfin, il s'affranchit de cette servitude de l'hérédité, dont il avait d'abord puisé l'idée dans l'ouvrage du docteur Lucas. Il devait toutefois y revenir, mais incidemment, dans ses ouvrages subséquents, comme lorsqu'il fait figurer, dans ses *Trois Villes* et dans ses *Trois Evangiles*, les Froment, « ayant le front en forme de tour ».

Il affirmait, en prenant pour directrice, dans la construction de son vaste monument, la théorie de l'hérédité, sa conception du Roman Expérimental. Il proclamait la nécessité de faire de la science l'auxiliaire ou plutôt la tutrice de l'imagination. En même temps, il bénéficiait d'un procédé de composition commode, abrégeant des descriptions de personnages et dispensant de créer et de combiner, chaque fois qu'il commençait un livre, toute une série de types nouveaux. Il évitait des redites en faisant passer et repasser du premier plan au second ses acteurs, et il usait du système qui avait avantageusement servi à Balzac pour sa *Comédie Humaine*.

Une différence toutefois est à signaler. Balzac, en conservant et en distribuant, à travers toutes les scènes de sa Comédie aux cent actes divers, les personnages déjà vus et présentés au lecteur, se préoccupait avant tout de donner l'apparence de la vie sociale à son monde imaginaire ; il voulait, comme il l'a dit lui-même, faire concurrence à l'état-civil. Dans la vie réelle, tous les contemporains se retrouvent et se coudoient, mêlés à une existence commune, et ils sont en perpétuel contact. Nos passions, nos vices, nos plaisirs, nos devoirs, nos besoins tournent dans un même cercle synchronique : dans tout drame, dans toute comédie dont nous sommes tour à tour les héros, se retrouvent, indifférents à l'action, mais présents, les comparses sociaux. Nous entraînons avec nous dans notre course, bonne, méchante, laborieuse, inféconde, criminelle, honnête, sublime ou vulgaire, tout un chœur de satellites contemporains : gens de loi, médecins, prêtres, bureaucrates, commerçants, artistes, filles, actrices, mères de famille, enfants et vieillards. C'est pourquoi, avec son puissant génie reconstitutif de la réalité, Balzac a eu grand soin de faire escorter ses premiers rôles par des utilités, telles qu'on les rencontre forcément sur les planches de la société. S'il avait besoin d'un avoué, il prenait Derville ou Desroches; ses banquiers étaient invariablement Nucingen où du Tillet; lui fallait-il un club d'élégants jeunes hommes, il faisait signe à de Marsay, à Maxime de Trailles, à Félix ou à Charles de Vandenesse; la presse intervenait avec Andoche Finot, Lousteau, Emile Blondet; la littérature était représentée par d'Arthez, Nathan, Claude Vignon, Camille Maupin. Tout un personnel social obéissait ainsi à la pensée du maître pour les besoins de l'optique du livre. Mais de ces êtres fictifs, passant et repassant dans l'œuvre, c'était le caractère professionnel, la fonction, le rouage social qui était requis et montré principalement.

Zola, avec ses Rougon-Macquart, a voulu autre chose : c'est le type humain, avec ses différences provenant du milieu et du caractère physiologique, c'est le tempérament et la constitution physique, les vertus et les vices, les tares et les dégénérescences de certains représentants de l'humanité, dans une période d'années allant du coup d'Etat de 1851, origine de la fortune des Rougon, à la débâcle de 1870-71, chute de l'empire et époque de la naissance du dernier rejeton de la famille, « enfant inconnu, le Messie de demain peut-être », qu'il a promenés à travers ces vingt volumes d'aventures individuelles et de tableaux collectifs. Il a relié entre eux tous les héros de ses livres pour prouver que, s'ils étaient tels qu'il nous les décrivait, cela provenait de ce fait accidentel, que leur aïeule, Adélaïde Fouque, mariée à Pierre Rougon, puis devenue maîtresse de « ce gueux de Macquart », était atteinte d'aliénation mentale.

On ne voit pas bien l'intérêt que cette consanguinité

peut présenter. S'il s'agissait de prouver que la folie est héréditaire, ce qui est souvent vérifié, fallait-il se donner la peine de tant écrire ? Tous les personnages de la série de Zola ne sont pas des aliénés. Presque tous ont des bizarreries, des violences, des nervosités, quelques-uns sont criminels, d'autres subissent des excitations sensuelles irrésistibles, et leurs existences sont bouleversées par des passions coupées d'événements tragiques ou douloureux — mais ont-ils besoin d'être, pour cela, des Rougon ou des Macquart? Sans descendre d'Adélaïde Fouque, beaucoup de familles et d'individus isolés ressemblent à tous ces produits de la folle des Tulettes. On n'écrit pas non plus de romans avec des personnages insignifiants, à qui rien n'est arrivé et ne peut arriver. Donc il fallait nécessairement qu'à chacun de ces Rougon et de ces Macquart un intérêt s'attachât, qu'ils fussent des sujets d'étude, que leur existence présentât des particularités méritant d'être examinées et décrites. Ils devaient tous êtres des « héros ».

Zola a donc exagéré l'importance de l'hérédité, dans son œuvre. Remarquons, au point de vue du relief, de l'intensité de la vie des principaux personnages de la série, que les plus intéressants, ceux qui s'imposent à l'esprit du lecteur, et demeureront vivaces dans la mémoire n'ont aucun caractère héréditaire : Coupeau, le formidable alcoolique, Souvarine, le Slave farouche, Jésus-Christ, le rustre venteux, Albine, l'Eve sauvage du Paradou, Miette, qui tentait le drapeau des insurgés avec son enthousiaste ferveur de porte-bannière de la confrérie de Marie, tous ces types inoubliés et inoubliables sont en dehors de la fameuse généalogie, et bien d'autres que je néglige. Ceux qui en font partie, comme Aristide Saccard, Lantier, Nana, Gervaise, n'avaient pas besoin de cette filiation pour être ceux qu'ils sont, et pour justifier l'attention des hommes.

Le Docteur Pascal, lui-même, est si peu le congénère des Rougon-Macquart qu'il se classe à part, se servant, pour expliquer sa dissemblance, son isolement dans la famille, de l'exception prévue par les savants, prudente réserve que Lucas a décrite sous le nom d'innéité.

L'innéité, c'est la porte ouverte à la délivrance de l'être enfermé dans la fatalité du cercle héréditaire. Pascal Rougon est donc un étranger dans cette famille de déséquilibrés. C'est un évadé de l'atavisme morbide. Il aime la science, cultive la vertu et vit à la campagne. Le philosophe sensible et vertueux du siècle dernier. Il n'a pas le sens pratique des choses, ni un goût excessif pour le tran-tran du travail vulgaire. Il néglige sa clientèle, et consciencieusement élabore des recherches sur l'hérédité, qui se résument dans la confection d'un arbre généalogique, s'ajoutant à des notes biographiques, sur chacun des membres de la famille. Sa mère, Félicité Rougon, veut prendre ces dossiers pour les détruire, car elle juge fâcheuses pour la réputation de la tribu les fiches qu'ils renferment. Elle réussit, à la mort du docteur, à capter et à brûler ce casier médical, sauf l'arbre, réfractaire au feu, et que Zola devait par la suite débiter en volumes in-18.

Le Docteur Pascal a, chez lui, à la Souléiade, une jeune nièce, Clotilde, qui l'appelle maître, et à qui il a enseigné bien des choses, sauf une qu'elle apprend toute seule : l'amour.

Et ici, débarrassé de l'obsession héréditaire, l'auteur entre dans le beau, dans le puissant. Comment, après des brouilles et des accès de religiosité, l'oncle et la nièce, maître et disciple, deviennent-ils amants, époux, c'est ce que Zola a décrit, on devrait dire chanté, avec un lyrisme et une virtuosité extraordinaires. Zola, dans ce cantique, redevient le grand poète de *la Faute de l'abbé Mouret* et de *la Page d'Amour*. Il a su éviter ce qu'il pouvait y avoir de choquant en cette sorte d'inceste entre oncle et nièce ; il n'a pas donné à ces amours d'un pédagogue et de son élève le caractère un peu ridicule des ébats de la pédante Héloïse avec Abailard, le beau professeur ; enfin, il a su nous émouvoir, et en écartant la raillerie, avec le tableau d'un vieillard, « dont la barbe est d'argent comme un ruisseau d'avril », faisant l'amour avec une belle fille dont les cheveux sont des épis d'or. Il est parvenu à faire accepter cette union, qu'on qualifie dans la société de disproportionnée, et qui évoque l'image de cornes plaisantes poussant au front du barbon. Les amours séniles, qui d'ordinaire provoquent le rire, ici, poussent aux larmes. Nous voilà loin d'Arnolphe et de sa bécasse d'Agnès ; Zola rivalise avec Hugo, qui voyait de la flamme dans l'œil des jeunes gens, mais dans l'œil des vieillards contemplait de la lumière.

L'épisode touchant de Ruth et de Booz est reproduit à la Souléiade. Mais les amours bibliques ne connurent pas l'un des facteurs permanents de la souffrance des amants modernes : l'argent ! Poètes et romanciers oublient trop souvent, dans leurs fictions, le rôle du dieu de la machine, l'intervention de cet Argent qui domine tout. Dans ce livre, il change l'idylle en tragédie. Ruiné, le docteur est obligé de se séparer de sa Clotilde. Pour la soustraire à la pauvreté, il l'envoie à Paris, et il meurt de cette séparation. Clotilde revient, trop tard, pour embrasser une dernière fois celui qu'elle avait réchauffé de sa jeunesse et rajeuni de son amour.

La mort du docteur Pascal est une page superbe. Il tombe

comme un soldat de la science, comptant les pulsations qui se ralentissent en son cœur engorgé, calculant les minutes de souffle qui lui restent, et se relevant dans un suprême accès d'énergie scientifique, pour consigner de ses mains défaillantes l'heure de sa fin, à la place qu'il s'était réservée au centre du tableau généalogique des Rougon-Macquart.

Toute cette fin passionnelle, avec l'analyse délicate des sentiments qui animent Clotilde et Pascal, est admirable. Des tableaux comme Zola sait les brosser : la combustion de l'oncle Macquart, la mort du petit fin-de-race Charles, la nuit d'orage où Pascal rudoie Clotilde et la mate, la dînette dans la maison affamée, et l'alcôve entrevue, où, comme Abigaïl ranimant le vieux roi David, la jeune fille offre au vieil amant l'eau de jouvence de sa beauté, font de ce dernier livre de la série un chef-d'œuvre d'émotion intime et de passion, sinon chaste, du moins honnête. *Le Docteur Pascal* est à placer à côté de la *Page d'Amour*, c'est-à-dire au tout premier rang des ouvrages de Zola.

Une lumière édénique éclaire cette idylle moderne. Quelques-uns, parmi ceux qui ont l'âge du docteur Pascal, regretteront peut-être qu'ils soient si lointains et si fabuleux, malgré la belle histoire contée par Zola, ces temps d'amour où les patriarches à barbe blanche, en faisant la sieste dans leurs foins, trouvaient à leur réveil, allongée auprès d'eux, timide, aimante et docile, quelque Moabite au sein nu, offrant l'amour et tendant sa coupe de jeunesse, pour que le vieillard puisse étancher sa soif encore vive, et raviver son être au contact d'une chair brûlante sous le dais nuptial du ciel, ayant pour lampe astrale la faucille d'or, négligemment jetée par le moissonneur de l'éternel été, dans le champ des étoiles.

VI

LES TROIS VILLES. — LOURDES. — ROME. — PARIS
(1893-1897)

En écrivant sa trilogie des *Trois Villes*, succédant à la série des Rougon-Macquart, Zola a voulu montrer, en un panorama synthétique, la domination sacerdotale dans trois milieux différents. En même temps, il lui a convenu de prouver, une fois de plus, stratège littéraire, sa puissance dans l'art de manier les masses. Il s'est proposé d'affirmer sa maîtrise de manœuvrier, et son incomparable faculté de metteur en scène des foules.

Ces *Trois Villes*, ces trois actes d'un drame, dont les Cités sont les protagonistes, Lourdes, Rome, Paris, ont une intensité d'effet différente. *Lourdes* est l'œuvre maîtresse. L'observation s'y révèle aiguë, exacte. C'est la vérité surprise sortant de son puits ou plutôt de sa piscine. Les méticuleux détails de cette kermesse médico-religieuse sont rendus avec une netteté vigoureuse. Celui qui n'a pas visité Lourdes connaît cette bourgade, capitale de la superstition, comme s'il y était né, ou comme s'il y tenait boutique, quand il a lu le livre de Zola. Le voyageur sincère, exempt de naïve crédulité, qui, au retour d'une excursion en cet étrange oratoire balnéaire, prend le volume, y retrouve ses impressions précisées; il lit le procès-verbal minutieux et impartial des faits qui se sont passés sous ses yeux, l'analyse de la tragi-comédie de la souffrance, avec l'espoir de la guérison surnaturelle, à laquelle il a assisté.

Lourdes apparaît comme une ville à part, au milieu de notre siècle peu disposé à la croyance religieuse, avec notre société affairée, mercantile, sportive, jouisseuse et nullement mystique, où l'aristocratie, la bourgeoisie, pratiquent le culte comme une tradition bienséante, usant des sacrements sans y attacher plus d'importance qu'à une obligation mondaine, pour faire comme tout le monde, tandis que le peuple des villes, par routine, et celui des campagnes, par ignorance craintive, fréquentent encore les églises. C'est une sorte de Pompéï dégagée de l'amas industriel et matérialiste de l'époque. Là, comme dans une féerie, tout semble hors des temps, loin des contemporains, avec une mise en scène factice et fantaisiste, où le décor même, l'admirable paysage que le Gave arrose, paraît sortir des coulisses d'un théâtre extraordinaire.

Pour le passant désintéressé de la guérison miraculeuse, ou de l'entreprise lucrative des thaumaturges de l'endroit, cléricaux et laïques, prêtres et boutiquiers, médecins et hôteliers, Lourdes se présente comme un de ces lieux mystérieux et vénérés, berceau des religions, vers lequel l'humanité anxieuse tourne encore des regards effarés et respectueux. Qui sait? Si l'eau de Lourdes ne guérit point, elle ne saurait faire mal? Et un doute, celui qui est à l'inverse du doute négatif et scientifique, le doute de la crédulité, germe lentement dans la conscience du voyageur hésitant et surpris. On lui raconte des faits surprenants, donnés comme certains. On exhibe des témoins, guéris authentiques. On accumule preuves et témoignages. Il faut avoir la tête solide et l'esprit cuirassé contre les assauts du merveilleux pour résister aux coups portés à la raison par Lourdes, dans son ambiance stupéfiante.

Le miracle se présente à la pensée, sinon comme probable et vrai, du moins comme possible et non invraisemblable. On se remémore des séries de faits inexplicables qui, sous les yeux de chacun, s'accomplissent tous les jours, sans qu'on en puisse imaginer ni en recevoir l'explication satisfaisante. Des autorités scientifiques, un professeur à l'Ecole polytechnique, à leur tête, essaient de démontrer la possibilité d'un corps dit astral. Les physiciens n'enseignent-ils pas l'existence, dans l'atmosphère, d'un quatrième gaz, jusqu'ici ignoré, qui n'est pas l'oxygène, l'hydrogène ou l'azote? Et les invraisemblables expériences, pratiquées partout, de la suggestion, de l'hypnotisme? Et les fluides! et toutes les déconcertantes découvertes de la science moderne, l'électricité domestiquée, les ondes hertziennes, les rayons cathodiques, le radium qui éclaire, chauffe et brûle sans perdre un atome de sa magique composition! Nous baignons dans le miraculeux. Le merveilleux nous séduit toujours, et il est interdit de nier absolument ce qu'on ne s'explique pas. On vous opposerait votre ignorance. Il est difficile de soutenir la négation à priori, sans examen ni discussion. Celui qui nie tout, sans motiver son refus de croire, est aussi vain que celui qui croit tout, sans se donner la peine d'examiner sa croyance et de la justifier.

Lourdes est donc demeurée, au xixe et au commencement du xxe siècle, la forteresse de la crédulité et de la superstition. Ce village, dont le renom dépasse celui d'une grande capitale, ne saurait toutefois aspirer à la gloire de Jérusalem, de la Mecque, ou de Rome. Il lui manque le diadème. Ce n'est pas une capitale de la croyance. C'est tout au plus une énorme foire, où l'on vend de la santé, et, par conséquent, tous les larrons du surnaturel et tous les maquignons de la réalité s'entendent pour y duper le simple et confiant acheteur.

Aucun grand mouvement d'âme n'est sorti de ce bazar. La véritable foi s'accommode mal de trop de proximité, de trop de promiscuité aussi. Lourdes est encombrée à l'excès de loqueteux et de personnages minables. C'est une cour des miracles. Jamais ce ne sera une station aristocratique. Les belles madames n'ont pas l'occasion d'y montrer six toilettes par jour. Un relent nauséabond monte de la piscine, où barbotent de membres peu familiarisés avec le tub. La clientèle y pratique l'hydrothérapie, comme une pénitence. Dans la grotte plébéienne, la mondanité ne daigne pas plus s'agenouiller qu'elle ne va se promener aux Buttes-Chaumont. Le haut clergé tolère Lourdes, mais n'y pontifie pas. Ce n'est pas un lieu de prières select. Malgré son titre de basilique, l'église est comme un temple de troisième classe. On n'y sert que le bon Dieu des pauvres. Le Bouillon Duval de la chrétienté, ce débit populaire, et cette source mal fréquentée n'est que le Luchon des indigents, aussi le Vatican et Saint-Pierre de Rome n'ont-ils que du dédain pour cette chapelle de léproserie. Cependant le trésorier du denier encaisse, sans répugnance, les gros sous ramassés dans cette cuve immonde, où gigotent tant de mendiants en décomposition.

Zola, en traitant ce sujet complexe, tout en se montrant l'adversaire du banquisme sacerdotal, n'a pas entendu faire œuvre d'irréligiosité ou d'anticléricalisme. Il s'est proposé surtout d'étudier le mouvement néoreligieux à notre époque ; il a voulu peindre, dans un panorama superbe, tentant sa verve lyrique et sa virtuosité descriptive, la prosternation naïve et touchante, en son irrémédiable confiance, en somme excusable, des malheureux éperdus de souffrances, qui cherchent partout la cure implorée, qui veulent croire parce qu'ils veulent guérir, et qui se plongeraient dans la piscine du diable, s'ils la rencontraient, si on les y conduisait, comme à celle du dieu de Lourdes, et s'ils espéraient en sortir valides et sains.

Un public énorme, sans cesse renouvelé, compose la clientèle annuelle de Lourdes. Zola a rendu, avec une vérité empoignante, la cohue priante et maladive, bondant les trains, encombrant les gares, s'entassant dans les wagons, où les cantiques couvrent le râle des agonisants. J'ai vérifié par moi-même, au buffet d'Angoulême, halte indiquée dans le volume, la scrupuleuse exactitude de la photographie de Zola ; rien n'y manquait. Tous les personnages étaient à leur place, dans leur attitude vraie, depuis les jeunes clubmen, ambulanciers volontaires, jusqu'à la dame riche, présidant le convoi, et pour qui, lorsque tout le contingent pèlerinard est casé, emballé, bouclé, on sert, dans une petite salle du buffet, un modeste déjeuner, qu'elle avale en hâte, tandis que le chef de gare poliment l'avertit que le train, dès qu'elle sera prête, se remettra en route.

Avec la même intensité de vision, Zola s'est penché sur la piscine qui rappelle le cuvier de Béthanie. Il a subodoré et humé, avec un flair connaisseur et patient, les buées nauséabondes qui en montaient. On sait que les pestilences sont par lui respirées de près, et même analysées, — se souvenir du bouquet des fromages du *Ventre de Paris*, — avec un certain plaisir pervers. On jurerait qu'il a goûté à cette sauce sans nom, où marinent et mijotent les os creusés par la carie, les épidermes que l'ulcère a rodés, les chairs où la sanie, pareille aux limaçons sur les vignes, traîne des baves blanchâtres. Une véritable sentine, cette cuvette aux miracles. « Un bouillon de cultures pour les microbes, un bain de bacilles », a dit Zola. On ne change pas souvent, en effet, le jus miraculeux, et des milliers de perclus et de variqueux, aux bobos coulants, de l'aube naissante à la nuit close, viennent y tremper leurs purulences.

Il a pareillement décrit, avec la magnificence de son verbe, le paysage poétique et impressionnant, les processions qui se déroulent, avec des allures de figurations d'opéra, et l'enthousiasme des foules attendant, voulant le miracle. C'est un des livres les plus lyriques de ce grand poète en prose, un Chateaubriand incrédule, par conséquent plus fort, plus inspiré que l'illustre auteur du *Génie du Chritianisme,* que sa croyance portait et dont la foi surexcitait le génie.

La grotte de Lourdes, — ce retrait galant, où l'humble Bernadette surprit, en compagnie d'un officier de la garnison voisine, une dame aimable, laquelle, pour terrifier la bergère et lui ôter l'envie de raconter, ou même de comprendre le miracle tout physique qui était en train de s'accomplir sous ses yeux ébahis, s'imagina de se faire passer pour la Reine des cieux, — Zola toutefois a contesté cette anecdote, — peut servir à expliquer bien des miracles du passé. A cet égard, cette salle de spectacle religieux appartient à l'histoire, à la science, à la critique, donc au roman expérimental, comme l'entendait Zola. Le miracle et la superstition sont des phénomènes morbides, dont les ravages peuvent être comparés à ceux de l'alcoolisme, de l'industrialisme, de la débauche et de la guerre. L'auteur de *l'Assommoir*, de *Germinal*, de *Nana* et de *la Débâcle* devait s'en emparer, et en donner la vision saisissante et colorée. Il trouvait un nouveau champ d'observation fécond dans ce laboratoire de prodiges en plein vent, qui fonctionne au centre du vaste entonnoir pyrénéen, avec la grotte qui flamboie, la piscine qui gargouille, la foule qui geint, prie, se bouscule, s'émeut, chante des cantiques et pousse vers le ciel une clameur effrayante de supplication : *Parce, Domine !* tandis que le Gave, au bas du chemin enrubannant la basilique triomphale, roule son écume retentissante sur le diamant noir des roches polies, avec, au-dessus, la pureté de l'air bleu, où les cierges tremblotants versent leurs larmes jaunes.

Rome est inférieure à *Lourdes*. Ce n'est pas le meilleur ouvrage de Zola, ce gros tome de 731 pages serrées, amalgame d'un guide genre Baedeker, d'un traité de christianisme libéral, et d'un noir roman, à la façon d'Eugène Sue.

C'est une ville morte que la Rome moderne; malgré son souffle puissant, Zola n'a pu la ranimer. La gloire légendaire de l'ancienne capitale du monde l'attirait. Il est probable qu'il a éprouvé une désillusion vive, quand, depuis, il l'a parcourue, sondée, examinée avec la loupe prodigieuse de son œil de myope. Cette déconvenue se sent, se devine dans ce livre, malgré l'habileté de l'auteur, et l'aisance avec laquelle il promène son personnage, l'abbé Froment, par tous les quartiers de la Rome antique, papale et moderne.

Le procédé, renouvelé de la *Notre-Dame de Paris* de

Victor Hugo, si majestueusement employé dans *le Ventre de Paris*, paraît ici un peu usé et faiblard. L'anthropomorphisme architectural, animant les bâtisses et mêlant l'âme humaine à la solitude des édifices, lasse et n'étonne plus dans cet itinéraire. La description minutieuse des rues et des édifices de la ville est peu intéressante. C'est qu'il est difficile, malgré la légende, malgré les préjugés, de trouver Rome une ville digne d'être admirée, et même étudiée. Son paysage ne vaut pas celui de Florence et de Fiesole, son décor n'est pas comparable à celui de Venise, son mouvement moderne est inférieur à l'activité de Milan. On ne regarde Rome qu'à travers la vitrine de l'histoire. C'est une de ces pièces paléontologiques, comme on en conserve dans les Muséums, et devant lesquelles les badauds défilent, les dimanches, avec des yeux ébahis, en dissimulant un bâillement. L'admiration pour Rome est toute factice. Elle est chose convenue, et l'on craindrait de passer pour un barbare et un ignorant si l'on déclarait, que, en dehors des collections artistiques, des richesses picturales et sculpturales gardées dans les galeries, dans les palais, au Vatican, et en mettant à part deux ou trois vestiges de la gloire antique, comme le Colosseo et le Panthéon d'Agrippa, il n'y a rien à voir pour l'artiste, dans cette cité, qui n'est même plus vieille.

Il y a sans doute quelques jolis coups d'œil à donner vers les rues étroites et pittoresques des bords du Tibre jaunâtre ; le panorama découvert des terrasses du Pincio est intéressant et la campagne romaine, aux solitudes suspectes, a un aspect lépreux, désolé, excommunié, qui n'est pas dénué de caractère. Mais la ville fameuse est belle surtout dans l'imagination, et ne justifie le voyage que parce qu'il est élégant, pour un touriste, et convenable, pour un artiste, d'avoir vu Rome. Vision nulle et déplacement inutile cependant. Les monuments n'y existent pas. Est-ce le crime des Barbares ou des Barberini? Le résultat est le même pour le regard, pour la pensée. Les églises ont toutes la valeur architecturale de notre Saint-Roch, ou d'autres hideux édifices jésuitiques, à portail et à frontons Louis XV, rappelant les pendules artistiques en simili-bronze qu'on fabrique à la grosse, rue de Turenne. Des dômes, des coupoles, pas un clocher. Les places, les fontaines ont l'allure rococo. L'odieux Bernin triomphe partout. Saint-Pierre, malgré Michel-Ange, a l'aspect d'une grosse volière. L'art, à Rome, s'est réfugié dans les chapelles, dans les galeries. L'intérêt artistique de la prétendue capitale de l'éternelle beauté, où l'on a la sottise d'envoyer se perfectionner dans leur art, et y conquérir la maîtrise, les apprentis peintres, sculpteurs, musiciens, — étudier la musique à Rome, cela a l'air d'une ironie chatnoiresque! — est donc tout à fait indépendant du sol romain. Transportez, comme le général Bonaparte et le commissaire Salicetti le firent, la plupart des chefs-d'œuvre enfouis dans les loges, les galeries, les couvents de cette ville dévastée, dotez Montrouge ou Grenelle des œuvres accumulées sur les bords du Tibre par les princes de l'Eglise et vous aurez Rome. C'est un magasin de curiosités qui pourrait être véhiculé et déballé, sans perdre de son prix, sur n'importe quel point du globe.

La vie romaine en soi est dépourvue d'intérêt. Le fameux Corso est encore plus désillusionnant que la Cannebière. C'est une rue sombre, avec des trottoirs où l'on ne peut passer quatre de front. Des encombrements de voitures, allant au pas, sur une seule file, lui donnent l'aspect de notre rue de Richelieu, sans l'élégance des boutiques. Ce Corso célèbre, c'est la grand'rue d'une préfecture de seconde classe.

Des orchestres ambulants, composés de trois ou quatre grands diables venus d'Allemagne, et soufflant dans des cuivres, par moment, donnent un peu de vie aux places silencieuses. Dans les boutiques, étroites et sombres, des femmes mafflues, lourdes, aux formes junoniennes, s'écrasent, marchandes, sur la banquette des comptoirs lasses dès la matinée, répondant d'un ton endormi aux demandes de la clientèle, ou se trainent, visiteuses, devant les étoffes nonchalamment déployées. Aucun endroit gai, réunissant femmes de fête et gens de plaisir. Des cafés, dont quelques-uns fastueux, tout en marbre et en mosaïque, comme le café Colonna, avec de rares consommateurs, voyageurs de commerce désœuvrés ou officiers du poste voisin, au palais législatif de Monte-Citorio, prenant des granits avec mélancolie. Dans les rues, un peuple ennuyé, découragé, manifestant l'inquiétude, et le peu d'entrain du promeneur sans le sou. Sauf peut-être pour ceux qui fréquentent les salons discrets, malveillants et monotones de l'aristocratie appauvrie ou des prélats réduits à la portion congrue, l'existence n'est pas gaie pour le voyageur. S'il est de bonne foi, s'il ne connaît pas le mensonge habituel à l'homme qui voyage pour avoir voyagé, s'il ne ressemble pas au visiteur crédule de la fallacieuse baraque foraine, qui sort en affectant d'être satisfait, afin d'entraîner des imitateurs, et de ne pas être seul à avoir été trompé, il dira, il pensera au retour : Rome ? une mystification, une expression pour touristes !

Mais les souvenirs évoqués par cette ville, qualifiée d'éternelle, sont si imposants ! N'y foule-t-on pas la poussière de gloire des anciens maîtres du monde, et, à chaque pas ne semble-t-on pas descendre dans le passé, et revivre la vie antique ? Là encore, la désillusion est profonde. L'antiquité ne se retrouve, à Rome, que dans l'érudition de ceux qui la cherchent. Les ruines romaines sont sans intérêt, des fûts et des vieilles pierres quelconques. A Orange et à Nîmes, nous avons des vestiges de l'architecture et de la civilisation romaines plus importants.

Tout est neuf, à Rome, ou vieillot. L'antique a disparu. Les habitants eux-mêmes reconnaissent qu'ils n'ont rien de commun avec les premiers possesseurs de l'emplacement compris entre les sept collines : ils ont effacé, avili, jusqu'au souvenir de la Rome antique, en appelant le Forum le champ aux Vaches, *campo Vaccino*, et le Capitole le champ d'huile ou de colza, *Campioglio*. O Manlius ! ô Cicéron !

Zola a beau user d'un de ces leitmotiv qui lui sont habituels, et faire répéter par tous ses personnages, même par le pape, que les pontifes chrétiens sont les héritiers directs des Césars, que les cardinaux, les prélats, sont toujours les enfants du vieux Latium, qu'ils se drapent dans leur pourpre comme la lignée des Auguste, rien n'est plus faux. Les Italiens, en deçà et au delà du Tibre, n'ont ni une goutte de sang, ni une cellule cérébrale des anciens occupants du sol sabin. Le soc des guerriers l'a trop profondément remué, ce champ ouvert à toutes les invasions, pour qu'on y retrouve les racines primitives et les souches ancestrales. Le sang étranger a fait sa transfusion et circule dans les veines de ces races renouvelées. Zola semble croire que l'absolutisme est une question de localité, de terroir césarien, un legs atavique de la Rome impériale. C'est une erreur historique. La domination de l'Église est au-dessus, et à part de la souveraineté historique des empereurs. C'est un pouvoir qui remonte plus haut, vers la source des âges. La suprématie du prêtre se retrouve au commencement des périodes historiques. Dans la société aryenne, le brahmane était supérieur au guerrier, au roi, et le Kschâtrya, s'il voulait s'élever, devenir un véritable chef, atteindre le sommet de la hiérarchie védique, devait commencer par s'humilier devant la caste sacerdotale, et, comme le roi Viçvamitra, se faire ascète pour monter au trône brahmanique.

Zola a méconnu cette loi historique, lorsqu'il a fait, de la passion dominatrice de l'Eglise et de ses chefs, une question d'ethnographie : l'Eglise est absolutiste en soi, et le despotisme, c'est sa vie même. Transportez le pape de Rome à Chicago, comme il en a été un instant question, il y sera tout aussi « Imperator ». Les papes d'Avignon furent aussi césariens que ceux qui ne quittèrent jamais Rome. C'est l'Eglise, et la Papauté la résumant, qui sont absolues, qui rêvent la domination du monde ; la ville, où l'hégémonie catholique trône, n'est pour rien dans cette insatiable convoitise de la puissance suprême.

La donnée du roman de *Rome*, le prétexte à descriptions, le fil conducteur dans les rues romaines, est la venue au Vatican de l'abbé Pierre Froment, prêtre français, suspect de tendances hétérodoxes, auteur d'un livre déféré à la Congrégation de l'Index, intitulé *la Rome Nouvelle*. L'auteur est engagé à défendre, en personne, son ouvrage et à solliciter une audience du pape. Il a cru naïvement exprimer les idées du pape, le Léon XIII soi-disant républicain, le Léon XIII prétendu socialiste, qu'on montrait faisant commerce d'amitié avec la démocratie de France et d'Amérique.

La Rome Nouvelle de l'abbé Froment sera la ville de

la religion idéale. La papauté renoncera à toute préoccupation du temporel, elle sera toute spiritualisée. Plus de mômeries ridicules, comme les jongleries lucratives de Lourdes. Et puis, la religion serait expurgée de toutes ses impuretés mercantiles, le culte deviendrait simplifié, le dogme serait amené à une conciliation avec la science, avec la raison. La religion apparaîtrait alors comme un état d'âme, une floraison d'amour et de charité. Enfin, le pape, entendant, du fond du Vatican, le craquement des vieilles sociétés corrompues reviendrait aux traditions de Jésus, à la primitive Eglise ; il se mettrait du côté des pauvres.

Toutes ces fantaisies politico-religieuses, que l'abbé Froment a formulées dans son bouquin, il les rabâche, par la plume de Zola, grand amoureux des redites, à tout un auditoire de prélats, de cardinaux, de jésuites, et, finalement, au pape, dans une audience presque secrète, qui est le morceau capital du volume, la meilleure page.

L'abbé Froment, personnage tracé d'un dessin mou, prêtre sur la pente de la révolte, et dont la soutane semble chercher les orties, tient à la fois de Lamennais et de l'abbé Garnier, du père Didon et de Hyacinthe Loyson. On ne discerne pas clairement ce qu'il veut, encore moins ce qu'il rêve : ses aspirations de *la Rome Nouvelle* sont flottantes, et il plaide assez mal sa cause devant le Saint-Père. Léon XIII le rembarre comme il faut, le cloue avec autorité et lui rive le schisme sur la bouche. Froment a pleurniché la cause des malheureux ; il a récité des articles de journaux, où les virtuoses de la misère émeuvent les cœurs compatissants. Le Saint-Père lui répond que son cœur de pape est plein de pitié et de tendresse pour les pauvres, mais la question n'est pas là. Il s'agit uniquement de la sainte religion. L'auteur de *la Rome Nouvelle*, n'a compris ni le pape, ni la papauté, ni Rome. Comment a-t-il pu croire que le Saint-Siège transigerait jamais sur la question du pouvoir temporel des papes ? La terre de Rome est à l'Eglise. Abandonner ce sol, sur lequel la Sainte Eglise est bâtie, serait vouloir l'écroulement de cette Eglise catholique, apostolique et romaine. L'Eglise ne peut rien abandonner du dogme. Pas une pierre de l'édifice ne peut être changée. L'Eglise restera sans doute la mère des affligés, la bienfaitrice des indigents, mais elle ne peut que condamner le socialisme. L'adhésion du Saint-Siège à la République, en France, prouve que l'Eglise n'entend pas lier le sort de la religion à une forme gouvernementale, même auguste et séculaire. Si les dynasties ont fait leur temps, Dieu est éternel. Il fallait être fou pour s'imaginer qu'un pape était capable d'admettre le retour à la communauté chrétienne, au christianisme primitif. Et puis, l'abbé Froment a écrit une mauvaise page sur Lourdes. La grotte aux miracles a rendu de grands services à la religion, à la caisse du pape aussi. « La science, conclut Léon XIII, doit être, mon fils, la servante de Dieu. *Ancilla Domini...* »

L'abbé Froment s'incline. Il n'est pas converti, mais écrasé. Il ne peut lutter contre ce pape qu'il voulait défendre. Il ratifie la mise à l'index de la Congrégation, il rétracte sa *Rome Nouvelle*.

Voilà l'une des sections du livre, car il est triple : la description de la ville et une aventure romanesque constituant deux autres parties.

Les chapitres romanesques ne sont pas les plus louables. Ils contiennent des épisodes d'amours contrariées. Le prince Dario et la contessina Benedetta en sont les héros. Ces deux personnages sympathiques ont pour repoussoir un disciple de Rodin du *Juif Errant*. Un certain Sconbiono, curé terrible, qui empoisonne les gens avec des figues provenant du jardin des jésuites, est à faire frémir. Rien que ce curé empoisonneur aurait ravi l'excellent Raspail, qui voyait des jésuites embusqués parmi les massifs de son beau jardin d'Arcueil, et de l'arsenic jusque dans le bois du fauteuil du président des assises, lors de l'affaire Lafarge. Le roman de Dario et de Benedetta est émouvant. C'est du bon Eugène Sue.

La mort de Benedetta est singulière : bien que mariée, elle est vierge, car elle s'est refusée à son époux, Prada, personnage incertain, ambigu. Elle réserve pour son Dario, quand son mariage sera annulé, la fleur fanée de sa virginité. Dario est empoisonné par les figues du curé d'Eugène Sue, et, sur son lit de mort, transformé en couche nuptiale, Benedetta, après s'être consciencieusement déshabillée, s'offre, se livre. Zola semble dire que l'acte *in extremis* est consommé. Les deux amants meurent dans un spasme. Les figues empoisonnées opèrent par inhalation, par contagion, sur Benedetta qui n'en a pas mangé. Voilà qui peut dérouter bien des idées qu'on s'était faites en toxicologie, et aussi sur la physiologie du mariage. Les deux corps, unis dans cette copulation moribonde, ne peuvent plus se dessouder. Quoi ! fort même dans la mort ! Quel gaillard ce Dario ! Un cadavre pourvu de la ténacité rigide d'un caniche vivant, c'est bien extraordinaire. Encore un exemple des exagérations méridionalistes de Zola.

Des personnages secondaires ou épisodiques, très fermement modelés, Narcisse Habert, le diplomate esthète ; dom Vigilio, le secrétaire trembleur, affirmant la puissance des jésuites ; Paparelli, reptile qu'on entend fuir sous les draperies; Victorine, l'incrédule paysanne beauceronne; Orlando, le vieux débris garibaldien, donnent de la vie et du pittoresque au mélo, qui rappelle un peu le genre des romans cléricaux qui eurent leur vogue, comme *le Maudit* du fameux abbé X...

Le pape est la seule figure réellement vivante du livre. Zola l'a peint en pleine pâte, sans tomber dans la satire, qui eût été une caricature indécente, et peu artistique. Il n'a pas hésité à montrer les difformités du vieillard au cou d'oiseau, les faiblesses de l'idole; un homme après tout. Ce pape, ramassant avidement les subsides que les fidèles ont déposés à ses pieds, comptant, serrant son trésor, couchant peut-être sur les liasses de billets de banque cachées sous son matelas, en thésauriseur acharné, pour la gloire de l'Eglise, il est vrai, voilà un excellent portrait d'histoire. Le mouchoir, avec les grains de tabac, séchant sur les augustes genoux, achève la réalité de cette belle peinture.

Dans la partie purement descriptive, celle où Zola fait concurrence à Joanne et à Bædeker, il convient de noter, très exactement observée, la folie de construire qui agite les néo-romains. Ils rêvent de faire de leur capitale, sur l'emplacement du modèle antique disparu, une ville toute neuve, toute moderne, un second Berlin. Ils proclament, avec la nécessité des quartiers neufs, l'anéantissement complet, au moins comme ville réelle, de la Rome de l'histoire, de la cité de Romulus, d'Auguste, de Grégoire VII, de Léon X et de César Borgia. Rome, rebâtie à la moderne laissera intacte et majestueuse, dans la mémoire des hommes, la capitale impériale et chrétienne, la ville impérissable dans sa forme idéale, et considérée comme représentation et non comme réalité.

✶

Paris, la troisième ville dont Zola a voulu synthétiser le rôle dominateur et rayonnant, un des soleils du système mondial actuel, est le dernier volume de la trilogie des capitales. Le sobre titre du livre peut paraître ambitieux. Il est difficile de faire tenir dans un tome, si volumineux soit-il, et celui-ci dépasse 600 pages, ce que contient cette ville, ce que représente ce seul nom : Paris ! Ce n'est pas un roman, un tableau, mais dix panoramas et vingt livres qu'il faudrait, pour contenir la vie de Paris, et encore on n'en donnerait qu'une incomplète monographie, et qu'une vision partielle. La série des Rougon-Macquart, sauf en quelques ouvrages, n'est qu'une histoire de Paris, de sa vie, de ses passions, de ses idées, de ses fermentations et de ses manifestations, fragmentée et étudiée, par milieux, d'après la profession et le caractère du personnage pris pour protagoniste de l'action. Ici, d'après le titre, devrait se trouver résumé, et comme condensé, tout ce qui constitue l'apparence matérielle, décorative, agissante, de l'énorme capitale, et aussi sa pensée, sa force civilisatrice, l'âme de Paris. Le livre de Zola ne renferme pas tant de choses. Il est même plutôt circonscrit quant au champ de vision qu'il offre au lecteur. L'auteur a décrit un coin du Paris politicien, combinaiseur de ministères et d'émissions, et montré l'écume du monde politique bouillonnant dans la ville qu'il compare, après Auguste Barbier, à une cuve énorme :

..... Montferrand, qui étranglait Barroux, achetant les affamés, Fontègue, Duteil, Chaigneux, utilisant les médiocres, Taboureau et Dauvergne, employant jusqu'à la passion sectaire de Mège et jusqu'à l'ambition intelligente de Vignon. Puis venait l'argent empoisonneur, cette affaire des chemins de fer africains qui avait pourri le Parlement, qui faisait de Duvillard, le bourgeois triomphant, un pervertisseur public, le chancre rongeur du monde de la finance. Puis, par une juste conséquence, c'était le foyer de Duvillard qu'il infectait lui-même, l'affreuse aventure d'Eve disputant Gérard à sa fille Camille, et celle-ci le volant à sa mère, et le fils Hyacinthe donnant sa maîtresse Rosemonde, une démente, à cette Silviane, la catin noire, en compagnie de laquelle son père s'affichait publiquement. Puis, c'était la vieille aristocratie mourante, avec les pâles figures de Mme de Quinsac et du marquis de Morigny; c'était le vieil esprit militaire, dont le général de Bozonnet menait les funérailles; c'était la magistrature asservie au pouvoir, un Amadieu faisant sa carrière à coup de procès retentissants, un Lehmann rédigeant son réquisitoire dans le cabinet du ministre, dont il défendait la politique; c'était enfin la presse, cupide et mensongère, vivant du scandale, l'éternel flot de délations et d'immondices que roulait Sanier, la gaie impudence de Massot, sans scrupule, sans conscience, qui attaquait tout, défendait tout, par métier et sur commande. Et, de même que des insectes, qui en rencontrent un autre, la patte cassée, mourant, l'achèvent et s'en nourrissent, de même tout ce pullulement d'appétits, d'intérêts, de passions, s'étaient jetés sur un misérable fou, tombé par terre, ce triste Salvat, dont le crime imbécile les avait tous rassemblés, heurtés, dans leur empressement glouton à tirer parti de sa maigre carcasse de meurt-de-faim. Et tout cela bouillait dans la cuve colossale de Paris, les désirs, les violences, les volontés déchaînées, le mélange innommable des ferments les plus âcres d'où sortirait, à grands flots purs, le vin de l'avenir.

Tout cela est assez confus. On ne distingue pas nettement la mixture qui cuit dans la cuve. Malgré des adaptations d'actualité, des allusions à des personnalités et à des événements très réels, et l'on pourrait dire très parisiens, comme l'escroquerie du Panama et les explosions dues à Ravachol, on ne perçoit pas franchement Paris, ce formidable et complexe Paris, qui donne son titre au volume. Dans toutes les capitales de l'Europe et du

Nouveau-Monde, il y a des spéculateurs avides et sans scrupules, des politiciens méprisables et audacieux, des adultères, des scandales mondains, des journalistes à vendre et des journaux versatiles, et enfin il s'y dresse aussi des anarchistes usant des explosifs. Il n'y a rien, dans ce tableau de la surexcitation des vices, des appétits, des passions, qui ne puisse s'appliquer à Londres, à Berlin, à New-York, à Melbourne.

Les amours d'un curé défroqué avec la fiancée de son frère, dont le sacrifice et la générosité sont peut-être bien surhumains, en tout cas exceptionnels, car les accords étaient faits et la date du mariage presque fixée, et les tentatives du chimiste, que l'amour fraternel rend capable d'un dévouement aussi invraisemblable que celui du *Jacques* de George Sand, pour faire sauter le Sacré-Cœur, aboutissant à l'expérience d'un moteur industriel, c'est la substance, c'est la moëlle du roman. On ne saurait admettre cette substitution de fiancée et ce changement dans l'utilisation des explosifs, comme caractérisant, résumant et expliquant Paris.

Malgré quelques belles échappées panoramiques, observées du haut de la place du Tertre, sur la Butte Montmartre, et rappelant le spectacle des ciels de Paris vu des hauteurs de Passy, dans *Une Page d'Amour*, la description décorative et plastique, où d'ordinaire excelle Zola, semble négligée et plus faible dans ce livre. Il est d'une facture moins sûre, d'un relief moins accusé, d'un intérêt secondaire aussi, et comme s'il était écrasé par son titre, par la masse même du sujet, il s'affaisse en maint passage. Zola a voulu faire grand, il n'est parvenu qu'à faire gros. C'est un bloc incomplètement travaillé. L'art, si éclatant dans la plupart des œuvres précédentes, n'est pas suffisamment intervenu. Le praticien a dégrossi, mais le sculpteur a fait défaut.

Ce livre, cependant, offre un intérêt particulier : il témoigne d'une évolution dans la conscience de l'auteur, et il est, par moments, un document autopsychologique. C'est le seul ouvrage où Zola, renonçant, pour certains chapitres du moins, à ses notes, à ses extraits, aux renseignements obtenus par correspondance, ou tirés de minutieux interrogatoires et de patientes auditions, s'est documenté d'après lui-même. Il a quitté la méthode objective, abandonné le métier du peintre ou du photographe se campant en face du modèle, pour recourir à l'analyse subjective. C'est dans ce *Paris* qu'il a mis le plus de son moi. Il a dépeint ses propres sensations dans les émois passionnés de son abbé Froment. A l'époque où il écrivait *Paris*, Zola était amoureux. Lui, le chaste laborieux, le forgeur de phrases courbé sur la tâche matinale et ne laissant pas un seul jour le fer se refroidir ni l'enclume se taire, s'était pris au piège de la femme. Sa liaison, annoncée, pardonnée, peut être rappelée sans scandale ni injure. La digne et maternelle épouse du grand écrivain, l'héritière de sa pensée et la légataire de son âme, a recueilli, élevé, aimé les deux enfants de Mme Rozerot. A la cérémonie d'inauguration de la Maison de Médan, donnée à l'Assistance Publique, la veuve de Zola avait auprès d'elle ces deux enfants du sang de son mari, Jacques et Denise, devenus ses enfants adoptifs à elle, les enfants du cœur et de la bonté.

Les promenades à bicyclette de son abbé Froment, en compagnie de Marie, que Zola décrit si complaisamment, les randonnées à travers la forêt de Saint-Germain, vers la croix de Noailles et la route d'Achères, dont il donne un si joli croquis, c'étaient des souvenirs. A près de cinquante ans, il s'était trouvé rajeuni par cet amour, et par ces escapades sur la frêle et commode monture d'acier.

Marie refaisait de lui, — de son abbé Froment, si l'on s'en tient à la lettre du texte, — l'homme, le travailleur, l'amant et le père... il était changé, il y avait en lui un autre homme. En lui, qui s'obstinait sottement à jurer qu'il était le même, lorsque Marie l'avait transformé déjà, remettant dans sa poitrine la nature entière, et les campagnes ensoleillées, et les vents qui fécondent, et le vaste ciel qui mûrit les moissons...

Un nouvel homme s'était formé en lui, et Zola semblait vivre d'une autre vie physique et morale. L'idée double de paternité et de fécondité avait surgi, puissante. Ce grand producteur d'idées, de faits, de sentiments et d'observations, ce créateur d'êtres fictifs, doués d'une existence plus forte et surtout plus durable que les individus de sang et de chair, aspirait à la joie et à la nouveauté de donner la vie à des êtres palpitants, de féconder et d'animer, non plus la pensée abstraite et les fils de son cerveau, mais une femme, une mère et d'avoir des enfants, de la matière vivante sortie de lui, perpétuant sa force, en reproduisant, à leur tour, par la suite, les germes fertilisants dont il leur aurait transmis le dépôt sacré.

Ce désir fut accompli. Mais alors, simultanément, un changement se produisit dans l'intellect, dans le génie de l'écrivain. Il s'éprit des problèmes de la destinée des hommes. Il rêva d'un avenir meilleur. Il évoqua une révolution, non point par la bombe et par la guerre civile, mais obtenue par la science, par l'instruction répandue à flots, par l'abolition des institutions du passé, par la paix entre les peuples, et l'amour entre les hommes. Il avait, jusque-là, passé plutôt indifférent à côté des problèmes sociaux. *L'Assommoir* était surtout une mercuriale sévère à l'adresse des travailleurs enclins à l'ivrognerie. *Germinal*, magnifique tableau du monde souterrain, pitoyable vision de la misère du mineur, n'indiquait nullement la solution socialiste de la mine devenant la propriété de ceux qui la fouillent. *La Terre,* tableau sombre de la cupidité et de l'opiniâtre labeur des paysans, ne contenait pas la formule de la culture en coopération, de la suppression du travail individuel, et n'annonçait pas l'avènement de la grande et profitable exploitation du sol en commun. Devant toutes ces visions de l'avenir, les yeux de Zola, si perçants pour discerner les moindres détails d'une matérialité observée, étaient couverts d'une taie. Brusquement, il parut avoir été opéré d'une cataracte intellectuelle. Ses prunelles s'emplirent d'une clarté nouvelle. Il devint clairvoyant dans les ténèbres de la question sociale. Tout son esprit fut inondé de la lumière de la vérité, et sa volonté se banda vers la justice. L'idéal des sociétés futures lui apparut, comme une terre promise et certaine, où il ne parviendrait pas, mais que les générations qui le suivraient, plus favorisées, certainement atteindraient. Et c'est parce qu'il voyait, au-devant de lui, cette terre lointaine, c'est parce qu'il la sentait le domaine promis aux hommes des temps qui succéderaient aux années de luttes, de misère, d'oppression et d'antagonisme, qui sont les nôtres, qu'il voulait obstinément avoir un enfant, un fils de la chair, c'est pour cet héritage de l'avenir qu'il voulait laisser de la graine d'êtres heureux, après lui, sur le sol, et aussi un livre, un enfant de l'esprit, témoignant de sa foi, de son espérance, de sa charité sociales, un héraut précurseur des vertus théologales de la démocratie future.

C'était peut-être, c'est actuellement un rêve et une utopie. Mais l'utopie était généreuse et le rêve était consolant. Les lectures de Zola n'avaient eu, jusque-là, aucune direction politique ou sociologique, car il ne parcourait guère, à part quelques ouvrages nouveaux d'amis, ou de contemporains notoires et rivaux, que les livres où il pensait trouver des documents pour ses romans en préparation. Elles devinrent alors autres. Il voulut connaître la doctrine socialiste et les théoriciens de la rénovation humaine, les apôtres de l'Evangile nouveau. Cette notion lui manquait. Ainsi, dans *l'Assommoir* et dans *Germinal*, il n'est fait aucune allusion aux théories humanitaires et phalanstériennes qu'il devait, par la suite, avec son lyrisme et son éloquence colorée, développer si copieusement et exalter superbement dans *Fécondité*, dans *Vérité* et surtout dans *Travail*. Il lut Auguste Comte, du moins en partie, il parcourut Proudhon, — lui et son entourage ignoraient le grand génie socialiste du xixe siècle, et, de plus, le jugeaient faussement, d'après les racontars et les calembredaines des petits journaux, ainsi qu'il m'apparut par la stupéfaction à moi témoignée par son fidèle Alexis, lisant, durant un séjour que nous fîmes à Nice, en 1895, un travail sur Proudhon que je venais de publier dans *la Nouvelle Revue*. On ne connaissait alors, à Médan, le puissant maître de *la Justice dans la Révolution et dans l'Eglise* que sous la forme légendaire et caricaturale dont il était représenté dans les milieux ignorants et rétrogrades. Charles Fourier surtout, l'auteur de la théorie des *Quatre Mouvements* et le profond et consolant poète du Travail attrayant, acquit une grande influence sur lui. Comme il était à prévoir, à son insu, par l'élaboration fatale de son cerveau, ainsi qu'en un vase clos dans lequel on met des éléments qui doivent forcément se combiner et précipiter un produit inévitable, ces lectures, ces notions longtemps insoupçonnées, tout à coup apprises, cette documentation socialiste acquise, étant donnés son récent état d'esprit et sa nouvelle vision de la vie, aboutirent à des œuvres d'une conception et d'une portée différentes, à ces *Quatre Evangiles*, qui sont en germe et comme sommairement argumentés dans ces lignes finales de *Paris :*

...Après la lente initiation qui l'avait transformé lui-même, voilà que ces vérités communes lui apparaissaient, aveuglantes, irréfutables. Dans les évangiles de ces messies sociaux, parmi le chaos des affirmations contraires, il était des paroles semblables qui toujours revenaient, la défense du pauvre, l'idée d'un nouveau et juste partage des biens de la terre, selon le travail et le mérite, la recherche surtout d'une loi du travail qui permît équitablement ce nouveau partage entre les hommes.

Et, dans la bouche de son abbé Froment, apostat de la religion ancienne, croyant et missionnaire de la foi nouvelle, il mit cette déclaration et ce programme, qui affirmaient le changement d'orientation de sa vie, de sa pensée, de son œuvre, et qui étaient comme la préface d'une série de livres inédits, comme la seconde jeunesse d'une existence recommencée. Il apostrophe le Sacré-Cœur, ce Panthéon du passé, ce temple de la superstition mourante, basilique de l'ancienne société à l'agonie, et salue l'édifice de l'avenir, le Palais du Travail, reposant sur ces deux colonnes augustes : la Vérité, c'est-à-dire la Science, et la Justice, c'est-à-dire le Bonheur humain.

... La science achèvera de balayer leur souveraineté ancienne, leur basilique croulera au vent de la vérité, sans qu'il soit même besoin de la pousser du doigt. L'expérience est finie. L'évangile de Jésus est un code social caduc dont la sagesse humaine ne peut retenir que quelques maximes morales. Le vieux catholicisme tombe en poudre de toutes parts ; la Rome catholique n'est plus qu'un champ de décombres, les peuples se détournent, veulent une religion qui ne soit pas une religion de la mort. Autrefois, l'esclave accablé, brûlant d'une espérance nouvelle, s'échappait de sa geôle, rêvait d'un ciel où sa misère serait payée d'une éternelle jouissance. Maintenant que la science a détruit ce ciel menteur, cette duperie du lendemain de la mort, l'esclave, l'ouvrier, las de mourir pour être heureux, exige la justice, le bonheur sur la terre...,

Ces éloquentes affirmations font de Zola un véritable théoricien du socialisme, un docteur de la foi démocratique. Le romancier a fait place au philosophe. Il marche, d'ailleurs, à l'avant-garde des généreux esprits de son temps. Dans la page de *Paris* qu'on vient de lire, où il revendique le droit au bonheur terrestre, au paradis viager pour le travailleur, pour le pauvre, si longtemps berné par la promesse mensongère, analogue à l'enseigne fallacieuse du barbier, de la félicité du lendemain, de la consolation dans un ciel chimérique qui ne saurait avoir sa place sur une carte astronomique, ne retrouve-t-on pas les termes mêmes de la déclaration retentissante que devait lancer, dix ans plus tard, à la tribune, le ministre du Travail, René Viviani :

Tous ensemble, par nos pères d'abord, par nos aînés ensuite et par nous-mêmes, nous nous sommes attachés à l'œuvre d'anticléricalisme et d'irréligion. Nous avons arraché la conscience humaine à la croyance de l'au-delà. Ensemble, d'un geste magnifique, nous avons éteint dans le ciel des lumières qu'on ne rallume pas. Est-ce que vous croyez que l'œuvre est terminée ? Elle commence. Est-ce que vous croyez qu'elle est sans lendemain ? Le lendemain commence.

Qu'est-ce que vous voulez répondre à l'enfant qui aura

profité de l'enseignement primaire et des œuvres post-scolaires, et qui, devenu homme, confrontera sa situation avec celle des autres hommes ? Qu'est-ce que vous voulez répondre à l'homme à qui nous avons dit que le ciel était vide de justice, que nous avons doté du suffrage universel, et qui regarde avec tristesse son pouvoir politique et sa dépendance économique, et qui est humilié tous les jours par le contraste qui fait de lui un misérable et un souverain ?...

Avec des accents délirants et superbes, avec l'enthousiasme du poète, devançant les temps, et, comme ces conventionnels qui, la veille du combat, décrétaient la victoire, Zola, prophète, Zola, précurseur, salue les âges qui viendront, où le royaume de Dieu promis sera sur la terre. La religion de la science sera tout le dogme. Le seul Evangile sera celui de Fourier : le Travail Attrayant, accepté par tous, honoré, réglé, comme le mécanisme de la vie naturelle et sociale, comme le moteur de l'organisme humain, avec la satisfaction aussi complète que possible des besoins de chacun, et l'expansion de toutes les forces et de toutes les joies! Et il proclamait Paris centre et cerveau du monde, Paris, qui, hier, jetait aux nations le cri de Liberté, leur apporterait demain la religion de la science, la Vérité et la Justice, la foi nouvelle attendue par les démocrates.

Ce livre de *Paris*, inférieur, au point de vue de l'œuvre artiste et de la fabrication littéraire, aux principaux ouvrages de Zola, leur est supérieur par la portée philosophique, par l'essor humanitaire. En outre, il constitue, dans sa partie finale, l'œuvre transitoire. *Fécondité, Travail, Vérité*, les derniers livres de Zola, sont issus de ce nouvel état d'esprit que tout à coup révélait *Paris*, et qui n'allait pas tarder à se manifester à l'occasion de la révision du procès Dreyfus.

Sans cette préparation, sans cette incubation de l'Evangile socialiste, sans cette appétence vers un idéal nouveau d'humanité heureuse et de conditions d'existence plus justes, avec la paix sociale établie définitivement sur les ruines de l'ancienne organisation sacerdotale, guerrière, capitaliste, abattue, l'intervention d'Emile Zola dans l'affaire Dreyfus, qu'on doit regretter, mais qu'il faut reconnaître sincère et désintéressée, serait inexplicable, un coup de tête, presque de folie.

Or, étant données la situation mentale de l'auteur de *Paris* et les préoccupations neuves qui tenaillaient son esprit, il était logique et fatal, puisqu'il s'était produit une « affaire Dreyfus », puisque le pays était divisé en deux camps, que Zola fût dans un de ces camps. Avec son âme combative et son exaltation méridionale et nerveuse, il était également logique, et c'était comme une conséquence de la position des partis en présence, qu'il se mît du côté de ceux qui s'agitaient pour faire reconnaître l'innocence d'un condamné qu'ils proclamaient victime d'une erreur judiciaire, et qu'ils estimaient succombant sous les efforts combinés de ceux qui obéissaient à des préjugés religieux, ou qui voulaient maintenir intact le dogme d'infaillibilité d'un tribunal d'exception.

Zola, bien que *Paris* fût écrit et publié avant que la reprise de l'Affaire n'éclatât, prévoyait, prophétisait la lutte qui allait s'engager. L'Affaire Dreyfus, c'était la bataille qu'il avait indiquée dans son livre, transportée dans la réalité.

Avec Paris, Zola terminait la trilogie philosophique, où il avait gradué les efforts et les luttes de l'humanité, concentrés dans trois villes, pour s'élever de la superstition grossière à la religion habile et trompeuse, et enfin à la science, au travail, à la justice sociale. Sa conclusion, qui est la doctrine socialiste même, était l'homme recevant enfin le salaire de bonheur qu'il est en droit d'attendre, et qui doit lui être versé comptant, sur la terre, de son vivant, comme un dû ferme, et non en manière d'aumône, ou sous la forme d'une traite illusoire payable à la caisse d'un chimérique banquier céleste.

VII

L'AFFAIRE DREYFUS. — L'EXIL EN ANGLETERRE. — LES ÉVANGILES : FÉCONDITÉ. — TRAVAIL. — VÉRITÉ

(1898-1902)

L'affaire Dreyfus a commencé le 15 octobre 1894, jour où le capitaine, soupçonné, surveillé, fut arrêté.

Cette poursuite, menée avec discrétion, ne fut connue que quinze jours après, et encore fut-ce par une information imprécise. Sans donner de nom, sans détails, le journal *la Libre Parole*, assurément renseigné, mais incomplètement, dans son numéro du 1er novembre 1894, annonçait qu'une affaire d'espionnage était à la veille d'éclater, à la suite de fuites constatées dans les bureaux de l'Etat-Major.

Les événements se succédèrent rapidement dès cette révélation. Bientôt le nom de l'accusé était prononcé, imprimé, et le premier procès Dreyfus s'engageait devant le conseil de guerre. Zola ne prit aucune part à cet initial engagement.

N'écrivant ici qu'une histoire littéraire, je ne rappellerai de ce formidable et douloureux litige que ce qui est indispensable à l'éclaircissement des idées et des faits pour cette Etude impartiale sur Zola.

Bien qu'ayant été au nombre des militants, et à l'un des premiers rangs, — je fus l'un des rares journalistes poursuivis à cette époque, ayant été frappé d'une condamnation, qui parût énorme et disproportionnée, de cent mille francs de dommages civils (après l'amnistie somme réduite en cour d'appel à 20.000 francs), je ne veux ni récriminer ni recommencer de rétrospectives escarmouches. Je n'ai gardé, de ce combat qui fut acharné, sans merci, de part et d'autre, qu'un grand sentiment de tristesse. Le pays ne fut pas seulement déchiré, le foyer domestique devint souvent une annexe du champ de luttes, plus d'un cœur fut meurtri, et des inimitiés surgirent qui se prolongèrent. Des vieux amis se sont séparés, et ne se sont plus depuis retrouvés. De secrètes vendettas se produisirent. Il faut déplorer cette maladie, ce cancer dont la France fut atteinte, et, à présent que ces temps de souffrance sont lointains, les oublier, si faire se peut, et ne plus appuyer sur les cicatrices de peur de les rouvrir. Je vais me borner à signaler le rôle considérable de Zola dans ce grand et ténébreux drame.

Sans être autrement troublé, il avait, comme tout le monde, appris et accepté la condamnation de Dreyfus par le premier Conseil de guerre siégeant au Cherche-Midi, à Paris, le 20 décembre 1894. Alfred Dreyfus, sans que Zola protestât, subit la dégradation militaire et fut envoyé à l'Ile du Diable. Il y séjourna trois ans, soumis à un régime très sévère. Il convient de constater que, soit dans la cour de l'École militaire, pendant la terrible cérémonie de la dégradation, soit à l'Ile du Diable, soit encore en écrivant à sa femme, ou en adressant mémoires, requêtes et recours au président de la République, aux magistrats et à ses défenseurs, le condamné n'a cessé de protester de son innocence. Des confidences qu'on dit avoir été faites au capitaine Lebrun-Renault n'ont pas été vérifiées. Le procès-verbal rédigé par cet officier de gendarmerie, sa pénible mission remplie, et transmis à ses chefs ne contient pas trace de ces aveux. La chose était assez importante pour que l'officier n'eût pas manqué de consigner les révélations que le dégradé, sous l'impression du châtiment, et dans la dépression qui en était la conséquence, aurait été amené à faire.

Après l'embarquement du condamné, et son isolement à l'Ile du Diable, un grand silence se fit. Personne, dans le monde politique, dans l'armée, dans la presse, dans le gros public, ne semblait mettre en doute alors le bien rendu de l'arrêt, la légitimité de la condamnation. Il est certain que Zola, comme nous, admettait la culpabilité, et ne s'en préoccupait pas plus qu'actuellement nous ne sommes impressionnés par le souvenir de condamnations récentes, prononcées contre des individus que les journaux nous ont signalés comme convaincus d'espionnage et qui furent ensuite frappés par les tribunaux compétents. Il faut se rappeler que, durant les trois années qui suivirent l'arrêt du conseil de guerre de 1894, on ne désignait dans les journaux de toutes opinions le condamné qu'en le qualifiant de « traître ». On ne donnait de ses nouvelles que pour affirmer qu'il était toujours captif, et que, malgré certains bruits de bateaux frétés à dessein, et de gardiens soudoyés par la famille, peut-être par des membres importants de la communauté israélite, le prisonnier n'avait pu même risquer une tentative d'évasion.

Comment Zola fut-il acquis à la cause de ce condamné, dont la femme et le frère, Mathieu Dreyfus, poursuivaient la réhabilitation avec un dévouement et une conviction inébranlables, faisant secrètement une lente et active propagande ?

Il reçut probablement, comme moi, comme plusieurs journalistes et écrivains, la visite suivante : Un matin d'avril 1897, si mes souvenirs sont bien exacts, un homme de lettres, un confrère de la presse, se présenta chez moi. Il venait de publier un volume, et comme j'étais alors chargé de la critique littéraire à *l'Echo de Paris*, il m'apportait son ouvrage, pensant qu'au lieu de le faire parvenir au journal il serait préférable de me le remettre lui-même, sage précaution d'auteur. Je pris le livre, intitulé *les Porteurs de torches*, et je causai amicalement avec l'auteur, Bernard Lazare. Nous parlâmes des sujets analogues à celui qu'il avait traité : des *Derniers jours de Pompéi*, de Bulwer Lytton, de *Fabiola* du cardinal Wiseman, de *Byzance* et de *l'Agonie* de Lombard. Il s'agissait d'une évocation de la société antique et des cruels jeux du Cirque. La conversation, purement littéraire, s'épuisait, quand Bernard Lazare, tirant des papiers de sa poche, aborda brusquement le motif principal de sa visite. Il me parla de la condamnation de Dreyfus, qui était, disait-il, le résultat d'une erreur et d'une machination. Il me montra des fac-simile autographiés du fameux bordereau et la plupart des pièces en fac-simile qui, depuis, ont été tant de fois cités et reproduits. Bernard Lazare me demanda de m'intéresser à la cause de celui qui, à ses yeux, était bien innocent, et, avec force compliments, il m'incita à discuter favorablement dans la presse les documents qu'il me soumettait. Nous nous quittâmes sur le ton de la plus parfaite cordialité. Je dois déclarer que, dans cette conversation, dans cette tentative pour obtenir mon concours, comme il me disait avoir déjà sollicité et obtenu celui de plusieurs confrères, il n'était nullement question d'une campagne violente à entamer contre l'armée en général, encore moins de faire appel aux anti-militaristes.

Bernard Lazare a certainement fait semblable démarche auprès de Zola, et lui a communiqué les documents. L'illustre romancier se laissa persuader.

Les partisans de l'innocence de Dreyfus s'étaient, sans bruit, groupés et concertés. Des rumeurs se produisirent, des ballons d'essai furent lancés. On fit des sondages dans la presse. Un soir, au syndicat de l'Association des journalistes républicains, rue Vivienne, Ranc, notre président, nous dit, après la séance : « — Vous ne savez pas la nouvelle ? Eh bien ! Dreyfus est innocent ! Scheurer-Kestner en a la preuve ! On connaît le vrai coupable, celui qui a fabriqué le bordereau ayant entraîné la condamnation du capitaine. Scheurer-Kestner va porter l'affaire à la tribune, au Sénat... »

On accueillait avec étonnement, mais sans grand enthousiasme, cette nouvelle, dans cette réunion de rédacteurs des principaux journaux républicains. Quand je la transmis, quelques instants après, à *l'Echo de Paris*, on la reçut avec incrédulité, et il fut convenu qu'on ne publierait cette information assez extraordinaire qu'après de plus amples renseignements.

Quelques jours après, elle était confirmée. M. Scheurer-Kestner, vice-président du Sénat, écrivait une lettre mémorable, dans laquelle il exprimait sa conviction que le condamné expiait le crime d'un autre.

Dès le 30 octobre, ajoutait-il, dans un entretien officiel avec le ministre de la Guerre, j'ai démontré, preuves en mains, que le bordereau attribué au capitaine Dreyfus n'est pas de lui, mais d'un autre.

Cet « autre » n'allait pas tarder à être désigné. M. Mathieu Dreyfus écrivait bientôt au ministre de la Guerre que :

> La seule base de l'accusation dirigée en 1894 contre son frère, étant une lettre missive, non signée, non datée, établissant que des documents militaires confidentiels avaient été livrés à un agent d'une puissance étrangère, il avait l'honneur de lui faire connaître que l'auteur de cette pièce était M. le comte Walsin-Esterhazy, commandant d'infanterie, mis en non-activité pour infirmités temporaires. L'écriture du commandant Walsin-Esterhazy était, ajoutait-il, identique à cette pièce.

Sur les documents de Bernard Lazare était fondée cette dénonciation, et la révision du procès en apparaissait comme l'inéluctable conséquence.

Alors se déroula cette douloureuse suite d'événements : Esterhazy, désigné comme l'auteur du bordereau, fut déféré au Conseil de guerre. Le procès eut lieu à huis clos. Il dura deux audiences. Esterhazy fut à l'unanimité acquitté, le 12 janvier 1898.

Zola, avant le procès d'Esterhazy, était depuis plusieurs mois accaparé par la défense de Dreyfus. Il avait abandonné ses travaux ordinaires. Toutes ses habitudes régulières étaient interrompues, bouleversées. Il ne s'appartenait plus. Il était possédé, comme eût dit un exorciste du moyen âge.

Les raisons qui le firent se donner tout entier à cette entreprise hasardeuse de la délivrance et de la réhabilitation de Dreyfus n'ont rien d'étrange, rien de honteux. D'abord l'intérêt personnel, le lucre doivent être écartés. La plume de Zola n'était pas à vendre. Il l'a apportée, cette arme bien trempée, redoutable et fortement maniée, avec spontanéité, généreusement, comme un soldat de la taille de Garibaldi, offrant son épée à l'heure des défaites.

Assurément il ne fut pas indifférent à l'espoir de la victoire, et son esprit ambitieux et dominateur fut hanté d'une vision de triomphe. Il se vit, comme Voltaire défendant Calas, l'objet d'un enthousiasme général. Il connaîtrait alors une autre célébrité que celle qui provient uniquement des œuvres littéraires. Il entrerait ainsi dans la grande popularité. Le peuple, envers qui jusque-là il avait témoigné une défiance dédaigneuse de lettré, viendrait à lui, et il irait à lui. Il prendrait contact avec ces masses profondes de la nation, à l'écart desquelles il s'était tenu. Tous ces citoyens inconnus, dont il n'avait ni partagé les engouements ni compris les haines, tendraient vers lui leurs mains noires et rudes. Son nom connu, mais peu fêté dans les milieux républicains, serait acclamé par la foule frémissante des meetings. Devenu l'égal des plus illustres champions de la démocratie, il serait l'objet d'honneurs électifs. Il pensa à son personnage d'Eugène Rougon. Qui pouvait savoir? Il entrevit peut-être, comme possible et proche, le Sénat, un Ministère, l'Elysée! Victor Hugo avait dû à sa lutte opiniâtre contre l'empire, à sa proscription, à sa superbe attitude sur son rocher, une auréole de gloire que *Notre-Dame de Paris, la Légende des Siècles* et *Marion Delorme* n'auraient pu faire rayonner aussi largement sur son front. Il éprouva le désir vraisemblable, tout en servant la cause de Dreyfus, de jouer un rôle important dans les affaires de son temps, d'être autre chose qu'un homme de lettres, dans lequel il y a toujours de l'amuseur public et du conteur de contes de chambrées. Il était attiré et flatté par la pensée de devenir homme d'action, conducteur de foules, l'un des grands bergers du troupeau humain. Ambition légitime d'ailleurs et licite ascension, bien qu'en réalité le calcul fût erroné, en admettant qu'il y eût calcul et non simple emballement de méridional, froid à la surface, fièvre de ligurien ardent et concentré, comme le fut Bonaparte. Zola, en tentant cette partie aventureuse, sur le tapis de la gloire, jouait à qui gagne perd. Il a malheureusement gagné.

Mais le grand mobile de son intervention dans l'affaire fut, comme je l'ai indiqué en analysant les dernières pages de son livre *Paris*, l'évolution profonde qui s'était produite en lui. L'initiation aux choses du socialisme, la lecture des ouvrages des philosophes rénovateurs, des saint-simoniens, fouriéristes, icariens, phalanstériens, l'inspiraient. Il était charmé par le rêve humanitaire d'une société mieux organisée, où la Vérité et la Justice régneraient. Il entrevoyait, il appelait l'âge d'or démocratique, non dans le présent, mais au delà de nos temps de fer ; il saluait l'avenir meilleur dont il voulait hâter la venue, et, matérialisant son rêve, il entendait faire sortir Dreyfus de sa prison insulaire, comme il souhaitait d'arracher l'humanité au bagne social actuel, en fondant un monde nouveau, régénéré par l'amour, par la science et par le travail.

Tout donc le préparait à sa nouvelle vocation. Et puis la poursuite contre Dreyfus et sa condamnation avaient déchaîné des passions religieuses régressives et ravivé des haines séculaires. L'antisémitisme, absurde et féroce, nous reportait aux jours des persécutions religieuses. Les anti-dreyfusards défendaient l'armée, le drapeau, la patrie, que les révolutionnaires, sous le prétexte de faire reviser un arrêt de conseil de guerre, attaquaient avec fureur. Parmi ces patriotes alarmés et exaspérés, il se trouvait de très notoires républicains et même des républicains des plus avancés, d'anciens membres et délégués de la Commune, mais ils avaient pour alliés, malgré eux, les fils de Loyola et de Torquemada, comme les républicains partisans de Dreyfus avaient pour auxiliaires les sans-patrie et les anarchistes. Quel ténébreux gâchis ! On ne savait où se diriger, pour demeurer dans la clarté, dans la vérité. Les violences antisémites surtout entraînaient Zola au premier rang. Il courut au secours de Dreyfus, oui, mais surtout il se précipita pour protéger la liberté de conscience, qu'il voyait en danger et pour mettre en déroute le fanatisme persécuteur, le cléricalisme, dont il redoutait le retour offensif. Dans ce combat, où retentissaient, en un cliquetis étourdissant, les grandes sonorités de langage, où, avec un fracas d'artillerie, les adversaires se lançaient, comme des projectiles, les mots de vérité, d'innocence, de justice, de patrie, de drapeau, où l'on parlait ici du désarmement du sabre, de l'écrasement du goupillon, et là du salut du pays, de la défense sacrée du sol et des institutions, de l'armée française à sauver de la trahison et de la débandade, Zola, lyrique et polémiste, se jeta à corps perdu. Tout son être, dont la combativité était l'essence, ressentit une vibration délicieuse. Il s'enivra de ce tumulte, et il s'abandonna, comme dans une orgie, à la débauche de mots, de phrases, d'appels, d'invocations, d'anathèmes, d'invectives, de malédictions, d'injustices, de violences et de méchancetés qui, des deux camps, coulaient à pleins bords autour de lui.

Il fut extatique, et comme animé du délire des prophètes bibliques, maudissant le siècle et appelant sur la tête des chefs, sur leurs palais, sur leurs lois et leurs institutions des vengeances terribles. Comme Jeanne d'Arc, il dut entendre des voix. Il se sentit investi d'une mission. Il délivrerait Dreyfus et conduirait la France au sacre socialiste. Il brandirait l'étendard de la Liberté et l'épée de la Justice, et sur les ténèbres environnantes il secouerait la torche de la Vérité. Ce fut alors qu'il lança, comme un appel aux armes, sa fameuse *Lettre au président de la République, Félix Faure*. Ce réquisitoire mémorable, connu sous le nom de *J'accuse!* parut dans *l'Aurore*, numéro du 13 janvier 1898, le lendemain même de l'acquittement d'Esterhazy.

La « Lettre au président » avait été précédée de deux autres brochures. L'une « la Lettre à la jeunesse », l'autre « la Lettre à la France ».

Dans cette dernière lettre, Zola, avec éloquence, s'écriait :

> Ceux de tes fils qui t'aiment et t'honorent, France, n'ont qu'un devoir ardent, à cette heure grave, celui d'agir puissamment sur l'opinion, de l'éclairer, de la ramener, de la sauver de l'erreur où d'aveugles passions la poussent. Et il n'est pas de plus utile, de plus sainte besogne.
>
> Ah! oui, de toute ma force, je leur parlerai, aux petits, aux humbles, à ceux qu'on empoisonne et qu'on fait délirer. Je ne me donne pas d'autre mission, je leur crierai où est vraiment l'âme de la patrie, son énergie invincible et son triomphe certain.
>
> Voyez où en sont les choses. Un nouveau pas vient d'être fait, le commandant Esterhazy est déféré au Conseil de guerre. Comme je l'ai dit dès le premier jour, la vérité est en marche, rien ne l'arrêtera plus. Malgré les mauvais vouloirs, chaque pas en avant sera fait, mathématiquement, à son heure. La vérité a en elle une puissance qui emporte tous les obstacles...

La Lettre au président de la République répétait, plus violemment, cet appel à la guerre civile des consciences et à l'insurrection des esprits :

Elle débutait ainsi :

Un conseil de guerre vient, par ordre, d'oser acquitter un Esterhazy, soufflet suprême à toute vérité, à toute justice, et c'est fini. La France a sur la joue cette souillure. L'Histoire écrira que c'est sous votre présidence qu'un tel crime social a pu être commis...

La Lettre, qui avait le tort de généraliser et de mettre en accusation l'armée, prise en général, se terminait par cette dénonciation analytique :

J'accuse le lieutenant-colonel du Paty de Clam d'avoir été l'ouvrier diabolique de l'erreur judiciaire, en inconscient, je veux le croire, et d'avoir ensuite défendu son œuvre néfaste, depuis trois ans, par les machinations les plus saugrenues et les plus coupables.

J'accuse le général Mercier de s'être rendu complice, tout au moins par faiblesse d'esprit, d'une des plus grandes iniquités du siècle.

J'accuse le général Billot d'avoir eu entre les mains les preuves certaines de l'innocence de Dreyfus, et de les avoir étouffées, de s'être rendu coupable de ce crime de lèse-humanité et de lèse-justice, dans un but politique, et pour sauver l'état-major compromis.

J'accuse le général de Boisdeffre et le général Gonse de s'être rendus complices du même crime, l'un sans doute par passion cléricale, l'autre peut-être par cet esprit de corps qui fait des bureaux de la guerre l'arche sainte inattaquable.

J'accuse le général de Pellieux et le commandant Ravarin d'avoir fait une enquête scélérate, j'entends par là une enquête de la plus monstrueuse partialité, dont nous avons, dans le rapport du second, un impérissable monument de naïve audace.

J'accuse les trois experts en écritures, les sieurs Belhomme, Varinard et Couard, d'avoir fait des rapports mensongers et frauduleux, à moins qu'un examen médical ne les déclare atteints d'une maladie de la vue et du jugement.

J'accuse les bureaux de la guerre d'avoir mené dans la presse, particulièrement dans *l'Eclair* et dans *l'Echo de Paris*, une campagne abominable, pour égarer l'opinion et couvrir leur faute.

J'accuse enfin le premier conseil de guerre d'avoir violé le droit, en condamnant un accusé sur une pièce restée secrète, et j'accuse le second conseil de guerre d'avoir couvert cette illégalité, par ordre, en commettant à son tour le crime juridique d'acquitter sciemment un coupable.

En portant ces accusations, je n'ignore pas que je me mets sous le coup des articles 30 et 31 de la loi sur la presse du 29 juillet 1881, qui punit les délits de diffamation. Et c'est volontairement que je m'expose.

Quant aux gens que j'accuse, je ne les connais pas, je ne les ai jamais vus, je n'ai contre eux ni rancune ni haine. Ils ne sont pour moi que des entités, des esprits de malfaisance sociale. Et l'acte que j'accomplis ici n'est qu'un moyen révolutionnaire pour hâter l'explosion de la vérité et de la justice.

Je n'ai qu'une passion, celle de la lumière, au nom de l'humanité qui a tant souffert et qui a droit au bonheur. Ma protestation enflammée n'est que le cri de mon âme. Qu'on ose donc me traduire en cour d'assises, et que l'enquête ait lieu au grand jour !

J'attends.

Cette lettre avait terriblement étendu le champ de bataille. L'affaire Dreyfus ne concernait désormais qu'indirectement Dreyfus. Le condamné servait d'étiquette et de prétexte. Au fond, sauf peut-être pour Zola, qui était de bonne foi, et les membres de la famille du condamné, la personnalité même de celui qu'il s'agissait de tirer de l'Ile du Diable, de ramener en France, de promener en triomphe après un arrêt de révision et de réhabilitation, disparaissait. L'antisémitisme s'était dressé comme une bête fauve. Le monde israélite, de son côté, s'agitait, répandait l'or, confondait avec ostentation sa cause, qui était celle de l'influence juive dans la société, avec celle de la révolution. On faisait appel aux hordes anarchistes. D'un autre côté, les patriotes, les républicains et les libre-penseurs, qui d'abord étaient les plus nombreux parmi ceux qu'on dénommait les

« anti-dreyfusards », se trouvèrent confondus avec les cléricaux. Les réactionnaires les entourèrent, les paralysèrent, tout en exploitant leur notoriété, en se couvrant de leur républicanisme. Les modérés, les timorés du parti républicain prirent peur. Ils craignirent d'être combattus aux élections comme ayant pactisé avec la réaction. Les militants du parti socialiste se mettaient à la tête du mouvement, et Clemenceau, effrayé à l'idée d'être dépassé, d'être laissé en arrière, emboîtait le pas à Jaurès. L'armée fut donc violemment attaquée, sous couleur de réhabiliter Dreyfus, et l'esprit anti-militariste se répandit dans une portion du parti. Les instituteurs furent les premiers gangrenés. Ils avaient été flattés de se ranger parmi les défenseurs de Dreyfus à côté des intellectuels renommés et des libertaires de marque : ils suivaient avec orgueil Anatole France, Monod, Psichari, Mirbeau, Sébastien Faure et tant d'autres recrues inattendues. Pourquoi les maîtres d'école, avec les maîtres de conférences, s'occupaient-ils d'un procès militaire ?

En réalité l'affaire Dreyfus n'aurait pas dû dépasser les limites d'une action judiciaire. Dans le calme du prétoire, loin des réunions publiques, sans pamphlets ni polémiques de presse, elle devait être circonscrite par l'examen, attentif et impartial, d'une procédure plus ou moins régulière, et d'une sentence plus ou moins révisable. On a revisé plus d'un arrêt et proclamé l'erreur, ou tout au moins l'insuffisance de preuves, dans plusieurs affaires criminelles, sans un pareil tumulte. La cause de ces condamnés réputés innocents, présentée sans doute au début par un journaliste apitoyé et convaincu mais sans éclat, sans outrages, un simple appel à l'humanité et à la justice, fut uniquement plaidée par des avocats, discutée par des magistrats. Ces révisions n'eurent que la publicité légitime et désirable d'une décision judiciaire comportant la réhabilitation d'un innocent.

Pourquoi donc la réhabilitation de cet israélite, qui semblait, durant trois ans, avoir été à juste titre frappé, fut-elle si vigoureusement tambourinée, et pourquoi, de tous les côtés, tant de volontaires accoururent-ils battre la caisse ? C'est que Dreyfus n'était qu'un prête-nom, l'homme de paille d'un syndicat de convoitises politiques, d'intérêts de secte, de tapage réclamiste et d'appétits révolutionnaires.

Emile Zola, qui avait contribué le plus à déclarer et à patronner cette guerre civile, en fut la victime. Il se trouva atteint dans son repos, dans son travail, qui était sa vie même, dans sa fortune, dans sa situation, dans les dignités qu'il avait acceptées, et qui lui plaisaient. Il fut rayé des tableaux de la Légion d'honneur, condamné à un an de prison avec trois mille francs d'amende, par la Cour d'assises de la Seine, le 27 février 1898, enfin, après plusieurs péripéties judiciaires, condamné derechef à Versailles, mais par défaut. Alors il quitta la France, et se réfugia en Angleterre, où il séjourna plus d'une année.

On sait la suite des événements : le coup de théâtre du suicide du colonel Henry, avouant le faux d'ailleurs inutile, et la série interminable des procès à Rennes, à Paris, à la Cour de cassation ; Dreyfus ramené en France, puis gracié, finalement réhabilité et réintégré, avec avancement, dans l'armée. Devenu commandant, il voulut obtenir un nouveau grade qui lui fut refusé par son ex-défenseur Picquart, grâce à lui, de lieutenant-colonel promu général et nommé ministre de la Guerre. Alfred Dreyfus alors donna sa démission. Il est rentré dans la vie privée, où il se tient à l'écart.

La tentative homicide absurde d'un justicier, réclamiste ou toqué, lors de la cérémonie au Panthéon, l'a fait, un moment, reparaître devant l'opinion. Il est, depuis, retourné dans l'ombre qui lui plaît. Qui saura jamais ce que dissimule, peut-être, cette apathie et ce qui couve sous cette apparente quiétude ?

Zola est mort brusquement à la suite d'un stupide accident de ventilation, sans avoir assisté au triomphe définitif de son client, au « couronnement de son œuvre », comme dit l'un de ses biographes, M. Paul Brulat.

Celui-ci, dans son *Histoire populaire d'Emile Zola*, en manière de conclusion sur l'affaire Dreyfus, donne le jugement suivant que je lui emprunte, ayant été trop mêlé à la bataille, trop antagoniste de Zola, pendant la lutte, pour me prononcer en cette circonstance :

> Aujourd'hui que les passions se sont apaisées, dit M. Paul Brulat, il est permis de porter un jugement impartial et modéré sur cette affaire... Peut-être fûmes-nous injustes à l'égard les uns des autres. Dans le feu du combat, les passions s'exaspérèrent de part et d'autre. On se jeta à la face d'abominables outrages, et il sembla un moment que la vie sociale était suspendue en France. En réalité, chaque camp se battait pour un grand idéal. Sur le drapeau de l'un était écrit : Tradition et Patrie, sur le drapeau de l'autre : Justice et Vérité. Reconnaissons maintenant que de telles luttes, loin de diminuer un peuple, démontrent sa noblesse et sa vitalité.

Zola, ayant fait défaut, le lundi 18 juillet 1898, jour fixé pour son second procès de Versailles, quitta le palais de justice de cette ville, dans un coupé qu'il avait loué. Il était accompagné de son défenseur, Me Labori. Il se rendit à Paris, chez son éditeur et ami, Georges Charpentier, avenue du Bois de Boulogne. Là il fut rejoint par M. Clemenceau, par Mme Zola et quelques amis.

On délibéra sur la conduite à tenir. L'avis de Labori, appuyé par Clemenceau, fut que le condamné devait partir pour éviter d'être touché par la signification « parlant à la personne » du jugement rendu par défaut. S'il recevait cette signification, elle faisait tomber le défaut, et rendait un jugement définitif certain, dans le plus bref délai ; il n'y aurait plus alors aucun recours judiciaire. Donc la fuite s'imposait. L'Angleterre fut choisie comme terre de refuge. On fit en hâte les derniers préparatifs. Zola ne voulut pas être accompagné. Il monta dans l'express de Calais de neuf heures, et débarqua à Londres, à Victoria Station, le 19 juillet, à cinq heures 40 du matin, sans avoir été reconnu ni inquiété.

Il se fit inscrire à l'hôtel Grosvenor, que lui avait indiqué Clemenceau, sous le nom de M. Pascal, venant de Paris. Il fut rejoint, le lendemain, par son ami le graveur Desmoulins.

Zola eut quelques aventures, durant les premiers jours de son séjour à Londres. Il les a lui même plaisamment racontées.

Il ne savait pas un mot d'anglais, et il manquait de linge.

Figurez-vous, dit-il par la suite, en contant cette anecdote, que je n'avais rien emporté avec moi, que ce que j'avais sur ma personne. En conséquence, hier matin, en sortant, je voulus m'acheter l'indispensable, et j'entrai dans un magasin où, à la devanture, il y avait des quantités de chemises. J'entre, mais comme je ne sais pas un mot d'anglais, je suis obligé de me faire comprendre par gestes. J'enlève mon col et je me tape sur le cou.

Le boutiquier sourit et comprend. Il me prend mesure, il me montre une chemise et des cols. Pour les chaussettes, ce fut un peu plus difficile. Je dus enlever mon pantalon. Le boutiquier comprit encore, mais il ne comprit jamais que les chaussettes étaient trop grandes. A la fin, impatienté, je fermai le poing et je le lui tendis comme on fait à Paris pour qu'il prenne la dimension. Mais le boutiquier ne saisit pas. Il crut que je voulais le boxer, et il se réfugia derrière ses cartons.

J'allongeai alors la jambe, le boutiquier eut encore plus peur et se figura que la boxe allait dégénérer en séance de savate. Mais tout finit par s'arranger et le marchand comprit que mes poings et mes pieds n'en voulaient aucunement à lui, mais simplement à ses chaussettes.

Il fallait prendre quelques précautions, à Grosvenor-Hôtel, où la clientèle était nombreuse, élégante, et pouvait connaître, de vue au moins, l'auteur de *l'Assommoir*. Zola, d'ailleurs, dans les premiers jours, était imprudent. Il se promenait avec un chapeau mou gris, inusité à Londres, une grosse chaîne de montre, des bagues aux doigts, et une rosette de la Légion d'honneur à sa boutonnière. Tout cet attirail le désignait comme un étranger, un Français. Dans le salon-bar de l'hôtel d'York, fréquenté par les chanteurs et artistes de music-halls en quête d'engagements, on le prit pour un Barnum, pour le directeur des Folies-Bergères ou de l'Olympia, de Paris, venu en remonte à Londres, et des cabotins sans emploi lui firent de pressantes offres de service, qu'il eut grand'peine à décliner. On le suppliait d'accorder des auditions et tout un cortège de M'as-tu-vu se disposait à le suivre à son hôtel. Il fut obligé de sauter dans un cab, et de fuir en donnant au cocher une fausse adresse.

Un journaliste anglais, M. Vizitelly, qu'il connaissait de longue date et qu'il avait averti de son arrivée, lui servit de truchement et lui procura une chambre, à Wimbledon, aux environs de Londres, chez un solicitor, un

M. Wareham. Là, Zola ne parut pas en sûreté. Le restaurateur chez lequel il prenait ses repas, un Italien nommé Genoni l'avait reconnu, mais ne le trahit point. Un coiffeur, qui avait travaillé à Paris, un journaliste venu pour interviewer firent savoir discrètement à Wareham et à Vizitelly qu'ils savaient que Zola était à Wimbledon. Il fallut déménager de peur qu'un huissier français, accompagné de détectives et sous la garantie d'un notaire anglais, ne vînt lui signifier, parlant à sa personne, l'arrêt par défaut. Ce fut dans un village, à Oatlands, où le roi Louis-Philippe avait cherché asile, cinquante ans auparavant, après la révolution de février, que Zola rencontra un abri plus sûr.

A Oatlands, Zola reprit son existence de travailleur. Il semblait se détacher même des événements qui se passaient à Paris.

M. Vizitelly a donné, dans *l'Evening News*, sur son séjour à Oatlands, les curieux détails suivants :

A cette époque, M. Zola ne paraissait pas se soucier beaucoup de lire les journaux. Chaque fois que j'allais en ville, je me procurais quelques journaux français et me hâtais de les expédier par la poste, à Oatlands. M. Desmoulins, dont la fièvre dreyfusarde était alors plus forte que jamais, les dévorait d'un bout à l'autre. Mais M. Zola n'y jetait même pas un coup d'œil, et se contentait des nouvelles que lui rapportait son compagnon d'exil.

Tous les soirs, M. Zola descendait dîner à table d'hôte, et il trouvait occasion d'y exercer ses facultés d'observation. C'est ainsi qu'il fut profondément étonné de la facilité et de la fréquence avec laquelle certaines jeunes filles anglaises approchaient leur verre de leurs lèvres. Il demeurait abasourdi en les voyant sabler, de la façon la plus naturelle du monde, du moselle, du champagne ou du porto, alors qu'en France les jeunes filles boivent de l'eau, à peine rougie par un peu de Bordeaux. Son étonnement se changea en ahurissement, lorsqu'il vit des messieurs, laissant à leurs femmes et à leurs filles le vin, boire à pleines gorgées du whisky pendant leurs repas.

Une autre observation, que put faire M. Zola, fut relative aux chemises anglaises. Il en avait acheté quelques-unes à Weybridge, dans les environs d'Oatlands, et il ne tarda pas à se plaindre de leurs proportions exiguës. Le Français, qui aime en général ses aises, et fait des gestes en parlant, est en effet habitué aux chemises amples. Il n'en est pas de même de l'Anglais, dont le chemisier semble avoir toujours peur de gaspiller quelques millimètres de toile, et qui vous taille votre linge pour ainsi dire sur mesure. En conséquence, M. Zola tonnait contre la chemise anglaise qui, disait-il, « était non seulement inconfortable, mais même indécente ».

Pendant tout ce temps, Mme Zola était restée seule à Paris, dans sa maison de la rue de Bruxelles, à la porte de laquelle des agents de la Sûreté continuaient à monter la garde. Mme Zola était suivie partout où elle allait, l'idée étant qu'elle ne tarderait pas à suivre son mari à l'étranger. Mais Mme Zola avait bien d'autres occupations à Paris, quand ce n'eût été que d'expédier à son mari les vêtements dont il pouvait avoir besoin et les matériaux qu'il avait recueillis pour son nouveau livre, et qu'il avait dû abandonner dans sa fuite.

M. Zola avait, en effet, résolu de tromper les ennuis de son exil en travaillant à sa nouvelle œuvre, *Fécondité*. Il ne se doutait pas, alors, que toute l'œuvre serait écrite en Angleterre, que son exil durerait des mois et des mois, que l'hiver succéderait à l'été, le printemps à l'hiver, et qu'il verrait encore une fois l'été.

Nous lui disions sans cesse : « Dans quinze jours ce sera fini ; dans un mois au plus. » Et les chapitres s'ajoutèrent aux chapitres ; il finit par y en avoir une trentaine ; l'œuvre était terminée.

C'est M. Desmoulins qui apporta les matériaux nécessaires : notes, coupures, œuvres scientifiques, etc. Il apporta, en même temps, une malle pleine de vêtements. On avait dû les sortir un à un de la maison de M. Zola, par petits paquets, pour ne pas éveiller l'attention, et on avait dû les emporter chez un ami, où ils furent un peu plus convenablement emballés dans une malle.

Ce fut donc à Londres que Zola écrivit ce volumineux

roman de *Fécondité*, — titre du premier de ses Quatre Evangiles sociaux, dont il avait conçu l'idée en terminant *Paris*. La transition était indiquée dans la dernière page de ce livre, où il montre Pierre Froment, l'époux de Marie, debout sur la terrasse de la maison de la Butte Montmartre, prenant son fils, le petit Jean, et l'offrant à Paris, dont le soleil oblique noyait d'une poussière d'or l'immensité, et disant, en montrant au bébé inconscient encore, mais ébloui, la ville du travail et de la pensée :

— « Tiens, Jean ! tiens, mon petit, c'est toi qui moissonneras tout ça, et qui mettras la récolte en grange ! »

Zola considérait cet ouvrage, poème en quatre volumes, comme le résumé de son œuvre, de sa philosophie, une sorte de testament, où il formulerait les conseils de son expérience et de son amour paternel pour tous ceux qui travaillent et qui souffrent. Déjà, les titres étaient choisis : Travail, Vérité, Justice et Fécondité, avec les noms des personnages principaux, menant l'action et personnifiant la pensée de l'auteur. Ces noms étaient ceux des quatre évangélistes, adaptation un peu puérile : Luc était désigné pour *Travail,* Marc pour *Vérité*, Jean pour *Justice*, Mathieu, étant l'apôtre du premier livre : *Fécondité*. Ils devaient tous les quatre prêcher et pratiquer l'évangile nouveau, la religion de la maternité, du travail, du vrai et du juste.

Zola définissait ainsi la conception et la portée de cette œuvre d'évangélisation socialiste, que la mort laissa incomplète :

La société actuelle est dans une décadence irrémédiable, le vieil édifice craque de tous côtés. Chacun le reconnaît, non pas seulement les théoriciens du socialisme, mais aussi les défenseurs du régime bourgeois. Le christianisme a fait une révolution qui a bouleversé le monde romain, en supprimant l'esclavage, et en y substituant le salariat. C'était un progrès immense, car il élevait le plus grand nombre à la dignité d'hommes libres. Dans les conflits quotidiens du capital et du travail, le définitif triomphe appartiendra au travail. Mais dans quelle voie s'engagera le peuple ? quelle parole il écoutera ? celle de Guesde ou de Jaurès ? Je l'ignore.

Mes visions, à moi, d'un avenir meilleur, où les hommes vivront dans une solidarité étroite et parfaite, n'ont pas la rigueur d'une doctrine. C'est une utopie.

Maintenant on a dit que les utopies étaient souvent les vérités du lendemain. Pour écrire *Travail*, je demanderais à Jaurès de m'expliquer sa conception du socialisme.

Fécondité est l'enfant de la douleur. Je l'ai écrit en exil. Ce livre m'a coûté beaucoup de peine et de temps. J'ai l'habitude d'entasser les matériaux avant de me mettre à écrire. J'avais donc réuni toute une bibliothèque de brochures spéciales, et ce coup de sonde dans les mystères abominables de la vie parisienne m'a révélé de telles choses que mon ardeur s'en est accrue pour jeter à mon tour le cri d'alarme. Quand mes lectures sont terminées, mes informations prises, je fais mon canevas. C'est le gros morceau de ma tâche, et si les personnages, dont les silhouettes défilent de mon livre, sont nombreux, — c'est bien le cas de *Fécondité*, — cela devient un casse-tête chinois. J'ai dû établir une centaine de généalogies, donner des noms différents à chacun, un trait personnel, puisqu'il n'y a pas deux êtres qui se ressemblent complètement dans la nature, et leur attribuer, pour ne pas les confondre, une fiche, comme au service d'anthropométrie. C'est un labeur énorme, mais qui, une fois achevé, me facilite grandement l'exécution de mon roman.

Je travaille, en effet, chaque jour, depuis trente années, un nombre d'heures déterminé. Mon canevas m'a rationné ma besogne, que j'appelle mon pain quotidien. Je n'ai pas besoin de me souvenir de ce que j'ai écrit la veille, et je ne me préoccupe pas de ce que je devrai faire le lendemain. Le chaînon se soude de lui-même, et la chaîne se déroule et s'allonge.

Mes recherches étaient terminées, toutes mes notes en ordre, lorsque le second procès de Versailles m'obligea à quitter précipitamment Paris. Je pris le train de Calais avec un très léger bagage, composé d'une chemise de nuit, d'une flanelle, et d'un chiffon de papier sur lequel Clemenceau avait tracé quatre mots d'anglais. Et dans le train qui m'emportait loin des rumeurs de mort et aussi, hélas! loin de mon foyer, je répétais ces mots, m'efforçant de les retenir pour pouvoir guider mes premiers pas dans la ville de Londres.

Je débarquai en Angleterre le 19 juillet, au matin. Je ne m'arrêtai pas dans l'énorme ville bourdonnante, recherchant la solitude et le silence. Mon bagage, je le répète, était celui de l'exilé, qui n'emporte que quelques hardes au bout de son bâton.

J'écrivis bientôt à ma femme pour lui demander de me faire parvenir les documents qui se rapportaient à mon livre, et qui attendaient dans un coin de mon cabinet de travail, à Médan. Les indications précises de ma lettre lui permirent de les découvrir, et, par un chemin détourné, ils m'arrivèrent enfin au lieu de ma retraite.

Il me sera permis de dire ici que mon exil ne fut pas volontaire. J'avais accepté ma condamnation, et je m'étais préparé à subir mon année de captivité. La perspective de la prison n'effraye à la longue que les coupables. Je n'avais pas à craindre le remords d'une action qui m'avait été imposée par ma conscience, et dont la rançon était la perte de mon repos, de ma liberté, et de ma popularité fondée sur un labeur obstiné. Je pouvais me dire : l'honneur est sauf, et peupler ma cellule de douces visions. Mais j'obéis aux raisons de tactique invoquées par les hommes de mon parti, en qui j'avais placé toute ma confiance, et puisque l'intérêt d'une cause, à qui j'avais fait déjà tant de sacrifices, commandait mon départ, j'obéis en soldat.

Le 4 août, j'écrivis la première ligne du premier chapitre, et le 15 octobre, sept chapitres étaient composés. A cette date, je transportai mes pénates à Upper-Norwood. Mon visage m'avait trahi dans les auberges que j'habitais. Or, mon désir ardent était de me soustraire à toute importunité. Malgré l'urbanité anglaise, je me sentais comme enveloppé de curiosités, sympathiques mais gênantes, et je choisis, au milieu de prés verts et sous de grands ombrages, une demeure inviolable. Je pris des domestiques anglais qui ne me connaissaient pas, et ne parlaient pas un mot de notre langue. La lecture des journaux anglais m'avait familiarisé avec quelques expressions dont je me servais pour me faire comprendre.

Mais quels coups de tonnerre traversèrent ma vie ! Le suicide du colonel Henry, l'arrestation de Picquart, tous ces épisodes de la bataille d'idées que j'avais engagée surgissaient à mes yeux, et mon âme en était toute bouleversée. Ces jours-là, la reprise de ma tâche était plus difficile. Les mots ne venaient pas. Je me prenais la tête dans mes mains agitées par la fièvre, et m'épuisais en vains efforts pour retrouver le fil de ma pensée. Je sortais enfin de mon découragement, et un bienfaisant équilibre que j'obtenais pour le reste de ma journée était ma récompense.

Le 27 mai 1899, j'écrivais le mot : « Fin » au bas du trentième et dernier chapitre. Et le 4 juin, une semaine après, mon manuscrit sous le bras, je rentrais en France.

Pendant que mes ennemis s'acharnaient à ma perte, moi, je donnais à mon pays les meilleurs, les plus sages conseils. Je lui faisais toucher du doigt ses plaies pour qu'il pût les guérir. Et, avec la Fécondité qui assure l'existence et la grandeur de mon pays, j'exaltais la Beauté. Le bouton de fleur est joli ; la fleur épanouie est belle. La vierge est moins belle que la mère. La femme exhale son parfum, montre toute son âme, acquiert toute sa beauté dans l'accomplissement de ses fins naturelles. C'était une vérité utile à propager comme celle dont Jean-Jacques Rousseau se fit l'ardent apôtre.

Ces explications de Zola lui-même, et qui pourraient servir de préface à son livre, sont intéressantes, véridiques et justes. Elles ne demandent que quelques lignes de critique complémentaire.

Fécondité est un livre d'une lecture assez pénible. D'abord, le sujet est plutôt dépourvu de charme, et les deux personnages principaux, Mathieu, l'étalon toujours en rut, et sa femme Marianne, toujours le ventre gros ou les pis chargés, n'ont rien des poétiques héros de romans, ni même de personnages réels, dans notre pays du moins. Ils sont loin d'être sympathiques, comme les a voulus pourtant l'auteur. On éprouve même une sorte de répugnance à voir, à chaque chapitre, cette mère gigogne vêler, ou donner le sein à un nouveau petit. Elle en a quatorze d'affilée. C'est une incontinence génératrice. La mort, qui d'ailleurs sévit normalement dans son étable, lui prend quatre de ces produits; il lui en reste un stock de dix. Tous ces bambins se suivent en flûte de Pan, donnant l'apparence, quand on les promène, d'une petite classe de pensionnat en sortie. Tous joufflus et robustes. Ils sont laborieux, comme le père de *Fécondité*. Tous font fortune. Tous sont des étalons vigoureux, se mariant avec des filles qui sont toutes fécondes, capables de peupler une île déserte en quelques années. Ils exercent tous des professions avantageuses et bourgeoises, sauf deux, cultivateurs comme leur père. Pas un n'est soldat.

Zola ne s'est d'ailleurs nullement préoccupé de la vraisemblance dans son manuel de puériculture intensive. Il fait de son taureau Mathieu, d'abord dessinateur dans une usine, un paysan par vocation, rude défricheur de bois, de marécages et de landes incultes, acquérant rapidement la fortune terrienne, devenant un grand propriétaire, quelque chose comme le roi du blé, de l'avoine et du seigle dans son département. Tout lui réussit : soit qu'il ensemence la terre, soit qu'il laboure son épouse. Tout crève et se désagrège autour de lui, chez les gens de la ville, banquiers, usiniers, grandes dames, boutiquiers, employés, même la ruine vient au moulin de son voisin, un rural pourtant, parce que tous ces gens-là sont avares de semailles humaines, et ne font qu'un ou deux enfants à leurs femmes. Ils souffrent, tous ces malthusiens, et se trouvent justement punis, quand la mort frappe à leur porte et vient frôler les berceaux, n'ayant pas, comme Mathieu et Marianne, des bébés de rechange.

Des pages puissantes, et d'une haute portée sociale sur les louches maisons d'accouchements, où l'on pratique l'avortement à seringue continue, et surtout sur les bureaux de nourrice, et les meneuses, ces grands pourvoyeurs de la mortalité infantile, sur le trafic abominable des nourrissons qu'on envoie au loin dans des villages meurtriers, qui ne sont que des cimetières de petits Parisiens, donnent de l'intérêt, et une haute portée moraliste à ce livre, dont la thèse principale est juste, mais exagérée et rendue presque insupportable. Zola a aussi très vivement dénoncé la fâcheuse manie de l'opération chirurgicale, mettant la femme à l'abri des charges de la maternité, opération si légèrement consentie, et recommandée avec tant de désinvolture par les praticiens à leurs belles et inquiètes clientes. C'était devenu une fureur, une manie, cette ablation sexuelle. « Mais les ovaires, ça ne se porte plus, ma chère ! » disait une de ces opérées à une bonne amie, qu'elle s'efforçait de conduire chez le châtreur à la mode. La peur de l'enfant, beaucoup plus que le souci de la guérison d'un kyste tenace, guide la plupart de ces femmes, qui vont prier un médecin de les débarrasser du chou sous lequel on récolte les bébés. Il y a là en effet un mal social, et le blâme de l'écrivain, compliqué de la terreur qu'il inspire en faisant de la décrépitude prématurée, ou de la mort soudaine, la punition de l'opérée, peut être d'un salutaire effet.

Zola a donc rempli une bonne besogne de moraliste,

d'hygiéniste et d'éducateur social, quand il a montré, avec quelque exagération sans doute, mais en des tableaux violents et véridiques les ravages de l'infécondité artificielle due à l'intervention chirurgicale, les inconvénients de la fraude conjugale au point de vue de la santé, la perte que ces pratiques, et aussi l'allaitement mercenaire et l'envoi des nourrissons au loin, dans des repaires d'ogresses cupides, faisaient courir à la société. La surveillance des nourrices campagnardes, plus sérieuse et plus efficace, et l'exhortation aux mamans de nourrir elles-mêmes leurs poupons, voilà des pages excellentes. Les législateurs, les philosophes, les économistes et tous ceux qui se montrent inquiets de la lente dépopulation observée, en France, depuis de nombreuses années, ne peuvent qu'approuver le principe de la doctrine et de l'enseignement de *Fécondité*.

On peut toutefois contester, au moins tant que l'ordre social et économique actuel subsistera, non seulement en France, mais parmi les nations avec lesquelles notre pays est en concurrence productive et commerciale, les avantages de la fécondité invoqués par Zola. Ils sont exceptionnels, et généralement improbables. Dans le monde imaginaire, où il place ses personnages, et où il les favorise, les exemptant des malchances, des désastres, les comblant de réussite et de bonheur, avec sa baguette de magicien conteur, l'avantage et le bienfait de la fécondité peuvent être admis. Dans la réalité, dans les conditions présentes de la production, de la consommation, de l'acquisition du sol et de la possession des instruments de travail, en présence de la cherté des subsistances, de la difficulté de l'habitation spacieuse à bon marché, de la compétition des emplois, et de la dispute des salaires, la fécondité est plutôt funeste, c'est comme une maladie pour l'individu, et c'est bien près d'être un fléau pour la collectivité.

Zola a pour lui le sénateur Piot, et aussi les économistes à courte vue, tablant sur le maintien indéfini de l'ordre des choses contemporaines. Le romancier nous montre les désordres et les désastres de l'infécondité, mais la surproduction n'est-elle pas chargée de méfaits aussi ? La fécondité déréglée serait la pire catastrophe. Pour la France notamment, où l'homme est casanier, rebelle à l'émigration, s'il y avait beaucoup de ces Mathieu et de ces Marianne du roman de Zola, ce serait une désolation : l'inondation humaine causerait autant de ruines que les débordements de la Loire et de la Garonne.

Fécondité, ce serait bien vite un vice, déguisé sous un nom de vertu. Dans le langage cru des victimes de la faiblesse prolifique, de l'imprévoyance génésique, c'est sous un autre terme plus brutal qu'on désigne cette diarrhée créatrice : le lapinisme. Les socialistes préoccupés du devenir de l'ouvrier, les économistes, soucieux du maintien de l'équilibre des classes moyennes, les grands industriels, les fondateurs de puissants établissements financiers et commerciaux, redoutant le morcellement continu des capitaux, l'éparpillement des ressources du pays, la disparition, par les partages et les liquidations, après succession, des usines, des exploitations agricoles, des maisons de banque et de commerce, tous ces facteurs différents, séparés et souvent antagonistes, de la prospérité de la France, considèrent le nombre des enfants comme une diminution de richesse, un affaiblissement pour les familles aisées, une calamité pour les pauvres.

Toutes les classes sont menacées par cette fécondité préconisée par Zola. La beauté des femmes saccagée, la maison troublée, les habitudes modifiées, les plaisirs, les réceptions dérangés : voilà un ennui assez sensible pour les riches; le souci des enfants à élever, à soigner, à caser, et l'émiettement des biens lors du mariage ou de l'établissement des héritiers, c'est une grave anxiété pour la bourgeoisie. Pour le travailleur, dont l'imprévoyance est irrémédiable, qui procrée au hasard des lundis et des soirs de saoulerie, la fécondité est l'équivalent d'une infirmité, d'une chute. La grossesse de la femme l'empêche de trouver du travail régulier, les patrons ne conservant pas les ouvrières toujours enceintes ou allaitant. La naissance d'un enfant, sans parler des inquiétudes, des soins à donner, des précautions, des veilles et des dérangements à toute heure de nuit, quand le repos est si nécessaire au travailleur, restreint l'espace déjà si mesuré du logis. Il faut souvent déménager, prendre un logement plus cher. Dans certaines maisons, on refuse un locataire qui a trop d'enfants à raison du bruit pour les voisins. L'homme se trouve comme séparé et privé de sa femme perpétuellement en gésine. Il prend en dégoût sa maison. Le cabaret le retient plus facilement. Il se sent aussi plus disposé, les samedis de paie, à écouter les appels des sirènes du trottoir, et il a son excuse dans l'attitude de sa compagne, peu disposée aux plaisirs du lit, et redoutant d'être de nouveau « prise ». Le lapinisme engendre la misère, alimente la prostitution. La main d'œuvre, déjà restreinte par les appareils scientifiques de plus en plus perfectionnés, s'avilit par l'abondance de bras vacants. Les salaires baissent, et cependant le prix des denrées augmente. En même temps, le niveau intellectuel et moral diminue. Les meurt-de-faim, les déclassés, les délinquants se multiplient selon la progression de la population. Le peuple tend de plus en plus à devenir une populace. Ces masses sont, tour à tour, entraînées vers la violence émeutière, et vers la soumission servile. L'excès de population est assurément un pire danger que la natalité restreinte. Il n'y a qu'au point de vue du recrutement des armées et des forces à amener sur les champs de bataille que la fécondité est une vertu civique, et peut présenter un avantage pour l'Etat.

Si l'on admet que les guerres doivent se perpétuer entre peuples européens, évidemment la France est en danger, avec sa natalité stationnaire, bientôt décroissante. Mais cette probabilité de grands conflits entre nations civilisées, commerçantes, sourdement travaillées toutes par le socialisme pacifique, va en diminuant. D'ailleurs, en tenant compte de la nécessité d'être prêt, et armé suffisamment pour repousser une agression injuste, ou pour maintenir des droits légitimes, est-il absolument indispensable de disposer de masses considérables ? Dans le passé, les grandes victoires ont été remportées par de petites armées, mais bien commandées et bien organisées. Et puis, les moyens scientifiques nouveaux, les engins perfectionnés, les explosifs, les ballons dirigeables, les sous-marins, ne peuvent-ils diminuer les tentations belliqueuses des souverains ? La guerre, malgré tout survenant, le patriotisme debout, l'élan, le courage et le sacrifice pourraient compenser l'infériorité du nombre. Si toute la nation se levait, avec des troupes d'élite, de bons chefs, une discipline de fer, le peloton d'exécution pour tout général vaincu, pour tout officier convaincu de n'avoir pas fait tout son devoir, pour le soldat désobéissant ou lâchant pied, on suppléerait à l'insuffisance des effectifs. Il est curieux de trouver, dans le socialisme de Zola, un argument pour la perpétuité des guerres étrangères et aussi des guerres civiles, car c'est surtout à ces catastrophes qu'aboutit l'excès de population. Si le rêve de Zola se réalisait, il faudrait souhaiter, comme contre-poids au pullulement humain, la fréquence des batailles et la permanence des épidémies. Mais il ne faut envisager le livre de *Fécondité* que comme la rêverie optimiste d'un écrivain humanitaire, influencé par la satisfaction d'une paternité effective et récente.

Travail est un autre conte de fées, qui a beaucoup d'analogie avec *Fécondité*. Un petit ingénieur, Luc Froment, tandis que Mathieu Froment faisait fortune avec des terrains incultes et pierreux, s'enrichit en transformant une mine mal outillée, imparfaitement exploitée. Les théories de Fourier sur le travail attrayant et celles de Cabet, de Victor Considérant, de Saint-Simon et des adeptes du père Enfantin, à Ménilmontant, sont de nouveau mises sous les yeux du lecteur, comme réalisables et pratiques. Il y a de très fortes scènes de la vie ouvrière, dans *Travail*, et des descriptions colorées, comme la fonte du minerai, la fabrication des rails et des charpentes d'acier, aussi superbes que celles de *Germinal*. Des contrastes entre les hommes du passé, et ceux qui sont des pionniers de l'avenir, un drame domestique terrible avec une catastrophe mélodramatique, un mari mettant le feu à sa maison pour s'engloutir, avec la femme coupable, dans le brasier, des tableaux de fêtes ouvrières, des mariages, beaucoup de mariages, une longévité exceptionnelle pour Luc, l'ingénieur fécondant l'usine, créant toute une ville, toute une société nouvelle, comme le cultivateur Mathieu remplaçant des landes et des marais par une campagne luxuriante, font de ce volume un ouvrage de socialisme fantastique. Zola semble un Jules Verne fouriériste et humanitaire, et ce sont des voyages extraordinaires au pays du travail qu'il nous raconte, dans une langue poétique et pittoresque, comme toujours.

Vérité, c'est l'affaire Dreyfus. Comme dans un roman à clef, l'auteur a déplacé les situations, modifié les milieux et changé les noms et les qualités des personnages. Mais l'allusion est d'une compréhension aisée, et l'allégorique récit est l'histoire dramatisée du célèbre procès.

Au lieu d'une affaire d'espionnage, il s'agit d'une assez répugnante aventure de viol et de meurtre, rappelant le crime où fut mêlé le célèbre frère Flamidien. Un jeune écolier est trouvé étranglé et souillé, un matin, dans un bourg imaginaire, Maillebois, proche la ville cléricale de Beaumont, également supposée. On accuse un malheureux instituteur laïque, Simon, uniquement parce qu'il est juif. On saisit déjà l'analogie avec l'Affaire. Simon est injustement condamné, poursuivi par les huées populaires. La conviction des jurés a été décidée par la production en chambre de délibérations d'une pièce secrète, non communiquée à la défense, par le président, tout acquis à la faction cléricale acharnée à la perte du juif. Simon est envoyé au bagne. L'instituteur Marc Froment, un des quatre évangélistes sociaux de Zola, se multiplie pour faire reconnaître l'innocence de la victime. Il y parvient, après une longue lutte et des incertitudes de procédure, de mouvements d'opinion, de passions politiques et religieuses. L'instituteur est enfin réhabilité, et l'auteur du crime, un certain frère Gorgias, se dénonce et se fait justice. Une grande fête civique et laïque célèbre le retour de la victime dans la bourgade, au milieu de ses partisans, vainqueurs de la coalition cléricale et réactionnaire.

Zola, avec une grande abondance de détails, a peint le monde ecclésiastique et la société aristocratique décidés à perdre le malheureux juif pour sauver le prestige de l'école congréganiste. Quant au frère Gorgias, il est l'Esterhazy de cette affaire fictive. Tous, même ceux qui se servent de lui, et qui l'ont couvert de leurs robes de prêtres ou de magistrats, l'abandonnent et le livrent à la misère et au désespoir, ce qui fait qu'il se décide à manger le morceau, à produire le fait nouveau. Il existe au débat un papier rappelant le fameux bordereau. C'est un modèle d'écriture, importante pièce à conviction, qui a été truqué, escamoté, contesté, au cours de la première instruction, avec des manigances de juges et des intimidations de témoins. *Vérité* a donc le caractère d'une seconde mouture de l'affaire Dreyfus.

Zola a dessiné, plutôt de chic, quelques types d'ecclésiastiques, qui ont toute la naïve scélératesse des traîtres de l'Ambigu, des jésuites traditionnels des feuilletons et le Rodin du *Juif-Errant* est reproduit sous le nom de père Crabet. Les instituteurs tiennent tous les rôles sympathiques dans ce livre, et sont encensés, portés au pinacle de la hiérarchie sociale. Là aussi, il y a un peu, beaucoup d'exagération. On a trop couvert de fleurs nos instituteurs. On les a encouragés à marcher sur les traces de leurs collègues allemands, qui ont, prétend-on, donné la victoire à leurs compatriotes. La comparaison a été mal comprise, mal suivie. C'est en se montrant des chauvins injustes, et souvent absurdes, que les instituteurs allemands se sont surtout révélés les auxiliaires de leurs soldats. Nos maîtres d'école ont cru que c'était en se proclamant devant leurs élèves, pacifistes, antimilitaristes, et en enseignant qu'il n'y avait nul besoin d'une patrie, qu'ils égaleraient les disciples de Fichte et de Kœrner. Ce n'est pas du tout cela.

Ce roman, ayant le grand défaut d'être à clef et de reproduire un débat déjà éloigné, et dont le recul s'accentuera, ne paraît pas devoir garder une place importante dans l'œuvre de Zola. Il ne survivra pas à cette Affaire, qui, heureusement, commence à n'être plus pour nous qu'un de ces cauchemars dont on garde seulement le mauvais souvenir, quand le réveil est venu, avec le soulagement de l'angoisse disparue.

Le quatrième évangile, qui devait s'appeler *Justice*, n'a pu être écrit, et je ne crois pas que Zola, surpris par la mort, ait eu le temps de préparer le dossier de ce roman, ni de colliger les notes qui lui étaient nécessaires pour le mettre en train.

Les trois romans subsistants ne sont pas inférieurs, comme on l'a dit, aux autres ouvrages de Zola; ils sont autres. Ce sont des rêveries délayées en des chapitres interminables, des visions d'avenir combiné et arrangé, des chimères saisies au vol de l'imagination et du désir optimiste.

Excepté *Vérité*, qui a trop d'actualité, les deux évangiles restants seront lus et consultés avec intérêt par tous ceux que les études sociales passionnent, et qui cherchent à établir, au moins dans les livres, dans les discours, dans les projets, les fondations d'un édifice humain nouveau. Ce temple social aura pour pierres d'assises, le Travail, non plus mercenaire et forcé, mais volontaire et gratuit, puis le partage, comme au foyer familial actuel entre tous les enfants égaux, de la table, du logement, des vêtements, des plaisirs aussi ; l'amour, l'amitié, la concorde régneront parmi les habitants de la planète pacifiée, et mieux aménagée pour les besoins et les satisfactions de tous. Ce sont de bien beaux rêves ! La crédulité socialiste, adéquate à celle des croyances religieuses, se berce par ces agréables sornettes et croit au paradis collectiviste, comme on a cru au ciel d'Indra, au walhalla d'Odin, au harem céleste de Mahomet, au séjour des bienheureux chrétiens, où le Très-Haut préside sur son siège de nuées, entouré de sa cour de Trônes et de Dominations. Il faut à l'humanité, toujours enfantine, des contes fantastiques, des légendes, des miracles, et on lui promet toujours le même paradis ; il n'y a que le décor et le nom des bienheureux qui changent. Le paradis socialiste, qu'on nous annonce, est tout autant séduisant, et tout aussi fantastique que celui des péris, des valkyries, des houris et des archanges androgynes, commandés par le porte-glaive Michel, et notre confiance naïve est toujours la même.

Il est doux, cependant, de s'imaginer un instant, en lisant *Travail*, *Vérité*, *Fécondité*, ces Bibles optimistes et fallacieuses comme les Védas, les Corans et les autres livres religieux, que nos descendants connaîtront toutes ces jouissances, et vivront de l'existence idéale et triomphale annoncée, préparée, léguée par Luc, Marc et Mathieu Froment. L'auteur, qui a conçu et exécuté ces programmes merveilleux, était décidément un brave homme, souhaitant le bonheur pour tous. Il avait l'âme d'un saint Vincent de Paul, le seul Saint dont le peuple ait raison de garder la mémoire. Sa philosophie peut paraître enfantine, mais elle est plutôt consolante. Heureux ceux qui peuvent espérer le paradis socialiste décrit et promis par Zola, le paradis de *Fécondité*, de *Travail* et de *Vérité!* Malheureusement, pour beaucoup d'entre nous, après avoir déposé ces livres fabuleux, ces contes des mille et une nuits démocratiques, un seul paradis est certain, de tous ceux qu'a conçus l'imagination des hommes, et qu'a acceptés la superstition des foules dans son horreur du vide final, dans l'instinctif effroi de la suppression de tout, c'est le Nirvâna divin, le Nirvâna bouddhiste absolu.

Zola, vaste et puissant esprit, ouvert à tout ce qu'il y a dans l'univers de bon, dans la nature de fécondant, repoussait comme un mensonge éternel la seule vérité vraie : le Néant. Il ne concevait pas la possibilité de l'oméga de l'alphabet humain, pas plus que la fin de l'alphabet de l'univers, dont les lettres, hasardeusement assemblées, doivent pourtant un jour fatalement se disperser, et ne plus offrir aucun sens, aucune forme. La matière sans doute demeurera éternelle, mais elle retournera à son amalgame primitif et chaotique, sauf à subir, dans l'Incommensurable, de nouvelles décompositions, et à façonner à l'aventure des univers neufs et semblablement périssables, dont nous ne pouvons ni connaître, ni même soupçonner la composition et la destinée. Là seulement est la vérité; tout s'anéantira de ce que nous voyons, de ce que nous faisons, de ce que nous savons. Quant au bonheur, il ne saurait être que relatif, et le Socialisme, comme les autres religions, ne peut que promettre, et non tenir. C'est tout de même une bonne action que de chercher à persuader, comme l'a fait l'auteur de *Travail*, avec une éloquence admirable et une assurance qui en impose, qu'un jour viendra où les travailleurs seront tous heureux. Cette foi mensongère aide, comme autrefois la croyance à la vie paradisiaque, à la justice de Vichnou, d'Allah, du bon Dieu, à supporter la misère présente, la fatalité quotidienne du malheur. « Ceux qui pleurent seront consolés, ceux qui ont faim seront rassasiés... » voilà ce que promet à la pauvre humanité la philosophie des évangélistes anciens. C'est la même promesse que font les évangiles de Zola. Il n'y a que sur l'endroit où s'accompliront ces merveilles, que les synoptiques et les apôtres zolistes ne sont pas d'accord : les uns désignent l'avenir, comme les autres le ciel. C'est bien lointain, bien vague aussi. Enfin, si la foi ne sauve pas toujours, la crédulité prévient le désespoir, et c'est là le meilleur et le plus clair de l'évangélisation nouvelle.

VIII

DERNIÈRES ANNÉES D'ÉMILE ZOLA. — SA MORT. — LE PANTHÉON
(1902)

L'existence d'Emile Zola a été, en somme, douce et heureuse, sauf la déchirure de l'affaire Dreyfus, et les années de pauvreté du début. Notre auteur a supporté allègrement les privations et les inquiétudes de l'apprentissage littéraire; au cours de l'affaire tourmentée, il s'est montré très calme, très maître de soi, il a même dû ressentir alors des émotions fortes, au charme âpre, quelque chose de la volonté de Napoléon impassible, au milieu du carnage d'Eylau.

Il n'a pas été écrasé par des deuils affreux et imprévus : la perte affligeante de sa bonne mère est survenue à une époque normale. Il n'a pas été secoué par de grandes crises de cœur. L'amour physique, qui le préoccupait surtout, lui a été favorable, même dans ses dernières années. L'argent, dès la trentième année, lui est venu. Il était, ce qui est le cas de nombre d'auteurs, toujours anxieux, douteur, et mécontent des œuvres qu'il avait patiemment préparées et laborieusement achevées, mais cela durait peu. Il a été de bonne heure reconnu chef de groupe, puis d'école, ce qui lui plaisait, bien qu'il n'en convînt pas. Les adulations l'ont, durant toute sa vie, escorté. Il a été aussi accueilli avec des huées et des injures, mais cela fait contraste, et constitue l'agréable symphonie de la célébrité. L'affaire Dreyfus lui a donné la sensation, inconnue jusqu'alors, de la popularité, de la foule, de la lutte sur la place publique, qu'il semblait, par ses œuvres, par sa vie de cénobite, par son défaut d'expérience de la tribune, par son éloignement des candidatures et des comités politiques, destiné à toujours ignorer. Enfin, il a été favorisé surtout parce qu'il a passionnément aimé le travail. L'homme n'est heureux que par la passion, même quand il en souffre. Comme la discipline, le jeûne et les pénitences, pour l'ascète fanatique, ce fut sa grande, peut-être son unique joie, ce travail, qu'il abordait avec une sorte de frisson religieux, et pendant lequel, comme un prêtre très croyant, à l'autel, il officiait, il communiait, il s'absorbait dans une béatitude infinie.

Aussi, toujours comme l'homme de Dieu, qui ne manque en toute circonstance d'invoquer, de bénir et de glorifier la divinité qu'il sert, il a saisi toute occasion de célébrer les louanges du Travail. L'un de ces hymnes de reconnaissance les plus éclatants est contenu dans le discours qu'il prononça, le samedi 23 mai 1893, à l'Association des Etudiants de Paris, dont il présidait la fête.

Après le compliment de rigueur à la Jeunesse, il salua la Science et la définit :

La Science, dit-il fortement, aurait donc promis le bonheur, et aboutirait à la faillite ? (C'était à l'époque où Brunetière avait lancé son fameux blasphème de la banqueroute de la science). Non ! ripostait Zola avec conviction et avec justesse, la science a-t-elle promis le bonheur ? Je ne le crois pas. Elle a promis la vérité !

Et comme on avait parlé du bonheur de se reposer dans la certitude d'une foi, avec l'impétuosité d'un apôtre convertissant, prêchant un évangile nouveau, il lança ce magnifique appel au Travail, comparable au divin appel de Renan à la Beauté, dans la prière sur l'Acropole :

Et alors pourquoi ne serions-nous pas modestes, pourquoi n'accomplirions-nous pas la tâche individuelle que chacun de nous vient remplir, sans nous révolter, sans céder à l'orgueil du Moi, qui ne veut pas rentrer dans le rang ? Dès qu'on a accepté cette tâche, et qu'on s'en acquitte, il me semble que le calme doit se produire, même chez les plus torturés.

C'est à ceux qui souffrent du mystère que je m'adresse fraternellement en leur conseillant d'occuper leur existence de quelque labeur énorme, dont il serait bon même qu'ils ne vissent pas le bout. Et le balancier qui leur permettra de marcher droit, c'est la distraction de toutes les heures, le grain jeté en terre, et, en face, le pain quotidien dans la satisfaction du devoir accompli.

Sans doute cela ne résout aucun des problèmes métaphysiques. Il n'y a là qu'un moyen empirique de vivre la vie d'une façon honnête, et à peu près tranquille ; mais n'est-ce donc rien que de se donner une bonne santé morale et physique, et d'échapper aux dangers du rêve en résolvant le plus de travail possible sur cette terre !

Je me suis toujours méfié de la chimère, je l'avoue. Rien n'est moins sain pour les peuples que de rester dans la légende, et de croire qu'il suffit de rêver la force pour être fort. Nous avons bien vu à quoi cela mène, à quels affreux désastres.

On dit au peuple de regarder en haut, de croire à une puissance supérieure, de s'exalter dans l'idéal. Non ! non ! C'est là un langage qui, pour moi, semble impie. Le seul peuple fort est le peuple qui travaille, car le travail donne le courage et la foi. Pour vaincre, il est nécessaire que les arsenaux soient pleins, que l'armée soit ensuite confiante en ses chefs, et en elle-même. Tout cela s'acquiert, il n'y faut que du vouloir et de la méthode.

Le prochain siècle est au travail, et ne voit-on pas déjà dans le socialisme montant s'ébaucher la loi sociale du travail pour tous, du travail régulateur et pacificateur.

Je vais finir en vous proposant, moi aussi, une loi, en vous suppliant d'avoir la foi au Travail. Travaillez, jeunes gens. Je sais tout ce qu'un tel conseil semble avoir de banal. Il n'est pas de distributions de prix où il ne tombe parmi l'indifférence des élèves, mais je vous demande d'y réfléchir, et je me permets, moi qui n'ai été qu'un travailleur, de vous dire tout le bienfait que j'ai retiré de la longue besogne dont l'effort remplit ma vie entière. J'ai eu de rudes débuts; j'ai connu la misère et la désespérance. Plus tard j'ai vécu dans la lutte; j'y vis encore, discuté, nié, abreuvé d'outrages. Eh bien! je n'ai eu qu'une foi et qu'une force, le travail. Ce qui m'a soutenu, c'est l'immense labeur que je m'étais imposé. En face de moi, j'avais toujours le but vers lequel je marchais, et cela suffisait à me remettre debout, à me donner le courage de marcher quand même, lorsque la vie mauvaise m'avait abattu.

Le travail dont je parle, c'est le travail réglé, la tâche quotidienne, et le devoir qu'on s'est fait d'avancer d'un pas chaque jour dans son œuvre. Que de fois, le matin, je me suis assis à ma table, la tête perdue, la bouche amère, torturé par quelques grandes douleurs physiques ou morales, et chaque fois, malgré les révoltes de ma souffrance, après les premières minutes d'agonie, ma tâche m'a été un soulagement et un réconfort.

Toujours je suis sorti consolé de ma besogne quotidienne, le cœur brisé peut-être, mais debout encore. Le travail, Messieurs, mais songez donc qu'il est l'unique loi du monde, le grand régulateur; la vie n'a pas d'autre sens, pas d'autre raison d'être. Nous n'apparaissons chacun que pour donner notre somme de labeur et disparaître!

On ne peut définir la vie autrement que par ce mouvement de communications qu'elle reçoit et qu'elle lègue.

On remarquera la déclaration patriotique contenue dans ce passage du beau discours de Zola. A rapprocher de ce qui a été dit plus haut dans l'analyse de *la Débâcle*. A noter aussi que, dans les trois Évangiles même dans *Vérité*, dont le sujet est l'affaire Dreyfus transposée, il n'y a pas une phrase, pas un mot, qui puissent passer pour une négation du sentiment patriotique, même pas un dédain envers l'armée, pas une flatterie aux antimilitaristes.

Zola a renouvelé son hommage au Travail à une fête de félibres, donnée à Sceaux, en invoquant la gaieté, qui est la force de la vie.

La gaieté, c'est l'allègement de tout l'être, c'est l'esprit clair, la main prompte, le courage aisé, la besogne facile, les heures satisfaites, même lorsqu'elles sont mauvaises, c'est un flot qui monte du sol nourricier, qui est la sève de tous nos actes. C'est la santé, le don de nous-même, la vie acceptée dans l'unique joie d'être et d'agir. Vivre, et en être heureux, il n'est pas d'autre sagesse pour être. J'en parle, du reste, Messieurs, dans le grand regret d'un homme qui n'a guère la réputation d'être gai. J'en parle comme un souffrant parle de la guérison. Je voudrais ardemment que la jeunesse qui pousse fût gaie et bien portante. Je n'aurais même que l'excuse d'avoir beaucoup travaillé, avec la passion des forces de la vie. Oui, j'ai aimé la vie, si noire que je l'ai peinte. Et quelles montagnes ne soulèverait-on pas, si, avec la foi et le travail, on apportait la gaieté !...

Cet appel à la gaieté, c'était aussi le souhait de Renan, lorsqu'il préconisait, aux dîners celtiques, la bonne humeur, cette bienfaisante disposition, parfois innée, mais qu'il est besoin souvent aussi d'acquérir, et qu'il est sage de développer, d'entretenir. Ces deux fragments de discours affirment le tempérament optimiste et confiant de ce Zola, dont on a voulu faire un misanthrope, toujours penché vers les désespérances, et sans cesse hanté par le spectacle du laid, par la représentation du mal.

Malgré ses sentiments d'indépendance, et ses goûts

d'isolement, son horreur des cohues, des cérémonies, des banquets, des réceptions et des milieux mondains, malgré son dédain, peut-être moins réel qu'il ne le prétendait, des présidences, des honneurs officiels et des dignités, Zola accepta parfaitement d'être, à un moment donné, nommé président de cette société des Gens de Lettres à l'écart de laquelle il s'était si longtemps tenu. Alphonse Daudet et Ludovic Halévy furent ses parrains. Il s'acquitta avec sa ponctualité ordinaire de ses fonctions présidentielles. Il entrait même si bien dans la peau du personnage, chargé de veiller avaricieusement sur les intérêts de la société, qu'il lui arriva de prononcer, sans sourciller, des sentences qui devaient le blesser dans ses sentiments humanitaires, dans ses tendances vers un socialisme éducateur et généreux. Ainsi, je dus un jour comparaître devant lui, comme sociétaire, à la suite d'une infraction aux règlements. J'avais laissé reproduire, par le journal *le Parti ouvrier*, un de mes articles, et cet organe socialiste n'avait pas de traité avec les Gens de Lettres. Je refusais de donner mon pouvoir à l'avoué de la Société, et de laisser poursuivre ce journal en justice. Zola m'appliqua sans hésiter la pénalité au maximum, pour les infractions de ce genre, cinq cents francs d'amende, bien que je fusse un ami personnel de longue date, et qu'au fond il dût approuver le cadeau que j'avais fait à ce journal populaire, et peu millionnaire, de mes articles reproduits dans un but de propagande républicaine. Mais il défendait strictement les intérêts financiers de la Société qui l'avait mis à sa tête.

Il accepta pareillement, avec grande satisfaction, la Croix de la Légion d'honneur (14 juillet 1888), puis la rosette d'officier.

Enfin, et ceci peut paraître plus surprenant, il voulut être de l'Académie, et plusieurs fois il se présenta, sans succès, apportant à cette tentative l'opiniâtreté qu'il mettait dans toutes ses entreprises. Il a motivé sa résolution dans une lettre écrite au moment où les journaux ébruitèrent la nouvelle de sa décoration, décidée par le ministre Edouard Lockroy. Personne, dans son entourage, n'était averti ; quelques-uns de ses intimes s'étonnèrent, peut-être plus qu'il ne l'avait pensé, de cette soumission à une récompense gouvernementale. Auprès de l'un d'eux, il s'en excusa, en donnant ses raisons par la curieuse lettre suivante qui fait prévoir sa candidature, lors d'une prochaine vacance académique :

> Oui, mon cher ami, mandait-il en juillet 1888, j'ai accepté, après de longues réflexions, que j'écrirai sans doute un jour, car je les crois intéressantes pour le petit peuple des lettres, et cette acceptation va plus loin que la croix, elle va à toutes les récompenses, jusqu'à l'Académie. Si l'Académie s'offre jamais à moi comme la décoration s'est offerte, c'est-à-dire si un groupe d'académiciens veulent voter pour moi et me demandent de poser ma candidature, je la poserai, simplement, en dehors de tout métier de candidat. Je crois cela bon, et cela ne serait d'ailleurs que le résultat logique du premier pas que je viens de faire...

Il n'allait pas tarder à faire le second, et même une suite de faux pas devait caractériser cette persistance à vouloir entrer à l'Institut, qui n'eut d'égale que celle des gardiens à lui en refuser la porte.

Il précisa son désir dans une lettre adressée au rédacteur en chef du *Figaro*, lors d'une élection où il avait Paul Bourget pour concurrent. Il expliqua sa conduite, en même temps qu'il exprimait de nobles sentiments de confraternité :

Paris, le 4 février 1893.

Mon cher Magnard,

Je n'entends barrer la route à personne. Rassurez-vous donc sur le sort de Bourget, que j'aime beaucoup. Je le prie ici publiquement de poser sa candidature au prochain fauteuil, sans s'inquiéter de moi.

Battu pour battu, il me sera doux de l'être par lui.

Mais, en vérité, pour faire de la place aux autres, il m'est impossible de renoncer à toute une ligne de conduite que je crois digne, et que d'ailleurs les faits m'imposent.

Ma situation est simple.

Du moment qu'il y a une Académie en France, je dois en être. Je me suis présenté, et je ne puis pas reconnaître que j'ai tort de l'avoir fait. Tant que je me présente, je ne suis pas battu. C'est pourquoi je me présenterai toujours.

Quant aux quelques amis littéraires, que je suis heureux et fier de posséder à l'Académie, et que je gêne, dites-vous, ils sauront garder toute la liberté de leur conscience, j'en suis convaincu. Je ne leur ai jamais rien demandé, et la première chose que je leur demanderai sera de voter pour Bourget, le jour où il se présentera.

Cordialement à vous.

Il apporta, dans cette poursuite d'un siège académique, un acharnement, qui suscita sans doute des résistances sérieuses, plus tenaces qu'on aurait dû s'y attendre. D'ordinaire, l'Académie, après un stage plus ou moins prolongé, finit par s'amadouer et accorde à la persévérance, qui est pour elle le plus flatteur des hommages, ce qu'elle avait cru tout d'abord devoir refuser à l'impatience, à la présomption, et même au talent trop sûr de lui-même. Ce fut comme un duel. Zola finit, son insistance étant devenue agressive, par décourager plusieurs des académiciens qui le soutenaient. Il perdait des voix à chaque candidature nouvelle. Un jour, il y avait trois fauteuils vacants. Zola hardiment se porta à tous. Il subit un échec triple. Il persista dans son intention de braver de nouveau l'hostilité de l'Illustre Compagnie. Voici la déclaration nette et franche qu'il publia après ce retentissant insuccès :

> Je savais que je ne serais pas élu. Que ferai-je maintenant ? La question ne se pose pas pour moi, ou plutôt elle est résolue d'avance. Tout à l'heure j'écrirai au secrétaire perpétuel de l'Académie française que je reste candidat au fauteuil d'Ernest Renan, et que je pose ma candidature au fauteuil de John Lemoinne.
>
> Je reste candidat, et je serai candidat toujours. De mon lit de mort, s'il y avait alors une vacance à l'Académie, j'enverrais encore une lettre de candidature. Vous savez, en effet, quelle est la position que j'ai prise. *Je considère que puisqu'il y a une Académie je dois en être.* C'est pour cela que je me suis présenté. Que l'on m'approuve ou que l'on me blâme, il n'en reste pas moins ce fait : j'ai engagé la lutte. L'ayant engagée, je ne puis pas être battu. Or, me retirer serait reconnaître ma défaite. Voilà pourquoi je ne me retirerai pas.
>
> L'Académie sera donc officiellement avisée de ma candidature toutes les fois qu'elle aura à remplacer un de ses membres.

Zola avait contre lui des préventions et des coalitions. On lui reprochait d'abord la crudité de certains passages de ses livres, l'argot de *l'Assommoir*, la Mouquette montrait trop sa lune dans *Germinal*. Ce n'était pas toutefois une cause absolue d'exclusion. L'Académie avait eu dans son sein des auteurs qui ne reculaient pas devant le terme propre, lequel est d'ailleurs presque toujours le contraire. S'il eût vécu, Zola aurait triomphé certainement de cette répugnance. Est-ce que l'Académie ne vient pas de recevoir, et très justement, le poète puissant et le talentueux auteur qu'est Jean Richepin ? Cependant, *la Chanson des Gueux* contient des sonorités et des verdeurs dont Zola n'eut pas le monopole. *La Débâ-*

cle et la fausse interprétation donnée à ce livre, où l'on a voulu voir un dénigrement de l'armée, et un mépris de la valeur française, qui n'étaient pas un instant en cause, valurent à l'auteur des animosités invincibles. Ses attaques littéraires, ses succès, l'ostentation avec laquelle il énumérait les tirages de ses livres lui avaient attiré des jalousies d'auteurs aux éditions moins multipliées. Son peu de respect religieux, le nom de Jésus-Christ donné assez maladroitement à son rustre venteux ne furent pas sans lui nuire. Enfin, parmi les causes de ses insuccès répétés, le perpétuel candidat, faisant son examen de conscience et se remémorant ses dédains d'antan, aurait pu comprendre cette phrase fâcheuse écrite dans *les Romanciers naturalistes*, étude sur Balzac :

> Pourtant la gloriole pousse encore nos écrivains à se parer d'elle (l'Académie) comme on se pare d'un ruban. Elle n'est plus qu'une vanité. Elle croulera le jour où tous les esprits virils refuseront d'entrer dans une compagnie dont Molière et Balzac n'ont pas fait partie...

Un sage dicton veut qu'on ne crie jamais, à portée d'une source : « Fontaine, je ne boirai pas de ton eau ! » car la soif peut venir, et c'est un engagement téméraire et regrettable quand on ne veut pas le tenir par la suite, surtout quand c'est la fontaine elle-même qui dispose de son eau, ne laissant se désaltérer que ceux qui lui conviennent.

Zola eut aussi un instant l'idée d'être candidat aux élections législatives. On lui offrit un siège dans le cinquième arrondissement de Paris, circonscription de M. de Lanessan, devenue vacante par sa nomination en Indo-Chine, et il fut sur le point d'accepter. Il hésita cependant. On chercha à l'entraîner. Il finit par décliner l'offre, en ajoutant qu'il avait beaucoup de besogne en cours, et qu'il ne se sentait point alors de taille à faire un député. Il réservait toutefois l'avenir, en disant que plus tard, si on lui offrait un siège de Sénateur, il serait probablement disposé à l'accepter. A défaut de l'Académie, aujourd'hui la Chambre et le Sénat lui fussent devenus d'un accès facile. Mais la mort n'a pas permis que ces ambitions avouables et justifiées fussent satisfaites.

Les goûts, les plaisirs, les manies de Zola ne prêtent guère à l'anecdote et à la curiosité. On sait qu'il fuyait le monde, qu'il n'allait au théâtre que professionnellement, et qu'en somme il a toute sa vie eu les habitudes et le train de vie d'un bourgeois. Il était assez gros mangeur. Il se mit cependant au régime sec, très rude à soutenir, lorsque, avec sa force de volonté coutumière, il entreprit de combattre l'obésité. Il n'eut aucune aventure galante intéressante. On ne lui connut que sa liaison rappelant les amours des patriarches. Il était casanier en tout. Il aimait beaucoup les animaux. Durant son séjour à Londres, il visita avec émotion, et ce fut le monument qui peut être l'intéressa la plus, le cimetière des chiens aménagé et entretenu par la duchesse d'York.

Il aimait beaucoup les chiens. Il écrivait à Henry Céard, de Médan, le 5 juin 1889:

> ... J'ai toutes les peines du monde à avoir l'âme calme. Mon pauvre petit Fanfan est mort, dimanche, à la suite d'une crise affreuse. Depuis six mois, je le faisais manger et boire, et je le soignais comme un enfant. Ce n'était qu'un chien, et sa mort m'a bouleversé. J'en suis resté tout frissonnant...

Il éprouva une douleur vive, quand il perdit, étant en exil, un petit chien qu'il aimait, Perlinpinpin, mort du désespoir de ne plus revoir son maître.

Il écrivit, à ce propos, à Mlle Adrienne Neyrat, directrice du journal *l'Ami des Bêtes*, la touchante lettre suivante :

Mademoiselle,

Je vous envoie toute ma sympathie pour l'œuvre de tendresse que vous avez entreprise, en faveur de nos petites sœurs, les bêtes.

Et puisque vous désirez quelques lignes de moi, je veux vous dire qu'une des heures les plus cruelles, au milieu des heures abominables que je viens de passer, a été celle où j'ai appris la mort brusque, loin de moi, du petit compagnon fidèle qui, pendant neuf ans, ne m'avait pas quitté.

Le soir où je dus partir pour l'exil, je ne rentrai pas chez moi, et je ne puis même pas me souvenir si, le matin, en sortant, j'avais pris mon petit chien dans mes bras, pour le baiser comme à l'habitude. Lui ai-je dit adieu? Cela n'est pas certain. J'en avais gardé la tristesse. Ma femme m'écrivait qu'il me cherchait partout, qu'il perdait de sa joie, qu'il la suivait pas à pas, d'un air de détresse infinie.

Et il est mort en coup de foudre.

Il m'a semblé que mon départ l'avait tué ; j'en ai pleuré comme un enfant, j'en suis resté frissonnant d'angoisse, à ce point qu'il m'est impossible encore de songer à lui, sans en être ému aux larmes. Quand je suis revenu, tout un coin de la maison m'a paru vide. Et, de mes sacrifices, la mort de mon chien, en mon absence, a été un des plus durs.

Ces choses sont ridicules, je le sais, et si je vous conte cette histoire, Mademoiselle, c'est que je suis sûr de trouver en vous une âme tendre aux bêtes, qui ne rira pas trop.

Fraternellement,

ÉMILE ZOLA.

Zola était très fier de sa qualité de membre de la Société protectrice des animaux.

Il écrivait à ce sujet, en 1899, de Londres :

Un des moments les plus heureux de ma vie a été celui-ci : en ma qualité de délégué du gouvernement à une assemblée générale de la Société protectrice des Animaux, j'ai accroché une médaille d'or à la poitrine d'une rougissante bergère, une petite Bourguignonne de seize ans, qui s'appelait Mlle Camelin, et qui, au péril de sa vie, avait tué en combat singulier un loup affamé, sauvant ainsi son troupeau...

Zola a de tout temps pratiqué l'amitié. Il se plaisait à diriger, à commander ses amis, mais il leur vouait une affection solide et sincère. Il a été le centre de plusieurs réunions d'intimes, comme nous l'avons dit : Baille, Cézanne, Marius Roux. Voilà le premier groupe, celui des Provençaux, des condisciples de sa jeunesse, des premiers confidents de ses rêves, de ses essais. Puis, vinrent les peintres impressionnistes et coloristes, Manet, Guillemet, Pissarro, parmi lesquels se trouvait Cézanne, l'ami de l'adolescence. Ensuite ce fut le groupe de Médan : Guy de Maupassant, Hennique, Huysmans, Céard et le fidèle Paul Alexis, les co-auteurs des *Soirées de Médan*. Le développement pris par cette étude m'a empêché de décrire ce cénacle, sur lequel je possède de nombreux documents, ayant été l'ami de plusieurs d'entre eux, de Maupassant et de Paul Alexis entre autres, pour ne citer que les morts. Si la brièveté de l'existence me le permet, je consacrerai un nouveau volume au « groupe de Médan ».

Vinrent ensuite les compagnons de l'époque combative, les défenseurs de Dreyfus. Il convient de mentionner également le petit groupe des intimes, des amis personnels, comme Georges Charpentier, Desmoulins, Alfred Bruneau, et le groupe des jeunes gens de la dernière heure, Saint-Georges de Bouhélier, Maurice Leblond, Paul Brulat, etc., etc., tous pieux gardiens de la gloire du maître. M. Maurice Leblond, dont le mariage vient d'être célébré (14 octobre 1908), devait épouser sa fille Denise.

Parmi les amis et admirateurs de toute la vie de Zola, il est bon de citer au premier rang, surtout parce que, poète lyrique, auteur dramatique et critique, ayant vécu, travaillé, grandi, en dehors du naturalisme, il semblait devoir être plutôt éloigné de l'auteur de *Germinal*, mon vieux camarade du Parnasse, Catulle Mendès.

Au banquet donné au Chalet des Iles, au Bois de Boulogne, le 20 janvier 1893, à l'occasion de la publication du *Docteur Pascal*, qui terminait la série des Rougon-Macquart, après le toast d'Emile Zola, remerciant la presse et son éditeur Charpentier, disant : « Cette fête est celle de notre amitié, qui dure depuis un quart de siècle, et qu'aucun nuage n'assombrit jamais, sans qu'aucun traité nous ait liés, l'amitié seule nous a unis et l'amitié est le meilleur des contrats... » Catulle Mendès se leva et salua en ces termes le héros de la cordiale cérémonie :

Je lève mon verre, cher et illustre maître, pour fêter le jour où s'achève votre œuvre énorme, bientôt suivie certainement de tant d'œuvres encore, universelle et juste gloire.

Réjouissez-vous, cher et illustre ami, car, plein de force géniale pour de nouvelles réalisations, vous avez édifié déjà un monument colossal qui, après avoir stupéfié d'abord, puis courbé à l'admiration les hommes de notre âge, sera l'étonnement encore, mais surtout l'enthousiasme des hommes de tout temps. Et, tout en réservant, — vous m'y autorisez, — mon intime prédilection pour la Poésie, émerveillement suprême, tout en gardant la plus haute ferveur de mon culte pour celui qui n'est plus et ne mourra jamais, je salue en vous l'une des plus solides, des plus magnifiques, des plus rayonnantes gloires de la France moderne !

Cet hommage d'un artiste et d'un journaliste comme Catulle Mendès compense et efface bien d'absurdes et haineuses diatribes.

Un petit incident a terminé cette fête de la littérature moderne.

Un militaire, le général Jung, s'est levé, après plusieurs orateurs, et a dit simplement, en buvant à Zola :

— « Je souhaite de toute mon âme que mon illustre ami, après *la Débâcle*, nous donne *le Triomphe.* »

Zola a répondu en souriant :

— « Général, cela dépend de vous ! »

Ni Zola, ni personne de ceux qui lui survivent ne devaient voir se réaliser ce double vœu littéraire et patriotique.

Le 28 septembre 1902, un dimanche soir, Zola et sa femme étaient revenus de Médan pour s'installer à Paris, dans leur appartement de la rue de Bruxelles, n° 2 *bis*. C'était la rentrée hivernale d'usage. M. et Mme Zola se couchèrent de bonne heure. Ils faisaient chambre commune.

Des travaux de réparation étaient urgents dans l'appartement. Il convenait, notamment, de remettre en état un tuyau de chute du cabinet de toilette. Des ouvriers avaient été commandés. Les plombiers devaient venir, le lendemain, commencer le travail. Ils se présentèrent, comme il avait été convenu, le lundi matin, à huit heures. Il fallait passer par la chambre à coucher pour pénétrer dans le cabinet de toilette. On frappa à la porte. Personne ne répondit. Alarmés, les domestiques enfoncèrent la porte. On trouva Emile Zola, à terre, au pied du lit, sans connaissance, au milieu de déjections et de vomissements. Mme Zola gisait, inanimée, sur le lit. On ouvrit les fenêtres, on courut à la recherche d'un médecin. Il en vint deux. Ils pratiquèrent la traction rythmique de la langue et essayèrent d'obtenir la respiration artificielle. Le pouls de Mme Zola était perceptible. Zola, lui, demeurait inerte. On ne put, malgré ces soins, que constater la mort du grand romancier. Après trois heures de secours, Mme Zola reprit connaissance. On la transporta dans une maison de santé, à Neuilly, chez le docteur Defaut. Elle se rétablit assez promptement.

L'enquête à laquelle il fut procédé par le commissaire de police du quartier Saint-Georges, puis par le docteur Vibert, médecin légiste, et l'analyse du sang, faite par M. Girard, expert-chimiste du Laboratoire municipal, permirent d'attribuer la mort à un empoisonnement par l'oxyde de carbone.

On apprit bientôt, de la bouche même de Mme Zola, quelques particularités sur la nuit au cours de laquelle s'était produite la catastrophe. Zola, se sentant indisposé, sous l'oppression de l'asphyxie, s'était levé vers trois heures du matin, cherchant de l'air, voulant probablement ouvrir la fenêtre. Il était déjà étourdi par les gaz délétères. Il a dû glisser, vacillant, sans forces, puis il est tombé sur le tapis, au pied du lit. L'oxyde de carbone était accumulé dans les parties basses de la pièce. Zola ne put se relever, sa femme, restée sur le lit, au-dessus de la couche d'air vicié, a échappé à l'asphyxie totale.

Dans le premier moment de la stupeur générale, on crut à un drame intime, à un suicide. Il pouvait s'être produit des querelles domestiques, ayant exaspéré ou désespéré les deux époux. Peut-être avaient-ils pris, disait-on, la sinistre résolution de périr ensemble? D'autres prétendaient que Zola était découragé, annihilé par les batailles subies, et par les suites, désastreuses pour lui, de l'affaire Dreyfus. Enfin, on insinuait qu'il était inquiet pour l'avenir, qu'il voyait diminuer la vente de ses ouvrages, et qu'il se trouvait sur le point de connaître la gêne. Il était dans la nécessité de restreindre son train de vie, de chercher de nouveaux travaux productifs, et le dégoût d'une existence tiraillée et amoindrie l'aurait poussé à envisager, comme une délivrance, la mort volontaire.

Aucune de ces hypothèses ne se trouva vérifiée. Le rapport du commissaire de police Cornette avait donné quelque créance aux bruits de suicide : ce magistrat, mal renseigné, en procédant aux premières constatations, avait dit, dans son procès-verbal :

Il n'y a pas de calorifère allumé, pas d'odeur de gaz. On croit à un empoisonnement accidentel par médicaments. Deux petits chiens, qui étaient dans la chambre, ne sont pas morts.

L'enquête médico-légale et l'autopsie firent tomber ces suppositions, et la mort d'Emile Zola fut reconnue purement accidentelle, due à des émanations d'oxyde de carbone provenant, par suite de vices de construction, de la cheminée, où, dans la journée, pour combattre l'humidité de la chambre, le domestique avait fait du feu avec des « boulets ». La combustion lente de ces boulets sous la cendre a dû dégager, dans une cheminée en mauvais état, des gaz qui se sont accumulés et répandus par la chambre, la nuit venue, les fenêtres, comme les portes, étant closes.

La mort absurde ayant fait son œuvre détestable, l'enquête close, les suppositions malveillantes arrêtées, on s'occupa des obsèques du grand écrivain. Elles furent civiles, imposantes et sans qu'aucun incident les troublât. Une compagnie du 28e de ligne, sous les ordres d'un capitaine, rendit les honneurs funèbres militaires, le défunt étant officier de la Légion d'honneur.

Les funérailles eurent lieu le dimanche 5 octobre, à une heure précise. Le cortège partit de la maison mortuaire, rue de Bruxelles. Le corbillard de deuxième classe était couvert de fleurs, de couronnes, avec inscriptions. Les cordons du poêle étaient tenus par MM. Abel Hermant, président de la Société des Gens de Lettres, Ludovic Halévy, président de la Société des Auteurs dramatiques, Georges Charpentier et Alfred Bruneau. Le deuil était conduit par les amis personnels de Zola, parmi lesquels figurait, inaperçu d'ailleurs, l'ex-capitaine Alfred Dreyfus. Puis venait le ministre de l'Instruction publique, M. Chaumié, et le directeur des Beaux-Arts, M. Henry Roujon.

L'inhumation eut lieu au cimetière du Nord (Montmartre). Des discours furent prononcés par MM. le ministre Chaumié, Abel Hermant et Anatole France. Le parcours étant très court de la rue de Bruxelles au cimetière Montmartre, le cortège ne put que difficilement se développer. Il y eut, à la sortie du cimetière, quelques bousculades sans importance.

Je ne saurais mieux terminer cette étude impartiale et consciencieuse sur Emile Zola qu'en reproduisant trois intéressantes appréciations sur l'Homme et sur l'Œuvre, méritant d'être conservées, dans un travail documentaire comme celui-ci.

La première émane d'un jeune chef d'école, poète, philosophe, romancier et dont les œuvres dramatiques, *la Victoire, le Roi sans Couronne, la Tragédie Royale*, dénotent une haute préoccupation artistique, en même temps qu'elles manifestent des tendances esthétiques qui paraissent opposées à celles de Zola, mais ce n'est là qu'une apparence. Ceux qui se refusent à voir et à sentir la grande idéalité de Zola admettront-ils le témoignage spontané et enthousiaste d'un écrivain de vingt ans ?

Voici ce qu'écrivait, le 1ᵉʳ octobre 1896, Saint-Georges de Bouhélier, et l'on comprendra pourquoi je me borne à cette simple citation, sans plus amples épithètes louangeuses, en sa dédicace de *l'Hiver en Méditation ou les Passe-temps de Clarisse*, ouvrage précieux et intensif, publié à la Librairie du « Mercure de France » :

A Emile Zola.

Maître,

Bien que votre harmonieux génie ait conquis l'attention du monde, il n'est sans doute point chimérique de le supposer méconnu, car vos labeurs sollicitaient des gloires diverses. Vous êtes le plus illustre auteur contemporain, mais il ne semble pas qu'un seul homme vous lise. Les suffrages de tant de nations ne vous en attirent pas l'estime, et l'admiration populaire contribue encore à votre isolement. Nul n'a subi autant d'attaques. Les noires calomnies de la haine et les basses diatribes de l'envie vous ont tour à tour accablé, en sorte que, malgré vos travaux d'une solidité admirable, le public se refuse encore à vous en reconnaître les dons.

Cependant de quelle force n'êtes-vous pas anobli ! Quelle beauté dans vos ouvrages ! *la Terre, Germinal*, les colossales fresques ! Cela se déroule comme de vives contrées, avec le sol et le site mêmes, villages, végétations, héros. Les campagnes de houilles et les blanches prairies, voilà des lieux que vous sûtes embellir. Vous les avez dotés d'un rythme et vos paysans resplendissent, semblablement à Œdipe, Télémaque. Sur les étendues de vos paysages on dirait que roulent des herbages réels, des orges et des roses en torrents. Vos fleuves, vos précipices, vos usines et la nuée du ciel, tout cela demeure pathétique. Je connais des régions plus belles, sans en pressentir que pare cette pureté. Des pires scènes dont vous désirâtes que nous fussions les spectateurs, j'aime le sage et noble équilibre. Ce qui distingue votre univers, c'est la paix de son innocence et sa puissante vitalité. Magnifiquement, l'antique Pan y palpite. L'insufflation des sèves soulève sa poitrine large.

Ainsi, j'ai éprouvé la pudeur de votre œuvre, quand l'épaisseur du crépuscule fatiguait ma maison d'hiver. Mélancoliquement à l'abri, je me recueillis avec amertume, et quoique mes méditations ne soient peut-être pas sans vertus, je leur en croirai davantage encore si l'offrande que je vous en fais, vous assure, Monsieur, de l'admiration en laquelle vous tient un jeune homme.

SAINT-GEORGES DE BOUHÉLIER.

1er octobre 1896.

La seconde opinion est d'Anatole France, revenu sur d'anciennes préventions, et effaçant des critiques dont on a beaucoup usé, pour le mettre en contradiction avec lui-même, et pour accabler la mémoire de Zola. C'est un extrait du discours juste et élevé, oraison funèbre laïque et simple, prononcé devant le cercueil de l'illustre écrivain :

Messieurs,

... L'œuvre littéraire de Zola est immense.
Vous venez d'entendre le président de la Société des gens de lettres la rappeler, dans un langage excellent, à votre admiration. Vous avez entendu le ministre de l'Instruction publique en développer éloquemment le sens intellectuel et moral.

Permettez qu'à mon tour je la considère un moment devant vous.

Messieurs, lorsqu'on la voyait s'élever pierre par pierre, cette œuvre, on en mesurait la grandeur avec surprise. On admirait, on s'étonnait, on louait, on blâmait. Louanges et blâmes étaient poussés avec une égale véhémence. On fit parfois au puissant écrivain (je le sais par moi-même) des reproches sincères, et pourtant injustes. Les invectives et les apologies s'entremêlaient.

Et l'œuvre allait grandissant toujours.

Aujourd'hui qu'on en découvre dans son entier la forme colossale, on reconnaît aussi l'esprit dont elle est pleine. C'est un esprit de bonté.

Zola était bon. Il avait la candeur et la simplicité des

grandes âmes. Il était profondément moral. Il a peint le vice d'une main rude et vertueuse. Son pessimisme apparent, une sombre humeur répandue sur plus d'une de ses pages cachent mal un optimisme réel, une foi obstinée au progrès de l'intelligence et de la justice. Dans ses romans, qui sont des études sociales, il poursuivit d'une haine vigoureuse une société oisive, frivole, une aristocratie basse et nuisible; il combattit le mal du temps : la puissance de l'argent. Démocrate, il ne flatta jamais le peuple, et il s'efforça de lui montrer les servitudes de l'ignorance, les dangers de l'alcool qui le livre, imbécile et sans défense, à toutes les oppressions, à toutes les misères, à toutes les hontes. Il combattit le mal social partout où il le rencontra. Telles furent ses haines. Dans ses derniers livres, il montra tout entier son amour fervent de l'humanité. Il s'efforça de deviner et de prévoir une société meilleure.

Il voulait que, sur la terre, sans cesse un plus grand nombre d'hommes fussent appelés au bonheur. Il espérait en la pensée, en la science. Il attendait, de la force nouvelle de la machine, l'affranchissement progressif de l'humanité laborieuse.

Ce réaliste sincère était un ardent idéaliste. Son œuvre n'est comparable en grandeur qu'à celle de Tolstoï. Ce sont deux vastes cités idéales élevées par la lyre aux deux extrémités de la pensée européenne. Elles sont toutes deux généreuses et pacifiques. Mais celle de Tolstoï est la cité de la résignation. Celle de Zola est la cité du travail.

L'autre est un éloge, écrit au lendemain même de la mort de celui à qui l'on reprochait *la Débâcle*, comme livre anti-patriote, presque comme un crime de lèse-patrie. Le nom des signataires de ces lignes est intéressant à retenir : ce sont les frères Paul et Victor Margueritte, les fils pieux du général de la charge héroïque, frappé à mort en criant à ses cavaliers décimés : « En avant! pour la France et pour le Drapeau! » Ces deux fils de soldat ne sauraient être accusés de mépriser l'armée et d'approuver un insulteur de la Patrie. A cette injuste attaque, à cette calomnieuse dénonciation, qui ne devrait trouver créance qu'auprès de ceux qui n'ont pas lu *la Débâcle*, venant après la déclaration de l'écrivain militaire et patriote Alfred Duquet, le témoignage des frères Margueritte n'est-il pas décisif, et ne doit-il pas anéantir enfin cette légende absurde de *la Débâcle*, livre anti-français :

> ... Certes, Emile Zola se passe d'une caution comme la nôtre. Nous tenons à honneur, pourtant, de l'apporter au maître disparu.
>
> Se rappelle-t-on quelles clameurs indignées ont accueilli *la Débâcle* ? Zola, à entendre des patriotes d'excellents sentiments, mais qui sans doute n'avaient pas lu, ou pas réfléchi, ou pas remonté aux sources, Zola souillait l'uniforme français, calomniait l'armée, vilipendait la France.
>
> Hélas !
>
> Nous aussi, après lui, nous avons voulu repasser par ce sanglant chemin de 1870, jalonné de nos morts. Nous aussi, après lui, nous avons retourné cette triste terre rouge, pèleriné à ces champs de bataille qui virent l'écroulement d'un empire et le chancellement d'une nation. Et nous pûmes nous convaincre, en contrôlant historiens, faits, détails, souvenirs, témoins, de quelle scrupuleuse vérité, de quelle exacte et sévère documentation témoignait, pour le romancier méconnu, ce livre douloureux, mais probe : *la Débâcle*.

La postérité appréciera plus justement, plus loyalement que beaucoup d'entre nos contemporains, admirateurs et contempteurs, l'œuvre littéraire de Zola. Elle s'occupera un peu moins de l'auteur de *J'accuse* et un peu plus du romancier historien de la *Fortune des Rougon*, du psychologue et du paysagiste de *la Page d'Amour*, du robuste peintre de la vie ouvrière dans *Germinal* et *Travail*.

Nous pouvons, cependant, porter déjà un jugement,

moins partial, moins passionné, dégagé des mesquines préoccupations de l'actualité et de la polémique, sur cet écrivain génial qui, avec Victor Hugo, Balzac et Renan, personnifiera les lettres françaises au xixe siècle.

Un tri se fera dans le nombre considérable des écrits de Zola. C'est forcé, et la postérité ne recueille jamais tout ce que laisse après lui un grand producteur. Déjà on n'accepte que sous bénéfice d'inventaire l'héritage de Balzac et d'Hugo.

Une sélection se fera dans l'ensemble des Rougon-Macquart. *L'Assommoir, Germinal, Nana, la Terre*, dont la vogue, à leur apparition, fut considérable, conserveront leur retentissante notoriété. Ce sont des livres qu'il faudra avoir lus. Par contre, *Son Excellence Eugène Rougon, la Conquête de Plassans, l'Argent, Pot-Bouille, le Ventre de Paris, le Bonheur des Dames*, et œuvres analogues, perdront de l'intérêt, au moins aux yeux du grand public. Les descriptions et les longueurs feront négliger les belles qualités de couleur et de style de ces ouvrages, au caractère technique et presque didactique. Mais, comme cela est arrivé pour Balzac, dont *Eugénie Grandet, la Cousine Bette* et d'autres études d'une humanité profonde et d'une psychologie éternelle ont gardé toute leur fraîcheur, toute leur vigueur native, ce sont les œuvres de demi-teinte et de facture douce, comme *Une Page d'amour, l'Œuvre*, et *la Joie de vivre*, qui seront, tant qu'il y aura une langue française, lus, relus et admirés. Enfin, *la Débâcle*, tableau d'histoire, épopée douloureuse et véridique, mieux comprise, plus justement jugée, demeurera l'œuvre maîtresse du génial et puissant écrivain.

Le gouvernement de la République vient de donner

à la dépouille de Zola, non sans quelque résistance, la sépulture glorieuse du Panthéon. On peut répéter, à propos de cet hommage national, ce que Zola disait de l'Académie française, et déclarer que, « puisque la France reconnaissante a un temple où elle reçoit les ossements des grands hommes », la place de ce grand ouvrier de lettres, qui fut aussi un grand artiste, s'y trouvait indiquée. Du moment qu'il existe un Panthéon, Zola devait y être. Sa place est dans la glorieuse nécropole où reposent les célèbres citoyens, hommes d'action ou hommes de pensée, qui ont illustré la nation. Sans doute, l'intention de la plupart de ceux qui ont réclamé et obtenu ce posthume triomphe visait moins l'homme de lettres, le romancier des *Rougon-Macquart*, que l'homme de parti, l'auteur de la lettre *J'accuse,* le défenseur de Dreyfus. On peut regretter cette interprétation. Mais qu'importe cette satisfaction d'un instant, et cette équivoque destinée à s'effacer dans l'apaisement du temps ? Qui donc, dans les rangs, encore invisibles, inconnaissables, des admirateurs qui nous suivront, se préoccupera de l'intervention de Zola dans un procès d'espionnage, autrement que comme d'un épisode de sa vie, d'une anecdote ? Est-ce qu'on se souvient aujourd'hui que Balzac s'est fait l'avocat officieux d'un assassin, nommé Peytel, réputé, lui aussi, innocent ? La postérité pourra-t-elle s'intéresser au procès oublié, confus, inexplicable presque, de ce militaire, condamné et innocenté sans grandes preuves décisives, dans les deux cas, qui fut le client de Zola ?

Le public, qui acclame aujourd'hui l'entrée solennelle d'Emile Zola dans les caveaux majestueux du Panthéon, ne constitue pas, dans sa majorité du moins, sa vraie clientèle, celle pour laquelle il a écrit ses magnifiques poèmes en prose. Heureusement pour la gloire et pour la sécurité des restes de l'immortel écrivain.

Il est bon, pour la vraie et durable gloire de Zola, que ce ne soit pas seulement au défenseur de Dreyfus que les honneurs du Panthéon soient attribués. Assurément, il sera impossible que l'on oublie complètement la participation de l'auteur des *Rougon-Macquart* à la réhabilitation de ce condamné. Libre à ceux de nos descendants que l'Affaire intéressera encore, et ils seront de plus en plus clairsemés, des érudits, des curieux d'histoire, des fanatiques israélites et des militaires cléricaux, de continuer à glorifier ou à maudire Zola de son intervention et de son apostolat. La postérité se désintéressera de ces querelles, déjà moins enflammées, alors éteintes. Actuellement, ceux qui ont été les adversaires de Zola dans la bataille pour et contre l'innocence du capitaine, ceux qui n'ont été ni persuadés par les écrits de Zola, ni convaincus par les arrêts de la Cour de cassation, mais qui se sont inclinés devant les décisions de la justice, devant le doute même, résultant de tous ces longs débats, doute qui doit, juridiquement et humainement, profiter à l'accusé, peuvent, sans palinodie, comme sans faiblesse, rendre hommage au grand écrivain et approuver la translation de ses restes au Panthéon. Victor Hugo devient son voisin de sépulture glorieuse. Est-ce qu'il n'y a pas, dans ce voisinage, ce rapprochement des deux grands noms de l'histoire littéraire contemporaine, un enseignement et une éclatante affirmation? Victor Hugo a-t-il récolté l'unanimité des acclamations, et, pour la totalité de son œuvre, ne saurait-on trouver des réserves? N'y a-t-il pas des gens, logiques et sincères, qui, tout en admirant le poète, l'auteur dramatique, l'homme de lettres, blâment et maudissent le tribun, l'exilé, le pamphlétaire et l'homme d'action? Tout ce qui est sorti de la plume de l'auteur des *Feuilles d'automne* et des *Contemplations* semble-t-il louable et excellent à tout le monde? Est-ce que les serviteurs du régime impérial et leurs descendants peuvent se pâmer devant *les Châtiments* et honorer celui qui a écrit *Napoléon-le-Petit*? *L'Expiation*, qui nous a fait détester et combattre l'empire, sur les bancs du collège, à nous les premiers pionniers de la République de 1870, fut à l'œuvre de Victor Hugo ce que *J'accuse!* est pour Zola. La violence avec laquelle l'empire fut attaqué, dans ces ouvrages politiques de l'auteur de *Notre-Dame-de-Paris*, a-t-il empêché les partisans du régime aboli d'admettre, comme un honneur légitime, l'entrée de la dépouille du Juvénal des *Châtiments* au Panthéon? Il doit en être de même pour Zola. Quant à ceux qui, à l'heure présente, ont été surtout disposés à honorer l'auteur de *J'accuse!* ils doivent, pour maintenir et confirmer la gloire de ce grand esprit, ne pas isoler cet ouvrage des autres écrits de l'auteur.

Admirer Emile Zola et le glorifier uniquement parce qu'il a défendu Dreyfus est une sottise, mais contester son génie et mépriser son magnifique labeur, parce qu'il a écrit un regrettable plaidoyer, serait une absurdité pire et une monstrueuse négation.

Si l'on prenait, une à une, dans un examen à part, les œuvres des grands morts devant qui, déjà, se sont ouverts les caveaux nationaux, trouverait-on tout également irréprochable, tout pareillement admirable? Il est bien des pages, dans Voltaire et dans Rousseau, dont la citation serait sévère aussi pour ces illustres défunts. Comme Clemenceau l'a fortement dit pour les hommes de la Révolution, rien n'étant parfait ni absolu dans l'histoire des sociétés comme dans la vie des individus, la Patrie reconnaissante doit accepter et honorer ses grands hommes, en bloc.

Paris, 1908.

INDEX DES NOMS CITÉS

A

Abailard, 240, 391.
About (Edmond), 119, 181.
Alexis (Paul), 17, 89, 90, 160, 163, 167, 168, 218, 241, 250, 286, 415, 469.
Allais (Alphonse), 190.
Angevin (Léon), 184.
Arlincourt (vicomte d'), 356.
Arnaud, 145, 170.
Asseline (Louis), 294.
Assézat, 219, 220, 294.
Aubert, 44, 46, 59.
Aubert (Mme), 46, 47, 58.
Auguste (empereur), 408.
Autran, 84.
Auvray, 199.

B

Babou (Hippolyte), 217.
Baillarger, 229.
Baille, 56, 59, 60, 65, 67, 75, 110, 141, 142, 348, 469.
Baltard, 284, 285.
Balzac, 9, 57, 63, 74, 81, 83, 107, 110, 142, 143, 151, 160, 178, 182, 183, 184, 188, 190, 191, 214, 215, 217, 221, 228, 245, 255, 256, 257, 262, 269, 326, 339, 344, 387, 466, 479, 480.

Bancel, 306.
Banville (Théodore de), 218.
Barbaroux, 16.
Barbier (Auguste), 408.
Barberini, 401.
Barbey d'Aurevilly, 84.
Barème, 352.
Barnum, 128.
Barrès (Maurice), 245.
Bataille (Charles), 293.
Baudelaire (Charles), 260, 309, 361.
Baüer (Henry), 350, 351.
Bayeux (Marc), 293.
Bazaine (maréchal) 367, 379.
Beaumarchais, 183, 189.
Becque (Henri), 192.
Bédollière (Emile de La), 264.
Belhomme, 431.
Bellevent, 198.
Bentham, 294.
Bérat (Frédéric), 298.
Berchoux, 51.
Bercy (de), 298.
Bernard (Claude), 51.
Bernard (Tristan), 190.
Bernadette, 398.
Bernadotte (roi), 365.
Bernardin de Saint-Pierre, 64.
Bernin, 401.
Bibesco (prince), 376.

Biéville (E.-D. de), 264.
Billot (général), 431.
Bismarck, 146, 363.
Blanc (Louis), 113, 148, 150.
Blanché de Pauniat, 167, 168.
Blum (Ernest), 149.
Boileau, 208, 244, 248.
Boisdeffre (général de), 431.
Bonaparte (Napoléon), 269, 272, 364, 428.
Bonnetain (Paul), 342, 348, 351.
Borel (Petrus), 332.
Borgia (César), 408.
Botrel (Théodore), 298.
Bouddha (le), 335.
Boudet, 116.
Bouhélier (Saint-Georges de), 164, 469.
Bourdin (Gustave), 128.
Bourget (Paul), 243, 463.
Bracquemond, 148.
Broca, 294.
Bruant (Aristide), 246, 298.
Brulat (Paul), 164, 434, 443, 469.
Bruneau (Alfred), 164, 200, 469, 474.
Brune (maréchal), 365.
Brunetière, 458.
Burty (Philippe), 148.
Busnach (William), 152, 181, 199, 201, 202, 209, 311, 353.
Byron, 108.

C

Cabet, 74, 305.
Caillebotte, 127.
Calas, 335.
Callias (Mme Nina de), 166.
Calvin, 335.
Camelin (Mlle), 469.
Camoëns, 338.
Camp (Maxime du), 287.

Capus (Alfred), 194.
Carnot (Sadi), 244.
Catulle, 107.
Céard (Henry), 163, 168, 184, 349, 467, 469.
Cernuschi, 264.
César (Jules), 17.
Cézanne (Paul), 52, 56, 59, 69, 70, 73, 74, 112, 120, 121, 127, 151, 142, 144, 155, 167, 168, 190, 348, 469.
Champeaux (Guillaume de), 240.
Champfleury, 214, 216, 219, 293.
Charles (archiduc), 364.
Charlemagne, 61, 63.
Charpentier (Georges), 124, 175, 176, 177, 187, 221, 386, 435, 469, 470, 474.
Chateaubriand, 78, 93, 108, 398.
Chaumié, 381, 474.
Chénier (André), 78, 79.
Choderlos de Laclos, 255.
Cherbuliez (Victor), 137, 228.
Christ (Le), 335.
Claretie (Jules), 129.
Clemenceau (Georges), 433, 435, 436, 442, 482.
Colin (Annette), 90.
Colmance (Charles), 298, 300.
Colombine, 129.
Combe (colonel), 27, 29, 30.
Comettant (Oscar), 264.
Comte (Auguste), 62, 415.
Condorcet, 294.
Considérant (Victor), 305.
Cornette, 473.
Courteline, 190.
Cuvier, 254.

D

Dante, 87.

Darimon, 306.
Darwin, 294.
David d'Angers, 148.
Davoust (maréchal), 365.
Daudet (Alphonse), 54, 209, 215, 290, 348, 350, 351, 462.
Debraux (Emile), 248.
Decan, 44.
Defaut (Dr), 472.
Degas, 127, 145.
Delacroix (Eugène), 57, 288.
Deltour, 244.
Delvau (Alfred), 128, 252.
Delna, 200.
Demanche, 167.
Déroulède (Paul), 364, 384.
Désaugiers, 298.
Descaves (Lucien), 342, 348, 351.
Desmets, 204.
Desmoulins (Auguste), 184.
Desmoulins (Fernand), 436, 438, 469.
Devéria, 92.
Dickens (Charles), 78, 215, 216, 278.
Diderot, 54, 213, 220, 228.
Didon (le P.), 405.
Donnay (Maurice), 194.
Dostoïevsky, 357.
Doucet (Camille), 220.
Douai (général), 376.
Draper, 175.
Dreyfus (Alfred), 25, 26, 27, 35, 36, 110, 114, 153, 210, 211, 377, 383, 384, 418, 414, 421, 422, 424, 425, 428, 429, 430, 431, 432, 433, 434, 435, 452, 458, 461, 469, 472, 474, 480, 481, 482.
Dreyfus (Mathieu), 423, 426.
Dubuisson, 184.
Ducrot (général), 376, 380, 382.
Duchesne (Alphonse), 128.
Dumas (Alexandre, père et fils), 194, 209, 210, 247, 255.
Duquet (Alfred), 380, 381, 382, 478.

E

Eginhard, 62.
Emerson, 99.
Eschyle, 75.
Esterhazy (Cte Walsin), 426, 431, 452.
Eugène (Prince), 23, 42.

F

Fabre (Ferdinand), 95, 298,
Fantin-Latour, 145.
Fasquelle (Eugène), 60, 177.
Faure (Félix), 430.
Faure (Sébastien), 433.
Favre (Jules), 306.
Feuillet (Octave), 156, 223.
Féval (Paul), 255.
Feydeau, 214.
Fichte, 453.
Fischer, 28, 29, 30, 31, 34.
Flaubert (Gustave), 77, 161, 173, 183, 191, 214, 221, 222, 224, 228, 251, 256, 279, 330, 331, 344.
Fould, 167.
Fouquier (Henry), 181.
Fourier (Charles), 80, 415, 418.
France (Anatole), 95, 247, 433, 474, 476.
Frapié (Léon), 166.
Frédérick-Lemaître, 188.

G

Gaboriau (Emile), 215, 247.
Galliffet (général de), 32.
Gambetta (Léon), 17, 259, 306.
Gandillot (Léon), 214.

Garibaldi, 17, 427.
Garnier (abbé), 405.
Garnier, 285.
Garnier-Pagès, 306.
Gaulier (Alfred), 150.
Gaultier-Garguille, 297.
Gautier (Théophile), 87, 91, 220, 224.
Gastineau (Benjamin), 199.
Gavarni, 118.
Geoffroy, 186, 214.
Georges de Hanovre (roi), 146.
Genoni, 438.
Gervinus, 175.
Gil-Naza, 199.
Girard, 184, 472.
Glais-Bizoin, 171, 172.
Goncourt (les) 147, 183, 191, 215, 281, 344.
Gondinet (Edmond), 213.
Gonse (général), 431.
Gréville (Mme Henri), 137.
Grégoire VII, 408.
Grenier (Edouard), 146.
Grif, 150.
Guiches (Gustave), 342.
Guignard, 184.
Guillaume Ier, 363, 374.
Guillemet, 145, 218, 250, 348, 469.
Guitry, 199.
Guesde (Jules), 184, 441.
Guyot (Yves), 183, 294, 295.

H

Hachette, 89, 116, 117, 118, 119, 120, 122, 123, 126, 127, 128, 129, 130, 218.
Halévy (Ludovic), 462, 474.
Harold, 315.
Hauréau, 285.
Havin (Léonor), 264.
Hayard, 44.
Héloïse, 163.

Hennet, 30.
Hennique (Léon), 163.
Henry (colonel), 434, 443.
Hermant (Abel), 474.
Hervilly (Ernest d'), 149.
Hésiode, 338.
Hetzel, 123, 124.
Hoche (général), 365.
Hohenzollern, 258.
Homère, 12, 78, 184, 214.
Horace, 73.
Hostein, 148.
Houdetot (général d'), 34.
Houssaye (Arsène), 146, 152, 260.
Hovelacque (Abel) 294.
Hugo (Charles), 148, 149.
Hugo (François-Victor), 144.
Hugo (Victor), 7, 8, 9, 11, 52, 54, 58, 59, 61, 72, 75, 78, 81, 96, 113, 130, 148, 149, 150, 151, 175, 176, 212, 220, 221, 224, 241, 242, 257, 274, 288, 295, 311, 391, 400, 427, 474, 481, 482.
Huysmans (J.-K.), 163, 349, 350, 469.

I

Ingres, 182.
Issaurat, 294.
Ivoi (Paul d'), 129.

J

Janin (Jules), 203.
Jansénius, 240.
Jaurès, 433, 441.
Javioska (doctoresse), 164.
Jeanne d'Arc, 95, 278, 299, 429.
Joinville (prince de), 34.
Jourdan (maréchal), 264.
Jourdan (Coupe-têtes), 17.
Jouvin (B.), 129.

Jouy (Jules), 298.
Jud, 352.
Jung (général), 471.
Junot (général), 365.
Juvénal, 280.

K

Kock (Paul de), 203.
Koerner, 453.

L

Labiche, 213.
Labori, 435, 436.
Labot, 59.
La Bruyère, 340.
La Chaussée, 213.
Lacroix, 124, 128, 152, 173, 175, 263, 268, 279.
Lacroix (Sigismond), 184, 296.
Lafarge (Mme), 407.
Laferrière (Edouard), 148.
La Fontaine (Auguste), 213.
La Fontaine (Jean de), 62, 63, 197.
Lamartine (Alphonse de), 97, 123.
Lamennais (abbé de), 405.
La Mothe, 51.
Lanessan (de), 466.
Lannes (maréchal), 365.
Laprade (Victor de), 83.
Larchey (Lorédan), 252.
La Rounat (de), 120.
Laurent (Mme Marie), 199.
Laurier (Clément), 172, 72.
Lazare (Bernard), 424, 425, 426.
Leblond (Maurice), 164, 469.
Lebrun, 376.
Lebrun-Renault (capitaine), 423.
Lecerf (Norbert), 44.
Le Play, 252.
Lemer (Julien), 135.
Lemerre (Alphonse), 136, 166.
Lemercier (Mlle), 186.
Lemierre, 51.
Lemoinne (John), 465.
Lencézeurc, 251, 289.
Léon X, 408.
Léon XIII, 245, 404, 405.
Leroux (Pierre), 74, 80, 308.
Littré, 294.
Lipowski, 369.
Lockroy (Edouard), 148, 463, 464.
Lockroy (Mme), 148.
Lombard, 424.
Lombroso (Césare), 357.
Louis-Philippe, 34, 62.
Louis-Napoléon, 272.
Louvet, 255.
Loyson (Hyacinthe), 405.
Lucas (docteur), 18, 125, 386.
Luther, 335.
Lytton (Bulwer), 424.

M

Mac-Mahon (Maréchal), 113, 184, 367, 373.
Mac-Pherson, 90.
Magnard (Francis), 464.
Mahomet, 120, 335.
Malot (Hector), 264.
Manet (Edouard), 127, 145, 146, 148, 149, 348, 469.
Marais, 199.
Marceau (général), 365.
Maret (Henry), 151, 152.
Margueritte (Paul et Victor), 342, 351, 352, 369, 477, 478.
Massard (Emile), 184, 382.
Maupassant (Guy de), 163, 344, 350, 351, 469.
Meley (Edmond), 167.
Mendès (Catulle), 296, 470.
Menier, 183, 249, 250, 295.
Menesclou, 359.

Mercier (général), 431.
Meunier (Victor), 149.
Méry (docteur), 164.
Mérimée (Prosper), 215, 219.
Meurice (Paul), 145, 149, 150, 151, 152, 166.
Michel (Louise), 95.
Michel-Ange, 192, 401.
Michelet, 87, 101, 113.
Millot (Léon), 184.
Milton, 83.
Mirabeau, 16.
Mirbeau (Octave), 431.
Mistral (Frédéric), 72.
Molière, 189, 190, 244, 359, 466.
Mommsen, 175.
Monnier (Henry), 213.
Monod, 433.
Motley, 175.
Moltke (maréchal de), 364.
Monet (Claude), 145.
Montépin (Xavier de), 145, 215, 255, 264.
Montaigne (Michel), 54, 67, 72, 73, 84, 268.
Moreau (Hégésippe), 87.
Morisot (Mlle Berthe), 127.
Mounet-Sully, 188.
Murat (roi), 365.
Mürger (Henry), 64, 118, 142, 143.
Musset (Alfred de), 57, 58, 59, 72, 77, 80, 84, 85, 86, 91, 93, 94, 96, 107, 124, 215, 274, 323, 332, 359.
Musset (Paul de), 90.

N

Napoléon Ier, 17, 23, 62, 128, 369, 457.
Napoléon III, 149, 245, 290, 365.
Nero (le chien), 290.
Neyrat (Mlle Adrienne), 468.
Nietzsche (Frédéric), 372.
Nodier (Charles), 241.
Noir (Victor), 149.

O

Ohnet (Georges), 223.
Ollivier (Emile), 258, 366, 384.
Ollivier (Louis), 184.
Ossian, 78.

P

Pagès du Tarn, 118, 119.
Pailleron (Edouard), 120.
Papavoine, 358.
Pascal (Blaise), 189.
Paty de Clam (lt.-colonel du), 431.
Pelletan (Camille), 148, 181.
Pelletan (Eugène), 171, 306.
Pellieux (général de), 431.
Perlinpinpin (le chien), 467.
Petrone Arbiter, 280, 299.
Pic de la Mirandole, 193.
Picard (Ernest), 306.
Pichegru (général), 365.
Picquart (général), 433, 443.
Pigault-Lebrun, 213.
Pinard (Albert), 184.
Piot, 447.
Pissarro, 127, 145, 469.
Philippe, 359.
Philippe II, 17.
Plée (Léon), 264.
Plutarque, 79, 224.
Porte (abbé), 289.
Poe (Edgar), 143, 247, 248, 255.
Poinsot, 352.
Ponchalon (colonel Henri de), 379, 380.
Ponsard (François), 148, 220.
Ponson du Terrail (vicomte), 145, 156, 214, 255.
Portalis (Edouard), 145, 181.

Poulot (Denis), 252, 390.
Prescott, 175.
Prevel (Jules), 207.
Prévost-Paradol, 119.
Proudhon (P.-J.), 175, 305, 415.
Psichari, 433.

Q

Quentin (Charles), 181.
Quinet (Edgar), 80, 113, 148.

R

Rabelais, 54, 87, 180, 197, 228.
Racine, 75, 245.
Ranc (Arthur), 245.
Raphaël, 314.
Raspail, 407.
Ravarin (commandant), 431.
Renan (Ernest), 459, 461, 465, 479.
Renoir, 127, 145.
Renouvier, 229.
Restif de la Bretonne, 213.
Ribot (Th.), 229.
Ricard (marquise de), 136, 166.
Richardson, 78.
Richebourg (Emile), 145.
Richepin (Jean), 297, 465.
Richelieu (cardinal de), 363.
Rochambeau (général de), 238.
Rochefort (Henri), 14, 128, 170, 306.
Romulus, 468.
Rosny (J.-H.), 342, 348.
Roujon (Henry), 474.
Roybet, 280.
Roux (Maurice), 60, 141, 145, 167, 168, 170, 469.
Rousseau (Jean-Jacques), 47, 48, 62, 66, 443, 482.
Rovigo (duc de), 29, 33.
Rozerot (Mme), 412.

S

Sainte-Beuve, 87, 89.
Saint-Dominique, 111.
Saint-Just, 111.
Saint-Victor (Paul de), 85.
Salicetti, 401.
Sand (George), 74, 110, 156, 215, 274, 308, 411.
Sarah-Bernhardt, 200.
Sarcey (Francisque), 22, 196, 202, 204, 205.
Sardou (Victorien), 194, 299.
Sénèque, 73.
Scheurer-Kestner, 214, 255.
Schiller, 299.
Schœlcher (Victor), 113, 148.
Schopenhauer (Arthur), 101, 103.
Scholl (Aurélien), 129.
Scott (Walter), 214, 255.
Scribe (Eugène), 142, 143, 194, 298.
Sedaine, 298.
Shakespeare (William), 75, 76, 77, 78, 82.
Silvestre (Armand), 187.
Sienkiewicz, 299.
Simon (Jules), 306.
Simond (Victor), 384.
Sisley, 127.
Solari (Philippe), 141, 167.
Soleilland, 359.
Soulié (Frédéric), 247, 255.
Soult (maréchal), 32, 33.
Spoll (E.-A.), 184.
Stendhal, 77, 251, 228, 256, 344.
Strabon, 17.
Strada, 81.
Strauss (Paul), 184.
Suë (Eugène), 247, 255, 386, 399, 407.

T

Tailhade (Laurent), 17.
Taine, 62, 87, 119, 215, 230.
Tallandier, 157.
Talma, 188.
Tanera (capitaine), 372, 373, 375, 377, 379.
Térence, 181.
Théroigne de Méricourt, 95.
Thiers, 39, 40, 45, 48, 58, 113, 157.
Thulié (docteur), 215, 221, 294.
Tite-Live, 79.
Tolstoï, 476.
Toulouse (docteur Edouard), 19, 20, 21, 22.
Trestaillons, 17.
Turquéty (Edouard), 97.

U

Ulbach (Louis), 173, 181.

V

Vacquerie (Auguste), 75, 148, 149, 150, 151, 241.
Valabrègue (Antony), 141, 218.
Vallès (Jules), 67, 129.
Valtesse de la Bigne (Mlle), 250.
Varinard, 431.
Véfour, 187.
Velléda, 278.
Verboeckhoven, 173.
Verlaine (Paul), 11, 148, 149, 350.
Verne (Jules), 123.
Vibert (docteur), 472.
Victor-Emmanuel, 363.
Villemessant (H. de), 128, 130, 131, 132, 135, 140, 142.
Vinci (Léonard de), 192.
Vinoy (général), 366.
Virgile, 51, 193, 338.
Viviani (René), 417.
Vizitelly, 437, 438.
Vollon, 280.
Voltaire, 94, 95, 189, 190, 427, 482.

W

Wadoux (Mme Caroline-Louise), 167.
Wareham, 438.
Washington, 238.
Weinschenck (Camille), 199.
Wiseman (cardinal), 424.
Wimpffen (général), 376.
Wolff (Albert), 129.

X

Xau (Fernand), 52, 176.

Y

Yann'Nibor, 298.
Yriarte (marquis de Villemer), 128.

Z

Zola (Mme Emilie Aubert, veuve François), 22, 41, 42, 45, 47, 62, 167, 168.
Zola (Mme Alexandrine Meley, veuve Emile), 163, 164, 166, 167, 168, 169, 435, 439, 471, 472.
Zola (Jacques et Denise Emile), 412.
Zola (François), 23, 24, 25, 27, 28, 32, 34, 36, 37, 40, 41, 43, 44, 48, 59, 158, 167.

ACHEVÉ D'IMPRIMER

le dix novembre mil neuf cent huit

PAR

BLAIS ET ROY

A POITIERS

pour le

MERCVRE

DE

FRANCE

EXTRAIT DU CATALOGUE
DES ÉDITIONS DV MERCVRE DE FRANCE

Histoire — Critique — Littérature

Hortense-Allart de Méritens
Lettres inédites à Sainte-Beuve (in-8)............ 3.50

Pierre D'Alheim
Moussorgski............. 3.50
Sur les pointes (mœurs russes)................. 3.50

J. Barbey d'Aurevilly
L'Esprit de J. Barbey d'Aurevilly................. 3.50
Lettres à Léon Bloy....... 3.50
Lettres à une Amie........ 3.50

J.-M. Barrie
Margaret Ogilvy.......... 3.50

Charles Baudelaire
Lettres, 1841-1866......... 3.50
Œuvres posthumes (in-18). 7.50
Œuvres posthumes (in-18). 3.50

Léon Bazalgette
Walt Whitman. L'Homme et son œuvre........... 7.50

André Beaunier
La Poésie nouvelle........ 3.50

Dimitri de Benckendorff
La Favorite d'un Tzar..... 3.50

Paterne Berrichon
La Vie de Jean-Arthur Rimbaud................ 3.50

Ad. Van Bever et Paul Léautaud
Poètes d'aujourd'hui, 1880-1900. *Morceaux choisis*. 3.50

Ad. Van Bever et Ed. Sansot-Orland
Œuvres galantes des Conteurs italiens........... 3.50
Œuvres galantes des Conteurs italiens, IIe série... 3.50

Léon Bloy
La Chevalière de la Mort... 2 »
Celle qui pleure.......... 3.50
Les Dernières Colonnes de l'Eglise............. 3.50
Exégèse des Lieux Communs 3.50
Le Fils de Louis XVI...... 3.50
Le Mendiant ingrat....... 5 »
Mon Journal (pour faire suite au *Mendiant Ingrat*)... 3.50
Pages choisies............ 3.50
Quatre Ans de Captivité à Cochons-sur-Marne...... 3.50

Léon Bocquet
Albert Samain............ 3.50

Gaston Capon
Les Vestris.............. 3.50

Thomas Carlyle
Lettres de Thomas Carlyle à sa mère............... 3.50

Eugène Carrière
Ecrits et Lettres choisies.. 3.50

Fernand Caussy
Laclos................... 3.50

Chamfort
Les plus belles pages de Chamfort.............. 3.50

Paul Claudel
Connaissance de l'Est..... 3.50
Art poétique............. 3.50

J.-A. Coulangheon
Lettres à deux femmes.... 3.50

Cyrano de Bergerac
Les plus belles pages de Cyrano de Bergerac..... 3.50

Jules Delassus
Les Incubes et les Succubes 1 »

Eugène Demolder
L'Espagne en auto........ 3.50

Henry Detouche
De Montmartre à Montserrat (*illustré*)......... 3.50

Dostoïevski
Correspondance et Voyage à l'étranger............ 7.50

Edouard Dujardin
La Source du Fleuve chrétien.................. 3.50

Georges Duviquet
Héliogabale............. 3.50

Edmond Fazy et Abdul Halim Memdouh
Anthologie de l'amour turc 3.50

Gauthier Ferrières
François Coppée et son œuvre................. 0.75

André Fontainas
Histoire de la Peinture française au XIXe siècle..... 3.50

André Gide
Prétextes, *Réflexions sur quelques points de Littérature et de Morale*... 3.50

A. Gilbert de Voisins
Sentiments.............. 3.50

Comte de Gobineau
Pages choisies........... 3.50

Jean de Gourmont
Henri de Régnier et son œuvre................. 0.75

Remy de Gourmont
Le Chemin de Velours, *Nouvelles Dissociations d'idées*................. 3.50
La Culture des Idées..... 3.50
Dante, Béatrice et la Poésie amoureuse.............. 0.75
Dialogues des Amateurs (Epilogues, IVe série).... 3.50
Epilogues. *Réflexions sur la vie* (1895-1898)...... 3.50
Epilogues. *Réflexions sur la vie* (1899-1901)...... 3.50
Epilogues. *Réflexions sur la vie* (1902-1904)...... 3.50
Esthétique de la langue française.............. 3.50
Le Livre des Masques, *Portraits symbolistes*...... 3.50
Le IIe Livre des Masques.. 3.50
Le Problème du Style..... 3.50
Promenades littéraires (I).. 3.50
Promenades littéraires (II).. 3.50

Ch.-M. des Granges
La Presse littéraire sous la Restauration............ 7.50

Henri Heine
Les plus belles pages de Henri Heine............ 3.50

A.-Ferdinand Herold
Le Livre de la Naissance, de la Vie et de la Mort de la Bienheureuse Vierge Marie.................... 6 »

Robert d'Humières
L'Ile et l'Empire de Grande-Bretagne............... 3.50

Virgile Josz
Fragonard, *Mœurs du XVIIIe siècle*.......... 3.50
Watteau, *Mœurs du XVIIIe siècle*............... 3.50

Rudyard Kipling
Lettres du Japon......... 3.50

Laclos
Lettres inédites.......... 3.50

Jules Laforgue
Mélanges posthumes. Portrait de l'auteur par Théo van Rysselberghe....... 3.50

Pierre Lasserre
Le Romantisme français (in-8) 7.50
Le Romantisme français (in-18)................ 3.50

Marius-Ary Leblond
Leconte de Lisle......... 3.50

G. le Cardonnel et Ch. Vellay
La Littérature contemporaine (1905)............. 3.50

Edmond Lepelletier
Paul Verlaine, sa Vie, son Œuvre................. 3.50

Loyson-Bridet
Mœurs des Diurnales. *Traité de Journalisme*...... 3.50

Émile Magne
Madame de la Suze....... 3.50
Madame de Villedieu...... 3.50
Scarron et son milieu..... 3.50

René Martineau
Tristan Corbière.......... 3 »

Ferdinand de Martino
Anthologie de l'amour arabe. 3.50

Camille Mauclair
Jules Laforgue............ 2.50

Henri Mazel
Ce qu'il faut lire dans sa vie. 3.50

Édouard Maynial
La Vie et l'Œuvre de Guy de Maupassant.......... 3.50

George Meredith
Essai sur la Comédie...... 2 »

Adrien Mithouard
Le Tourment de l'Unité.... 3.50

Albert Mockel
Un Héros : Stéphane Mallarmé................... 1 »
Emile Verhaeren.......... 2 »
Propos de Littérature..... 3 »

Charles Morice
Eugène Carrière........... 3.50

Jacques Morland
Enquête sur l'Influence allemande................ 3.50

Alfred de Musset
Correspondance........... 3.50
Les plus belles pages d'Alfred de Musset......... 3.50

Gérard de Nerval
Les plus belles pages de Gérard de Nerval......... 3.50

Péladan
Réfutation esthétique de Taine.................... 1 »

Edmond Pilon
Muses et Bourgeoises de jadis.................... 3.50

Camille Piton
Paris sous Louis XV...... 3.50
Paris sous Louis XV (II)... 3.50

Henri de Régnier
Figures et Caractères..... 3.50
Sujets et Paysages........ 3.50

Rétif de la Bretonne
Les plus belles pages de Rétif de la Bretonne...... 3.50

Arthur Rimbaud
Lettres de Jean-Arthur Rimbaud.................... 3.50

William Ritter
Etudes d'Art étranger..... 3.50

Rivarol
Les plus belles pages de Rivarol................... 3.50

John Ruskin
La Bible d'Amiens......... 3.50
Sésame et les Lys......... 3.50

Jules Sageret
Les Grands Convertis..... 3.50

Saint-Amant
Les plus belles pages de Saint-Amant............. 3 »

Sainte-Beuve
Lettres inédites à M. et Mme Juste Olivier........ 3.50

Marcel Schwob
Spicilège................. 3.50

Léon Séché
Alfred de Musset. I. L'Homme et l'Œuvre, les Camarades ; II. Les Femmes. 2 vol.................... 7 »
Hortense Allart de Méritens (in-8)................. 3.50
Lamartine (1816-1830)..... 3.50
Sainte-Beuve. I. Son Esprit, ses Idées ; II. Ses Mœurs. 2. vol.................... 7 »

Alphonse Séché et Jules Bertaut
L'Évolution du Théâtre contemporain............... 3.50

Robert de Souza
La Poésie populaire et le Lyrisme sentimental..... 3.50

Stendhal
Les plus belles pages de Stendhal................ 3.50

Casimir Stryienski
Soirées du Stendhal-Club.. 3.50

Casimir Stryienski et Paul Arbelet
Soirées du Stendhal-Club (2e série)............. 3.50

Tallemant des Réaux
Les plus belles pages de Tallemant des Réaux.... 3.50

Archag Tchobanian
Les Trouvères arméniens.. 3.50

Tei-San
Notes sur l'Art japonais : La Peinture et la Gravure... 3.50
Notes sur l'Art japonais : La Sculpture et la Ciselure.. 3.50

Adolphe Thalasso
Anthologie de l'Amour asiatique................... 3.50

Théophile
Les plus belles pages de Théophile............... 3 »

Tolstoï
Vie et Œuvre, Mémoires, 2 vol.................... 7 »

E. Vigié-Lecocq
La Poésie contemporaine, 1884-1896............. 3.50

Léonard de Vinci
Textes choisis............ 3.50

Oscar Wilde
De Profundis, précédé de Lettres écrites de la prison et suivi de la Ballade de la Geôle de Reading....... 3.50

Collection de Romans

Claire Albane
L'Amour tout simple...... 3.50

Anonyme
Lettres d'amour d'une Anglaise................. 3.50

Aurel
Les Jeux de la Flamme.... 3.50

Marcel Batilliat
La Beauté................ 3.50
Chair mystique........... 3.50
La Joie.................. 3.50
La Vendée-aux-Genêts..... 3.50
Versailles-aux-Fantômes... 3.50

Maurice Beaubourg
Dieu, ou pas Dieu......... 3.50
La rue Amoureuse......... 3.50

Aloysius Bertrand
Gaspard de la Nuit........ 3.50

Léon Bloy
La Femme pauvre......... 3.50

R.-Gaston Charles
La Danseuse nue et la Dame à la Licorne............. 3.50

Judith Cladel
Confessions d'une Amante. 3.50

Mrs W.-K. Clifford
Lettres d'amour d'une Femme du monde........... 3.50

J.-A. Coulangheon
Le Béguin de Gô.......... 3.50
L'Inversion sentimentale... 3.50
Les Jeux de la Préfecture.. 3.50

Gaston Danville
L'Amour Magicien......... 3.50
Contes d'Au-delà......... 6 »
Le Parfum de volupté..... 3.50
Les Reflets du Miroir..... 3.50

Jacques Daurelle
La Troisième Héloïse..... 3.50

Albert Delacour
Évangile de Jacques Clément................... 3.50
Le Pape rouge............. 3.50
Le Roy.................. 3.50

Louis Delattre
La Loi de Péché........... 3.50

Grazia Deledda
Les Tentations............ 3.50

Eugène Demolder
L'Arche de M. Cheunus... 2 »
Le Jardinier de la Pompadour................... 3.50
Les Patins de la Reine de Hollande................ 3.50
La Route d'Émeraude..... 3.50

Charles Derennes
L'Amour fessé............. 3.50
Le Peuple du Pôle........ 3.50

Dostoïevski
Carnet d'un Inconnu...... 3.50
Le Double................ 3.50

Édouard Ducoté
Aventures................ 3.50

Édouard Dujardin
L'Initiation au Péché et à l'Amour................ 3.50
Les Lauriers sont coupés... 3.50

Louis Dumur
Un Coco de génie......... 3.50
Pauline ou la liberté de l'amour................ 3.50

Georges Eekhoud
L'Autre Vue.............. 3.50
Le Cycle patibulaire....... 3.50
Escal-Vigor.............. 3.50
La Faneuse d'amour....... 3.50
Mes Communions......... 3.50

Albert Erlande
Jolie Personne............ 3.50
Le Paradis des Vierges sages................... 3.50

Laurent Evrard
Le Danger............... 3.50

Gabriel Faure
La dernière Journée de Sapphô................. 3.50

André Fontainas
L'Indécis................ 3.50
L'Ornement de la Solitude. 2 »

André Gide
L'Immoraliste............ 3.50
Les Nourritures Terrestres. 3.50
Le Prométhée mal enchaîné 2 »
Le Voyage d'Urien, suivi de Paludes............. 3.50

A. Gilbert de Voisins
La Petite Angoisse........ 3.50

Ginko et Biloba
Le Voluptueux Voyage ou les Pèlerines de Venise. 3.50

Maxime Gorki
L'Angoisse............... 3.50
L'Annonciateur de la Tempête................... 3.50
Les Déchus.............. 3.50
Les Vagabonds........... 3.50
Varenka Olessova........ 3.50

Remy de Gourmont
Les Chevaux de Diomède.. 3.50
Un Cœur virginal........ 3.50
Une Nuit au Luxembourg.. 3.50
D'un Pays lointain........ 3.50
Le Pèlerin du Silence..... 3.50
Le Songe d'une femme.... 3.50

Thomas Hardy
Barbara................. 3.50

Frank Harris
Montès le Matador........ 3.50

A.-Ferdinand Herold
L'Abbaye de Sainte-Aphrodise.................. 2 »
Les Contes du Vampire.... 3.50

Maurice Hewlett
Amours charmantes et cruelles.................. 3.50

Charles-Henry Hirsch
La Possession............ 3.50
La Vierge aux tulipes..... 3.50

Edmond Jaloux
L'Agonie de l'Amour...... 3.50
L'École des Mariages..... 3.50
Le Jeune Homme au Masque 3.50
Les Sangsues............. 3.50

Francis Jammes
Almaïde d'Etremont....... 2 »
Pensée des Jardins........ 2 »
Pomme d'Anis............ 2 »
Le Roman du Lièvre...... 3.50

Alfred Jarry
Les Jours et les Nuits..... 3.50

Albert Juhellé
La Crise virile........... 3.50

Gustave Kahn
Le Conte de l'Or et du Silence.................. 3.50

Rudyard Kipling
Les Bâtisseurs de Ponts... 3.50
L'Histoire des Gadsby..... 3.50
L'Homme qui voulut être roi Kim................... 3.50
Le Livre de la Jungle..... 3.50
Le Second Livre de la Jungle.................. 3.50
La plus belle Histoire du monde................. 3.50
Le Retour d'Imray........ 3.50
Stalky et Cie............. 3.50
Sur le Mur de la Ville..... 3.50

Hubert Krains
Amours rustiques......... 3.50
Le Pain noir............. 3.50

Marie Krysinska
La Force du Désir........ 3.50

Laclos
Les Liaisons dangereuses (édition collationnée sur le manuscrit).......... 3.50

A. Lacoin de Villemorin et Dr Khalil-Khan
Le Jardin des Délices...... 3.50

Jules Laforgue
Moralités légendaires, suivies des *Deux Pigeons*. 3.50

Paul Léautaud
Le Petit Ami............. 3.50

Camille Lemonnier
La Petite Femme de la Mer 3.50

Jean Lorrain
Contes pour lire à la chandelle.................. 2 »

Henri Malo
Ces Messieurs du Cabinet.. 3.50
Les Dauphins du jour..... 3.50

Raymond Marival
Chair d'Ambre........... 3.50
Le Çof, Mœurs kabyles... 3.50

Max-Anély
Les Immémoriaux........ 3.50

Charles Merki
Margot d'Été............ 3.50

Albert Mockel
Contes pour les Enfants d'hier................. 3.50

Eugène Morel
Les Boers............... 2 »

Jean Moréas
Contes de la Vieille France. 3.50

Alain Morsang et Jean Beslière
La Mouette.............. 3.50

Marie et Jacques Nervat
Célina Landrot........... 3.50

Novalis
Henri d'Ofterdingen....... 3.50

Walter Pater
Portraits Imaginaires...... 3.50

Péladan
La Licorne............... 3.50
Modestie et Vanité........ 3.50
Le Nimbe noir........... 3.50
Pérégrine et Pérégrin..... 3.50

Pierre de Querlon
La Boule de Vermeil...... 3.50
Céline, fille des champs.... 3.50
Les Joues d'Hélène........ 3.50
La Liaison fâcheuse....... 3.50
La Maison de la Petite Livia 3.50

Pierre de Querlon et Charles Verrier
Les Amours de Leucippe et de Clitophon............ 3.50

Pierre Quillard
Les Mimes d'Hérondas..... 2 »

Thomas de Quincey
De l'Assassinat considéré comme un des Beaux-Arts 3.30

Rachilde
Contes et Nouvelles....... 3.50
Le Dessous............. 3.50
L'Heure sexuelle.......... 3.50
Les Hors nature........... 3.50
L'Imitation de la Mort..... 3.50
La Jongleuse............ 3.50
Le Meneur de Louves..... 3.50
La Sanglante Ironie...... 3.50
La Tour d'Amour......... 3.50

Hugues Rebell
Le Diable est à table...... 3.50

Henri de Régnier
Les Amants Singuliers.... 3.50
Le Bon Plaisir............ 3.50
La Canne de Jaspe........ 3.50
La Double Maîtresse....... 3.50
Le Mariage de Minuit..... 3.50
Le Passé vivant........... 3.50
La Peur de l'Amour....... 3.50
Les Rencontres de M. de Bréot................. 3.50
Les Vacances d'un Jeune Homme sage........... 3.50

Jules Renard
Le Vigneron dans sa Vigne. 3.50

Maurice Renard
Le Docteur Lerne, sous-dieu 3.50

William Ritter
Fillette slovaque.......... 3.50
Leurs Lys et leurs Roses... 3.50
La Passante des Quatre Saisons................. 3.50

Lucien Rolmer
Madame Fornoul et ses Héritiers................. 2 »

Jean Rodes
Adolescents............. 3.50

Gabrielle Rosenthal
L'Éveil................. 2 »

J.-H. Rosny
Les Xipéhuz............ 2 »

Eugène Rouart
La Villa sans Maître...... 3.50

Saint-Pol-Roux
De la Colombe au Corbeau par le Paon............ 3.50
Les Féeries intérieures..... 3.50
La Rose et les Epines du Chemin................ 3.50

Albert Samain
Contes................. 3.50

Robert Scheffer
Les Frissonnantes........ 3.50
Les Loisirs de Berthe Livoire 3.50
Le Péché mutuel......... 3.50

Marcel Schwob
La Lampe de Psyché...... 3.50

R.-L. Stevenson
La Flèche noire........... 3.50

Ivan Strannik
L'Appel de l'Eau......... 3.50

Auguste Strindberg
Axel Borg.............. 3.50
Inferno................. 3.50

Jean de Tinan
Aimienne ou le Détournement de mineure....... 3.50
L'Exemple de Ninon de Lenclos amoureuse......... 3.50
Penses-tu réussir?......... 3.50

P.-J. Toulet
Mon amie Nane......... 3.50
Les Tendres Ménages..... 3.50

Mark Twain
Contes choisis........... 3.50
Exploits de Tom Sawyer détective et autres nouvelles............... 3.50
Un Pari de Milliardaires... 3.50
Plus fort que Sherlock Holmès................. 3.50
Le Prétendant américain... 3.50

Eugène Vernon
Gisèle Chevreuse......... 3.50

Jean Viollis
Petit Cœur............. 2 »

H.-G. Wells
L'Amour et M. Lewisham.. 3.50
La Burlesque Equipée du Cycliste............... 3.50
La Guerre des Mondes.... 3.50
Une Histoire des Temps à venir................. 3.50
L'Ile du Docteur Moreau.. 3.50
La Machine à explorer le Temps................. 3.50
La Merveilleuse Visite..... 3.50
Miss Waters............ 3.50
Les Pirates de la Mer..... 3.50
Place aux Géants........ 3.50
Les Premiers Hommes dans la Lune................ 3.50
Quand le dormeur s'éveillera 3.50

Willy
Claudine en ménage...... 3.50

Colette Willy
La Retraite sentimentale... 3.50
Sept Dialogues de Bêtes... 3.50

Poésie

Léon Bocquet
Les Cygnes noirs......... 3.50

Marie Dauguet
Par l'Amour............ 3.50

Émile Despax
La Maison des Glycines... 3.50

Edouard Ducoté
La Prairie en fleurs....... 3.50

Max Elskamp
La Louange de la Vie..... 3.50

André Fontainas
Crépuscules............. 3.50
La Nef désemparée....... 3.50

Paul Fort
L'Amour marin.......... 3.50
Ballades Françaises....... 3.50
Coxcomb, ou l'homme tout nu tombé du Paradis.... 3.50

Les Hymnes de feu, précédés de Lucienne......... 3.50
Idylles antiques.......... 3.50
Montagne............... 3.50
Paris Sentimental ou le Roman de nos vingt ans. 3.50
Le Roman de Louis XI.... 3.50

Paul Gérardy
Roseaux............... 3.50

Louis Payen
Les Voiles blanches....... 3.50

Maurice Pottecher
Le Chemin du Repos...... 3 »

Henri Ghéon
La Solitude de l'Été...... 3.50

Charles Guérin
Le Cœur solitaire......... 3.50
L'Homme intérieur....... 3.50
Le Semeur de Cendres.... 3.50

A.-Ferdinand Herold
Au hasard des chemins..... 2 »
Images tendres et merveilleuses................. 3.50

Robert d'Humières
Du Désir aux Destinées... 3.50

Henrik Ibsen
Poésies................. 3.50

Francis Jammes
De l'Angelus de l'Aube à l'Angelus du Soir....... 3.50
Clairières dans le Ciel..... 3.50
Le Deuil des Primevères.. 3.50
Le Triomphe de la Vie..... 3.50

Gustave Kahn
Le Livre d'Images........ 3.50
Premiers Poèmes........ 3.50

Klingsor
Schéhérazade............ 3.50
Le Valet de cœur......... 3.50

Marc Lafargue
Âge d'Or.............. 3.50

Jules Laforgue
Poésies complètes........ 3.50

Léo Larguier
Jacques............... 3.50

Louis le Cardonnel
Poèmes............... 3.50

Sébastien Charles Leconte
Le Sang de Méduse...... 3.50
La Tentation de l'Homme.. 3.50

Charles Van Lerberghe
La Chanson d'Ève...... 3.50
Entrevisions............. 3.50

Grégoire le Roy
La Chanson du Pauvre.... 3.50

Stuart Merrill
Poèmes, 1887-1897........ 3.50
Les Quatre Saisons........ 3.50

Victor-Emile Michelet
L'Espoir merveilleux...... 3.50

Albert Mockel
Clartés............... 3 »

Jean Moréas
Poèmes et Sylves........ 3.50
Premières Poésies......... 3.50
Les Stances.............. 3.50

Gabriel Mourey
Le Miroir............. 3.50

Marie et Jacques Nervat
Les Rêves unis........... 3.50

François Porché
À chaque jour............ 3.50

Pierre Quillard
La Lyre héroïque et dolente. 3.50

Ernest Raynaud
La Couronne des Jours.... 3.50

Hugues Rebell
Chants de la Pluie et du Soleil................. 3.50

Henri de Régnier
La Cité des Eaux 3.50
Les Jeux rustiques et divins. 3.50
Les Médailles d'Argile..... 3.50
Poèmes, 1887-1892........ 3.50
Premiers Poèmes......... 3.50
La Sandale ailée.......... 3.50

Lionel des Rieux
Le Chœur des Muses...... 3.50

Arthur Rimbaud
Œuvres de Jean-Arthur Rimbaud.............. 3.50

P.-N. Roinard
La Mort du Rêve.......... 3.50

Ronsard
Le Livret de Folastries.... 3.50

Sainte-Beuve
Le Livre d'Amour......... 3.50

Albert Samain
Le Chariot d'Or.......... 3.50
Aux Flancs du Vase, suivi de Polyphème et de Poèmes inachevés.. .... 3.50
Au Jardin de l'Infante..... 3.50

Fernand Séverin
Poèmes................. 3.50

Emmanuel Signoret
Poésies complètes......... 3.50

Paul Souchon
La Beauté de Paris....... 3.50

André Spire
Versets 3.50

Laurent Tailhade
Poèmes aristophanesques.. 3.50
Poèmes élégiaques........ 3.50

Archag Tchobanian
Poèmes................. 3.50

R.-H. de Vandelbourg
La Chaîne des Heures..... 3.50

Émile Verhaeren
Les Forces tumultueuses... 3.50
La Multiple Splendeur..... 3.50
Poèmes................ 3.50
Poèmes, nouvelle série.... 3.50
Poèmes, IIIe série......... 3.50
Les Villes Tentaculaires, précédées des Campagnes Hallucinées. 3.50
Les visages de la Vie..... 3.50

Francis Vielé-Griffin
Clarté de Vie............. 3.50
La Légende ailée de Wieland le Forgeron............ 3.50
Phocas le Jardinier........ 3.50
Plus loin............... 3.50
Poèmes et Poésies.. ...... 3.50

Gabriel Volland
Le Parc enchanté......... 3.50

Théâtre

Henry Bataille
Ton sang, précédé de la Lépreuse.............. 3.50

Paul Claudel
L'Arbre.................. 3.50

Marcel Collière
Les Syracusaines........ 1 »

Édouard Dujardin
Antonia................. 3.50

André Gide
Saül. Le Roi Candaule..... 3.50

Maxime Gorki
Dans les Bas-Fonds.. .... 3.50
Les Petits Bourgeois...... 3.50

Remy de Gourmont
Lilith, suivi de Théodat.... 3.50

Gerhart Hauptmann
La Cloche engloutie....... 3.50

A.-Ferdinand Herold
L'Anneau de Çakuntalâ.... 3.50
Les Hérétiques.......... 1 »
Sivitri.................. 1 »
Une jeune femme bien gardée 1 »

Virgile Josz et Louis Dumur
Rembrandt.............. 3.50

Jean Lorrain et A.-Ferdinand Herold
Prométhée.............. 1 »

Charles Van Lerberghe
Les Flaireurs............. 1 »
Pan.................... 3.50

Emerich Madach
La Tragédie de l'Homme... 3.50

F.-T. Marinetti
Le Roi Bombance........ 3.50

Jean Moréas
Iphigénie, tragédie en 5 actes.................... 3.50

Lucien Nepoty
Le Premier Glaive......... 1 »

Péladan
Œdipe et le Sphinx........ 1 »
Sémiramis.............. 1 »

René Peter
La Tragédie de la Mort.... 3.50

Georges Polti
Les Cuirs de Bœuf......... 3.50

Rachilde
Théâtre................ 3.50

Paul Ranson
L'Abbé Prout, Guignol pour les vieux enfants. Préface de Georges Ancey. Illustrations de Paul Ranson................... 3.50

Henri de Régnier
Les Scrupules de Sganarelle 3.50

Albert Samain
Polyphème, 2 actes....... 1 »

Saint-Pol-Roux
La Dame à la faulx....... 3.50

Paul Souchon
Le Dieu nouveau, tragédie en 3 actes............. 1 »
Phyllis, tragédie en 5 actes 2 »

Émile Verhaeren
Philippe II............. 3.50

Philosophie — Science — Sociologie

Edmond Barthélemy
Thomas Carlyle............ 3.50

H.-B. Brewster
L'Ame païenne............ 3.50

Thomas Carlyle
Essais choisis de Critique et de Morale............... 3.50
Pamphlets du Dernier Jour. 3.50
Sartor Resartus........... 3.50

Frédéric Charpin
La Question religieuse.... 3.50

Gaston Danville
Magnétisme et Spiritisme... 0.75

J.-A. Dulaure
Des Divinités génératrices (*Le Culte du Phallus*). 3.50

Jules de Gaultier
Le Bovarysme............. 3.50
La Dépendance de la Morale et l'Indépendance des Mœurs................. 3.50
La Fiction universelle..... 3.50
De Kant à Nietzsche....... 3.50
Nietzsche et la Réforme philosophique........... 3.50
Les Raisons de l'Idéalisme. 3.50

Remy de Gourmont
Physique de l'amour. *Essai sur l'instinct sexuel*.... 3.50
Promenades Philosophiques. 3.50

Promenades Philosophiques (II).................... 3.50

P.-G. La Chesnais
La Révolution Russe et ses résultats.. .... 0.75

Pierre Lasserre
Les Idées de Nietzsche sur la Musique............ 3.50
La Morale de Nietzsche.... 3.50

Dr Gustave Le Bon
La Naissance et l'Evanouissement de la Matière.... 0.75

Maurice Maeterlinck
Le Trésor des Humbles.... 3.50

D. Mérejkowsky
Le Tsar et la Révolution... 3.50

Stanislas Meunier
Les Harmonies de l'Evolution terrestre.......... 0.75

Multatuli
Pages choisies............ 3.50

Frédéric Nietzsche
Ainsi parlait Zarathoustra.. 3.50
Aurore.................. 3.50
Considérations inactuelles.. 3.50
Le Crépuscule des Idoles, le Cas Wagner, Nietzsche contre Wagner, l'Antéchrist.................. 3.50
Le Gai savoir............. 3.50
La Généalogie de la Morale. 3.50
Humain, trop Humain (1re partie)................. 3.50
L'Origine de la Tragédie... 3.50
Pages choisies........... 3.50
Par delà le bien et le mal.. 3.50
La Volonté de Puissance, 2 volumes............. 7 »
Le Voyageur et son Ombre (*Humain, trop Humain*, 2e partie)............... 3.50

Péladan
Supplique à S. S. le Pape Pie X pour la réforme des canons en matière de divorce................. 1 »

Marcel Réja
L'Art chez les fous........ 3.50

Carl Siger
Essai sur la Colonisation... 3.50

Léon Tolstoï
Dernières Paroles......... 3.50

H.-G. Wells
Anticipations............. 3.50
La Découverte de l'Avenir. 1 »
Une Utopie moderne....... 3.50

Envoi franco sur demande

du Catalogue complet

des Éditions

du

Mercvre de France

MERCVRE DE FRANCE

26, RVE DE CONDÉ. — PARIS

—

Le *Mercure de France* occupe dans la presse du monde entier une place unique : il est établi sur un plan très différent de ce qu'on a coutume d'appeler une revue, et cependant plus que tout autre périodique il est la chose que signifie ce mot. Alors que les autres publications ne sont, à proprement dire, que des recueils peu variés et d'une utilité contestable, puisque tout ce qu'elles impriment paraît le lendemain en volumes, il garde une inappréciable valeur documentaire, car les deux tiers au moins des matières qu'on y voit ne seront jamais réimprimées. Et comme il est attentif à tout ce qui se passe, à l'étranger aussi bien qu'en France, dans presque tous les domaines, et qu'aucun événement de quelque importance ne lui échappe, il présente un caractère encyclopédique du plus haut intérêt. Il fait en outre une large place aux œuvres d'imagination. D'ailleurs, pour juger de son abondance et de sa diversité, il suffit de parcourir quelques-uns de ses sommaires et la liste des chroniques de sa « Revue de la Quinzaine » (Voy. la couverture du présent volume).

La liberté d'esprit du *Mercure de France*, qui ne demande à ses rédacteurs que du savoir et du talent, est trop connue pour que nous y insistions : les opinions les plus contradictoires s'y rencontrent. Nous ajouterons qu'il est l'expression multiple de plusieurs générations d'écrivains ; qu'il a concentré tout le mouvement poétique des vingt-cinq dernières années ; que bien des idées aujourd'hui admises ne l'étaient point lorsque, le premier, il les exprima ; que beaucoup d'esprits dont l'influence sur les contemporains est manifeste sont de chez lui ; qu'enfin il a contribué plus que toute autre publication à faire connaître en France les littératures, la pensée et l'art étrangers.

Il n'est peut-être pas inutile de signaler qu'il est celui des grands périodiques français qui coûte le moins cher, puisque le prix de son abonnement excède à peine celui des journaux à un sou.

Nous envoyons gratuitement à toute personne qui nous en fait la demande un spécimen du *Mercure de France*.

TABLES
DV MERCVRE DE FRANCE

L'abondance et l'universalité des documents recueillis et des sujets traités dans le *Mercure de France* font de nos Tables un instrument de recherches incomparable, et dont l'utilité s'exerce au delà de leur but direct ; outre les investigations rapides qu'elles permettent dans les textes mêmes de la revue, elles conduisent immédiatement à un grand nombre d'indications de dates, de lieux, de noms de personnes, de titres d'ouvrages, de faits et d'événements de toutes sortes, au moyen desquelles, si la revue est dans tel cas insuffisante ou incomplète, il devient facile de s'orienter et de se renseigner dans les écrits contemporains, en France ou à l'étranger.

Ces tables se divisent en trois parties.

La première partie : *Table par noms d'auteurs des Articles publiés dans la Revue*, est alphabétique seulement par noms d'auteurs ; toutes les matières publiées sous un titre y figurent en ordre chronologique. Les références aux chroniques viennent à la suite, sous chaque nom d'auteur ; les matières des chroniques ne sont pas analysées, et seul est indiqué le titre de la rubrique.

La deuxième partie : *Table systématique des Matières*, présente une classification qui ne correspond pas tout à fait à celle qui a été adoptée pour les rubriques dans la revue, mais elle est précédée d'un index qui permet de trouver immédiatement les matières cherchées. Chaque division comprend, par ordre alphabétique, d'abord les articles publiés sous un titre, puis l'analyse des rubriques qui se réfèrent à la division.

La troisième partie: *Table des principaux Noms cités*, donne, par ordre alphabétique, les noms d'écrivains, d'artistes, de philosophes, de savants, etc., dont une œuvre a été analysée, les noms de personnalités qui font le sujet d'un ouvrage, enfin tous les noms dont la mention dans la revue n'est pas une simple citation sans intérêt.

On a placé en tête de ces trois tables une *Table de concordance entre les années, les tomes, les mois, les numéros et la pagination*.

PRIX DES TABLES :

Tables des tomes I à XX (1890-1896), 1 vol. in-8 de VIII-88 pages... 3 fr.
Tables des tomes XXI à LII (1897-1904), 1 vol. in-8 de VIII-168 pages............ 7 fr.

www.ingramcontent.com/pod-product-compliance
Lightning Source LLC
Chambersburg PA
CBHW050608230426
43670CB00009B/1316